المعارك التاريخية على أرض الشام

نكبة فلسطين

عام ١٩٤٧- ١٩٤٨
((مؤامرات وتضحيات))

حسني أدهم جرار

دار المأمون للنشر والتوزيع

الطبعة الأولى

١٤٢٩هـ - ٢٠٠٨ م

دار المأمون للنشر والتوزيع

العبدلي - عمارة جوهرة القدس

تلفاكس: ٤٦٤٥٧٥٧

ص.ب: ٩٢٧٨٠٢ عمان ١١١٩٠ الأردن

E-mail: daralmamoun@maktoob.com

مقدمة الكتاب:

الحمد لله رب العالمين والصلاة والسلام على قائد المجاهدين سيدنا محمد، وعلى آله وصحبه أجمعين، وبعد:

فهذا هو الكتاب الرابع من سلسلة ((المعارك التاريخية على أرض الشام)).... وهو عن نكبة فلسطين عام ١٩٤٨.

نكبة شعب تعرض لسلسلة من وسائل الكيد والبطش والمؤامرات، توجت بأبشع عدوان وحشي وقع في منتصف هذا القرن.

ونكبة أمة- تنتسب إلى الإسلام- ما عرفت الدنية والذل مثلما عرفتهما في هذا العصر. ومع هذا فقد كانت في حرب فلسطين صفحات بيض، فيها الكثير من المفاخر والاعتزاز والشمم.. وأخرى سود، فيها الكثير من الخزي والامتعاض والألم.

صفحات ....خط فيها المجاهدون من أبناء أمتنا سجلا حافلا بالبطولات والانتصارات، وقدموا على ثرى هذا الوطن آلاف الشهداء..وتحملت فلسطين-بعزم وثبات-الدمار والخراب والتعذيب والتهجير، وتخضبت جبالها وسهولها ومدنها وقراها بدماء الأبناء الأطهار.....

وصفحات..... سجل فيها التاريخ على جامعة الدول العربية أنهاضنت على أرض الإسراء والمعراج بما عندها من قوى ووسائل حربية، ولم تقم بواجباتها تجاه أرض مقدسة وشعب شقيق!!

لكن هذه الأرض المباركة ستبقى قضية الإسلام الكبرى، ومعاركها معارك التاريخ إلى أن يرث الله الأرض ومن عليها... وسيبقى مسجدها الأقصى - كما كان - عنوانا لملحمة حية من الجهاد العنيد.... فكلما داس الغازي

٣

الأجنبي أرض الإسلام من بوابة فلسطين، ضجت قبابه ومآذنه وباحاته وكأنها نواقيس خطر وأبواق نذر تدوي وتزمجر، حتى تفعل فعلها في أقطار الإسلام. فتتحرك الضمائر وتثور العزمات وتنطلق النجدات حتى يرحل المعتدي الآثم.

خطة البحث:

حرصت في كتابة هـذا البحث على التثبت مـن المعلومـات والأحداث والوقائع قبل تدوينها...... والرجوع إلى المصادر والمراجع الموثقة التي تناولت هذا الموضوع تأريخا وتدوينا ودراسة، وفي مقدمتها:

- مـذكرات وكتابـات الـذين شـاركوا في الأحداث، أو قادوا معارك في تلك الفترة، ومنها مذكرات الحاج أمين الحسيني، ومذكرات الأستاذ بهجت أبو غربية، وكتابات الأستاذ كامل الشـريف، والـدكتور مصطفى السباعي، والأستاذ محمد عـزة دروزة، والشيخ محمد نمر الخطيب، واللواء الركن محمود شيت خطاب، والقائد عبد اللـه التل، والأستاذ قاسم الريماوي، والأستاذ حسن دوح.

■ كتـب المؤرخين الـذين عـاصروا حرب ١٩٤٨، ودونوا أحـداثها ووقائعها اليوميـة، وفي مقدمتهم: المؤرخ عارف العارف، والمؤرخ أكرم زعيتر، والمؤرخ مصطفى الدباغ، والأستاذ محمد علي الطاهر، والشيخ محمد محمود الصواف، والأستاذ صالح مسعود أبو يصير، والأستاذ سعد جمعة.

■ كتب قادة العدو الصهيوني وفي مقدمتهم: حاييم وايزمن، ومناحيم بيغن، وكتاب الرواية الإسرائيلية الرسمية لحرب فلسطين.

■ مجموعة من كتب المؤرخين المعاصرين «العرب والأجانب».

■ مجموعة من الصحف والمجلات العربية والأجنبية.

■ مقابلات شخصية أجريتها مع عدد من المعاصرين لتلك الأحداث، أو الـذين شـاركوا في حرب ١٩٤٨.

٤

وقسمت البحث إلى ثلاثة أبواب هي:

الباب الأول: ((مؤامرات تهويد فلسطين)).... تناولت فيه: الصهيونية وأطماعها، والمؤامرة البريطانية – الأمريكية، وقرار هيئة الأمم بتقسيم فلسطين.

الباب الثاني: الحرب العربية – الإسرائيلية عام ١٩٤٨.... وقسمته إلى ثلاثة فصول:

الفصل الأول: تناولت فيه ((القوات العربية)).... قوات الجهاد الشعبي، والقوات الحكومية.

الفصل الثاني: تناولت فيه ((القوات اليهودية))

الفصل الثالث: تناولات فيه ((مراحل القتال ونتائج الحرب.

الباب الثالث: ((معارك وتضحيات)) ورتبت المعارك حسب المناطق الجغرافية، وحسب زمن وقوعها داخل كل منطقة..... وقسمت هذا الباب إلى ستة فصول:

الفصل الأول: تناولت فيه معارك مدينة القدس.

الفصل الثاني: تناولت فيه معارك منطقة القدس.

الفصل الثالث: تناولت فيه معارك المنطقة الغربية الوسطى.

الفصل الرابع: تناولت فيه معارك جبل نابلس.

الفصل الخامس: تناولت فيه معارك المنطقة الشمالية.

الفصل السادس: تناولت فيه معارك المنطقة الجنوبية.

وفي ختام هذه المقدمة فإني أتقدم بالشكر والثناء إلى كل من ساهم برأي أو قدم معلومة ساعدت في إنجاز هذا الكتاب... كما أقدم شكري سلفا لكل من يضيف أو يصحح معلومة بعد صدور الكتاب.

والحمد لله رب العالمين

المؤلف   عمان ١٩٩٤

أقوال للتاريخ:

● «إن الله عز وجل سيفتح عليكم الشام من بعدي، من العريش إلى الفرات، رجالهم ونساؤهم وآباؤهم مرابطون إلى يوم القيامة، فمن اختار منكم ساحلا من سواحل الشام أو بيت المقدس فهو في جهاد إلى يوم القيامة».

الرسول الكريم صلى الله عليه وسلم يخاطب

الصحابي معاذ بن جبل رضي الله عنه.

أبو يصير، صالح مسعود: جهاد شعب فلسطين، ص١٨.

● «إن المجاهد الذي يحارب في سبيل سلطان المسلمين في بلاد الشام – ومنها فلسطين – هو أعظم الناس أجرا ومن أمير المؤمنين».

عمر بن الخطاب.

الدباغ، مصطفى: بلادنا فلسطين ج٢، ق٢ ص٣.

● «إن فلسطين ليست ملك يميني بل هي ملك شعبي، الذي رواها بدمه، فليحتفظ اليهود بملايينهم، وإن عمل المبضع في بدني لأهون علي من أن أرى فلسطين قد بترت من إمبراطوريتي، وهذا أمر لا يكون».

السلطان عبد الحميد يرد على زعيم الصهيونية هرتسل عام ١٩٠١م.

أبو بصير، صالح مسعود: جهاد شعب فلسطين، ص٢٧.

● «إن الخطر الذي يهدد الاستعمار يكمن في البحر المتوسط الذي يقيم على شواطئه شعب واحد يتميز بكل مقومات الوحدة والترابط، ويجب أن تعمل الدول الاستعمارية على تجزئته وتفككه، وإقامة حاجز بشري قوي وغريب يمكن للاستعمار أن يستخدمه أداة في تحقيق أغراضه».

لجنة كامبل باثرمان ١٩٠٧م.

أبو يصير، صالح مسعود: جهاد شعب فلسطين، ص٢٧.

● ((الدفاع عن فلسطين هو دفاع عن القاهرة ومكة والمدينة وبغداد ودمشق)).

حسن الهضيبي.

● ((لم يعرف شعب كافح في سبيل حريته مثل ما كافح الشعب الفلسطيني، ولم يشهد التاريخ نوعا من أنواع التنكيل والإرهاب أشد وأقسى مما صبته بريطانيا على هذا الشعب الباسل لتصرفه عن حقوقه وأهدافه، وإن الثورات المتتابعة التي شهدتها فلسطين منذ ابتليت بالاستعمار البريطاني لتعطي صورة صادقة لنفسية هذا الشعب ومدى إيمانه بحقوقه وتمسكه بها)).

كامل الشريف

الأخوان المسلمون في حرب فلسطين، ص ٧٥.

كلمات عن نكبة ١٩٤٨:

● ((إن احتلال اليهود للقسطل أكبر عار يلحق بنا، فعلينا أن نمحوا هذا العار باستعادة القسطل مهما كلف الأمر.... إني ذاهب إلى القسطل، لأموت هناك، قبل أن أرى ثمرة التقصير ونتائج التواطؤ...... سنقاتل بدمائنا ولحومنا وسنسترجعها من اليهود مهما كلف الثمن)).

عبد القادر الحسيني - دمشق في ٥ نيسان ١٩٤٨م.

● ((لقد ضن العرب بما عندهم من قوى ووسائل حربية على المناضلين الشعبيين قبل الزحف الرسمي، ولم يرسلوا حين الزحف ما كان في إمكانهم أن يرسلوه من عدد وعدد، ولم يتخذوا كذلك ما كان في إمكانهم أن يتخذوه من إجراءات وتدابير وتشريعات متصلة بالموقف وداعمة له.... إن العراق أو سورية لو بذلت إمكاناتها على وجهها أو قريبا من ذلك - بل مصر - لكانت قادرة وحدها على الاضطلاع بالعبء، فاليهود في فلسطين أعلنوا حالة الحرب وطبقوها بحذافيرها وبكل جد، فجندوا كل قادر على الحرب والعمل من الرجال والنساء.

٧

أما البلاد العربية فلم يكد يحس الغريب أنها في حالة حرب بما كان من حياة عادية في كل شيء بما في ذلك اللهو واللعب حتى كان هذا موضع تندر مراقبي الهدنة وهم يقايسون بين حالة اليهود وحالة البلاد العربية))

المؤرخ محمد عزة دروزة

القضية الفلسطينية في مختلف مراحلها، ص ١٤٨.

● ((لم تقاتل الجيوش العربية في فلسطين قتال جهاد في سبيل الله... إننا معشر العرب يجب أن نخوض الحرب في فلسطين كمسلمين مجاهدين، لا كعرب مقاتلين، وعلى هذا الأساس والمبدأ يجب أن نربي شبابنا وجيوشنا بصورة خاصة، وهذا هو طريق استرجاع فلسطين ولا طريق غيره)).

محمد محمود الصواف

كتاب معركة الإسلام، ص ١٤٢.

● ((وأخيرا هل آن الوقت الذي يدرك معه الشعب العربي في كل مكان أن عرب فلسطين كافحوا ثلاثين عاما، لا في سبيل فلسطين وحدها، وإنما كانوا يمثلون الخط الأمامي لكل الأمة العربية ومقدساتها، وإن الخطر اليوم ليهدد كل العرب، ويهدد أيضا أكثر دولهم أهمية ومكانة، بل إنه ليهدد موطن الهجرة المحمدية الطاهر، ومثواه المقدس الكريم؟

لقد قدم الفلسطينيون كثيرا من التضحيات في معارك غير متكافئة ضد قوى عالمية، وهم اليوم لا يكادون ينصفون، لدى الشعب العربي، الذي يتحمل وزر النكبة والذي عليه أن يحسن دراسة تلك الصفحات الخالدة، وأن يدرك أن تضحيات العرب الفلسطينيين ونكباتهم فتحت للأمة العربية مجال العمل والثورة وإصلاح دولها إصلاحا طور كل شيء في وجودها))

صالح مسعود أبو يصير

كتاب جهاد شعب فلسطين، ص١٧.

الباب الأول

مؤامرات تهويد فلسطين

الباب الأول

مؤامرات تهويد فلسطين

تقديم:

شهدت فلسطين في نهاية الأربعينات تنفيذ المخطط الصهيوني - الصليبي، في إقامة وطن قومي يهودي فوق الأرض العربية في الجزء الأكبر من فلسطين. وكانت السنوات التي سبقت قيام «دولة إسرائيل» (١٥ أيار ١٩٤٨) سنوات تأهب واستعداد وتعبئة وتدريب وتنظيم لليهود، بينما كانت سنوات ضياع للعرب، بسبب جهلهم بمخططات اليهود، وضعف الوعي الإسلامي والوطني الذي كانت تصفيته إحدى مهمات الاستعمار.

وكانت السيطرة البريطانية واضحة وملموسة من خلال الامتيازات والاحتكارات الاقتصادية التي حصلت عليها في هذه الأقطار مثل نفط العراق ومنتجاته الزراعية، وقطن مصر وقناة السويس. وكذلك فقد تم لبريطانيا، إخضاع منطقة الخليج العربي والشواطئ الشرقية والجنوبية للجزيرة العربية لنفوذها المباشر، وكانت السعودية وإمامة اليمن مضطرتين بحكم أوضاعهما إلى الخضوع لضغوط بريطانيا العظمى التي كانت آنذاك في عداد الدول الكبرى. وكانت السعودية قد قامت بفتح الباب واسعا أمام شركات النفط الأمريكية منذ الثلاثينات لاستغلال واستثمار الكنوز الدفينة فيها.

وفي فلسطين قامت بريطانيا إلى جانب أعمال القتل والاعتقال والنفي والمطاردة التي مارستها ضد الشعب الفلسطيني وقيادته الوطنية، بفتح باب الهجرة الصهيونية إلى فلسطين، وسهلت لليهود سبل الاستقرار والسيطرة الاقتصادية، كما تم تدريب آلاف الصهاينة في معسكرات بريطانيا وقواعدها، فساعدت بذلك على إرساء أسس «الدولة اليهودية» التي أصبح

إعلان قيامها مطلب الحركة الصهيونية وشعارها.

وفي الوقت الذي كانت فيه الأوضاع السياسية المتردية سائدة في المنطقة العربية، كانت القوى السياسية في الغرب تشهد تزاحما وتنافسا على اكتساب ود الحركة الصهيونية التي أصبحت نيويورك مركز ثقلها وتواجدها الأساسي بدل لندن، وأصبح التسابق على تنفيذ مؤامرات الغدر بشعب فلسطين من شيم البريطانيين والأمريكان.

وقبل التحدث عن هذه المؤامرات البشعة، أرى أنه لابد من الكلام عن أطماع الصهيونية في فلسطين والوطن العربي.

الصهيونية وأطماعها في فلسطين والوطن العربي:

الصهيونية فكرة يهودية دينية وسياسية معا، وهي مأخوذة من كلمة (صهيون) أحد جبال القدس. هدفها تحقيق الطموح الديني اليهودي بالاستيلاء على فلسطين وجعلها مركزا للدولة اليهودية، وإعادة بناء معبدهم المسمى (هيكل سليمان) مكان المسجد الأقصى ـ المبارك وممارسة العبادة الدينية فيه.

وقد ورد في دائرة المعارف البريطانية (انسكلوبيديا بريتانيكا) تحت كلمة (الصهيونية) ما نصه[1]:

((إن اليهود يتطلعون إلى افتداء إسرائيل، واجتماع الشعب في فلسطين، واستعادة الدولة اليهودية وإعادة بناء الهيكل، وإقامة عرش داود في القدس ثانية، وعليه أمير من نسل داود)).

يقول مفتي فلسطين الحاج أمين الحسيني[2]:

((هدف الصهيونية إنشاء دولة يهودية في فلسطين والأقطار العربية المجاورة، وبناء هيكل يهودي مكان الصخرة المشرفة بالمسجد الأقصى)).

---

(١) دائرة المعارف البريطانية ـ المجلد ٢٧ و٢٨، ص٩٨٦.
(٢) الحسيني، الحاج أمين: حقائق عن قضية فلسطين، ص١١٥.

هذه هي الصهيونية. أما أطماعها فهي لا تقف عند أرض فلسطين التي اغتصبوها في غفلة من العرب والمسلمين، فهذه الأطماع تشمل سائر أرجاء المنطقة العربية الواقعة بين النيل والفرات. ولن أتحدث عن هذه الأطماع بما لقيناه من الصهاينة من غدر ومكائد ومؤامرات، وإنما أترك المجال لقادتهم وزعمائهم ليرووا لنا بألسنتهم وأقلامهم هذه الأطماع. فالزعماء الصهيونيون على اختلاف نزعاتهم السياسية يؤكدون أن اغتصابهم لفلسطين يشكل في حقيقته وواقعه المرحلة الأولى في برنامجهم الهادف إلى اجتياح الوطن العربي. إنهم يعتقدون اعتقادا جازما أن حدود دولتهم تمتد من النيل إلى الفرات. وما دعواتهم للسلم ومصالحة العرب إلا ستار يخفون وراءه حقيقة أطماعهم، ومحاولة للحصول على فترة من الاستعداد تمكنهم من الانطلاق بعد ذلك إلى تحقيق المرحلة التالية.

فمن أقوال زعمائهم في هذا الصدد: (١)

● قال «حاييم وايزمن» في أول تصريح له عقب إبلاغه نبأ انتخابه رئيسا لدولة إسرائيل:
«اليوم تحقق الصهيونية أول خطوة في برنامجها».

● أما «بن غوريون» فقال في خطاب له في أول يوم لقيام إسرائيل في ١٤ أيار ١٩٤٨:
«ليست هذه هي نهاية كفاحنا.. بل إننا اليوم قد بدأنا.... وعلينا أن نمضي ـ لنحقق قيام الدولة التي جاهدنا في سبيلها..... من النيل إلى الفرات».

وقال في خطاب له في المؤتمر الصهيوني الذي عقد في شهر أيلول ١٩٤٨:
«تتميز دولتنا بأنها الوحيدة التي لا تعتبر غاية في ذاتها، بل هي وسيلة

---

(١) نشرة فلسطين – العدد ٥٣، السنة الخامسة، أول تموز ١٩٦٥، ص١٨- ١٩.

فقـط لتحقيـق رسـالة الصهيونية وجمـع اليهـود المشـتتين، فهـي ليسـت دولة الـذين يستوطنونها وحدهم، بل هي دولة الشعب اليهودي كله».

وقال ابن غوريون أيضا في تصريح لوفد من طلبة الجامعة العبرية في عام ١٩٥٠: «إن هذه الخريطة - يعني خريطة فلسطين المحتلة - ليست خريطة دولتنا، بـل إن لنـا خريطة أخرى عليكم أنتم مسؤولية تصميمها. خريطة الوطن القومي الإسرائيلي الممتد مـن النيل إلى الفرات».

● أما النص الرسمي لإعلان قيام «إسرائيل» عام ١٩٤٨ فيقول:

«نحن أعضاء المجلس الوطني الممثلين للأمة اليهودية وللحركة الصهيونية في العالم استنادا إلى الحق القومي والتاريخي للأمة اليهودية ولقرار الجمعية العامة للأمم المتحدة نعلن قيـام دولة يهودية في فلسطين باسم «إسرائيل». وإننا نوجـه النـداء إلى الشعب اليهودي في أنحـاء العالم أجمع أن يلتف حولنا ويعاوننا في مشروعات الهجرة والتعمير، وأن يقـف إلى جانبنا في نضالنا العظيم في سبيل تحقيق حلم الأجيال، بتحرير إسرائيل».

المصدر: مارديني، زهير: فلسطين والحاج أمين الحسيني، ص ٦٧.

● قال الصهيوني «ثيودور هيرتسل»:

«كلما كثر عدد المهاجرين اليهود، كلما سيطرنا على مساحات أكبر من أراضي فلسطين».

● وقال «ناحوم جولدمان» رئيس المؤتمر اليهودي العالمي الـذي عقـد في مونتريـال بكنـدا عام ١٩٤٧:

«لقد كان ممكنا لليهود أن يحصلوا على أوغندا أو مدغشقر أو غيرهما من الأقطار لينشئوا فيها وطنا لليهود، ولكن اليهود لا يريدن غير فلسطين على الإطلاق، وليس ذلك لاعتبارات دينية أو بسبب إشارة التوراة إلى فلسطين فحسب، ولا لأن أرض فلسطين ومياه البحر الميت تحتويان على ثروات

عظيمة، بل لأن فلسطين هي أيضا ملتقى الطرق بين أوروبا وآسيا وأفريقيا، ولأنها المركز الحقيقي للقوة السياسية العالمية، والمركز العسكري الاستراتيجي للسيطرة على العالم)).

● وقال الجنرال ((يادين)) رئيس هيئة أركان حرب الجيش الإسرائيلي في خطاب له يوم ١٠ آيار ١٩٥١م:

((لا تقنعوا بما أحرزتم من نصر فإن علينا أن نضاعف الجهد حتى نحقق كل ما نصبوا إليه)).

● وقال الزعيم الصهيوني الدكتور ((ألتمان)) في خطاب له في ٢٩ تموز ١٩٥١:

((إن جمع الشتات معناه حشد خمسة ملايين من اليهود على الأقل في داخل إسرائيل خلال العشر السنوات القادمة)).

● وقال قائد الجيش الإسرائيلي في خطاب له سنة ١٩٥٢:

((إن جيشنا قادر على السير في الحرب داخل بلاد الأعداء، فإن حدود إسرائيل ليست طبيعية ويجب تعديلها)).

● وقال ((ليفي اشكول)) رئيس الوزارة الإسرائيلية سنة ١٩٦٥، في تصريح له سنة ١٩٥٢:

((لقد استعنا بشباب الطليعة الذي سبق له التدرب في جيش الهاغانا، وفي منظمة البالماخ، ومنظمة الجنود المسرحين ونقلناهم للمرابطة والسكن في الأماكن الواقعة على ممر القدس، والنقط الواقعة على حدود سورية ولبنان ومصر)).

● وقال الحاخام ((رابينو فتش)) في خطاب له في مؤتمر الحاخامين الدولي الذي عقد في بودابست سنة ١٩٥٢:

((إني أستطيع أن أعدكم وأنا واثق من صدق هذا الوعد أنه قبل مرور عشر سنوات سيصبح كل صهيوني سيدا ويصبح غير الصهيوني عبدا. إنكم

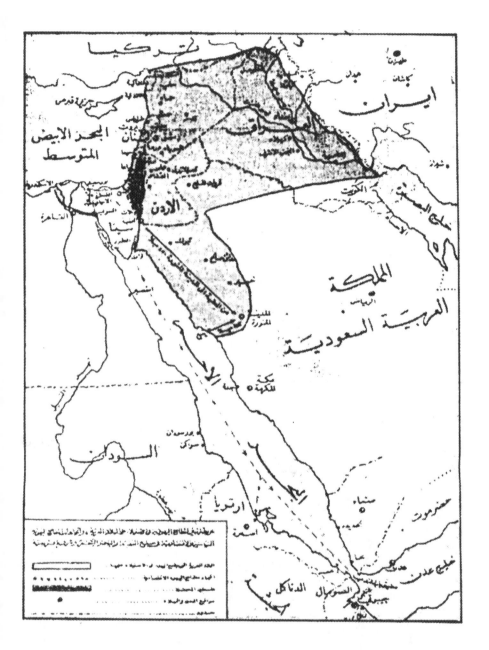

هذه الخريطة لإسرائيل الكبرى عثر عليها النازي في خزائن روتشيلد

المصدر: مارديني، زهير: فلسطين والحاج أمين الحسيني، ص٦٧

تذكرون حملتنا الدعائية والنجاح الذي حققته سنة ١٩٣٠، وكان من نتيجته أن ثارت روح العداء بين أمريكا وألمانيا، وكان من أثر هذه الحملة نشوب الحرب العالمية الثانية.

لقد بدأنا نشر مثل هذه الحملة في جميع أنحاء العالم. وسيحقق هذا البرنامج أهدافه في بحر خمس سنوات، وسيتمخض عن حرب عالمية ثالثة تفوق فظاعتها ما سبقها من حروب.

وعندما تكتب لنا السيطرة على العالم كله سنحرم الرجل الأبيض بالزواج بالمرأة البيضاء وعليه أن يتزوج من المرأة السوداء. وسنفعل هـذا أيضا بالرجـل الأسود. ولن تكـون هنـاك ديانات أخرى إذ سنقضي على طبقة القساوسة والشيوخ حتى لا يثيروا العداء ضدنا.

وفي خطاب آخر لهذا الحاخام ألقاه في اجتماع غربي عقد في القدس سنة ١٩٥٢، قال فيه: ((فليفهم الجميع أن إسرائيل قد قامت بالحرب، وإنها لن تقنع بأنها بلغت حدودها حتـى الآن. إن الإمبراطورية الإسرائيلية سوف تمتد من النيل إلى الفرات)).

● وقال ((موشي ديان)) رئيس هيئة أركان حرب الجيش الإسرائيلي، وأحـد أقطاب جماعـة ابن غوريون في حزب المـاباي، في تصريح له:

((إن جيش إسرائيـل يسـتطيع أن يسـحق جيـوش الـدول العربيـة مجتمعـة في معركة أو معركتين، ولكن علينا أن نزيد من قوة جيشنا ونضاعف من عدده ونأتي له بالمعدات والأسلحة من جميع أنحاء العالم استعدادا لحرب ضروس سنشنها قريبا، فلا تتعجلوا واصبروا قليلا حتى نكون في وضع يمكننا من القضاء على جيوش العرب فلا تقوم لهم بعدها قائمة)).

● وقال ((موشي شاريت)) رئيس وزراء العدو ورئيس الدائرة السياسية في الوكالة اليهوديـة في الكنيست، في عام ١٩٩٥:

«إن إسرائيل لن يكتب لها البقاء، ما لم تشن حربا وقائية على الدول العربية وتمد حدودها داخل هذه الدول حتى تضمن سلامتها، وتحقق الحلم الذي طالما حلم بتحقيقه فلاسفة الصهيونية، ألا وهو إقامة إمبراطورية إسرائيلية ممتدة الأرجاء تفرض سلطانها قويا يخافه الجميع».

● وقال «مناحيم بيغن» رئيس حزب حيروت ورئيس وزراء إسرائيل في تصريح له في شهر حزيران ١٩٥٥:

«يجب أن يتحرك جيشنا ليستولي على القاهرة ودمشق».

● وقال الزعيم الصهيوني البريطاني «نورمان بينتويتش» الذي عينته بريطانيا أول نائب عام في فلسطين. قال في خطاب له:

«ليس من المعقول أن تبقى فلسطين المستقبل محدودة بحدودها الحالية، ففي استطاعة اليهود الانتشار والتوسع إلى جميع البلاد المحيطة بنا من البحر الأبيض إلى الفرات، ومن لبنان إلى النيل، فهذه البلاد أعطيت لشعب الله المختار».

وعندما دخلوا القدس عام ١٩٦٧ قالوا:

● قال اشكول:

«إنني الآن مسرور غاية السرور وأنا أمام المبكى وفي أورشليم، وإنها للحظة تاريخية أن أقف فيها هذا الموقف، وإن هذا النصر ليس مقصورا على هذا الجيل الذي حرر «أورشليم»، وإنما أتذكر جميع من قاتل وضحى في سبيل دخول اورشليم من الأجيال السابقة».

● وقال موشي دايان:

«لقد عدنا إليك يا أورشليم ولن نفارقك أبد الدهر».

● وقال إسحاق رابين:

«إني من القدس ولقد كنت أتمنى طول عمري أن أدخل أورشليم من باب الأسباط، وإن العبرات لتخنقني من الفرح وأنا الآن أدخل أورشليم وقد

تحقق حلمي)).

● أما المذيع فقد قال:

))لقد كان اليهود يقولون دائماً (تنسني يميني إن نسيتك يا أروشليم) وها نحن قد عدنا إلى أورشليم التي لن نتركها أبداً)).

وهذه الأقوال مما دفعت ((فون هورن)) كبير مراقبي الأمم المتحدة في ذلك الوقت لأن يقول: ((في حياتي كلها لم أكن اعتقد بأنه يوجد إنسان على وجه الأرض كالإنسان الإسرائيلي يستطيع أن يحور الحقيقة بهذا الشكل وبتلك الخبرة ويجعلها تخدم مصالحه.

المؤامرة البريطانية – الأمريكية:

بدأت مؤامرات بريطانيا على أرض فلسطين وعلى شعب فلسطين، بإصدار وعد بلفور في الثاني من نوفمبر ١٩١٧، وقيام الحكومة البريطانية – بالاتفاق مع الولايات المتحدة الأمريكية، بتنفيذ مخططاتها لتهويد فلسطين منذ أن دخلتها عام ١٩١٨. ومع نهاية الحرب العالمية الثانية عام ١٩٤٥، كانت بريطانيا قد أكملت ما تعهدت به للصهاينة في وعد بلفور. وبدأت بتنفيذ الفصل الأخير من مؤامرتها بإقامة دولة صهيونية على أرض فلسطين.

خطوات تنفيذ المؤامرة:

■ احتل الإنجليز فلسطين عام ١٩١٨، وعدد اليهود فيها (٥٠) ألف نسمة، وغادروها سنة ١٩٤٧ وعدد اليهودي الرسمي فيها يزيد على (٧٠٠) ألف نسمة.

احتلوها وليس لليهود فيها جندي واحد، وغادروها ولليهود فيها نحو (٦٠) ألف مسلح، وثلاثة مصانع للأسلحة ومخابئ سرية ومخازن كبيرة للأسلحة، ومئات بل آلاف السيارات المصفحة، وطائرات تجوب سماء فلسطين وتقصف المدن والقرى العربية قبل مغادرة الجيش البريطاني بأكثر من شهر: [١]

_____

(١) مذكرات بهجت أبو غربية: مجلة القدس الشريف، العدد ٥٢، تموز ١٩٨٩، ص١٠.

■ قامت بريطانيا بتعيين أول مندوب سامي بريطاني في فلسطين عـام ١٩٢٠، اليهودي ((صموئيل)) الذي قال عنه مناحيم بيغن: ((إنه أول أمير يهودي في أرض إسرائيل)).

■ دخل الإنجليز فلسطين وليس لليهود فيها تنظيم شعبي أو هيئة قيادية، وغادروهـا ولليهود فيها حكومة قائمة في ظل حكومة الانتداب، فالوكالة اليهودية التي أعدت منذ البداية لتكون حكومة المستقبل استكملت جميع مقومات الحكومة بدوائرها وجيشها، وخاصة خلال سنتي ١٩٤٦ و ١٩٤٧.

■ أما الولايات المتحدة الأمريكية فقد احتضنت الحركة الصهيونية منذ البداية. فعندما أعلن وعد بلفور في الثاني من نوفمبر عام ١٩١٧ كان الرئيس ولسون قد استشير مـن قبـل بريطانيا ووافق على نص التصريح، وقال في بيان للشعب الأمريكي: ((أنا مقتنع أن دول الحلفاء بالاتفاق التام مع حكومتنا سترسي في فلسطين أسس (كومونولث) يهودي)).
كما أن الولايات المتحدة وافقت على صك الانتداب البريطاني على فلسطين الـذي يـنص عـلى ضرورة إقامة ((الوطن القومي اليهودي)) في فلسطين.

■ في سنة ١٩٢٢ أعلن يهود أمريكا أنهم سوف يجمعون (١٨) مليـون دولار لجمعيـات الوطن القومي في فلسطين.

■ في (١١) أيـار ١٩٤٢ عقـد المـؤتمر الصهيوني العـالي في فنـدق (بلتيمـور) في نيويـورك واتخذ قرارا بتحويل فلسطين إلى ((دولة يهودية)) وإجلاء العرب عنها، وأسرع الرئيس الأمـريكي وأعلن تأييده لهذا القرار.

■ في سنة ١٩٤٤ تنافس المرشحان لرئاسة الجمهورية (روزفلت) و(ديوبي) في تأييد القرار اليهودي لإنشاء ((دولة يهودية)) في فلسطين. ووجه الرئيس روزفلت رسائل إلى زعماء اليهود في أمريكا خولهم فيها أن يعلنوا تأييده لقرار جعل فلسطين دولة يهودية، وأن حكومته لم توافق على

سياسة الكتاب الأبيض البريطاني. ولما أعيد انتخاب روزفلت عام ١٩٤٥ رئيسا أكد تعهده لليهود بمساعدتهم على إنشاء «دولة يهودية» في فلسطين.

يقول السفير طاهر رضوان مندوب المملكة العربية السعودية لدى الجامعة العربية في مذكراته: [1]

«دخل الإنجليزي (فيلبي) على المرحوم الملك عبد العزيز مع المهنئين بالذكرى الرابعة عشرة لجلوس جلالته على العرش في يوم ٨ يناير ١٩٤٠، وعرض على جلالته ما أسماه مشروعا خبيثا، وقد تحدث فيلبي نفسه عنه في كتابه «اليوبيل العربي»، إذ قال عنه بالحرف الواحد: «بعد دراسات واتصالات تكشف لي حل القضية الفلسطينية في ثلاث جمل بسيطة صريحة شاملة وهي. أن تعطى فلسطين لليهود. وعلى اليهود أن يضعوا عشرين مليون جنيه استرليني تحت حساب الملك ابن سعود لهذه الغاية، ويجب مقابل ذلك أن يعترف بالاستقلال التام لجميع البلاد العربية الآسيوية ما عدا عدن، وينبغي أن تقدم بريطانيا وأمريكا هذه المقترحات إلى الملك ابن سعود باعتباره عاهل الجزيرة العربية، ويجب أن تضمن له هاتان الدولتان معا تنفيذها في حالة قبوله لها نيابة عن الدول العربية.

هذا ما قاله فيلبي. أما وايزمن فإنه يقول في كتابه «التجربة والخطأ: [2]

«عندما أردت الذهاب إلى الولايات المتحدة باستدعاء من الرئيس روزفلت للعمل في الشؤون الكيميائية، قابلت تشرتشل الذي ودعني متمنيا لي حظا سعيدا ثم قال لي دون أن أسأله: «أود أن تعلم أن لدي مشروعا لا يمكن تحقيقه طبعا إلا عندما تنتهي الحرب. وأنا أرغب في أن أرى ابن سعود سيدا للشرق الأوسط ورئيسا لكل حكامه، ولكن على شرط أن يسوي الأمور معكم، وسيكون من شأنكم أن تحرزوا منه خير ما يمكن من شروط، ونحن

---

(١) مارديني، زهير: فلسطين والحاج أمين الحسيني، ص٣٣٢.
(٢) مارديني، زهير: فلسطين والحاج أمين الحسيني، ص ٣٣٣. عن الدكتور حاييم وايزمن في كتابه «التجربة والخطأ»، ص ٥٢٥.

بطبيعة الحال سنساعدكم» وأضاف أن تشرتشل طلب إليه أن يحتفظ بتفاصيل هذا المشروع سرا وأنه قد صرح له في نفس الوقت أن يبحث هذه التفاصيل مع روزفلت بعد وصوله إلى أمريكا.

فقد كانوا يعملون على إقناع الملك عبد العزيز بالتخلي عن قضية فلسطين والدفاع عنها، وتروى وثيقة رسمية بين أوراق وزارة الخارجية السعودية جانبا من تفاصيل هذه القضية، فتقول: «نقل أوروبي إلى جلالة الملك رسالة على لسان وايزمان، يعرض فيها عليه عشرين مليون جنيه لقاء وقوفه على الحياد في قضية فلسطين، وإن رئيس الولايات المتحدة الأمريكية يكفل وايزمن في تحقيق هذا الوعد.

وتقول الكثير من الوثائق التاريخية أن الدكتور حاييم وايزمن قد سعى لدى الرئيس روزفلت حتى يتوسط له في زيارة الرياض ومقابلة الملك عبد العزيز. كان يريد أن يقابل العاهل السعودي شخصيا لإقناعه بالموافقة على تنفيذ المشروع الاستعماري الصهيوني.

■ في سنة ١٩٤٥ أجرى حزب العمال الحاكم في بريطانيا عدة اتصالات مع الرئيس الأمريكي ترومان لاشراك الولايات المتحدة رسميا في بحث قضية فلسطين واتفق معه على إرسال لجنة مشتركة. وأعلن المستر بيغان وزير الخارجية البريطانية أنه تم التفاهم مع أمريكا على تأليف هذه اللجنة وعلى صلاحياتها المتعلقة بالقضية الفلسطينية. كما أعلن «بيغان» هذا أن الهجرة الصهيونية إلى فلسطين ستستمر وذلك خلافا لقرارات الكتاب الأبيض لسنة ١٩٣٩ ونقضا لها.

وجاءت اللجنة «الانجلو أمريكية» إلى فلسطين والبلاد العربية، ثم أصدرت تقريرا يدعو إلى ادخال (١٠٠) ألف يهودي إلى فلسطين في الحال، وأن يرجع الأمر إلى الأمم المتحدة لعرض القضية الفلسطينية عليها، وإلى أن يتم ذلك تتولى بريطانيا إدارة فلسطين.

- في ١٤ آب ١٩٤٦ قدم الرئيس ترومان إلى بريطانيا خطة لتقسيم فلسطين بموجب الحدود التي اقترحها اليهود في ٥ آب ١٩٤٦.

- بتاريخ ٩ فبراير ١٩٤٧ عقد ((مؤتمر لندن)) بين المندوبين العرب واليهود والبريطانيين. ورفض كل من العرب واليهود مقترحات بيغان البريطانية، وبتاريخ ١٨ فبراير ١٩٤٧ أعلن بيغان تسليم القضية الفلسطينية إلى الأمم المتحدة[1].

تقرير أمريكي خطير:

ما أكثر المؤامرات الأمريكية التي تحاك ضد فلسطين. وما أكثر التقارير التي يعدها المسؤولون في أمريكا لرؤسائهم لتعينهم على تدبير تلك المؤامرات.

يقول الشيخ محمد محمود الصواف في كتابه ((معركة الإسلام)) ص١٨:

وددت أن أنقل في كتابي هذا تقريرا خطيرا قدمه رجل من رجال القصر الأبيض وأفصح فيه عن حقيقة المعركة بيننا وبين إسرائيل وعن طبيعة هذه الحرب الدائرة رحاها على سهول بلادنا وجبالها.

هذا التقرير الخطير قدمه المستشار الأول للمستر جونسون رئيس الولايات السابق، وصاحب التقرير هو المستر ((روستو)) قدمه سنة ١٩٤٦، ونقله إلى العربية دولة الأستاذ سعد جمعة في كتابه ((المؤامرة ومعركة المصير)) ص٨٧.

يقول روستو:

((لكي يغدو بإمكاننا تفهم هذا الوضع، يجب أن ندرك أن تلك الخلافات بين إسرائيل والعرب لا تقوم بين دول أو شعوب، بل تقوم بين حضارات)).

((لقد كان الحوار بين المسيحية والإسلام محتدما على الدوام، منذ القرون الوسطى بصورة أو بأخرى! ومنذ قرن ونصف قرن خضع الإسلام لسيطرة الغرب، أي خضعت الحضارة الإسلامية للحضارة الغربية، والتراث الإسلامي للتراث المسيحي ! وتركت هذه السيطرة آثارها البعيدة، في

---

(١) مذكرات بهجت أبو غربية: مجلة القدس الشريف، العدد ٥٢، تموز ١٩٨٩، ص١١.

المجتمعات الإسلامية، حتى بعد انتهاء أشكالها السياسية، بحيث جعلت المواطن العربي يواجه معضلات ومشكلات هائلة وخطيرة في السياسة والاجتماع والاقتصاد والعلم، لا يدري كيف يتفاعل معها في علاقاته الداخلية والخارجية على السواء)).

((لقد تحرر حقا من سيطرة الغرب السياسية، لكنه لم يستطع التحرر من سيطرة الغرب الحضارية! إن ثروته البترولية، تصنع وتسوق بالعقول الغربية والأساليب الغربية والآلة الغربية، إن الجيوش العربية التي هي مصدر غروره القومي، تستعمل السلاح الغربي، وترتدي البزة الغربية، بل تسير على أنغم الموسيقى الغربية. حتى إن ثورته على الغرب مستمدة من المبادئ والقيم والمفاهيم التي تعلمها من الغرب!! حتى إن معرفته بتاريخه وحضارته تعزى إلى المثقفين الغربيين)).

((إن غلبة الحضارة الغربية في الشرق، وهي هي العدو القديم للحضارة الإسلامية، قد أورثت العربي المسلم الشعور بالضعة والمهانة والصغار أمام طغيان تلك الحضارة التي يمقتها ويحترمها في نفس الوقت)).

التواطؤ الإنجليزي – اليهودي:

عندما نشب القتال بين العرب واليهود في أواخر عام ١٩٤٧ إثر صدور قرار الأمم المتحدة بتقسيم فلسطين، كان موقف حكومة الانتداب البريطاني موقف المتحيز إلى اليهود المتآمر معهم، شأنها طول انتدابها مدة ثلاثين عاما، فكانت تتدخل – في كل معركة يفوز بها العرب – لحماية اليهود ومنع العرب من الاستيلاء على ممتلكاتهم ومستعمراتهم بحجة أنها لا تزال صاحبة السلطة والمسؤولة عن حماية أرواح السكان وممتلكاتهم، غير أنها لا تتذرع بهذه الحجة عندما تكون أرواح العرب وممتلكاتهم عرضة للهلاك والدمار.

ومن ذلك إجلاء العرب عن طبريا فقد تم وفقا لخطة مرسومة لتسليم هذه

المدينة لليهود. فكانت القوات البريطانية خلال المعارك تغض الطرف عـن جـرائـم اليهـود في الأحياء العربية العزل مـن السـلاح وتحـول دون وصـول المـدد، إليهـا وتسـهل وصـول المـدد والنجدات إلى اليهود، ثم تدخلت وعملت على إجلاء العرب عـن المدينة بحجة أنهـم أقليـة يخشى عليها من الكثرة اليهودية.

وقد حدثت معظم المذابح التي اقترفها اليهود في القرى العربيـة الضعيفـة تحـت سـمع القوات البريطانية وبصرها، كمذابح ديـر يـاسين، وناصـر الـدين، وحواسة، وعيلوط، وسكرير، والدوامة وغيرها. وكانت معظم الفظائع الوحشية في هـذه القـرى اقترفتها عصابتا الأرغـون وشتـرن، فكانوا يقتلون الأطفـال والنسـاء والشيوخ دون رحمـة، ويبقرون بطون الحوامـل ويخرجون منها الأجنة زاعمين أن هذا أمر إله إسرائيـل الـذي أمـر شعب إسرائيـل حين فتح أريحا أن يقتل بحد السيف كـل مـا في المدينـة مـن رجـل وامرأة وطفل وشيخ وأن يحرقوا المدينة بالنار. كما جاء في الاصحاحين السادس والسابـع مـن سـفر يسوع. وكـان الإنجليـز يتواطأون مع اليهود على سرقة الأسلحة من الجيش البريطاني في فلسطين، أو من مستودعاته ومعسكراته، كما كانوا يبيعونهم الأسلحة بثمن بخس. ومن ذلك مـا أخذوه مـن معسكر «صرفند» الشهير وغيره، وما حصلوا عليه في صفقة أخرى مـن شراء ألـف سيارة نقل كبيرة، واشترت الوكالة اليهودية من مخلفات الجيش البريطاني في الشرق الأوسط مـا قيمتـه خمسـة ملايين جنيه أسلحة ومعدات وأجهزة للأرصاد وأربعا وعشرين طائرة للتدريب. أما نواة قوة الطيران اليهودية فكانت خمسين طيارا يهوديا في عداد فرقة سلاح الجـو الملكي البريطانـي في فلسطين[1].

وبعد أن تم لليهود تنظيم قواتهم، وجد اليهود والإنجليز والأمريكيون أن ظروف عام ١٩٤٨ مواتية لتنفيذ خطتهم المبيتة لتحويل فلسطين إلى دولة

---

(١) مارديني، زهير: فلسطين والحاج أمين الحسيني، ص ٣٤٨.

يهودية وإخراج أهلها العرب منها، وأنه لم تعد ثمة ضرورة لانتظار الوقت الـذي يصبـح فيـه اليهود أكثرية في فلسطين، فتوسلوا إلى ذلك بثلاث وسائل هي:

١- الضغط السياسي على المسؤولين العرب.. فقد قامت بريطانيا وأمريكا بالضغط علـى المسؤولين العرب لانتزاع زمام قضية فلسطين من أيدي أهلها وأصحابها، وقد أدى ذلك إلى العدول عن الخطة التي أقرتها جامعة الـدول العربية للدفاع عـن فلسطين، وإلى الامتناع عن تسليم المساعدات الضرورية من أسلحة وأموال للفلسطينيين، مما أدى إلى إضعافهم، ومنع مجاهديهم من الاستمرار في جهادهم.

٢- الدعاية المضللة.. فقد ضاعف الإنجليز واليهود دعايتهم المضللة ضد الفلسطينيين في داخل فلسطين وخارجها، ولاسيما في الأقطار العربية، فأنشأ قسم المخابرات البريطانيـة - بالتعاون مـع اليهود - عـدة مراكـز دعايـة ضـد الفلسـطينيين لتشـويه سـمعتهم، وتشكيك الشعوب العربية في إخلاصهم وجهادهم فتكف عن مد يد المساعدة إليهم، ولإقناع العرب بأن إنقاذ فلسطين لن يتم إلا عن طريق ادخال الجيوش النظامية إليها. أما في داخل فلسطين فقد سعوا جاهدين لتثبيط الهمم وإدخال روح الـوهن والهزيمـة بين المجاهدين، ومحاولـة إقنـاع الفلسطينيين بقلة جدوى المقاومـة وركزوا الدعايـة المضللة على صفوة الوطنيين والمجاهدين الذين عرفوا بصلابتهم وشدة إخلاصهم ولا سيما على رئيس الهيئة العربية العليا مختلقين أنواع الأكاذيب والمفتريات.

٣- إرهاب الفلسطينيين في مدنهم وقراهم.. وسبق أن ذكرت بعض المجازر التي اقترفها اليهود في القرى العربية الضعيفة مما أدخل الخوف والفزع في قلوب كثير من الناس. وكان يتم هذا الارهاب تحت سمع

القوات البريطانية وبصرها.

كيف أنهت بريطانيا انتدابها على فلسطين؟:

بعد انقضاء ثلاثين عاما على وجود بريطانيا في فلسطين، وبعد أن عملت على تمكين اليهود واطمأنت من قدرتهم على إعلان دولة إسرائيل فوق أرض فلسطين. قررت أن تنسحب من الميدان كدولة منتدبة، على أن تعود إليه فيما بعد بشكل آخر، يضمن لها قسطا من الغنم، دون أن تتحمل وحدها الغرم كله.

ونتيجة للخطة التي دبرها البريطانيون بالاشتراك مع اليهود وبعض الهيئات الدولية لينفذوا مشروع التقسيم، الذي وضعوا أسسه قبل بضع سنين. فقد وجهت بريطانيا في الثاني من نيسان ١٩٤٧ كتابا إلى السكرتير العام لهيئة الأمم المتحدة ترجوه فيه بما يلي[1]:

١- دعوة الهيئة العمومية إلى عقد دورة استثنائية من أجل تأليف لجنة خاصة لبحث المشكلة الفلسطينية.

٢- درج هذه المشكلة في جدول أعمال الهيئة العمومية عند انعقادها في دورتها القادمة، وبهذا تكون القضية الفلسطينية قد تحولت من وزارة الخارجية البريطانية في لندن إلى هيئة الأمم المتحدة في نيويورك.

هيئة الأمم المتحدة تدرس المشكلة الفلسطينية:

في ٢٨ نيسان أبريل ١٩٤٧ عقدت الأمم المتحدة جلسة في مقرها بناء على طلب بريطانيا، وقد صاحب ذلك حملة صحفية أمريكية تؤيد مطالب الصهاينة وتهاجم وفد عرب فلسطين.

واستمعت هيئة الأمم المتحدة إلى ((بن غوريون)) رئيس الوكالة اليهودية والى ((واينر)) ممثل يهود أمريكا فطالب الاثنان بإعلان قيام دولة يهودية في

---

(١) العارف، عارف: نكبة بين المقدس – ج١، ص٧.

فلسطين.

وانتهت مناقشات اللجنة السياسية إلى قرار بتأليف لجنة للتحقيق في قضية فلسطين، وألفت اللجنة من أحد عشر عضوا يمثلون الدول التالية:

السويد، كندا، تشيكوسلوفاكيا، غواتيمالا، اورغواي، هولندا، البيرو، الهند، إيران، يوغسلافيا، استراليا.

وبعد أن زارت اللجنة عددا من الدول الأوروبية ومعظم مدن الشرق، واستمعت إلى شهادات عدد كبير من الأشخاص واللجان ورؤساء الحكومات، في جلسات عقدتها في ((ليـك سكس)) و ((القدس)) وبيروت وجنيف. ثم وضعت تقريرها في ٣١ آب ١٩٤٧ ورفعته إلى هيئـة الأمم، وفيه مشروعان:

-   مشروع قالت به الأقلية، وهو يقضي بتأليف دولة اتحادية في فلسطين.

-   والآخر أقرته الأكثرية، وهو يقضي بتقسيم فلسطين إلى دولتين مستقلتين: دولـة عربية، وأخرى يهودية، على أن تدار مدينة القدس إدارة منفصلة عن الدولتين.

وفي ٢٣ أيلول ١٩٤٧ وضعت هيئة الأمم التقرير المتقدم ذكره على بساط البحـث، وقررت تأليف لجنة خاصة لدراسة مشروعي ((الاتحاد والتقسيم)). وكانت اللجنة مؤلفة من ممثلي الأمـم المنتمية إلى الهيئة وعددهم خمسة وخمسون.

اجتماع مجلس الجامعة العربية في عاليه:

وفي ٧ تشرين الأول ١٩٤٧ عقد مجلس الجامعة العربية اجتماعا في عاليه (لبنان) حضره رؤساء وزارات الدول العربية السبع، وبعد أن درس هؤلاء التقرير الذي وضعته لجنة التحقيق الدولية ورأوا أن الحلول المقترحة تمس حقوق عرب فلسطين أصدروا قرارا جاء فيه أنهم يوصون حكومات دول الجامعة بالمبادرة إلى أداء المساعدات المادية والمعنوية لعرب فلسطين لتقويتهم

ونصرتهم في الدفاع عن أنفسهم وكيانهم، وأن ترصد هذه الـدول مـن فورها الأمـوال اللازمـة لذلك على أن تتولى انفاق هذه الأموال لجنة خاصة، وختم المجلس قراره بما يلي: (١)

((بالنسبة لقرار الحكومة البريطانية المعلن أخـيرا بعزمـها عـلى الـتخلي عـن انتدابها عـلى فلسطين وانسحابها منها بقواتها العسكرية وجهازها الإداري، ونظرا لوجود القوات الصهيونية ومنظماتها الإرهابية التي تهدد سلامة العرب في فلسطين، يرى المجلس أن الحالة تستلزم مـن جانب دول الجامعة العربية اتخاذ احتياطات عسكرية عـلى حدود فلسطين، ولهـذه الغايـة يقـترح المجلس أن يـوصي حكومـات الـدول العربيـة بـأن تبـادر لاتخاذ هـذه الاحتياطات العسكرية عـلى أن تيسر الـدول المتاخمة لفلسطين للـدول غـير المتاخمـة سبيل الاشـتراك والتعاون في هذا الواجب بالاتفاق بينها)).

وتبقى الجيوش العربية مرابطة عـلى حـدود فلسطين فـلا تـدخلها، إلا إذا تلقى اليهـود مساعدة أجنبية وتعرض عرب فلسطين للخطر.

وجاء في التقرير الذي وضعه الخبراء العسكريون العرب، أنه يجب أن يـترك للفلسطينيين أنفسهم عبء الـدفاع عـن بلادهم، عـلى أن تـزودهم الحكومـات العربيـة بالمال والسلاح والخبراء العسكريين. ولا مـانع بالاستعانة بـالمتطوعين مـن أبنـاء الأقطـار العربيـة. فـإن الفلسطينيين أخلص لقضية بلادهـم وأعرف بمـداخلها ومسالكها وأقل نفقـة مـن غـيرهم لوجودهم في منازلهم واعتمادهم على منتجاتهم في معائشهم، وأولى من غيرهم بالدفاع عـن ممتلكاتهم وأعراضهم. وأما الجيوش العربية فيجب أن تبقى مرابطة على الحدود.

تلك هي الخطة التي وضعها الخبراء العسكريون العرب، وأقرها مجلس الجامعة في عاليه في ٧ تشرين الأول ١٩٤٧. ولكنها استبدلت بعد قليل بما

(١) العارف، عارف: نكبة بيت المقدس ـ ج١، ص١٤.

يناقضها، وكان لبريطانيا دخل في هذا الاستبدال، إذ أنها اعترضت على تسليح الفلسطينيين وتدريبهم واعتبرت ذلك ((عملا غير ودي)) ضد السلطة المنتدبة التي لم تنسحب من البلاد بعد[1].

لقد عقد مؤتمر عاليه، ولم يدع المفتي ولا دعي أحد من رجالات فلسطين لحضوره. وفيما كان المؤتمر منعقدا باغت المفتي المؤتمرين بدخوله قاعة الاجتماع. وحاول المفتي إقناع المؤتمرين كي يوافقوا على تأليف حكومة عربية في فلسطين إلا أن مندوبي العراق والأردن عارضا في تنفيذ هذا الاقتراح الذي من شأنه – كما قالا – أن يستفز الرأي العام العالمي في هيئة الأمم، وأخذ المؤتمرون بهذا الرأي فلم يؤيدوا المفتي في مسعاه.

وقرر المجلس فيما قرره مباشرة الدول العربية لقضية فلسطين أمام المنظمة الدولية بكل ما لديها من وسائل على أساس ((إلغاء الانتداب وإعلان استقلال فلسطين)).

اللجنة العسكرية:

وقرر المؤتمرون في الاجتماع الذي عقده مجلس الجامعة العربية في عاليه في 7 تشرين الأول 1947 تكوين لجنة سموها ((اللجنة العسكرية)) وتتكون من:

- أمير اللواء الركن إسماعيل صفوة باشا (عن العراق)

- المقدم محمود الهندي (عن سورية)

- شوكت شقير (عن لبنان)

- عزة دروزة، ثم حل محله صبحي الخضرا (عن فلسطين)

ولم ترسل مصر والأردن واليمن والسعودية أحدا من رجالها العسكريين ليمثلوها في اللجنة. ثم أنابت مصر أحد موظفيها المدنيين في المفوضية

---

(1) العارف، عارف: نكبة بيت المقدس – ج١ ، ص١٥. عن حديث للمفتي الحاج أمين الحسيني، نشرته مجلة آخر ساعة المصرية، في ٣ حزيران ١٩٥٣.

٢٩

المصرية، وأرسلت السعودية الشيخ يوسف ياسين ليمثلها. واختير اللواء إسماعيل صفوة رئيسا للجنة وانضم إلى اللجنة طه باشا الهاشمي خبيرا عسكريا في لجنة فلسطين، لأنه من الرجال العسكريين المعروفين في العراق.

واتخذت اللجنة العسكرية ((دمشق)) مقرا لأعمالها. وعقدت اجتماعا في عاليه في 8 تشرين الأول بحثت فيه مسألة النضال في فلسطين، وفي اليوم التالي رفعت إلى مجلس الجامعة تقريرا سريا جاء فيه[1]:

((إن للصهيونيين في فلسطين منظمات سياسية وتشكيلات عسكرية يستطيعون معها أن يؤلفوا فورا حكومة صهيونية، وأن لهم قوة كبيرة من الرجال والسلاح والعتاد، وفي مقدورهم أن يجندوا خلال مدة قصيرة ما يريدون من القوات الاحتياطية. ولديهم موارد من المال لا تنضب.

وليس لعرب فلسطين في الوقت الحاضر من المال والسلاح والرجال ما يمكن أن يقاس بما لأعدائهم اليهود. وأن ما لا يقل عن (٣٥٠) ألف عربي يعيشون في مناطق أكثريتها يهودية وهم معرضون للفناء إذا ما داهمهم الصهيونيون. وأن فلسطين قادمة على أحداث خطيرة. ولهذا أوصت اللجنة بما يلي:[2]

١- المبادرة حالا بتجنيد المتطوعين وتسليحهم.

٢- أن تحشد الدول العربية جيوشها النظامية على مقربة من الحدود الفلسطينية.

٣- أن تؤلف قيادة عربية عامة.

٤- أن يمد عرب فلسطين بما لا يقل عن عشرة آلاف بندقية، ومقادير كافية من الرشاشات.

٥- أن يوضع تحت تصرف اللجنة العسكرية مليون دينار لتموين القوات الفلسطينية.

---

(١) العارف عارف: نكبة بيت المقدس – ج١، ص١٨.
(٢) العارف، عارف: نكبة بيت المقدس – ج١، ص١٩- ٢١.

٦- أن تبادر الدول العربية لشراء أكبر كمية ممكنة من الأسلحة والأعتدة.

٧- حشد الطائرات المقاتلة لمراقبة المواصلات البحرية ومنع وصول النجدات إلى اليهود في فلسطين.

ولكن الجامعة العربية لم تبد أي اهتمام لتنفيذ هذه المقترحات باستثناء تخصيص مليون دينار، والوعد بإرسال كميات من السلاح.

وقبل أن ينتهي شهر تشرين الأول نقلت اللجنة مقرها إلى دمشق. وأقامت معسكرا لتدريب المتطوعين في (قطنة)، والتحق بهذا المعسكر فور افتتاحه زهاء ألف شاب فلسطيني.

وفي ٢٧ تشرين الثاني ١٩٤٧ (أي قبل صدور قرار التقسيم بيومين) رفع رئيس اللجنة إسماعيل صفوة إلى رئيس أركان الجيش العراقي تقريرا، قدر فيه قوة اليهود بخمسين ألف مقاتل، وأن لديهم من الأسلحة الخفيفة ما يكفيهم للقتال عندما يعلنون النفير العام، ولديهم إمكانات لاستيراد الأسلحة الثقيلة والطائرات من وراء البحار.

وأنه ليس للعرب في فلسطين من القوات المسلحة ما يكفي لدرء خطر اليهود. إلى أن قال: لا يمكن التغلب على اليهود بعصابات، ولابد من مجابهتهم بقوات نظامية مدربة ومسلحة تسليحا عصريا مع الاستفادة من القوات الفلسطينية غير النظامية. ولهذا اقترح: «تنظيم عرب فلسطين وتسليحهم وتدريب أكبر عدد من شبانهم ليتمكنوا من الدفاع عن أنفسهم، ومن مشاغلة الأعداء مشاغلة تخفف عن الجيوش العربية أعباءها».

وسافر إسماعيل صفوة إلى القاهرة وحضر الاجتماع الذي عقدته اللجنة السياسية، وأعاد أمام اللجنة ما ذكره في تقريره، كما ذكرها باقتراحه السابق بحشد الجيوش العربية على مقربة من الحدود، وأن تكون لها قيادة موحدة عامة.

لكن اللجنة السياسية لم تعر أقواله أذنا صاغية، ولم تنفذ بندا واحدا من

البنود التي ذكرها في تقريره.

وبعد أن كانت اللجنة العسكرية تطالب بحشد الجيوش العربية على مقربة من حدود فلسطين، راحت تصر على اجتياز الجيوش للحدود واشتراكها الفعلي في القتال. ووصفت الوضع في فلسطين وصفا قاتما يدل على أنه سيزداد سوءا إذا لم تتدخل الجيوش العربية بكامل أسلحتها ومعداتها.

وشكت اللجنة بمرارة من أن بعض الحكومات العربية لم تسلم ما تعهدت به من أسلحة، وقالت أن الموقف من حيث السلاح لا يدعو إلى الاطمئنان.

قرار هيئة الأمم بتقسيم فلسطين:

في ٢٩ تشرين الثاني ١٩٤٧ أصدرت هيئة الأمم قرارها القائل بتقسيم فلسطين، وإقامة دولتين فيها – إحداهما عربية والأخرى يهودية – أصدرته بأغلبية ٣٣ صوتا ومعارضة (١٢) صوتا وامتناع عشرة عن التصويت.

ويتلخص قرار التقسيم في النقاط التالية[1]:

١- ينتهي الانتداب في وقت لا يتأخر عن اليوم الأول من شهر آب ١٩٤٨.

٢- تؤسس في فلسطين دولتان مستقلتان: واحدة عربية وأخرى يهودية.

٣- تؤسس في القدس إدارة دولية خاصة.

٤- تتألف الدولتان، العربية واليهودية، والإدارة الدولية في القدس في مدة لا تتأخر عن اليوم الأول من شهر تشرين الأول ١٩٤٨.

٥- تشمل الدولة العربية: الجليل الغربي (عكا والناصرة)، السامرة (نابلس وجنين وطولكرم)، قطاع القدس (خلا مدينة القدس الدولية)، قطاع بيت لحم (خلا مدينة بيت لحم)، قطاع الخليل (خلا الجزء المحاذي منه للبحر الميت)، مدينة يافا، معظم قطاع اللد والرملة، السهل الساحلي في جنوب فلسطين (غزة والمجدل وخان

---

(١) العارف، عارف: نكبة بيت المقدس – ج١، ص٢٥.

يونس)، الجزء الغربي الشمالي من قطاع بئر السبع (منطقة العوجا – حفير).

٦- تشمل الدولة اليهودية: الجليل الشرقي (صفد وطبريا وبيسان)، حيفا وقراها، تل أبيب والمستعمرات اليهودية الواقعة في السهل الساحلي، قطاع يافا (باستثناء مدينة يافا)، الجزء المحاذي للبحر الميت من قطاع الخليل، جزء كبير من القرى الشرقية في القطاع الغربي قطاع بئر السبع (خلا منطقة العوجا – حفير) حتى العقبة.

٧- حدود القدس الدولية: من الشرق أبو ديس، ومن الغرب عين كارم، ومن الشمال شعفاط، ومن الجنوب بيت لحم.

٨- يضع مجلس الوصاية دستورا مفصلا لمدينة القدس الدولية.

٩- يطلب إلى جميع الدول أن تتنازل عن حقها في الامتيازات والحصانات الأجنبية التي كانت تتمتع بها من قبل.

هذه هي النقاط الرئيسية في قرار التقسيم. ويجدر بنا أن نذكر أن عدد سكان فلسطين كان عند صدور قرار التقسيم مليونا وستمئة وخمسة وثمانين ألفا منهم مليون ومئة وعشرون ألف عربي والباقون يهود، وكان على ٤٠٧,٠٠٠ عربي – إذا ما نفذ هذا القرار – أن يعيشوا تحت حكم الدولة اليهودية، وعلى ١٠,٠٠٠ يهودي في الدولة العربية.

أما توزيع الأراضي والسكان والمدن والقرى في فلسطين، إذا ما نفذ قرار التقسيم هذا، سيكون كما يلي:

	المساحة بالدونمات	النسبة المئوية
الدولة العربية	١١,٥٨٩,٨٧٠	٤٢,٨٨%
الدولة اليهودية	١٥,٢٦١,٦٤٩	٥٦,٤٧%
منطقة القدس الدولية	١٧٥,٥٠٤	٠,٦٥ %

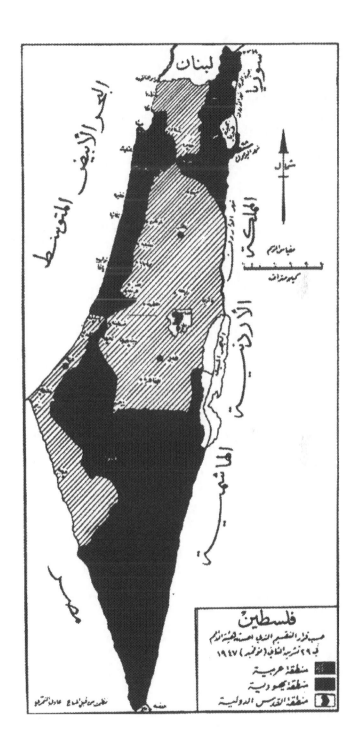

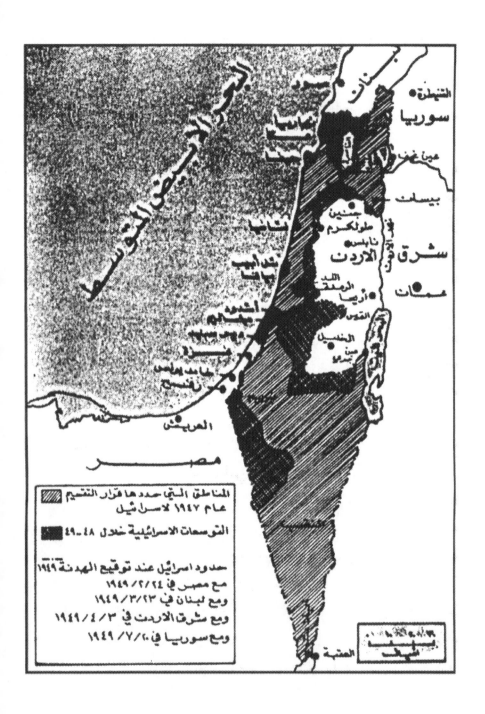

قرار التقسيم (١٩٤٧) والتوسع الإسرائيلي

يقول الزعيم السوري المعروف (فارس الخوري) عن مشروع التقسيم، وكان يومئذ ممثلا لسورية في مجلس الأمن [1]:

«إن هيئة الأمم المتحدة أقرت مشروع التقسيم بأغلبية صوتين اثنين، وإن المعركة بلغت أشدها في اليوم الذي سبق قرار التقسيم، وإن معظم الدول كانت تؤيد العرب في وجهة نظرهم، لولا تدخل الولايات المتحدة، إذ راحت هذه تؤثر على مندوبي الدول واحدا فواحدا، وتضغط عليهم ضغطا متواصلا، حتى أنني لأذكر أن مندوب الفلبين بعد أن وعد بتأييدنا اضطر إلى الهرب حتى لا ينقض وعده استجابة للضغط الأمريكي، وإن مندوب هايتي بكى أمامي لأن مصالح بلاده مع أمريكا أقدس من مصالح العرب، ولهذا اضطر أن ينقض وعده».

ويضيف فارس الخوري إلى ما تقدم قوله «إن المستر تريجفي لي السكرتير العام للأمم المتحدة مسؤول إلى حد كبير عن النكبة التي حلت بالشعب الفلسطيني، إذ أنه جند الموظفين الذين يعملون تحت رياسته في الأمم المتحدة، وعددهم ثلاثة آلاف ليندسوا بين الأعضاء للتأثير عليهم».

وكان لقرار التقسيم أسوأ الوقع عند العرب، وأحسنه عند اليهود. وراح العرب يفكرون في أجدى الطرق التي يجب أن يتبعوها من أجل الحيلولة دون تنفيذه. ولم يكن في البلاد سوى نفر قليل من المسلحين الذين لا يملكون سوى بضعة مسدسات وبنادق ورشاشات خفيفة. ولما اكفهر الجو تألفت في المدن والقرى «لجان قومية» وسافر بعضها إلى الدول العربية المجاورة ليبتاعوا السلاح ما استطاعوا إلى ذلك سبيلا.

وهكذا كان الوضع في سائر أنحاء فلسطين عندما صدر قرار التقسيم. شعب أعزل لا سلاح لديه. تلطمه هيئة من أكبر الهيئات الدولية بأظلم وأقسى قرار عرفه التاريخ ويقضي عليه بالتجزئة والحرمان وضياع الأمل

(١) مجلة المصور المصرية ــ العدد ١٤٧٠، في ١٢ كانون الأول ١٩٥٢.

بالحرية التي كان ينشدها، والاستقلال الذي طالما تمناه.

وقررت الهيئة العربية العليا رفض قرار التقسيم، ودعت الأمـة إلى اضراب عام، فأضربـت البلاد عن العمل ثلاثة أيام (من ٢ إلى ٤ كانون الأول ١٩٤٧)، وقامت مظاهرات في فلسطين وفي مصر والشام والعراق ولبنان وعمان وعدن والبحرين والمغرب الأقصى ـ استنكارا لقرار التقسيم (١).

وفي ٨ كانون الأول (ديسمبر ١٩٤٨) أعلنت بريطانيا قرارها بانهاء الانتداب والانسحاب من فلسطين في يوم ١٥ أيار ١٩٤٨ ليحل محله أقامة دولة يهودية ودولـة فلسطينية. وفي ١٥ كانون الأول سلم البريطانيون مهمات البوليس في تـل أبيب وبتاح تكفا لليهـود، وفي يافا للعرب، وفي شهر كانون الثاني ١٩٤٨ بـاع الجيش البريطاني لليهود في فلسطين (٢٠) طائرة وسرحت حكومة الانتداب قوة حدود شرقي الأردن وعددها (٣٢٠٠) جندي مدرب معظمهـم من العرب وجردتهم من أسلحتهم.

وأعلنت الولايات المتحدة في (٥) كانون الأول ١٩٤٧ حظر شحن السـلاح إلى فلسطين والدول العربية. وفي (٣) كانون الثاني ١٩٤٨ شحن للهجاناه من نيوجرسي في الولايات المتحدة (٦٥) ألف رطل من مـادة (ت. ن. ت) شديدة الانفجار. وفي شهر شباط ١٩٤٨ سمحت حكومة الولايات المتحدة للهاجاناه بافتتاح مكتب باسم (الأرض والعمل) لتجنيد المتطوعين من العسكريين المحترفين.

والخلاصة أصبح دور بريطانيا والولايات المتحدة بعد صدور قرار التقسيم أن تمنعا العرب من عرقلة التقسيم، وأن تضمن بريطانيا قيام «الدولة اليهودية» داخل فلسطين عـن طريـق مساعدة اليهود عسكريا بالسلاح والعتـاد والتدخل السريع إلى جـانبهم، وفي نفس الوقت العمل على ترحيل العرب من المنطقة المخصصة للدولة اليهودية مثل طبرية وصفد وحيفا ويافا.

---

(١) العارف، عارف: نكبة بيت المقدس ـ ج١، ص٣٢.

وأما دور أمريكا فهو تزويد «الدولة اليهودية» بكل ما تحتاجه من السلاح والعتاد والمال والمتطوعين.

وفي اليوم التالي لصدور قرار التقسيم (٣٠) تشرين الثاني بـدأ اليهود يستعدون لإقامة «الدولة اليهودية» وقاموا بما يلي: [١]

١- دعت قوات الهاجانا جميع اليهود في فلسطين من سـن ٧- ٢٥ للتسجيل في الخدمـة العسكرية.

٢- عقدت الهاجانا مع مصانع تشيكوسلوفاكيا اتفاقا لشراء مقادير كبيرة مـن السـلاح والعتاد الحربي، بلغت قيمها (١٢,٢٨٠,٠٠٠) دولار، وقد وصل أكثر مـن نصف هـذه الصفقة قبل انتهاء الانتداب.

٣- اعتمدت الهاجانا خطة لشن سلسلة هجمات لزعزعة العرب وحملهم عـلى الرحيـل من فلسطين، واحتلال المواقع الاستراتيجية.

٤- قررت الوكالة اليهودية جمع (٢٥٠) مليون دولار من يهود أمريكا للمجهود الحربي الصهيوني في فلسطين.

٥- في ١٤ فبراير ١٩٤٨ وصلت أول دفعة مـن المتطوعين الأجانب المحترفين عـددهم (٢٨٠) محترفا على ظهر الباخرة (انديبندانس) بصفة مهاجرين.

اجتماع مجلس الجامعة العربية في القاهرة:

وفي ٨ كانون الأول ١٩٤٧ اجتمع مجلس الجامعة العربية في القاهرة، وحضر الاجتماع رؤساء الحكومات العربية السبع، ومندوب عن الهيئة العربية العليا، كما حضره الأمين العام للجامعة، وبحثوا القضية الفلسطينية على ضوء القرار الذي أصدرته هيئة الأمم بتقسيم فلسطين، وفي نهاية الاجتماع الذي دام عشرة أيام أصدروا بيانا قرروا فيه أن التقسيم باطل من أساسه، وقرروا كذلك عملا بإرادة شعوبهم أن يتخذوا التدابير الحازمة

---

(١) مذكرات بهجت أبو غربية: مجلس القدس الشريف، العدد ٥٢، تموز ١٩٨٩، ص١٧.

لإحباط مشروع التقسيم، والحيلولة دون قيام دولة يهودية، والاحتفاظ بفلسطين عربية مستقلة موحدة، وبالإضافة إلى هذا القرار، فقد اتخذوا في هذا الاجتماع قرارات سرية أهمها[1]:

١- تزويد اللجنة العسكرية الدائمة – مقرها دمشق – حالا بعشرة آلاف بندقية مع عتاد لا يقل عن (٥٠٠) خرطوشة لكل بندقية.

٢- تزويد اللجنة العسكرية بما لا يقل عن ثلاثة آلاف متطوع: خمسمئة مـن كـل مـن فلسطين ومصر والعراق وسوريا، وثلاثمئة من لبنان ومئتان من الأردن. على أن يكون هؤلاء كاملي العدة، وأن يصلوا إلى معسكرات اللجنة قبل منتصف يناير ١٩٤٨.

٣- اعتماد مليون جنيه مـن الـدول العربيـة لتصرف في شؤون الـدفاع عـن فلسطين، وتحويل نصف مليـون ريـال يمنـي مـن اليمن لمساعدة فلسطين. وكانت اللجنة العسكرية قد اتخذت دمشق مقرا لها، وكان أول عمل قامت به تشكيل "جيش الانقاذ" ودعت الشباب القادرين على حمل السلاح للتطوع في هذا الجيش، وعينت فوزي القاوقجي قائدا له.. كما عهدت اللجنة العسكرية إلى الفريق طه الهاشمي أمر الإشراف على التطوع والتدريب والتجهيز، وإلى اللواء الركن إسماعيل صفوت قيـادة قوات المتطوعين.

يقول الأستاذ المجاهد بهجت أبو غربية في مذكراته[2]:

ويؤسفنا أن نقول أن الحكومات العربية التي كانت خاضعة للانتداب البريطاني، لم تكن صادقة في رفضها لقرار التقسيم وإنما أعلنت رفضها للاستهلاك المحلي لأنها لم تكن قادرة على مواجهة الرأي العام الشعبي الرافض فعلا للتقسيم ولقيام دولة صهيونية عنصرية توسعية على

_____

(١) العارف، عارف: نكبة بيت المقدس – ج١، ص٤٣- ٤٧.
(٢) مذكرات بهجت أبو غربية: مجلة القدس الشريف، العدد ٥٢، تموز ١٩٨٩، ص١٤.

أرض فلسطين. وهناك الكثير من الأدلة على أن معظم الحكومات العربية كانت موافقة على التقسيم بصورة غير رسمية ولذلك لم تتحرك لمقاومته، ومن هذه الأدلة:

١- عقدت جامعة الدول العربية اتفاقا سريا مع بريطانيا سمح بموجبه لجيش الانقاذ بالدخول إلى فلسطين والتمركز في الأراضي المخصصة للعرب بموجب قرار التقسيم، وعلى أن لا يقوم بأي نشاط عسكري في القسم المخصص للدولة اليهودية، وقد التزمت قيادة جيش الانقاذ بذلك حتى في الحالات التي كان يتعرض فيها سكان حيفا ويافا للذبح والطرد على يد اليهود.

٢- رفضت دول الجامعة العربية واللجنة العسكرية الاقتراحات الفلسطينية بتسليح شعب فلسطين وتزويده بالقادة والخبراء العسكريين ليتمكن من مواجهة اليهود وجاء الرفض بناء على اعتراض بريطانيا.

٣- كان تشكيل جيش الانقاذ في حد ذاته يرمي إلى استيعاب الشباب العربي المتحمس للقتال وعسكرتهم والسيطرة عليهم بالضبط والربط العسكري، وتحريكهم أو تجميد حركتهم وفقا لمقتضيات تنفيذ التقسيم، حكمهم في ذلك كحكم الجيوش العربية النظامية التي رغم شدة حماسها للقتال والموت ذودا عن عروبة فلسطين كانت مرغمة على الالتزام بالقرارات السياسية لحكوماتها. وقد أدى ذلك في بعض الحالات إلى فرار بعض جنود وضباط جيش الانقاذ ومحاولة الانضمام إلى جيش الجهاد المقدس.. هذا وقد كان تشكيل جيش الانقاذ مبررا لحجب السلاح عن شعب فلسطين ومقاتليه.

٤- كان الجيش العراقي أقوى الجيوش العربية وأكثرها قدرة وكفاءة، وكان الجيش العراقي الذي غادر العراق ليقاتل في فلسطين مؤلفا من فرقتين ومجموعتي ألوية أي حوالي (٣٠) ألف جندي.. وإن هذا الجيش

بقي حتى عشرين أيار ١٩٤٨. أي بعد انسحاب الجيش البريطاني من فلسطين بخمسة أيام، شرقي نهر الأردن ولم يعبر إلى فلسطين وكان يتحرك ببطء شديد، حتى أنه عندما توقف القتال في نهاية الشهر الأول، لم يكن عدد الجيش العراقي داخل فلسطين يزيد على لواء واحد انتشر على خط طويل. أما بقية الجيش العراقي فكان معسكرا في "الاتش فور" والمفرق واربد والغور.

٥- كانت كميات الأسلحة والذخائر التي قدمتها جامعة الدول العربية للمقاتلين الفلسطينيين قليلة جدا وقديمة معظمها غير صالح للاستعمال.. ونستطيع أن نقول بكل ألم أن السلاح قد منع عن الشعب الفلسطيني وقوات الجهاد المقدس الفلسطينية خوفا من أن يعرقلوا تنفيذ قرار التقسيم.

وفي الوقت الذي انبثقت فيه "اللجنة العسكرية" عن اجتماع مجلس الجامعة في عالية، نشطت الهيئة العربية العليا لفلسطين في جمع التبرعات من الشعب الفلسطيني والمهاجرين العرب ومن الشعوب العربية والإسلامية وبعض الحكومات العربية، وتمكنت من شراء كميات من الأسلحة المتنوعة والعتاد رغم العراقيل التي تعرضت لها من الانجليز والأمريكان وعملائهم في المنطقة. ولكنها لم تتمكن من الحصول على القدر الكافي من السلاح.. وبالرغم من هذا فقد سارت الأمور في بادئ الأمر سيرا مرضيا، وفي صالح العرب، ولكن إلى حين.[(١)]

وفي ٢٥ كانون الأول ١٩٤٧، أي بعد صدور التقسيم بشهر، تألفت في فلسطين قوات الجهاد المقدس بقيادة عبد القادر الحسيني، وبدأت نشاطها في منطقة القدس والخليل ويافا وحيفا والناصرة وجنين وكثير من المدن الأخرى.

(١) العارف، عارف: نكبة بيت المقدس – ج١ ص٤٨.

خطوات مريبة سبقت دخول الجيوش العربية:

يقول الحاج أمين الحسيني مفتي فلسطين ورئيس الهيئة العربية العليا، أن الدول العربية قد اتخذت سلسلة إجراءات قبل دخول جيوشها فلسطين، منها: [1].

١- قطعت المساعدة المالية التي قررتها في مؤتمر بلودان عام ١٩٤٦ وقدرها مليونان من الجنيهات سنويا ولم تدفع منها للهيئة العربية العليا لفلسطين إلا ١٤٧ ألف جنيه وذلك في السنة الأولى فقط.

٢- وضعت الجامعة العربية يدها على الأموال التي تبرعت بها الشعوب العربية لمعركة فلسطين، وعلى الأموال الأخرى التي قامت وفود الهيئة العربية العليا بجمعها من العالمين العربي والإسلامي، بحجة تنسيق أعمال الجهاد.

٣- أوقفت اللجنة العسكرية التي كان يشرف عليها الفريق طه باشا الهاشمي توزيع الأسلحة التي كانت اللجنة السياسية للجامعة قررت توزيعها في جلساتها المنعقدة في وزارة الخارجية بالقاهرة في صيف عام ١٩٤٧، وقد كنت أحضر تلك الجلسات حينئذ بصفتي عضوا في اللجنة السياسية.

٤- صادرت اللجنة العسكرية الأسلحة الوفيرة التي دفع ثمنها أهل بيروت عام ١٩٤٧ لتسليح المجاهدين الذين كانوا تحت قيادة الشهيدين عبد القادر الحسيني وحسن سلامة والتي كانت تحت إشراف (مكتب فلسطين الدائم)، الذي كان مؤلفا من عدة أشخاص لبنانيين مرموقين أذكر منهم الحاج حسين العويني وحسن البحصلي والدكتور سليم ادريس.

---

(1)

ومن الأمور الهامة التي حدثت أيضا:

- أن اللجنة العسكرية منعت السلاح عن المجاهدين الفلسطينيين: وقد شهدت مقابلة بين طه باشا والقائد الشهيد عبد القادر الحسيني في الخامس من نيسان ١٩٤٨ بدمشق في مركز اللجنة العسكرية عندما جاء عبد القادر من ميدان المعركة في فلسطين إلى دمشق للمطالبة بإمداده بالسلاح والعتاد، فقال عبد القادر لطه باشا، إن هذه الأسلحة اشتراها أهل لبنان تلبية لطلبنا، فلماذا أخذتموها ومنعتم تسليمنا إياها؟ فأجابه طه: إن هذه أسلحة جديدة وسأسلح بها الأفواج التي سنجندها. فقال له عبد القادر: أعطوا هؤلاء من الأسلحة المكدسة في مخازنكم، ونحن أحق بالسلاح الذي اشتري لنا خصيصا، وأجدر من كل أحد بالدفاع عن بلادنا، ولكن طه باشا رفض تلبية الطلب..

وعندئذ قدم عبد القادر لطه خرائط تبين الموقف العسكري في القدس وما حولها، وبسط له خطورة الوضع بعدما استولى اليهود على "القسطل"، وقال له: نحن في حاجة قصوى لانقاذ القدس وطرد اليهود من القسطل، إلى بطارية مدافع وإلى رشاشات وعتاد. فأجابه طه قائلا: ليس لدينا مدافع، فقال عبد القادر: لقد أعطيتم القاوقجي أربع بطاريات فأعيرونا واحدة منها، فلما رفض طه له قال له عبد القادر: أعطونا على الأقل بضعة رشاشات (برن) فاجاب طه: لا نعطيكم فانتم (باشبوزوق) يعني أنهم ليسوا جنود نظاميين".

فعندئذ تدخلت في الحديث وأفهمت طه باشا أن كثيرا من قادة جيش الجهاد المقدس، وفي مقدمتهم عبد القادر وحسن سلامة قضوا دورات عسكرية عديدة في العراق وألمانيا ولكن طه لم يوافق على إعطائهم شيئا، فثار عبد القادر وقذف بالخرائط التي كانت بيده في وجه طه وقال له: انكم تريدون قتلنا وتمهدون سبيلنا إلى هزيمة رخيصة.

وعدنا إلى فندق قصر الشرق بدمشق، وجعل عبد القادر يكتب استقالته من القيادة، وعندئذ دخل علينا رياض بك الصلح، وأخذ يهدئ من غضبه ويسترضيه، واعدا إياه بأن يسترد السلاح الذي اشتراه أهل لبنان ويرسله إليه.

وقرر عبد القادر العودة إلى القدس في اليوم التالي، مصمما على طرد اليهود من جبل القسطل المنيع الذي أعرف خطورته.. وقلت لعبد القادر: أرجو ألا تجازف أنت ورجالك باقتحام الجبل في هجمة واحدة لئلا تسقط منكم ضحايا كثيرة فأطلب منك أن تعدني بذلك. فقال: كيف أعدك بذلك وليس لدينا من السلاح، إلا أربعة رشاشات قديمة تضعف قوة رميها في أول معركة، فإن لم نجازف بأجسامنا وأرواحنا فلا سبيل إلى طرد اليهود من المواقع المنيعة، ولا سبيل إلى انقاذ القدس. إن اليهود يحصنون الجبل فيجب استرجاعه قبل أن يتموا تحصينه.

- مصادرة أسلحة الهيئة العربية: وفي تلك الأيام صادرت عدة دول من دول الجامعة العربية، مخازن الأسلحة التي كانت في حوزة المجاهدين الفلسطينيين، ومعامل إصلاح الأسلحة وتعبئة الذخيرة، وقد نشرت حينئذ مجلة آخر ساعة صورا لعدد كبير من سيارات النقل الكبيرة يزيد على ثلاثين سيارة وهي ملأى بالسلاح والعتاد الذي صودر من مستودعات الهيئة العربية العليا بالقاهرة. وكان ذلك في عهد حكومة النقراشي.

كما انتزعت جامعة الدول العربية زمام قضية فلسطين السياسية من أيدي أهلها الفلسطينيين، وأبعدت عنها الذين كانوا يتولون زمام قيادتها السياسية ويديرون معاركها الحربية.

وكان الموقف حرجا عندما عارضت الهيئة العربية العليا دخول الجيوش العربية واستبداد الجامعة بالقضية الفلسطينية، فقد انبثقت دعاية قوية بين الفلسطينيين بأن جيوش الدول العربية السبع ستقضي على الصهيونيين وتنقذ

فلسطين دون أن تكبد أهلها خسائر في الأنفس والأموال، ودون أن تكلفهم جهدا وعناء، ولكن الهيئة العربية تعارض في ذلك لغايات خاصة!! وقد لقيت هذه الدعاية المضللة آذانا سميعة عند كثير من الفلسطينيين، فأخذوا يلحون علينا بالانصياع إلى الدول العربية.

وهكذا كان الضغط الاستعماري العامل الأكبر في خطة إبعاد الفلسطينيين عن المعركة، خشية من تفاقم حرب العصابات وأعمال الفدائيين التي كانت العلاج الناجع لقضية فلسطين وإحباط مخططات الصهيونيين والمستعمرين وكان من أكبر الأخطاء التي ارتكبتها السلطات العربية المسؤولة بعد حرب فلسطين، أنها منحت الأعداء الصهيونيين فرصة فريدة، استمرت عشرين سنة. قبل نكبة الخامس من حزيران ١٩٦٧، من المهادنة والمسالمة، اغتنمها الأعداء لتثبيت أركان دولتهم واستكمال استعداداتهم الحربية دون رقيب ولا حسيب، وكان ذلك بضغط من بعض الدول الأجنبية الضالعة مع الصهيونيين (١).

_____

(١) ماردني، زهير: فلسطين والحاج أمين الحسيني، ص٤٠٦- ٤٠٧.

الباب الثاني
الحرب "العربية – الإسرائيلية" عام ١٩٤٨

الباب الثاني
الحرب العربية - الإسرائيلية عام ١٩٤٨

تقديم:

بدأت هذه الحرب باضطرابات دامية بين العرب واليهود بعد قرار التقسيم، فقد عمت فلسطين موجة عارمة من الحماسة والاندفاع للقتال في أواخر عام ١٩٤٧ وأوائـل عـام ١٩٤٨، وأخذت المعارك تتوالى بين المجاهدين مـن أبناء فلسطين وبين اليهـود. بين قـوات الجهاد المقدس والمتطوعين والمجاهدين من الأخوان المسلمين وجيش الانقاذ وغيرهم، الـذين قدموا إلى فلسطين من عدة دول عربية، وبين المنظمات الصهيونية الإرهابية التي تحولت إلى جيش نظامي مدعم بوحدات محلية.

واشتدت الحرب بدخول قوات من الجيوش العربية تابعة لمصر وسورية والأردن والعراق والسعودية ولبنان أرض فلسطين في ١٥ أيار ١٩٤٨. وقد تخللت الحرب هـدنتان عرفتا باسم (الهدنة الأولى والهدنة الثانية).

وتميزت هذه الحرب، رغم ضراوة الأعمال القتالية في معظم فتراتها بهيمنة الطابع السياسي على مسيرة الأعمال القتالية.

وسوف أخصص هذا الباب للكلام عن القوات العربيـة (الشعبيـة والحكوميـة)، والقـوات اليهودية النظامية وشبه النظامية التي شاركت في القتال.

ثم أعرض للمراحل التي مر فيها القتال، والهدنة الأولى والثانية التي تخللت هذه المراحل.

أما الحديث عن المعارك نفسها فسوف أفرد له بابا مستقلا إن شاء الـله.

الفصل الأول

القـــوات العـــربيـــة

أولا: قوات الجهاد الشعبي:

جيش الجهاد المقدس

- تقديم

- تشكيل جيش الجهاد المقدس

- التدريب والتسليح

- توزيع قوات الجهاد على المناطق

- قيادة الجهاد المقدس

- معارك وعمليات الجهاد المقدس

- إبعاد الفلسطينيين عن ميدان القتال

جيش الجهاد المقدس

تقديم:

عندما صدر قرار التقسيم عام ١٩٤٧، عـاد إلى فلسطين القائد عبـد القـادر الحسيني في أواخر شهر كانون الأول ١٩٤٧ (١٩٤٧/١٢/٢٢)، عاد بعد غياب حوالي عشر سنوات قادما مـن مصر بصورة سرية، وكانت اللجنة العسكرية لفلسطين التي شكلتها جامعة الـدول العربيـة وكذلك بعض الدول العربية تعارض بشدة في عدوته إلى فلسطين، كـما سـبق أن عارضـت في عودة الحاج أمين الحسيني.

ولكن عبد القادر أصر على العودة إصرارا شديدا حتـى ولـو أدى ذلـك إلى غضب اللجنـة العسكرية والدول العربية المعنية. وبعد تدخل بعض الوسطاء وافقت اللجنة العسكرية عـلى عودته ضمن شروط فرضتها هي: (١)

أولا: أن يكون وجوده ونشاطه في فلسطين مرتبطا باللجنـة العسكرية وخاضعا لأوامرهـا ومتقيدا بالضبط والربط العسكري.

ثانيا: أن يكون مسؤولا عن منطقة القدس فقط وأن لا مد نشاطه إلى أي منطقة أخرى.

ثالثا: أن لا يقوم هو أو رجاله بجمع التبرعات من الأهلين.

تشكيل جيش الجهاد المقدس:

بدأ عبد القادر الحسيني بتنظيم قوة من الشباب في قرية صوريف – من أعمال الخليل – تقدر بخمسة وعشرين مجاهدا من أجل متابعة الجهاد لمقاومة التقسيم وللدفاع عن عروبة فلسطين. ثم انتشرت هذه التنظيمات في معظم مدن فلسطين. وحملت كلها اسم ((الجهاد المقدس)). وباركت الهيئة العربية

---

(١) مذكرات بهجت أبو غربية: مجلة القدس الشريف، العدد ٥٤، أيلول ١٩٨٩، ص٥٢.

العليا هذا التنظيم الذي أصبح تابعا لها.

واستقر عبد القادر في بلدة بير زيت بمنطقة رام الله. ولم تقم اللجنة العسكرية بتزويده بالسلاح أو المال أو الخبراء سوى أعداد قليلة من البنادق كان معظمها قديمة وغير صالحة للاستعمال.

ولما اشتد النزاع بين العرب واليهود شكلت الهيئة العربية العليا في كل مدينة وفي كثير من القرى الفلسطينية لجنة محلية للمقاومة انبثق منها لجنة مركزية سميت ((اللجنة القومية العامة))، وتشعبت عنها لجان فرعية لجمع الأموال والسلاح، وأخرى للدعاية لصالح قوات الجهاد، وانخرط عدد كبير من أبناء البلاد العربية بالإضافة إلى أبناء فلسطين في صفوف المجاهدين. [1]

يقول الأستاذ بهجت أبو غربية في مذكراته: [2]

((شكل عبد القادر الحسيني هذا الجيش، مستفيدا من قادة ثورة (١٩٣٦- ١٩٣٩)، ومن تنظيمات الحزب العربي الفلسطيني، وكان انشاؤه تحديا للخطط الاستعمارية البريطانية، ولموقف حكومة بريطانيا التي كانت تعارض بشدة في تسليح الفلسطينيين وتجنيدهم، خشية أن يعرقل ذلك خطط الغرب في إنشاء دولة ((العدو الصهيوني))، وضم الأجزاء العربية التي حددها مشروع التقسيم إلى حكومة شرقي الأردن. وقد تجسد موقف بريطانيا في نشاطات ((البريجادير تشارلز كلايتن)) السياسي البريطاني الكبير الملحق بالسفارة البريطانية بالقاهرة، الذي كان متفرغا لشؤون جامعة الدول العربية، والذي أجمعت المصادر التاريخية على أنه كان يسيطر على مسيرة الجامعة بل ويصوغ قراراتها، وأنه حضر معظم المؤتمرات العربية الخاصة بفلسطين ولا سيما مؤتمرات أنشاص وبلودان وعاليه، وكان يعارض بشدة باسم حكومته اتخاذ أي قرار لجامعة الدول العربية يتعلق بتسليح الفلسطينيين، ولا يملك

---

(١) الموسوعة الفلسطينية - المجلد الثاني، ص١٢٤.
(٢) مذكرات بهجت أبو غربية: مجلة القدس الشريف، العدد ٦٤، تموز ١٩٩٠، ص٣٨.

٥٠

ممثلو الحكومات العربية مخالفته.

وكان أيضا إنشاء جيش الجهاد المقدس تحديا للنشاط الإعلامي الواسع الـذي قامت به الحكومات العربية وأجهزة المخابرات البريطانية لتثبيط همـم الفلسطينيين وصرفهم عـن التسلح والاستعداد للقتال».

ولم يكن جيش الجهـاد المقدس جيشا نظاميا بالمعنى العسكري التقليدي بـل مجرد «مليشيا» شعبية، وكان تنظيمه أقرب إلى مجموعة مـن السـرايا المسـتقلة الخفيفة المربوطة مباشرة بالقائد العام عبد القادر الحسيني في منطقة القدس، والشيخ حسن سلامة في منطقـة يافا واللد. أما المناطق الأخرى فكانت فيها تشكيلات صغيرة متناثرة ترتبط بعبد القادر الحسيني أو بالقيادة العسكرية التي شكلتها الهيئة العربية العليا في دمشق.

ومع هذا فقد كان جيش الجهـاد المقدس مـن طلائع العمل الجهادي التـي انبثقت تنظيماتها من صميم الشعب الفلسطيني. وكان في جوهره أول مظهر مـن مظاهر القوات الشعبية التي تحمل في داخلها بعض سمات الجيش الشعبي شبه النظامي. ولو تـوفرت لهـذا الجيش القيادات المدربة (على مستوى المناطق)، والإمكانات الماديـة المطلوبة (التسـليح والمعدات والأجهزة والتموين لكان بوسعه أن يكون نـواة قـوة شـعبية مجاهـدة في فلسطين مؤهلة للتطور والنمو خلال فترات القتال المسلح ضد الاستعمار والصهيونية)[1].

وكانت قوات الجهاد المقدس تتكون من الأصناف التالية[2]:

1- المجندون المقاتلون: وهم من الفلسطينيين والمتطوعين من البلدان العربية، وكانوا قوة متحركة ضاربة مستعدة للعمل، ومهمتهم مواجهة أعمال الإرهاب الصهيوني وقطع طرق مواصلاته. وكانت الهيئة

---

(1) الموسوعة العسكرية – ج ١، ص ٤٨٩.
(2) مارديني، زهير: فلسطين والحاج أمين الحسيني، ص ٣٥٤، والموسوعة الفلسطينية، المجلد الثاني، ص١٢٤.

العربية العليا تؤمن لهم السلاح والعتاد وتدفع إليهم رواتب شهرية متواضعة. وكانوا يتكونون من سرايا وفصائل (الفصيل من ٨-١٥ مقاتل).

٢- المجندون المرابطون، وهؤلاء من المواطنين المقيمين في القرى. وقد تولوا الدفاع عن قراهم والمناطق المجاورة لهم، وأعدوا للنجدة عند المعارك فكانوا قوة احتياطية وراء خطوط القتال. وكانت الهيئة العربية تؤمن لهم بعض الأسلحة والعتاد، ومخصصات مالية قليلة. وقدر عددهم بأكثر من ١٨ ألف مجاهد وكانوا متوسطي التسليح والتدريب.

٣- فصيل التدمير: يتألف من المجندين المختصين بعمليات النسف والتدمير. وقد شهدت هذه الفئة تقدما ملموسا، بفضل انضمام العناصر المدربة والفلسطينيين الذين كانوا قد شاركوا في الحرب العالمية الثانية إلى جانب القوات البريطانية، بالإضافة إلى الذين تدربوا على يد الخبراء الألمان.

٤- فصيل الاغتيال: انتخب من العناصر الفلسطينية المتحمسة، وكانت مهمته الأساسية اغتيال الخونة والسماسرة، والقضاء على العناصر الإنجليزية المعادية لعروبة فلسطين. ومما يجدر ذكره أن قوى الثورة المضادة قامت باغتيال أناس لا غبار عليهم لتشويه سمعة قوات الجهاد المقدس.

ولم تكن أعداد المجاهدين أو مرتباتهم ثابتة، بل متغيرة تبعا للظروف والأحوال المادية التي كانت تمر بها الهيئة العربية العليا، فقد زاد عدد مجاهدي الفئة الأولى في بعض الأحيان على عشرة آلاف، وتراوح عدد أفراد الفئة الثانية ما بين خمسة عشر ألفا وعشرين ألفا.

التدريب والتسليح:

عندما شرعت اللجنة العسكرية العربية في تنفيذ خطتها التي وافق عليها مجلس الجامعة، والتي تشتمل على وجوب جعل الفلسطينيين في وضع مماثل لوضع اليهود، من حيث التسليح والتدريب، وتحصين مدنهم وقراهم تحصينا عسكريا فنيا، وأن يكونوا الأساس المعول عليه في الدفاع عن بلادهم، ووجوب مرابطة الجيوش النظامية للدول العربية على حدود فلسطين دون دخولها، لتقوية الشعب الفلسطيني ومساعدة المجاهدين عند الضرورة بالسلاح والعتاد والضباط وبعض الوحدات الفنية. عندئذ استدعت الهيئة العربية العليا أكثر من ألف شاب فلسطيني إلى سورية ليتدربوا في معسكر ((قطنة)) وكان كثير من الشباب قد تدربوا على القتال ولو بصورة بدائية في أثناء الثورات السابقة في فلسطين.

وأما السلاح. فبالرغم من أن توصية اللجنة العسكرية المجتمعة بدمشق في عام ١٩٤٧ تضمنت أنه يجب أن يمد عرب فلسطين بما لا يقل عن عشرة آلاف بندقية، ومقادير كافية من الرشاشات والقنابل اليدوية والمتفجرات وما إلى ذلك من الأسلحة ويجب حشد أقصى ما يمكن من الطائرات المقاتلة والقاصفة في المطارات القريبة من الساحل الشرقي للبحر المتوسط لمراقبة المواصلات البحرية والحيلولة دون وصول النجدات إلى اليهود من وراء البحار. إلا أن الدول العربية واللجنة العسكرية التي شكلتها الجامعة العربية لمتابعة الأحداث لم تلتزم بهذه التوصية، بل وحرصت على أن لا تقدم لجيش الجهاد المقدس سوى أعداد قليلة من البنادق القديمة البالية والذخائر القليلة الفاسدة، ولذلك اعتمد هذا الجيش من ناحية التسليح على الأسلحة التي كان قد اشتراها عبد القادر الحسيني والهيئة العربية العليا من بدو الصحراء الليبية من مخلفات الحرب العالمية الثانية، وعلى الأسلحة التي اشتراها أفراد الشعب من تجار الأسلحة بما لهم الخاص، والأسلحة التي جمعها الأخــوان

المسلمون من مصر.

وكان عبد القادر الحسيني قد كلف إبراهيم أبو دية بنقل السلاح من مصر إلى فلسطين.

وبسبب قلة السلاح وقلة المال لم يكن جميع رجال هذا الجيش مسلحين ولم يتمكن من تجنيد أعداد كبيرة من الرجال[1].

ولهذا فقد أوفدت الهيئة العربية العليا مبعوثيها إلى لبنان وسوريا وليبيا ومصر ـ بل وذهب بعضهم إلى حدود تركيا لشراء السلاح من المهربين كذلك بعثت مندوبيها إلى فرنسا وبلجيكا وتشيكوسلوفاكيا وسويسرا للغرض نفسه ولكن هذه المساعي فشلت بسبب عراقيل اليهود والدول الاستعمارية، وأحيانا بسبب نقص المال، ومن ذلك الأخفاق في اتمام صفقة شراء (٨٠٠٠) بندقية وسبعة ملايين طلقة و ٢٠٠ مسدس اتفق عليها مع مصانع سكودا التشيكوسلوفاكية في ١٩٤٧/١١/٢٧ باسم الحكومة السورية.

وأنشأت الهيئة العربية العليا ورشة فنية في مرسي مطروح، وثلاثة مصانع في القاهرة، الأول للقنابل والثاني للأعتدة والثالث لإصلاح قطع السلاح وصيانتها.

وأنشأت الهيئة أيضا مصنعا لتعبئة الذخيرة في دمشق، ومستودعات للذخيرة في كل من بيروت ودمشق، والعريش والقاهرة ومرسي مطروح.

وقدرت كمية ما اشترته الهيئة العربية العليا من الأسلحة لقوات الجهاد المقدس خلال عامي ١٩٤٧- ١٩٤٨ بما يلي: [2]

((٥٣٩٦ بندقية، و ٤٩٩ مدفعا رشاشا، و٣٦٤ رشاشة تومي وستن، و٣٠٩ مسدسات، و ١٢٤ مدفع بوير ضد المصفحات، و ٢٣ مدفع هاون، و ٦٠ ألف قنبلة متنوعة، و ١٦٠ صندوق متفجرات و ٤٦٧٤٠ قنبلة يدوية، و ٣٨٦٧ لغما جاهزا، وكميات من المعدات الكهربائية. وقد دفعت الهيئة

(١) مذكرات بهجت أبو غربية: مجلة القدس الشريف، العدد ٦٤، تموز ١٩٩٠، ص٣٩.
(٢) الموسوعة الفلسطينية - المجلد الثاني، ص١٢٥.

ثمنا لهذه الأسلحة وصيانتها ونقلها مبلغ ((٨٠٠ و ٣٣٠)) جنيه. هذا بالإضافة إلى التجهيزات العسكرية من ملابس وأحذية وبطانيات ومشمعات ومناظير ميدان ومقصات للأسلاك وخرائط حربية وبعض السيارات المصفحة والسيارات المتنوعة)).

وبالرغم من محاولات الهيئة العربية تأمين السلاح لقوات الجهاد المقدس فقد بقي السلاح قليل العدد إذا قيس بما توافر للعدو الصهيوني بمساعدة بريطانيا وبتسخير أموال الحركة الصهيونية. ويرى منير أبو فاضل مفتش الشؤون العسكرية في قوات الجاهد المقدس أنه كان بإمكان الدول العربية أن تسد ثغرة نقص السلاح.

توزيع قوات الجهاد على المناطق:

كانت قوات جيش الجهاد المقدس موزعة على سبع مناطق رئيسية تغطي معظم الأراضي الفلسطينية قبل احتلالها، وهي [١]:

أ‌- منطقة القدس: وتضم قواتها أربع سرايا متحركة، وأربع سرايا تدمير، ووحدة طبية، وعدة مفارز دفاعية موزعة في أنحاء القدس. وكانت المهام الموكلة إلى هذه السرايا هي الدفاع عن القدس وضواحيها، حيث كانت تتمركز في الشيخ جراح وباب الزاهرة، والقلعة، وقرية أبو ديس، وصور باهر، وبيت صفافا، والقلمون، ودير أبو ثور، والبقعة، والمنطقة الممتدة من القدس حتى الشيخ جراح وسلوان ووادي السواحرة والطور.

ب‌- منطقة بيت لحم والخليل: وتضم قواتها خمس سرايا متحركة، وعدة مفارز دفاعية، وفصيل فدائيين، وكانت هذه القوات مكلفة بالدفاع عن المناطق التالية:

بيت لحم، وبيت جالا، وجبل المكبر، والقاهرية، وأرنا العروب،

---

(١) الموسوعة العسكرية - ج١، ص٤٨٩.

والجبعة، وصوريف، وبيت عامر، ودورة، وترقومية، وبيت عولا، وضراس، ونوبا، ووادي القف، ويطا، والسموع، وبني نعيم.

ج- منطقة رام الله: وتضم قواتها سريتين متحركتين، وست سرايا، من المتطوعين. وكانت هذه القوات موزعة على خط يمتد من شعفاط شمالي القدس إلى باب الواد على طريق ((يافا – القدس))، حتى يصل إلى طيرة بني صعب. وتدخل ضمن هذا الخط الأماكن والقرى التالية:

شعفاط، والنبي صمويل، وبيت فوريك، وعين كارم، وقالونيا، والقسطل، وبدو ويالو، وباب الواد، وبيت نول، ودير العرب، وساريس، وبيت محسير.

د- المنطقة الغربية الوسطى (منطقة يافا واللد): وتضم قواتها ثلاث سرايا متحركة، وثلاث سرايا تدمير، ووحدتين طبيتين، وبين ٢٠ و ٢٥ مفرزة، وثلاثة فصائل تدمير، وقد تم توزيع هذه القوات بشكل تتمكن معه من الدفاع عن يافا واللد والرملة ووادي الصرار، ولهذا فقد قسمت إلى عدة جبهات هي:

جبهة مدينة يافا، وجبهات القرى الواقعة إلى الغرب من مدينة يافا، وجبهة سلمة ويازور، وجبهات مدينة اللد والقرى المحيطة بها، وجبهات الرملة وقراها.

وقد تفرقت هذه القوات بعد سقوط يافا وخصوصا بعد استشهاد الشيخ حسن سلامة في معركة رأس العين، بعد دخول جيوش الدول العربية إلى فلسطين بقليل ولم يبق من هذه القوات إلا القليل الذي انسحب إلى منطقة رام الله [1].

هـ- المنطقة الجنوبية: وتضم قواتها ثلاث سرايا متحركة، وعدة

---

(١) مذكرات بهجت أبو غربية: مجلة القدس الشريف، العدد ٦٤، عام ١٩٩٠ ص ٤١.

مفارز دفاعية، وفصيل تدمير واحد. وكانت هذه القوات تتوزع على المـدن والقرى التالية: غزة، المطار، جبل منطار، البريج، عراق، سويدان، نقطة جمارك البحـر، خـان يونس، دير البلح، المجدل، بئر السبع.

و- المنطقة الغربية (منطقة المثلث): وتضم قواتها عدة مفارز لا يتجاوز عدد أفرادها سريتين كاملتين. أما مناطق دفاعها فكانت تشمل: قلقيلية، وطولكرم، وجنين، ودير الغصون، وعلار، وقاقون، وزيتـا، وشـويكه، وباقـا، وعنبتـا، وكفـر اللبـد، والطيبـة، وأم الفحـم، وصانور، وقرى اللجون، ورمانه، وفقوعة، وزرعين.

ز- المنطقة الشمالية: وتضم قواتها أربع سرايا متحركة، وثلاث سرايا تـدمير، ووحـدة طبيـة، وبين ٣٠ و ٣٥ مفرزة، وأربعة فصائل تدمير. وتشمل أمـاكن عمليـات هـذه القـوات المناطق التالية:

حيفا، عكا، الناصرة، طبريا، صفد، بيسان، بالإضافة إلى نحو (١٥٠) قريـة عربيـة موزعـة في لواء الجليل.

أما الأعمال التي قام بها جيش الجهاد المقدس عام ١٩٤٧ - ١٩٤٨، سواء كان ذلك بمفرده أم بالاشتراك مع المجاهدين الآخرين من قوات الأخوان المسلمين، أو قوات جيش الانقاذ، فقد كانت في غالبيتها من نوع حرب العصابات، كقطع طرق القوافل الصهيونية والإنجليزيـة، والإغارات الليلية على المستعمرات اليهودية، والدفاع عن المدن والقرى العربية.

قيادة الجهاد المقدس:

تشكلت قيادة الجهاد المقدس من:

أولا: القيادة العامة[1]:

---

(١) العارف، عارف: نكبة بيت المقدس، ج١، ص٧٤.

- عبد القادر الحسيني ..... قائدا عاما لجيش الجهاد المقدس، وقد اتخذ من ((بير زيت)) مقرا للقيادة.

- كامل عريقات..... نائبا للقائد العام.

- قاسم الرماوي..... أمين سر الجهاد المقدس.

- منير أبو فاضل...... مفتشا للشؤون العسكرية.

- د. داود الحسيني...... مفتشا للشؤون الإدارية.

ولما استشهد عبد القادر الحسيني تم تعيين:

خالد شريف الحسيني.... قائدا للجهاد المقدس، ويساعده:

د. داود الحسيني، سامي الحسيني، صلاح الحاج مير.

ثانيا: قادة المناطق والسرايا [1]:

1- قادة منطقة القدس، ومنطقة بيت لحم والخليل، ومنطقة رام الله..

وكانت تتواجد في هذه المناطق الثلاث القوات الرئيسية لجيش الجهاد المقدس، وتتألف قيادتها من:

- عبد القادر الحسيني: القائد العام لقوات الجهاد:

- إبراهيم أبو دية: قائد السرية الثالثة (سرية العمليات الحربية) التي اشتركت في كثير من المعارك ودافعت عن حي القطمون دفاع الأبطال.

- حافظ بركات: قائد السرية الرابعة، التي خاضت معارك القدس ورابطت في البلدة القديمة.

- عبد الله العمري: قائد السرية السابعة (سرية بيت صفافا) ومعه محمود العمري.

- بهجت أبو غربية: قائد سرية حي باب الساهرة، وبعد إصابة أخيه صبحي تولي قيادة حي المصرارة وسعد وسعيد بالإضافة لسريته.

- صبحي أبو غربية: قائد سرية حي المصرارة وسعد وسعيد.

---

(1) مذكرات بهجت أبو غربية: مجلة القدس الشريف، العدد 64، عام 1990، ص40- 41 والموسوعة الفلسطينية - المجلد الثاني، ص 125.

- محمود الحسيني: قائد سرية حي وادي الجوز، وسرية حي الشيخ جراح.
- محمد عادل النجار: تولى قيادة سرية حي وادي الجوز بعد استشهاد محمود الحسيني.
- داود العلمي: تولى قيادة سرية حي وادي الجوز بعد استشهاد محمد عادل النجار.
- محمد سعيد بركات: قائد سرية حي الثوري.
- صبحي بركات: قائد سرية حي النبي داود.
- فوزي القطب: قائد فرقة التدمير ومقرها القدس القديمة.
- محمد أبو ناب: قائد مجموعة حي مأمن الله.
- فوزي عريقات: قائد سرية قرية أبو ديس.
- إبراهيم أبو الريش: قائد سرية قرية العيزرية.
- محمود جاد الله: قائد سرية صور باهر.
- خليل منون: قائد سرية عين كارم.
- رشيد عريقات: قائد قرى الوادية (المنطقة الشرقية من القدس).
- هارون بن جازي: قائد السرية الثامنة (سرية القوافل)، قوة عشيرة الحويطات.
- فاضل رشيد: آمر حامية القدس.
- الشيخ عبد الفتاح المزرعاوي: قائد قوة من مجاهدي القدس ورام الله.
- عبد الحليم الجولاني: قائد في منطقة الخليل.
- مالك الحسيني: مسؤول للمالية وقائد فصيل.
- صالح الرماوي: للتموين والإشراف على تلسيح القدس.

- فؤاد عريقات: آمر فصيل.

- عطا الله الحاج علي: آمر فصيل.

ومن قادة الفصائل الذين وردت أسماؤهم أيضا:

رؤوف درويش، عادل شرف، عبد القادر ادكيدك، كمال حسين، عادل عبد اللطيف، موسى الموسوس، علي الموسوس، شفيق عويس، خالد الفرج، جودت العمد، صبحي أبو جبارة، عزمي الجاعوني، عبد الحميد الشلف، الحاج محمود درويش، محمد سليم أبو لبن.

٢- قادة المنطقة الغربية الوسطى (منطقة يافا واللد):

كانت قوات هذه المنطقة بقيادة الشيخ حسن سلامة، الذي أقام مقر قيادته في بناية ملجأ الرجاء قرب الرملة، وكان يساعده مجموعة من قادة الحاميات والفصائل.

٣- المنطقة الجنوبية: كان في هذه المنطقة عدد من القادة، وفي مقدمتهم القائد محمد طارق الأفريقي قائد منطقة المجدل، الذي خاض بمن معه عشر معارك وغنم فيها سبع مصفحات يهودية.

٤- قادة المنطقة الغربية (منطقة المثلث): كان فيها عدد من القادة وقادة الفصائل، منهم:

- حسن العبد الله.... قائد في منطقة طولكرم.
- فوزي جرار.... قائد في منطقة جنين [1].
- سعيد السبع..... قائد في قلقيلية.
- ومن قادة الفصائل أيضا:

جميل القدومي ومصطفى العودة في منطقة نابلس، وعبد الكريم الطوباسي في طوباس، ونجيب الأحمد في رمانه، ومحمد مثقال جرار مساعد قائد في منطقة جنين، ومحمد أبو دية مساعد قائد في منطقة طولكرم، وعلي الفارس.

وكان عمل الفصائل في منطقة المثلث ينحصر بـ((الفزعات)) فكانت تهب لصد أي هجوم يقع على المنطقة، كما قام بعضها بنجدة المناطق الأخرى في

---

(١) مذكرات بهجت أبو غربية: مجلة القدس الشريف، العدد ٦٤، عام ١٩٩٠ ص٣٩.

عدد من المعارك.

٥- قادة المنطقة الشمالية:

- الشيخ توفيق الإبراهيم (أبو إبراهيم الصغير) قائد منطقة الناصرة وطبرية ومرج ابن عامر.

- أبو إبراهيم الكبير قائد حامية في قطاع الجليل.

- أبو محمود الصفوري قائد حامية في قطاع الجليل.

- الضابط محمد الحمد قائد في مدينة حيفا ومنطقتها.

- الملازم أول محمد الحنيطي قائد في مدينة حيفا ومنطقتها.

- سرور برهم قائد في منطقة حيفا.

- صبحي شاهين قائد في منطقة طبريا.

معارك وعمليات الجهاد المقدس:

خاضت قوات الجهاد المقدس عشرات المعارك ضد العدو الصهيوني، واشتركت في عدد منها مع مجاهدي الإخوان المسلمين أو مع قوات جيش الانقاذ أو بعض الجيوش العربية. وقد أظهرت قوات الجهاد المقدس في جميع هذه المعارك شتى أنواع البطولة.

يقول كريستوفر سايكس مؤلف كتاب ((مفارق الطرق إلى إسرائيل)) [١]:

((بدا العرب في نهاية شهر شباط ١٩٤٨ في وضع عسكري أحسن مما عليه اليهود، وكان العرب يهاجمون المستعمرتين اليهوديتين الواقعتين إلى شمال وجنوب مدينة القدس. وبالرغم من أن العرب لم يحتلوا إحداهما، إلا أن الهجوم الذي قام به عبد القادر الحسيني على مستعمرة ((كفار عصيون الجنوبية)) أدى إلى إبادة جميع القوة الصهيونية الضاربة المعروفة بالبالماخ التي أرسلت لنجدتها)). ويقول جون كمشي: ((إن هذه الحادثة أثرت تأثيرا نفسيا

---

(١) الموسوعة الفلسطينية - المجلد الثاني، ص ١٢٦، عن كريستوفر سايكس في كتابه ((مفارق الطرق إلى إسرائيل))

سيئا في يهود فلسطين)). وتحدث عبد الله التل في مذكراته عن قائد قوات الجهاد المقدس عبد القادر الحسيني، ووصف بطولته في معركة القسطل التي استشهد فيها بقوله: ((وهاجم تلا عاليا حصينا، وقاد بنفسه جنوده مخالفا بذلك قوانين الحرب التي تحتم بقاء القادة الكبار في مؤخرة الجنود حرصا على سلامتهم. وانتصر البطل وحقق معجزة حربية)).

وقد طورت قوات الجهاد المقدس أسلحتها، واستعملت راجمات الصواريخ التي صنعها المواطن ((علي جبر)) من أنبوبة محشوة بالمواد المتفجرة، تقذف بجهاز خاص وتصل إلى مئات الأمتار وتدمر الحصن الذي تسقط فيه، وقد أحدث هذا الاختراع انهيارا في معنويات اليهود لشدة فتكه، وهذا ما ساعد قوات الجهاد على احتلال مستعمرة هاتكفا التي لم يستطع اليهود استردادها إلا بعد تدخل القوات البريطانية.

أما أشهر المعارك التي خاضتها هذه القوات:

ففي منطقة القدس سيطرت على الموقف العسكري فترة طويلة وخاضعت معارك بطولية ناجحة. من أشهرها معركة القسطل، ومعركة بيت سوريك، ومعركة كفار عصيون، ومعركة ميكور حاييم، ومعارك أحياء القدس كالقطمون والشيخ جراح، والحي اليهودي القديم، ومعارك باب الواد. وفي منطقة ((يافا واللد)) خاضت قوات الجهاد المقدس بقيادة الشيخ حسن سلامة معارك قاسية أشهرها: معركة هاتكفا، ومعركة سلمة، ومعركة رأس العين، ودافعت عن مدن اللد والرملة ومدينة يافا وضواحيها، ووقفت في وجه قوات متفوقة عليها أضعافا مضاعفة، كما ساهمت في إغلاق طريق ((القدس - يافا)) في وجه القوات الصهيونية.

وفي المنطقة الجنوبية خاضت هذه القوات معارك كثيرة ناجحة أوقعت فيها باليهود خسائر كبيرة، ومنها معارك بربرة، ومعارك جولس، ومعارك النبي داود.

وفي منطقة المثلث شاركت هذه القوات في معارك جنين وقلقيلية وقاقون ومشمارهاعيمك، ودافعت عن قرى ومدن المثلث، وقامت فصائل المناضل فوزي جرار بنجدات لمنطقة القدس واشتركت في معارك أحياء القدس ومعارك باب الواد وجبل المكبر[1].

وفي المنطقة الشمالية خاضت معارك كثيرة في منطقة الجليل أشهرها: معركة أبو شريتح قرب جدين، ومعركة مجد الكروم، ومعركة الكابري، ومعركة البروة وغيرها، وأبلت فيها جميعا بلاء حسنا.

وأما العمليات: فقد أعدت قيادة ((الجهاد المقدس)) بمعاونة بعض الضباط السوريين والمصريين والعراقيين وبعض الخبراء الألمان، برنامجا دقيقا واختارت الأهداف التي ستنفذ فيها عمليات الجهاد فبلغت (٣٦٠٠) هدفا، ووضعت لكل هدف خريطته وتفصيلات تنفيذه وما يحتاج إليه من رجال وأسلحة ونفقات.

وقد قامت فرقة التدمير بقيادة فوزي القطب بتنفيذ قسم من برنامج هذه الأهداف في منطقة القدس، كنسف دار الوكالة اليهودية، وشارع بن يهوذا، وشارع مونتفيوري، وشارع هاسوليل داخل الأحياء اليهودية في القدس الجديدة، وعمارة جريدة البالستاين بوست، واقفال مضيق باب الواد بين القدس ويافا، وحصار اليهود في القدس البالغ عددهم (١١٥) ألفا وقطع كل اتصال بهم وكل مدد عنهم.

وكذلك نفذ قسم آخر من هذه الأهداف في منطقة يافا واللد، ومنطقة حيفا وصفد وطبريا حيث تم نسف الكثير من مراكز وحصون وأوكار اليهود. فتم نسف معمل السبيرتو الواقع عند مدخل يافا، ونسف عمارة خربون التي كانت تقطع طريق يافا - الرملة - القدس، ونسف معمل الجير

---

(١) العارف، عارف: نكبة بيت المقدس، ج٢، ص٤١٦.

(الكلس) قرب مستعمرة بتاح تكفا، ونسف عمارة المطاحن في حيفا [١]، ونسف معمل النجارة الكبير في مدخل شارع هيرتزل في تل أبيب، ونسف سكة حديد حيفا، ودار شركة ((سوليل بونية)) اليهودية.

ولو لم تقم عراقيل في سبيل جهاد الفلسطينيين ودفاعهم عن بلادهم، لتمكن المجاهدون من تنفيذ برنامجهم وتحقيق سائر أهدافهم، ولما أصبح الوضع في فلسطين على ما أصبح عليه اليوم. بل لو نفذت الخطة التي وضعتها اللجنة العسكرية لجامعة الدول العربية وأقرها مجلس الجامعة في ((عاليه)) في خريف ١٩٤٧، لما قام لليهود هذا الكيان العدواني في فلسطين، والذي أصبح بلاء عظيما وشرا مستطيرا على العرب والمسلمين.

إبعاد الفلسطينيين عن ميدان المعركة:

ونتيجة للمؤامرة الكبرى على الشعب الفلسطيني، ونظرا لما قد يشكله بقاء جيش الجهاد المقدس من خطر على الخطة الرامية إلى تهويد فلسطين، فقد ظهرت سياسة إبعاد الفلسطينيين عن ميدان القتال ومنع الأسلحة والأموال عنهم.

وحتى أن الفريق طه الهاشمي الذي استدعته الحكومة السورية وعهد إليه أمر الإشراف على التطوع والتدريب والتجهيز، قد شارك في خطة اقصاء الفلسطينيين عن ميدان المعركة إذ قام بتسريح الشبان الذين قدموا من فلسطين للتدريب في معسكر ((قطنة))، ولاشك في أن موقف الفريق طه كان نتيجة للضغط البريطاني [٢].

وبرغم سياسة الإقصاء والحرمان هذه فقد ظلت قوات الجهاد المقدس الذي ألفته الهيئة العربية العليا وظلت تمده بالأسلحة والأموال، تقوم بأعمال رائعة

---

(١) المارديني زهير: فلسطين والحاج أمين الحسيني، ص ٣٥٢ والموسوعة العسكرية - ج١، ص٤٨٩.
(٢) المارديني، زهير: فلسطين والحاج أمين الحسيني، ص ٣٥٨.

منذ أواخر عام ١٩٤٧، إلى ما بعد انسحاب القوات المصرية من قطاع الخليل - بيت لحم، وانسحاب القوات العراقية من قطاع جنين - طولكرم.

ولتبرير إقصاء الفلسطينيين عن ميدان المعركة، قامت أجهزة المخابرات البريطانية واليهودية، وغيرها من الدوائر الموالية لها، بدعايات واسعة مضللة، وإشاعات كاذبة ومثيرة عن الفلسطينيين تلصق بهم تهما فظيعة كالتجسس على الجيوش العربية وبيع جنودها وضباطها لليهود الأعداء.

وبرغم كل التدابير والإجراءات التي اتخذت لإقصاء الفلسطينيين عن ميدان المعركة وحرمانهم من السلاح والمساعدات المالية فقد استمرت قوات الجهاد المقدس في مراكزها شهورا طوالا تتصدى للأعداء في مختلف المناطق الفلسطينية[١].

وفي ١٨ كانون الثاني (يناير) ١٩٤٩ صدر أمر بحل جيش الجهاد المقدس، إلا أن وحداته بقيت مرابطة في بعض الخطوط الأمامية على أمل استئناف القتال، إلى أن أتاها أمر من الهيئة العربية العليا في القاهرة، فانقطعت عن العمل نهائيا في ١٥ أيار ١٩٤٩، وانتهى بذلك دور جيش الجهاد المقدس كقوة مقاتلة في فلسطين.

ولقد قدم هذا الجيش خلال مرحلة كفاحه المسلح الخسائر التالية: «٣٠٠٠ شهيد في ثورة ١٩٣٦، و ٨٠٠٠ شهيد و ١٥٠٠ جريح في فترة ١٩٤٧- ١٩٤٨»[٢].

---

(١) الموسوعة العسكرية، ج١، ص٤٨٩.
(٢) المارديني، زهير: فلسطين والحاج أمين الحسيني، ص٣٥٨.

كتائب الإخوان المسلمين

تقديم:

قضية فلسطين بالنسبة للإخوان المسلمين، قضية إيمان وعقيدة، قضية إيمان لا يقبل المساومة، وقضية عقيدة تفتدى بالنفس والمال، إنها قضية أرض مباركة، فيها الأقصى ـ أولى القبلتين وثالث الحرمين الشريفين.

وقد بدأ اهتمام الإخوان المسلمين وتفاعلهم مع قضية فلسطين في وقت مبكر من بداية بروز القضية في سنواتها الأولى، وانطلقوا في نظرتهم إلى القضية الفلسطينية من فوق أرضية صلبة من الفهم العميق لطبيعة القضية من حيث أنها جولة جديدة من جولات المعركة المحتدمة المستمرة بين الحق الذي يمثله المسلمون وبين الباطل الذي تمثله ملة الكفر وفي مقدمتها يهود، الذين قرر رب العزة من فوق سبع سماوات أنهم أشرس أعداء الإسلام والمسلمين على الإطلاق. قال تعالى: (لتجدن أشد الناس عداوة للذين آمنوا اليهود والذين أشركوا) [1].

وعندما وضحت نيات السياسة البريطانية في فلسطين بادر الإخوان المسلمون في مصر ـ وفي بلاد الشام إلى تبني القضية الفلسطينية، وأخذوا يعقدون المؤتمرات تباعا ويبينون للشعوب والحكومات العربية والإسلامية حقيقة هذا الخطر الذي يهدد كيانهم ومستقبلهم، حتى نجحوا في إشراك العالم الإسلامي كله في هذه القضية، فباتت قضية المسلمين والعرب لا قضية أهل فلسطين وحدهم.

وحين قامت القلاقل في فلسطين في أواسط الثلاثينات أخذوا يمدون المجاهدين بما يقع في أيديهم من مال وسلاح، حتى كانت ثورة ١٩٣٦ في فلسطين حين نجح عدد من شباب الأخوان في التسلل إليها والاشتراك مع الثوار في جهادهم وخاصة في مناطق الشمال حيث عملوا مع جماعة المجاهد الشيخ عز الدين القسام.

---

(١) سورة المائدة: آية ٨٢.

وبعد نهاية الحرب العالمية الثانية أرسل الأخوان وفودا من دعاتهم وشبابهم يستحثون العرب على الكفاح، وتولى نفر منهم تدريب الشباب الفلسطيني عسكريا، ولقد نجحوا في ذلك حتى أصبحت شعبهم ودورهم هي مراكز القيادة وساحات التدريب.

وحين تشكلت المنظمات العسكرية العربية في فلسطين، وقام خلاف بين قادة «النجادة» و «الفتوة» فطن الأخوان لخطر هذا الخلاف فقاموا بمحاولات كثيرة للتوفيق انتهت باختيار المجاهد الكبير الصاغ محمود لبيب وكيل الأخوان المسلمين حينئذ للشؤون العسكرية، منظما لهذه التشكيلات فسافر إلى فلسطين بتكليف من الأخوان ومن الحاج أمين الحسيني، رئيس الهيئة العربية العليا.

يقول الصاغ محمود لبيب عن هذه الحركة⁽¹⁾:

«عندما عينتني الهيئة العربية العليا قائدا لمنظمة شباب فلسطين عام ١٩٤٧، سافرت إليها وتمكنت بمساعدة الهيئة العربية من أن أكون جيشا ضخما من أهالي فلسطين للدفاع عن أراضيها، ولما أحس الإنجليز بذلك رأوا أن هذه الحركة ضد اليهود فأمروا بإخراجي من فلسطين فامتنعت، فأخرجوني بالقوة. ولما رجعت إلى القاهرة اتصلت بسماحة مفتي فلسطين ورجال الهيئة العربية، وأفهمتهم أن فلسطين لا ينقصها إلا السلاح، فبدأوا بالسعي لدى الحكومة المصرية لتصرح لهم بجمع السلاح، وفي هذا الوقت صدر قرار هيئة الأمم المتحدة بتقسيم فلسطين، فثار الأخوان وبادروا بالتطوع، وقد أعطتهم الحكومة تراخيص بجمع السلاح، وقد اشترينا السلاح بالفعل بفلوسنا وأخذناه إلى العريش، وهناك أقمنا معسكرا ذهبنا إليه في أعداد قليلة حتى لا يشعر بنا الجواسيس، ولما تجمعنا قوة كبيرة دخلنا فلسطين».

وعندما أصدرت هيئة الأمم المتحدة في ٢٩ تشرين الثاني من عام ١٩٤٧

(١) مجلة الدعوة القاهرة – العدد الأربعون، سبتمبر ١٩٧٩، ص٥٠.

قرارها الغاشم بتقسيم فلسطين إلى دولتين إحداهما عربية والأخرى يهودية، فلم تكد أنباء هذه المؤامرة الصليبية الصهيونية تصل إلى مصر حتى أعلن الإمام الشهيد حسن البنا رفض الأخوان المسلمين لقرار التقسيم ودعا الشعب المصري إلى التظاهر انتصارا لقضية فلسطين.

وأعلن الإمام البنا أن الأخوان المسلمين قد تبرعوا بدماء عشرة آلاف متطوع للاستشهاد في سبيل فلسطين، وهم على أتم استعداد لتلبية النداء[1].

يقول المؤرخ الكبير الأستاذ عارف العارف[2]:

«أبرق المرشد العام الشيخ حسن البنا إلى مجلس الجامعة العربية عند اجتماعه بعاليه في ٩ تشرين الأول ١٩٤٧ يقول أنه على استعداد لأن يبعث كدفعة أولى عشرة آلاف مجاهد من الأخوان إلى فلسطين. وكذلك ألح الأخوان على الحكومة المصرية بالسماح لهم بالذهاب فرفضت، لكنهم لم ييأسوا وقاموا بمظاهرة صاخبة من الأزهر الشريف في ١٢ كانون الأول قادها المرشد العام بنفسه، وهم يطالبون بالجهاد.

وتحت ستار القيام برحلة علمية استطاع فريق منهم أن يجتاز الترعة إلى سيناء، ومن هناك راحوا يتسللون إلى فلسطين منذ شباط ١٩٤٨».

وقام الأخوان في مصر ـ بدور رئيسي ـ في تهيئة الأمة لقبول فكرة الحرب، إذ المعروف أن الجيش المصري لم يشترك في حرب فلسطين إلا استجابة لرغبة الشعب، وتمشيا مع إرادته، تلك الإرادة التي ظهرت بوضوح في المظاهرات الكبرى التي قادها الإخوان وعمت البلاد مطالبة الحكومة بالتدخل الحاسم للقضاء على الدولة الصهيونية الوليدة قبل أن تستقر أقدامها ويصلب عودها.

وقد ساعد الأخوان في تحقيق هدفهم هذا كثرة مراكزهم في المدن والقرى

---

(١) عبد الحليم، محمود: أحداث صنعت التاريخ، ج١، ص٤١٢.
(٢) العارف، عارف: نكبة بيت المقدس، الجزء الثاني، ص٣٩٨.

وما اجتمع فيها من خلاصة شباب مصر المؤمن، وكثرة خطبائهم الذين كانوا يجوبون القرى داعين الناس إلى الجهاد لإنقاذ الأرض المباركة من خصوم الإسلام الألداء يهود.

وعلى الصعيد السياسي العربي لم يهدأ الأخوان عن القيام بنشاط مستمر، وقد اتخذت هيئتهم التأسيسية في ٦ أيار من عام ١٩٤٨ قرارات خطيرة كان أهمها مطالبة الحكومة المصرية وسائر الحكومات العربية بإعلان الجهاد المقدس، واتخاذ جميع الوسائل الكفيلة بإنقاذ فلسطين[1].

حركة التطوع:

كانت بريطانيا قد أعلنت عزمها على سحب قواتها من فلسطين في شهر أيار من عام ١٩٤٨ لانتهاء انتدابها على فلسطين، وأدرك الأخوان المسلمون في مصر ـ أن ساعة الجد قد حانت، فقد كانت التقارير ترد من شعب الأخوان المسلمين في فلسطين وكان عددها يزيد على عشرين شعبة في أنحاء فلسطين تؤكد أن بريطانيا قد تواطأت مع العصابات اليهودية بتسليمها المواقع التي ترابط بها القوات البريطانية قبل انسحابها من فلسطين، وأدرك الإمام البنا أن على الأخوان أن يخوضوا سباقا مع الزمن ليستكملوا استعدادهم لدخول المعركة في فلسطين، فأعلن النفير العام في جميع شعب الأخوان في مصر ـ وحمل الأخوان لواء الجهاد الشعبي، فتقاطرت جموع المتطوعين من جميع أنحاء مصر ـ إلى المركز العام للجماعة في القاهرة[2].

وبذل الأخوان جهودا شاقة في شراء الأسلحة من مالهم الخاص، وكانوا في الوقت ذاته قد أخذوا على عاتقهم مساعدة الوفود الفلسطينية العديدة التي كانت تصل إلى القاهرة لشراء السلاح.

وبينما كان الأخوان المسلمون يضعون الخطط لتوزيع متطوعيهم على

(١) الحسيني، اسحاق موسى: الإخوان المسلمون كبرى الحركات الإسلامية، ص٣٤.
(٢) كان الأستاذ البنا يشترط في المتطوعين من الشباب شروطا أهمها أن يكون المتطوع قد تطوع برضا الوالدين.

معسكرات التدريب وجبهات القتال في فلسطين، فوجئوا بقرار اتخذته جامعة الدول العربية بمنع دخول المتطوعين بصفتهم الشخصية إلى فلسطين واقتصار ذلك على الجيوش العربية النظامية، ولم يكن هذا القرار غريبا، فقد كانت معظم دول الجامعة العربية آنذاك تسير في فلك السياسة الاستعمارية البريطانية، التي كانت ترى أن السماح بدخول متطوعي الأخوان المسلمين سيعرقل تنفيذ المؤامرة البريطانية الصهيونية لتحقيق وعد بلفور بإقامة ((وطن قومي)) لليهود على ثرى فلسطين.

فتقدم الأخوان للتطوع تحت إشراف الجامعة العربية، فأسقط في يد الجامعة، وحارت في أمرها، ثم اضطرت إلى التسليم بالأمر الواقع، فسمحت للأخوان بالتطوع واشترطت أن يكون دخولهم إلى فلسطين تحت إشراف قيادة الجيش المصري، وأن تكون قيادة المتطوعين بيد ضباط نظاميين من الجيش المصري، واختار الأخوان الضابط الشهيد أحمد عبد العزيز قائدا لمتطوعيهم لما عرف عنه من إيمان وصلابة وإخلاص.

يقول الأستاذ كامل الشريف في كتابه ((الأخوان المسلمون في حرب فلسطين)) [1]:

((وبدأت حركة التطوع عن طريق المركز العام وكان يشرف على تنظيمها المجاهد الكبير الصاغ محمود لبيب وكيل الأخوان المسلمين وقائد وحداتهم العسكرية، ونجح بمعونة بعض الشخصيات المجاهدة وعلى رأسهم معالي ((صالح حرب باشا)) واللواء ((عبد الواحد سبل)) في إقامة معسكر للتدريب في ((هاكستيب)) تتولى الجامعة العربية إمداده وتنظيمه، ويشرف على برامج التدريب فيه جندي ممتاز هو البكباشي حسين مصطفى)).

وابتدأت حركة التطوع بأوسع مدى، ثم عينت الحكومة مدربين من الجيش، ونادت هيئة وادي النيل بالتطوع، وبلغت نسبة المتطوعين من

---

(1) الشريف، كامل: الإخوان المسلمون في حرب فلسطين، ص١٢٢.

الإخوان المسلمين ٩٥٪ من مجموع المتطوعين، وقد تدرب المتطوعون في الهاكستيب ثم انضموا لاخوانهم في فلسطين.

يقول مؤرخ النكبة الأستاذ عارف العارف: ((في مصر وسورية تدرب الاخوان، ومن هذين البلدين انطلقت عدة كتائب لهم إلى فلسطين بشكل رسمي ابتداء من ٢٥ نيسان، وقد قاتلت كتائبهم ببسالة وصمود، وبقي قسم منهم مرابطا في القطاع الجنوبي في القدس حتى إعلان الهدنة، فسلم الاخوان مواقعهم إلى الجيش العربي الأردني [١].

إن الدور البطولي الجاد الذي قام به الأخوان في المعركة هو الذي جعل لهم دورا خاصا ومميزا في النضال الفلسطيني، خاصة وأن الأخوان قد أرسلوا على رأس الكتائب المقاتلة بعضا من قادتهم، فجاءت سرية لهم من سورية وعلى رأسها الشيخ مصطفى السباعي [٢]، ومن مصر ـ جاؤوا بقيادة الشيخ محمد فرغلي وعدد من رجال الجيش المصري الذين استشهد منهم على أرض المعركة القائد أحمد عبد العزيز، أما مقاتلوهم فقد جاؤوا من عدة أقطار عربية وخاصة من مصر وليبيا وتونس وسورية والأردن إلى جانب من كان منهم في فلسطين [٣].

أما سماحة الحاج أمين الحسيني فيقول عن دور الأخوان في حرب فلسطين [٤]:

((كان لهم دور كبير منذ البداية، فقاموا بالدعاية للقضية الفلسطينية منذ عام ١٩٣٦، وأثناء الجهاد جمعوا أسلحة وذخيرة واستمروا في خدمة القضية بأقصى جهدهم. وكانوا يعاونون المرحوم عبد القادر الحسيني في جمع الذخائر ويساهمون في دفع ثمنها، ويسلمونها للهيئة العربية العليا، كما

(١) العارف، عارف: نكبة بيت المقدس ـ ج٢، ص ٣٩٨ـ ٣٩٩.
(٢) العارف، عارف: نكبة بيت المقدس ـ ج١، ص ٣٢٦.
(٣) العارف، عارف: نكبة بيت المقدس ـ ج٢، ص ٣٨٩ـ ٣٩٠.
(٤) عبد الحليم، محمود: أحداث صنعت التاريخ، ج١. ص٢٣٠.

استشهد فريق منهم في معركة القسطل، وقد استمروا على ذلك بعد دخول الجيوش النظامية)).

المتطوعات المسلمات:

لم يقتصر التطوع من أجل انقاذ فلسطين على الرجال من الأخوان المسلمين، بل تعدى ذلك إلى ((السيدات المسلمات)) أيضا، فلقد أعلنت ((جماعة السيدات المسلمات)) بالقاهرة تضامنها مع الأمة العربية من أجل إنقاذ فلسطين من الصهيونية، فوجهت السيدة زينب الغزالي رئيسة الجمعية نداء لجميع سيدات مصر تطلب منهن الإسراع بتسجيل أسمائهن في سجلات التطوع، وقد تم تقسيم المتطوعات إلى ثلاثة أقسام[1]:

- القسم الأول: لجمع التبرعات من المصريين وارسالها إلى فلسطين، والمقر القاهرة.

- القسم الثاني: لتدريب المتطوعات على أعمال التمريض كي يصار إلى تسفيرهن إلى فلسطين للمعاونة في علاج وتضميد الجرحى، وكان على هذا القسم إقبال شديد.

- القسم الثالث: لتدريب المتطوعات على الأعمال العسكرية، ومهمة هذا القسم إمداد المقاتلين في ميادين القتال بالأسلحة والمؤن والأغذية.

وكانت السيدة زينت العزالي من متطوعات القسم الثالث، وقامت الدكتورة فاطمة أبو العز، والدكتورة زمزم شريف، والدكتورة زبيدة العرقسوسي بتدريب متطوعات القسم الثاني على التمريض وإعطائهن دروسا أولية في الطب وتضميد الجراح.

وقرر مجلس إدارة الجماعة إشراك جميع العضوات المقيمات في القاهرة والأقاليم بجمع التبرعات بمختلف أنواعها، كما أرسل المجلس خطابا إلى

---

(١) علي، د. فلاح خالد: الحرب العربية الإسرائيلية، ص٩٣... عن مجلة مسامرات الجيب، العدد ١٢٨، في ٢١ ديسمبر ١٩٤٧.

فضيلة الإمام الشهيد ((حسن البنا)) بين جمع من رجال البلدية في
غزة، وذلك أثناء طوافه على جبهات القتال

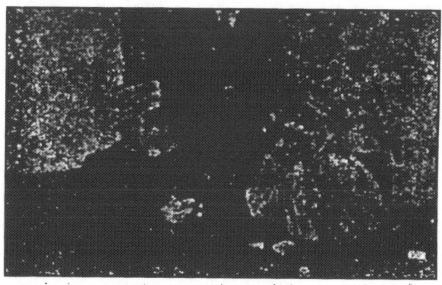

الأستاذ (محمد فرغلي) في جلسة مع سماحة مفتي فلسطين

اليوزباشي
((محمود عبده))
قائد الإخوان
المسلمين في (بئر
السبع)
و
(صور باهر)

الشهيد (أحمد عبد العزيز) مع اثنين من ضباطه

وزارة الشؤون الاجتماعية يطلب منها التصريح للجماعة بجمع التبرعات.

كتائب الإخوان المصريين:

أشرف على تنظيم هـذه الكتائب المجاهد الكبير الصاغ محمود لبيب، وكيـل الأخوان المسلمين وقائد وحداتهم العسكرية، ودخلت الكتيبة الأولى إلى فلسطين على هيئة جماعـات وأفواج متتابعة، ودخلت الكتيبة الثانية بقيادة الشيخ محمد فرغلي ونزلت في معسكر البريج بمنطقة غزة، أما الكتيبة الثالثة فقد توجهت إلى منطقة الخليل والقدس وتمركـزت في «صور باهر» وكانت بقيادة المجاهد محمود عبده قائد قوات الإخوان في حرب فلسطين[1].

الكتيبة الأولى:

كان أول فوج من مجاهدي الأخوان المسلمين في مصر قد دخل إلى فلسطين في شهر شباط ١٩٤٨، أي قبل دخول الجيوش العربية النظامية بأكثر من شهرين، إذ دخلت هذه الجيوش في شهر أيار ١٩٤٨، ولم يستطع هذا الفوج التسلل إلى فلسطين إلا بعد محاولات عديدة كانت جميعها تصطدم بتعنت الحكومة المصرية التي كانت تنفذ تعليمات السفارة البريطانية في القاهرة بمنع الإخوان من الدخول إلى فلسطين. ولم يستطع هـذا الفوج الـدخول إلا بالحيلـة حين حصل الأخوان على ترخيص بالسماح لهم بالسفر إلى سيناء في رحلة علمية، فلما وصلوا إلى سيناء أكملوا سيرهم إلى داخل فلسطين قبل زوال الانتداب البريطاني.

وكان قد وصل إلى غزة قبل الفوج الأول أفراد من الأخوان للاستطلاع، يقول المـؤرخ عـارف العارف عن وصولهم[2]:

«وكان قد سبقهم إلى غزة في بادئ الأمر المجاهد عبد المنعم النجار، ثم اليوزباشي كمال صدقي ليجوسا خلال الديار، ثم عادا إلى مصر ليأتيا

---

(١) مقابلة مع الدكتور أحمد العسال في الدوحة يوم الزحد ١٩٩٢/٣/٢٩م.
(٢) العارف، عارف: نكبة بيت المقدس – ج٢، ص ٣٨٩.

٧٦

بالمتطوعين من الأخوان المسلمين. ثم جاء الحاج حسني المنياوي، فتولى قيادة المجاهدين الغزيين، وكثيرا ما عرقل سير القوافل اليهودية، وكان له الفضل في تخريب الأنابيب التي تسيل فيها المياه من بيت حانون إلى المستعمرات اليهودية الكائنة في الجنوب، وكان ينفق على نفسه من جيبه الخاص، وظل يكافح إلى أن جرح في المعركة، وقد أصيب في عدة مواضع من بدنه وفقد إحدى عينيه، فعاد إلى مصر)).

وجاء الشيخ محمد فرغلي في رحلة استطلاعية ثم عاد ليقود كتيبة من كتائب الأخوان، وجاء بعدهم البكباشي ((زكي الورداني)) ومعه زهاء مئتي متطوع معظمهم من الليبيين، ورابطوا في عراق سويدان ثم ذهبوا مع أحمد عبد العزيز إلى قطاع الخليل وجنوب القدس)).

وتتابعت أفواج الأخوان إلى فلسطين، وبدخولهم بدأ القتال في صحراء النقب، وأخذوا يهاجمون المستعمرات اليهودية بعناد وصلابة رغم قلة العدد وضعف الأسلحة، وتجمع من حولهم مجاهدون من أهل فلسطين وبدأت حرب عصابات ضخمة كانت تبشر بنجاح رائع.

ومر شهران وعلمت الحكومة المصرية فطلبت إلى المركز العام للاخوان المسلمين سحب قواته من النقب، وكان طبيعيا أن يرفض الاخوان، فقطعت الحكومة الامدادات والتموين وقامت بمراقبة الحدود بشدة حتى يضطر المجاهدون للعودة إلى مصر(١).

وكان مجاهدو الأخوان خلال فترة قتالهم يعيشون على التمر والماء، وبقي المجاهدون في ميدانهم يعملون ووجدوا من إخوانهم أبناء فلسطين كل معونة ورعاية، حتى دخل الجيش المصري فلسطين وأخذ يهاجم المستعمرات اليهودية في النقب واشترك الاخوان في معظم العمليات الحربية وسقط منهم فيها الكثير من الجرحى والشهداء.

(١) الشريف، كامل: الإخوان المسلمون في حرب فلسطين، ص٦٤.

الكتيبة الثانية:

توجهت الكتيبة الثانية من متطوعي الأخوان إلى فلسطين بقيادة فضيلة الشيخ محمد فرغلي، وكان قوام هذه الكتيبة من أخوان الاسماعيلية والقنال، وكان من بين قادتها الشهيد يوسف طلعت، وانضموا جميعا إلى أخوانهم الذين سبقوهم من منطقة الدقهلية في معسكر الريسة.

ودخلت القوة مكتملة إلى فلسطين بقيادة الشيخ فرغلي وعسكرت في معسكر البريج بجنوب فلسطين، وكان معظمها من أخوان النظام الخاص، وقد انضم إليهم فيما بعد المجاهد كامل الشريف من اخوان العريش قادما من الجبهة الشمالية، كما كان من بين جنود هذا المعسكر المجاهدون حسن عبد الغني وحسن دوح ونجيب جويفل ومحمد سليم ضمن كتيبة جديدة من كتائب الأخوان المسلمين.

وقد ساعد الاخوان على التوسع في إرسال دفعات أخرى من المتطوعين إلى هذا المعسكر سماح الحكومة لعدد من الضباط الراغبين في المساهمة في القتال بطلب الاحالة إلى الاستيداع. كما صرحت الحكومة لهؤلاء الضباط أن يأخذوا أسلحة ومدافع وذخيرة من مخازن الجيش، فانحلت بذلك أزمة الإمكانات المادية التي يتطلبها قتال المتطوعين(1).

الكتيبة الثالثة:

وتوجهت الكتيبة الثالثة إلى فلسطين عن طريق سورية، بقيادة المجاهد اليوزباشي «محمد عبده» وكانت هذه الكتيبة تتكون من ثلاث فصائل وزعها الأمام الشهيد بنفسه وعين على كل منها قائدا، فكان المجاهد علي صديق قائدا للفصيلة الأولى، والمجاهد مالك نار قائدا للفصيلة الثانية، والمجاهد يحيى عبدالحليم قائدا للفصيلة الثالثة.

وبعد أن تم تجهيز الكتيبة بالسلاح والعتاد، تحركت في استعراض عسكري

---

(1) جريدة «المسلمون» - العدد 168، في 28 ابريل 1988م، ص8، والشيخ عبد المعز عبد الستار - مقابلة في الدوحة عام 1985م.

من المركز العام مارة بميدان الأوبرا ثم إلى شارع إبراهيم حتى وصلت ميدان محطة مصر، ثم استقلت القطار إلى بور سعيد حيث ودعها الإمام الشهيد حسن البنا وداعا حارا، حين نزلت على ظهر الباخرة اليونانية ((سيبرينا)).

وقد وصلت الكتيبة معسكر قطنة بسورية بعد أن مرت ببيروت حيث استقبلها الأستاذ مصطفى السباعي وعمر بهاء الدين الأميري من اخوان سورية، والأستاذ سعيد رمضان سكرتير المؤتمر الإسلامي بكراتشي.

وتدرب الاخوان في المعسكر شهرا كاملا، ثم تحركت الكتيبة إلى جنوب فلسطين في رحلة طويلة وشاقة بدأت من دمشق إلى عمان ثم إلى البحر الميت ووادي عربة والعقبة، ثم اجتازت حدود الأردن متجهة شمالا إلى الكونتيلا ثم إلى العويجة ومنها إلى رفح فخان يونس فدير البلح فغزة، ونزلت في معسكر الطيران بغزة، وخاضت أول معركة ليلة وصولها، إذ تحركت قوات العدو في ١٨ سيارة مصفحة نحو معسكر الطيران للإجهاز على هذه الكتيبة المجهدة ليلة وصولها، وهي تظن أنها ستحظى بها نائمة من فرط الاجهاد.

ولكنها فوجئت فور وصولها إلى أقرب أسلاك المعسكر بنيران المجاهدين تحصدهم من جميع الجهات، وما أن انقشع الظلام حتى شوهد العدو وقد انسحب إلى مستعمراته تاركا خلفه بعض آلياته غنيمة للمجاهدين، واثنى عشر قتيلا مقابل جريح واحد من الاخوان[1].

ثم رابطت هذه الكتيبة في النقب واشتركت مع الكتائب التي سبقتها في الدفاع عن مدينة بئر السبع، ثم صحبت القائد الشهيد أحمد عبد العزيز إلى منطقة القدس، وكان من نصيب هذه القوة أن يوكل إليها مهمة الدفاع عن مرتفعات ((صور باهر)) الحصينة. وهناك لحقت بها قوة أخرى من الأخوان

(١) جريدة ((المسلمون)) - العدد ١٦٨، في ٢٨ ابريل ١٩٨٨م، ص ٨ والأستاذ عمر بهاء الدين الأميري - مقابلة في الدوحة عام ١٩٨٦م.

المسلمين في شرق الأردن بقيادة المجاهد «عبد اللطيف أبو قورة»، واندمجت القوتان في فرقة واحدة ليكون لها الفضل في المحافظة على تلك المرتفعات وعرقلة الخطط اليهودية التي كانت ترمي إلى احتلالها[١].

ولقد كان اختيار الأخوان للقائم قام أحمد عبد العزيز قائدا لقوات المجاهدين، اختيارا موفقا، فقد كان قائدا مؤمنا شجاعا قديرا محبوبا، قاد المجاهدين، عندما وصلوا غزة، ونشرهم في العوجة وعراق المنشية والفالوجية والعسلوج وبئر السبع، كل هذا في اثنا عشر يوما، وأصبح جميع النقب تحت إشراف الاخوان المسلمين.

وواصل الاخوان تقدمهم ودخلوا الخليل وبيت لحم وبيت جالا وبيت صفافا وعين كارم وصور باهر وجعلوا فيها مقر قيادتهم، وتقدموا في ثلاثة أيام داخل حدود القدس، وكانت هناك مستعمرة «رامات راحيل» التي تمول الأحياء اليهودية في القدس، فهاجموها واستولوا عليها[٢].

وتولى الاخوان حماية جبهة طويلة في مناطق الخليل وبيت لحم والقدس، وغزة وخانيونس والعريش وبئر السبع وغيرها.

وقادوا عددا من المعارك في منطقة القدس وفي مقدمتها معارك رامات راحيل، وجبل المكبر، وصور باهر، وتبة اليمن، وتل بيوت، ودافعوا عن القدس وأحيائها العربية، وقادوا عددا من المعارك في الجنوب وفي مقدمتها معارك كفارديروم، والتبة ٨٦، ودير البلج، والعسلوج، وبئر السبع، وانجدوا القوات المصرية في الفالوجة وغيرها من المناطق. وقاموا ببطولات خارقة تعد مفخرة من مفاخر الجهاد الإسلامي المعاصر، واحتلوا من اليهود عددا من المواقع الهامة وكبدوهم آلاف القتلى؟ وسالت دماء مئات الشهداء من مجاهدي الاخوان فداء لأرض الإسراء والمعراج.

_____

(١) جريدة «المسلمون» - العدد ١٦٨، في ٢٨ ابريل ١٩٨٨م، ص ٨ والأستاذ عمر بهاء الدين الأميري - مقابلة في الدوحة عام ١٩٨٦م.

الكتائب المشتركة:

عندما وافقت الحكومة المصرية على دخول المتطوعين من أبناء الشعب المصري إلى فلسطين، وسمحت لعدد من الضباط الراغبين في المساهمة في القتال بطلب الإحالة إلى الاستيداع، وكان من بينهم الضابط أحمد عبد العزيز، والضباط عبد المنعم عبد الرؤوف، والضابط كمال الدين حسين، والضابط حسن فهمي عبد المجيد، وغيرهم، وعندما طلبت الحكومة من الاخوان المسلمين أن تكون قواتهم التي تدخل إلى فلسطين باشراف جامعة الدول العربية اختار الاخوان الضابط أحمد عبد العزيز ليكون قائدا ومشرفا عاما لجميع قوات المتطوعين سواء كانوا في كتائب الاخوان المسلمين الخاصة أو في الكتائب المشتركة من الاخوان وغيرهم من أبناء الشعب المصري.

الكتيبة الأولى:

دخلت الكتيبة الأولى إلى فلسطيني في ٧ آذار ١٩٤٨، بقيادة المجاهد أحمد عبد العزيز، وهو من ضباط فيلق الفرسان، وكان ذا شخصية وكفاءة ممتازة، ويتصف بالجرأة والمغامرة.

وكانت هذه الكتيبة مشتركة من الاخوان المسلمين ومن غيرهم من أبناء الشعب المصري، وقد دخلت باسم الجامعة العربية، وقضت فترة في منطقة غزة ثم توجهت إلى منطقة بئر السبع.

وقام ((أحمد عبد العزيز)) ومن معه من المجاهدين بنشاط ملحوظ في مهاجمة مراكز اليهود في منطقة غزة والنقب. فكانوا يهاجمون قوافل الأعداء ويحاصرون مستعمراتهم، وكانت أول مستعمرة اقتحموها هي مستعمرة كفار ديروم.

الكتيبة الثانية:

كانت هذه الكتيبة بقيادة ((عبد الجواد طبالة)) وكان المتطوعون فيها من الاخوان وبعضهم من غير الاخوان، وقد دخلت الكتيبة باسم الجامعة العربية

ورافقت الجيش المصري في أثناء دخوله، واشتركت معه في الدفاع عن منطقة ((غزة)) وتولت حصار بعض المستعمرات وقامت بحراسة بعض النقاط الهامة في خطوط المواصلات، ثم استقرت بعد ذلك مع زميلتها في ((بيت لحم)) عقب استشهاد المرحوم أحمد عبد العزيز.

وكان أحمد عبد العزيز قد راح يتأهب للزحف نحو القدس في ٢٥ أيار ١٩٤٨، فكان ينوي احتلالها، وما كان يتم ترتيباته العسكرية حتى أتاه الأمر من النقراشي باشا بمصر- بالانسحاب بناء على طلب كلوب باشا، وجاء في الأمر أن الكيلو متر الخامس عند مفترق الطرق بين القدس وبيت لحم وبيت صفافا وصور باهر هو الحد الأقصى للقطاع الذي خصص للجيش المصري في جنوب القدس.

وتم استدعاء أحمد عبد العزيز يوم الأحد ٢٢ آب إلى المجدل ليبحث مع القيادة العامة المصرية تفاصيل اعتداء اليهود على المنطقة الحرام في جبل المكبر، وفي مساء ذلك اليوم توجه إلى المجدل، ولما وصل إلى نقطة قريبة من (عراق المنشية) في قطاع الفالوجة – وكان الوقت ليلا – أصابته رصاصة في ظروف غامضة فخر شهيدا، وقيل أن موته كان مقصودا، وأنه اغتيل بيد مصرية وبرصاصة انطلقت من مدفع مضاد للمصفحات من طراز ((بوايز))[1].

وبعد استشهاد أحمد عبد العزيز توجه القائد عبد الجواد طبالة وفرقته إلى بيت لحم لتولي قيادة المتطوعين، وبهذا فقد تجمعت قوات الاخوان في تلك المنطقة، ونجحت في المحافظة عليها، وسلمتها للجيش العربي بعد حصار شاق طويل، وهجمات عنيفة من العدو، أظهرت في صدها الكثير من ضروب البطولة[2].

وتولى الاخوان المسلمون في بيت لحم بأنفسهم تموين ونجدة القوات

(١) العارف، عارف: نكبة بيت المقدس – ج٢، ص ٤٠٨-٤١١.
(٢) الشريف، كامل: الاخوان المسلمون في حرب فلسطين، ص٧٠- ٧٢.

المصرية المحاصرة في الفالوجة طوال مدة الحصار.

وهكذا ورغم كل القيود التي فرضها الاستعمار وأذنابه من بعده، فقد اشترك الاخوان في الحرب بأعداد كبيرة وكانوا يتحملون الانفاق علي معظمها ويتكبد مركزهم العام ألوف الجنيهات في شراء الأسلحة والمعدات.

ولقد أزعجت هذه البطولات جميع الأعداء، وبدأت المؤامرات تحاك لإبعادهم عن ساحة القتال. وفي ١٩٤٨/١١/١٠م اجتمع سفراء انجلترا وفرنسا وأمريكا في القيادة العامة للقوات البريطانية في فايد – على قناة السويس – للبحث عن طريقة للقضاء على الاخوان واتفقوا فيما بينهم أن يتقدم السفير البريطاني إلى الحكومة المصرية بطلب حل الاخوان.

وفي الوقت الذي كان فيه مجاهدو الاخوان يضحون بأنفسهم لنجدة القوات المصرية المحاصرة في الفالوجة، كانت الحكومة المصرية تمنع عنهم الامدادات التموينية، وفي الوقت الذي كانوا يتولون حماية جبهة طويلة في مناطق الخيل وبيت لحم والقدس وغزة والعريش، كانت حكومة مصر تحني رأسها لأوامر السفارة البريطانية في القاهرة، فتصدر القرار العسكري رقم ٦٥ لسنة ١٩٤٨ المؤرخ في ٧ صفر ١٣٦٨ هـ الموافق ٨ كانون الأول من عام ١٩٤٨، والقاضي بحل جميعة الاخوان المسلمين وجميع شعبها في مصر.

مؤامرة لوقف جهاد الاخوان:

وفي السابع من كانون الثاني ١٩٤٩ أعلن رسميا عن توقف العمليات الحربية على الجبهة المصرية نهائيا، وأدرك مجاهدو الاخوان أنهم سيخرجون من جبهة القتال مع اليهود، ليواجهوا مؤامرة خبيثة دبرت لهم في دهاليز السفارة البريطانية بالقاهرة، بتحريض من القوى الصهيونية العالمية.

وسرعان ما صعقهم نبأ قادم من القاهرة يعلن استشهاد الإمام حسن البنا غيلة في مساء الثاني عشر من شهر شباط عام ١٩٤٩.

ولم يمض يومان على اغتيال الإمام البنا حتى جاء ضابط مصري كبير

ليبلغ الإخوان أن الجيش سيقوم بنقلهم إلى مصر تمهيدا ليعود كل واحد منهم إلى بلده.

وبسرعة مريبة قام الجيش بتجريد الاخوان من أسلحتهم ومصادرتها، وقام بنقلهم في شاحنات كبيرة إلى رفح، حيث أنزلهم في عنابر كبيرة ليبيتوا ليلتهم، وعندما استيقظ الاخوان ليصلوا الفجر فوجئوا بأن عنابرهم قد أحيطت بالأسلاك الشائكة والجنود من خلفها، وزالت دهشتهم حين جاءهم ضابط كبير يخبرهم أن الأوامر قد صدرت من القاهرة باعتقالهم جميعا إلى أجل غير محدود.

واكتظ المعتقل بجموع الإخوان الذين كانوا يصلون من فلسطين، واستمرت فترة الاعتقال في رفح حتى ١٨ حزيران ١٩٤٩. ثم نقلوا إلى مصر ليجدوا في انتظارهم في محطة القطار أوامر بالقاء القبض عليهم والزج بهم في السجون.

وهكذا كوفئ الاخوان على جهادهم وبلائهم في حرب يهود بالعقوق والنكران والسجون والمعتقلات، وسجل التاريخ في صفحاته السوداء تآمر العملاء بحروف من الخزي والعار.

قوات الاخوان السوريين:

كان الاخوان المسلمون في سورية – كالاخوان المسلمين في مصر – أول هيئة شعبية تتبنى قضية فلسطين وتتولى شرحها للرأي العام في سورية، وكانوا على صلة وتعاون مع سماحة المفتي منذ عام ١٩٣٧: واستمر الاخوان في تصديهم لحمل أمانة الانتصار لفلسطين، وأصبحت مراكزهم وشعبهم في جميع المدن السورية منابر للدعوة لقضية فلسطين من خلال المحاضرات والمؤتمرات التي يعقدونها لشرح مطامع اليهود في فلسطين [١].

ولما أعلنت بريطانيا عزمها على الانسحاب من فلسطين، وأعلنت الأمم

---

(١) جرار، حسني: الجامع أمين الحسيني رائد جهاد وبطل قضية، ص٣٧٩.

المتحدة قرارها تقسيم فلسطين، هب الاخوان في سورية لنجدة إخوانهم عرب فلسطين، فأعلنوا ميثاقا مقدسا لتشكيل جيش لتحرير فلسطين، وأقبلت جموع الاخوان وأبناء الشعب السوري إلى مراكز الاخوان لتسجيل أسمائهم للتطوع في جيش التحرير، وسرعان ما أعلنت الحكومة السورية منع التطوع إلا عن طريق الجامعة العربية، وتحت مظلة جيش الانقاذ.

وأوعز الاخوان إلى شبابهم بالتطوع في جيش الانقاذ، ولكنهم أدركوا أن طبيعة تكوين هذا الجيش وأسلوبه في العمل لا تتلاءم مع الروح الاخوانية، فطالبوا بأن تكون لهم كتائبهم الخاصة، وأمام إلحاحهم وافقت الجامعة العربية على كتيبة واحدة شريطة أن تتولى الجامعة الإشراف عليها، وانطلق الاخوان يبيعون من أثاث بيوتهم، ويجمعون التبرعات ليشتروا السلاح والذخيرة لإخوانهم المتطوعين، ونجحوا في تخطي العقبات التي وضعتها في وجوههم القيادات الرسمية، وبدأت أولى كتائبهم تدريبها في معسكر قطنة، وكان من توفيق الله لها أن يتم تدريبها جنبا إلى جنب مع كتيبة أخرى من أخوان مصر.

أما قواتهم التي دخلت إلى فلسطين فكانت:

- كتيبة الاخوان السوريين:

دخلت هذه الكتيبة بقيادة الدكتور مصطفى السباعي، وعملت بهمة ونشاط في مناطق القدس والمثلث، وساهمت مساهمة فعالة في الدفاع عن هذه المناطق الحيوية[1].

وقد وصل الفوج الأول منها إلى القدس برفقة المجاهد الكبير عبد القادر الحسيني، وكان يقود الاخوان الملازم عبد الرحمن الملوحي وعدنان الدبس، وتصادف وصول الفوج مع احتدام معركة القسطل، فاندفع الاخوان يخوضون المعركة جنبا إلى جنب مع إخوانهم مجاهدي فلسطين.

وكان الفوج الثاني بقيادة الدكتور مصطفى السباعي، ولما وصل إلى أريحا

---

(١) الشريف، كامل: الاخوان المسلمون في حرب فلسطين، ص٧٠.

في طريقه إلى بيت المقدس، استنجد به المجاهدون الفلسطينيون الذين كانوا يخوضون معركة ضارية ضد اليهود في مستعمرة ((النبي يعقوب)). وبعد نجدتهم أكمل الاخوان مسيرتهم نحو بيت المقدس، حيث وصلوها في وقت كان المجاهدون فيها ينتظرون بفارغ الصبر وصول نجدات تعينهم على التصدي للحشود الكثيفة التي جمعها اليهود في المنطقة[1].

وكان برفقة الأستاذ السباعي في هذه الكتيبة مئة مجاهد من الاخوان السوريين، وكان معه من القادة:

- الملازم عبد الرحمن الملوحي، قائد الفوج الأول الذي وصل القدس.

- الأستاذ عمر بهاء الدين الأميري، الذي لحق بهم بعد فترة من وصولهم.

- عدنان الدبس مسؤول مجموعة حي الشيخ جراح، والمصرارة، وسعد وسعيد وحي القطمون وكان مسؤولا عسكريا للكتيبة.

- زهير شاويش وكان في حي القطمون.

- ضيف الله مراد مسؤول حفظ الأمن في المدينة.

- لطفي السيروان، مسؤول في القيادة عن الاتصال بين المراكز.

- كامل حتاحت[2].

يقول المؤرخ عارف العارف عن هذه المجموعة المجاهدة[3]:

((وجلهم إن لم نقل كلهم من الأسر المرموقة في سورية، من حملة الشهادات المثقفين، اشتركوا في معارك الحي القديم وفي القسطل والقطمون، وفي الحي الأخير هذا استشهد منهم كثيرون)).

وقد تمكن الاخوان السوريون المرابطون في بيت المقدس بالتعاون مع الاخوان المصريين في صور باهر، والاخوان الأردنيين المرابطين في عين كارم، وبالتعاون مع اخوانهم لفلسطينيين مجاهدي الجهاد المقدس، تمكنوا

---

(١) أبو غنيمة، زياد: الحركة الإسلامية وقضية فلسطين، ص ٩٤ والأستاذ عمر بهاء الدين الأميري - مقابلة في الدوحة عام ١٩٨٦.

(٢) السباعي، مصطفى: الاخوان المسلمون في حرب فلسطين، ص٦- ٢٧.

(٣) العارف، عارف: نكبة بيت المقدس - ج١، ص ٣٢٦.

من أحكام الحصار حول اليهود داخل القدس والمستعمرات القريبة منها. ولما انسحب الانجليز في الخامس عشر من أيار وسلموا مواقعهم الحصينة لليهود، قام اليهود بهجمات قوية على القدس، واستبسل الاخوان في الدفاع عنها، وأجبروا الحي اليهودي على الاستسلام.

- متطوعو الاخوان في جيش الانقاذ:

لقد تطوع أفراد كثيرون من الاخوان السوريين في جيش الانقاذ، ودخلوا فلسطين تحت مظلة هذا الجيش، وشاركوا في جميع المعارك التي خاضها.

يقول المؤرخ عارف العارف[1]:

((اشترك من الاخوان المسلمين السوريين في حرب فلسطين زهاء أربعمئة أخ، مئة منهم بقيادة الأستاذ الشيخ مصطفى السباعي، وهو أستاذ في الجامعة السورية. والباقون انخرطوا في صفوف جيش الانقاذ، وقد استشهد منهم أحد عشر شخصا، وجرح زهاء خمسين)).

ولما أعلنت الهدنة المشؤومة اضطر الاخوان السوريون إلى مغادرة بيت المقدس مرغمين بعد أن قدموا لفلسطين مجموعة من الشهداء الأبرار.

كتيبة الإخوان الأردنيين:

دخل إلى فلسطين قوة من الاخوان المسلمين في شرق الأردن بقيادة المجاهد عبد اللطيف أبو قورة، وكان يساعده الملازم المتقاعد ممدوح الصرايرة، وقد دخلت هذه المجموعة إلى فلسطين في ١٤ نيسان ١٩٤٨، وتمركزت في بلدة عين كارم، واشتركت مع الاخوان المصريين والسوريين في عدة معارك وفي مقدمتها معركة كفار عصيون، ورامات راحيل، ومعارك القدس، كما دخلت قوة أخرى بقيادة الشيخ هارون بن جازي - من عشيرة الحويطات - وانضمت إلى كتائب الجهاد المقدس.

مجاهدو الاخوان الفلسطينيين:

شارك الاخوان المسلمون في فلسطين في التصدي للمؤامرة الصهيونية

---

(١)العارف، عارف: نكبة بيت المقدس - ج٢، ص ٤٣٦.

الصليبية، فعقدوا في ١٧ تشرين الأول من عام ١٩٤٧ مؤتمرا كبيرا في مدينة حيفا، حضره مندوبون عن شعب الاخوان في فلسطين التي وصلت في ذلك الوقت إلى عشرين شعبة، وأعلنوا في المؤتمر تصميم الاخوان في فلسطين على الدفاع عن بلادهم فلسطين بكل الوسائل، وأعلنوا استعدادهم للتعاون مع جميع الهيئات الوطنية، وأبدوا استعدادهم لدفع نصيبهم كاملا من تكاليف الجهاد(١).

وكانت شعب الاخوان في فلسطين قد شكلت قوات منذ البداية في المناطق الشمالية والوسطى تحت القيادات العربية المحلية وخاصة قيادة الجهاد المقدس، وقامت بغارات ناجحة على مستعمرات اليهود وطرق مواصلاتهم رغم الضعف الشديد الذي كانت تعانيه سواء في التسليح أو التدريب(٢).

متطوعو البلدان الأخرى:

لقد وصل إلى فلسطين مجموعات من شباب الاخوان المسلمين من عدد من البلدان العربية الأخرى، وانضموا إلى كتائب الأخوان وشاركوهم جهادهم المبرور، ومن هؤلاء:

- سرية من تونس، تتكون من مئة وعشرين مجاهدا، كانت مع قوات أحمد عبد العزيز التي زحفت إلى الخليل(٣).

- سرية من ليبيا، فقد كان مع مجموعة البكباشي زكريا الورداني في الكتيبة الأولى زهاء مئتي متطوع معظمهم من الليبيين، ورابطوا في عراق سويدان، ثم ذهبوا مع أحمد عبد العزيز إلى قطاع الخليل والقدس(٤).

(١) أبو غنيمة، زياد: الحركة الإسلامية وقضية فلسطين، ص ٤٨، وجريدة الدستور الأردنية في ١٩٩٢/٧/٥، ص١٣.
(٢) الشريف، كامل: الاخوان المسلمون في حرب فلسطين، ص٧٠.
(٣) العارف، عارف: نكبة بيت المقدس - ج٢، ص ٤٠٣.
(٤) العارف، عارف: نكبة بيت المقدس - ج٢، ص ٣٨٩.

- مجموعـات مـن إخـوان السـودان، تـدربوا في مـرسى مطـروح ودخلـوا مـع الإخـوان المصريين[1].

- ثلاثـة أفـواج مـن اخـوان العـراق: قـام الاخـوان في العـراق بتكـوين «جمعيـة انقـاذ فلسطين» وجمعوا التبرعات ودعـوا إلى التطـوع للجهاد في فلسطين، وأرسلوا ثلاثة أفواج مع جيش الانقاذ.

يقول الشيخ محمد محمود الصواف عن هذه الحركة والنشاط[2]:

«بدأ التطوع بثلاثة أفواج، وبعد أن سـيرنا فوجين جـاءتني برقيـة خاصة لجمعيـة انقـاذ فلسطين يطالبون فيها عدم تسيير الفوج الثالث لعدم الحاجة إليه؟ فاستشرت شيخنا الشيخ الزهاوي ورئيس الجمعية حسين فوزي، واتفقنا أن لا أذيع البرقية، وسيرت الفوج الثالث، ولكن للأسف فلما ذهبت إلى مفتشية التطوع - وكانت في دمشق - وكان يرأسها الفريق طه الهاشمي، وجدت هؤلاء الكبار لا يعرفون معنى الجهاد ولا ينزلون إلى مستوى أفراد الشعب، وكنت قد أرسلت عشرة آلاف بطانية ومائة طن من التمور، وإذا بي أجد المجاهدين والجرحى حول المفتشية لا يسأل عنهم أحد ولا كساء لهم، المجاهدون بلا أغطية والأغطية مكدسـة في العنابر. يبيت المجاهدون بلا طعام والطعام مخزون في العنابر، لهذا اصطدمت مـع الرجل وناقشته متأسفا ومتحسرا على هذا الحال وعلى إهمال المجاهـدين وجرحـاهم، وهكـذا كـان التسيب والتآمر».

وقد قام الشيخ الصواف بزيارة لإخوته المجاهدين في الخطوط الأمامية وتفقد أحوالهم.

- مجموعات من أخوان مراكش واليمن، شاركوا اخوانهم بجهادهم في أماكن متعددة.

(١) العارف، عارف: نكبة بيت المقدس - ج٢، ص ٣٤٢.
(٢) جريدة "المسلمون" - العدد ٣٧، في ٢٥ أكتوبر ١٩٨٥، ص٩.

المجاهدون المستقلون

وصل إلى فلسطين مجموعات من المتطوعين من عدة دول عربية ومجموعات أخرى من المسلمين، من غير العرب، اشتركوا جميعا في القتال، إما في صفوف قوات الجهاد المقدس، أو جيش الانقاذ، أو قوات الاخوان المسلمين.

ومن هؤلاء المتطوعين:

- متطوعون من شرقي الأردن، ومنهم:

● سرية منكو للمتطوعين الأردنيين وعدد أفرادها ((١٥٠)) بقيادة بركات طراد.

● قوة من عشائر الكرك، يقودهم الشيخ فيصل بن شهوان والشيخ جمال المجالي.

● قوة من عشائر بني صخر، كان يقودهم الشيخ محمد الفايز.

● مجموعات من عشائر ومناطق أردنية مختلفة.

- متطوعون من الحجاز واليمن والسودان.

- متطوعون من المغرب العربي.

- سرية يوغسلافية من مسلمي البوسنة والهرسك قدمت إلى دمشق بقيادة الميجر ((شوقي)) شقيق مفتي المسلمين في يوغسلافيا، حيث أتمت تدريبها في معسكر قطنة، وغادرت دمشق في ٢٦ آذار ١٩٤٨ لانجاد مدينة يافا، وكانت ترافق فوج القادسية لجيش الانقاذ. وكان هؤلاء اليوغسلاف من الاخلاص على جانب عظيم، وقد تولوا الدفاع عن المناطق الخطرة في البصة والمنشية وسكنة درويش.

وكان منهم في حامية يافا ((٦٥)) متطوعا بقيادة الميجر شوقي، وكانت سرية أخرى منهم في مدينة غزة بقيادة الملازم الأول راسم مصطفى علي قائد السرية الثالثة في حامية غزة، والضابط الرئيس الدكتور محمود كمال من ضباط الحامية.

وظلت هذه القوة تعمل حتى يوم ٣ شباط حيث حلت وصودرت أسلحتها[1].

والجدير بالذكر أن الحاج أمين الحسيني مفتي فلسطين عندما كان في ألمانيا أيام الحرب العالمية الثانية، وعلم أن الصرب هجموا على المسلمين في البوسنة والهرسك وقتلوا منهم آلافا، ذهب المفتي بنفسه إلى البوسنة والهرسك وبقي عندهم حتى كون لهم جيشا يدافع عنهم[1].

- مجموعة متطوعين أتراك، ومجموعة من ألبانيا بقيادة الرئيس الأول محمد عليم تراجارني. وكانت هذه المجموعة مع حامية غزة.

- أرسلت الهيئة العربية العليا في مصر ستة من الألمان الذين تطوعوا للقتال في صفوف العرب، أرسلتهم خصيصا لتدريب المجاهدين علي الألغام وطرق استعمالها، وكانوا من الإخلاص والجرأة على جانب عظيم، وكانوا يسمون أنفسهم بأسماء عربية كمحمد وعبد الله[2].

(١) العارف، عارف: نكبة بيت المقدس - ج ٢، ص ٣٨٨.
(٢) العارف، عارف: نكبة بيت المقدس - ج ٢، ص ٣٩٠.

جيش الإنقاذ

تقديم:

جيش الانقاذ هو جيش المتطوعين العرب الذي تشكل عام ١٩٤٧ بمبادرة وإشراف من الجامعة العربية، للدفاع عن عروبة فلسطين ومساندة أهلها، وبقي هذا الجيش في فلسطين حتى تشرين الأول ١٩٤٨ ثم سحب إلى جنوب لبنان، وانتقل بعد ذلك إلى سورية حيث قامت الجامعة العربية بحله في أيار ١٩٤٩.

ومع أن جيش الانقاذ تم تكوينه من قبل الحكومات العربية، وبهذا يمكن اعتباره جيشا من جيوش هذه الحكومات، إلا أنني آثرت الكتابة عنه ضمن قوات الجهاد الشعبي لأنه كان يتكون من متطوعين من أبناء الشعوب العربية.

وفي عام ١٩٤٧ شكلت الأمم المتحدة لجنة دولية لدراسة قضية فلسطين وتقديم مقترحات بشأنها. وبعد صدور تقرير اللجنة الدولية اجتمع مجلس الجامعة العربية في عاليه بلبنان من (٧ – ٩) تشرين الأول ١٩٤٧، خلال عرض قضية فلسطين أمام هيئة الأمم المتحدة، وكان جدول أعماله يتضمن دراسة ما يجب اتخاذه من إجراءات في وجه المؤامرة على عروبة فلسطين.

وقد عقد هذا المؤتمر في غياب ممثلي فلسطين ومن وراء ظهر حركتها الوطنية، إلا أن مفتي فلسطين فاجأ المؤتمرين بأن دخل عليهم محدثا أزمة بين الوفود انتهت بقبول حضوره، ولكن مجلس الجامعة رفض معظم مقترحاته، وفي مقدمتها إعلان حكومة عربية تتكلم باسم عرب فلسطين.

وكانت أهم قرارات مجلس الجامعة العربية ((تأليف لجنة عسكرية من ممثلي الدول العربية لدرس القضية الفلسطينية من الناحية العسكرية ومعاونة أهل فلسطين في الدفاع عن أنفسهم وكيانهم وذلك بالإشراف على إدارة العمل وتنظيمه وصرف الأموال التي تخصصها الدول العربية لمعاونة أهل فلسطين))[1].

_____

(١) الموسوعة العسكرية ج١، ص ٤٨١.

٩٣

وتشكلت هذه اللجنة برئاسة اللواء الركن اسماعيل صفوت (العراق) وعضوية العقيد محمود الهندي (سورية) والمقدم الركن شوكت شقير (لبنان) وصبحي الخضرا (فلسطين)، ولم ترسل مصر، والأردن والسعودية واليمن أحدا من رجالها العسكريين ليمثلوها في اللجنة.

وفي ٩ تشرين الأول اكتوبر ١٩٤٧ قدمت اللجنة العسكرية تقريرها الأول إلى مجلس الجامعة، وقد تضمن تأكيدا أن لدى العدو في فلسطين منظمات وتشكيلات سياسية وعسكرية وإدارية، وفي وسعها أن تتحول بسرعة إلى حكومة، وأن لديها قوة كبيرة من الرجال والعتاد والسلاح قدرت بحوالي ٦٥- ٧٥ ألف مقاتل تابعين للمنظمات الصهيونية الإرهابية. وشدد التقرير على خطورة مصير شعب فلسطين خاصة أولئك الذين يقطنون في المناطق التي يشكل اليهود غالبية فيها، ولهذا طلبت اللجنة في تقريرها بوجوب المباشرة فورا بتسليح عرب فلسطين وتدريبهم وتنظيمهم، وطلبت امدادهم بعشرة آلاف بندقية ورشاش مع المواد الهندسية اللازمة لبناء التحصينات في المدن والقرى العربية، وفتح باب التطوع أمام العرب للمشاركة في الكفاح في فلسطين، وحشد الجيوش العربية على حدود فلسطين لتكون جاهزة للتدخل في حال انسحاب بريطانيا حتى لا يبقى ميزان القوى لصالح العدو.

تشكيل جيش الانقاذ:

وكانت أهم قرارات اللجنة العسكرية «تشكيل جيش الانقاذ من المتطوعين العرب وتعيين فوزي القاوقجي قائدا له»، ومع أن اللجنة العسكرية اتخذت عدة قرارات من أهمها تسليح عرب فلسطين، وحشد جيوش الدول العربية على حدود فلسطين، ودخول قسم من هذه الجيوش إلى فلسطين قبل ١٥ أيار ١٩٤٨، إلا أن جامعة الدول العربية لم توافق إلا على تشكيل جيش الانقاذ.

وقد أقبل عدد كبير من الشباب العرب من عدة دول عربية على التطوع

في جيش الإنقاذ ومن ضمنهم ١٥٠٠ شاب فلسطيني، كما تطوع عدد من الضباط العرب من سورية والعراق والأردن ولبنان. وأقيم في ((قطنة)) بالقرب من دمشق معسكر للتدريب تلقى فيه المتطوعون دورات مختصرة.

يقول الأستاذ بهجت أبو غربية في مذكراته[١]:

((ومن المؤكد أن بريطانيا لم تمانع في تشكيل هذا الجيش لأنه سيمتص القسم الأكبر من المعونات وحجبها عن مقاتلي شعب فلسطين، وأنه سيمتص كذلك عددا كبيرا من الشباب العربي المتحمس للقتال في فلسطين والسيطرة عليهم بالضبط والربط العسكري ليصبح وضعهم كوضع جيوش الدول العربية، وهذا ما جرى بالفعل.

وقد أخبرني الحاج أمين الحسيني شخصيا في شهر تموز ١٩٤٨ أن وثائق جامعة الدول العربية تضم وثيقة اتفاقية بين بريطانيا والجامعة العربية تنص على السماح لهذا الجيش بالدخول إلى فلسطين قبل انتهاء الانتداب وتحدد الأماكن التي يسمح له أن يتواجد فيها ضمن الأراضي المخصصة للعرب بموجب قرار تقسيم فلسطين.

وهكذا تمركز جيش الإنقاذ في منطقة المثلث ((نابلس - جنين - طولكرم)). وأقام القاوقجي مقر قيادته في بلدة طوباس ثم نقلها إلى بلدة جبع في منطقة جنين.

وفي شهر شباط ١٩٤٨ اعتبرت قيادة الجيش البريطاني في فلسطين جيش الإنقاذ مسؤولا رسميا عن الأمن في منطقة ((وسط فلسطين)) وسحبت قواتها إلى المناطق التي توجد فيها المستعمرات اليهودية لحمايتها من أي هجوم عربي)).

ولم تكن إستراتيجية هذا الجيش واضحة ودقيقة، ويمكن اعتبار أسباب تشكيل جيش الإنقاذ، إلى جانب الاستعراضات العسكرية والتلويح بالقوة

_____

(١) مذكرات بهجت أبو غربية: مجلة القدس الشريف، العدد ٦٤، عام ١٩٩٠، ص٤٢.

بعد فشل الدبلوماسية العربية، الوعاء الذي يستطيع احتواء الحالة الثورية العربية العامة التي بدأت تعي واقعها على ضوء بداية ضياع فلسطين[1].

تشكيلات جيش الانقاذ:

كانت قيادات جيش الإنقاذ الملحقة مباشرة بالجامعة العربية تتشكل على النحو التالي:

على رأس الهرم العسكري كان المفتش العام لقوات المتطوعين «طه الهاشمي»، تليه اللجنة العسكرية برئاسة إسماعيل صفوت، والعضوية العاملة فيها لمندوبي العراق وسورية ولبنان وفلسطين، ولم ترسل بقية الدول العربية مندوبيها إلى اللجنة.

والصف الثالث في القيادة هو القيادة الميدانية، أي قائد الجيش «فوزي القاوقجي» ويليه مباشرة قادة الأفواج ثم قادة السرايا، وكان للقيادة الميدانية عمليا منطقتان مستقلتان، إذ كانت غالبية قطعات الإنقاذ بقيادة القاوقجي في المنطقة الوسطى وتشمل مناطق نابلس وجنين وطولكرم، وقد اتخذ قرية «جبع» مقرا لقيادته في آذار ١٩٤٨.

وكانت هناك المنطقة الشمالية حيث عملت مجموعة وحدات بقيادة المقدم أديب الشيشكلي ومقر قيادته في قرية «الصفصاف». أما قيادات الأفواج فكان لكل فوج مركز قيادة في منطقة انتشار سراياه.

وكانت جامعة الدول العربية تمول جيش الإنقاذ عن طريق لجنة الخبراء الماليين التي كان يرأسها أحمد عبد الغفار باشا.

وقد بلغ عدد مقاتلي جيش الإنقاذ في حزيران ١٩٤٨، حوالي أربعة آلاف منهم ١٥٠٠ فلسطيني. ولم يكن هذا الرقم ثابتا بل كان معرضا للزيادة والنقصان.

(١) مذكرات بهجت أبو غربية: مجلة القدس الشريف، العدد ٦٤، عام ١٩٩٠، ص٤٢.

توزيع الجيش على المناطق:

وكان جيش الإنقاذ موزعا إلى مجموعتين [1]:

١- مجموعة المنطقة الوسطى، بقيادة فوزي القاوقجي، وتألفت من:

—فوج اليرموك الأول، قاده المقدم محمد صفا (سورية)، وقد دخل عدة معارك أهمها معركة الزراعة في شباط ١٩٤٨، ثم انتقل إلى الجليل في أوائل حزيران ١٩٤٨.

—فوج القادسية، قاده المقدم مهدي صالح العاني (عراقي)، دخل فلسطين في شباط (١٩٤٨)، وكان بتصرف القيادة في جبع، شارك في معارك مشمارها عيمك، وباب الواد والقدس، ثم أعيد تنظيمه ودمجه بفوج أجنادين وسمى فوج أجنادين بقيادة العاني، وقد اشترك في الدفاع عن منطقة ترشيحا في تشرين الأول ١٩٤٨.

—فوج الحسين، قاده الرائد الطيار محمود هندي (سوري)، وقد دخل إلى منطقة المثلث ثم ما لبث أن أعفيت قيادته ووزعت سراياه على الأفواج الأخرى.

—فوج حطين، قاده النقيب مدلول عباس (عراقي) وقد دخل فلسطين في آذار ١٩٤٨، وتمركز في منطقة طوباس، شاركت سراياه في معارك مشمارها عيمك والقدس. وانتقل إلى الشمال في أوائل حزيران حيث تحمل عبء القتال في الشجرة والناصرة ونزلت به خسائر كبيرة واصابات عديدة شملت كل ضباطه تقريبا. فقد استشهد الشاعر الفلسطيني الملازم عبد الرحيم محمود، واستشهد النقيب هرمز شابو، وجرح قائده عباس جرحا بليغا كما جرح الملازم أكرم ديري.

—فوج اليرموك الثالث، قاده الرائد عبد الحميد الراوي (عراقي) وقد دخل منطقة القدس ورام الله في نيسان ١٩٤٨، واشترك في معارك

---

(١) الموسوعة العسكرية ج١، ص٤٨٢.

باب الواد والقدس.

ـ فوج أجنادين، قاده النقيب ميشال العيسى ـ (فلسطيني)، واشترك في معارك يافا، وباب الواد ثم انتقل إلى الشمال.

ـ فوج العراق، قاده المقدم عادل نجم الدين (عراقي)، وقد دخلت معظم مراتب هذا الفوج إلى يافا، وتولى نجم الدين قيادة حاميتها المحلية مع وحداته في ١٩٤٨/٦/٦، وبقي فيها حتى ١٩٤٨/٤/٣٠ حيث ترك المدينة دون إذن قيادته ودون أن يسلم مسؤولياته إلى خلفه النقيب ميشال العيسى.

وقد تواجد في المنطقة الوسطى أيضا عدة سرايا، مثل:

ـ السرية اللبنانية، بقيادة حكمت علي، والتي انتقلت إلى الجليل لتصبح فوجا، وشارك هذا الفوج في معارك صغيرة أهمها كفرمندا، واشترك في الدفاع عن السموعي وكفر عنان.

ـ سرية الفراتين، بقيادة النقيب خالد مطرجي، وقد وصلت هذه السرية إلى المنطقة الوسطى في ١٩٤٨/٢/٣ وبقيت فيها حتى ١٩٤٨/٥/٢٤، وكانت زرعين أولى معارك هذه السرية في منطقة جنين في ١٩٤٨/٢/٢٣، ثم نقلت السرية إلى الجبهة السورية في الجليل في أول تموز حتى نهاية تشرين الأول ١٩٤٨، وقد اشتركت في معارك ترشيحا والمغار والمنارة وسعسع في المنطقة الشمالية.

وفي منطقة القدس كانت:

ـ سرية منكو الأردنية التي اشتركت في معركة باب الواد.

ـ سرية أسود الشهباء التي قاتلت في القدس.

وقد ألحقت بهذه الأفواج بطارية ونصف من المدفعية بقيادة النقيب مأمون البيطار ومعه الملازم الأول عفيف البزري وسليمان الحلو، وكان تعداد بطارية المدفعية يتراوح بين ٨٠ إلى ١٢٠ جنديا ومعهم أربعة مدافع.

٢- مجموعة المنطقة الشمالية وكان يقودها المقدم أديب الشيشكلي وتتألف من:

- فوج اليرموك الثاني، بقيادة الشيشكلي، وقد دخلت هـذه القوة المنطقـة الشمالية عـن طريق لبنان في ١٩٤٨/١/٢٣، وفي شهر شباط توزعت على المناطق التالية:

صفد بقيادة الملازم الأول إحسان كمالماز، وعكا بقيادة الملازم عـدنان مراد، والمالكيـة بقيادة الملازم الأول فتحي الأتاسي، والصفصاف بقيادة الملازم الأول محمد جديد غريب.

وفي شهر نيسان أفرزت قيـادة الجيش السوري بطاريـة مدفعيـة مـع الملـازم الأول فايز القصري والملازم وديع نعمه.

وإلى جانب قوات الشيشكلي كان هناك فوج جبل العرب الذي قاده الرائد شكيب وهاب، وتمركز في منطقة شفا عمرو قرب الناصرة، ولم يرتبط هذا الفوج بالشيشكلي إذ كان لـه شيء من الاستقلالية.

وألحق بالمقدم الشيشكلي المفارز التالية:

- المفرزة العراقية بقيادة الملازم حسين عبد اللطيف.
- المفرزة الحموية بقيادة الملازم صلاح الشيشكلي.
- المفرزة الشركسية بقيادة الملازم جلال برقوق.
- المفرزة الإدلبية بقيادة الرئيس عبد الغفار.
- المفرزة الأردنية بقيادة الرئيس ساري فنيش.
- المفرزة السورية النظامية بقيادة الملازم عثمان حاجو.
- المفرزة اللبنانية بقيادة الملازم الأول محمد زغيب.
- وحامية عكا بقيادة خليل كلاس.
- المفرزة البدوية بقيادة الملازم محسن يعيش.
- ومفرزة مجدل شمس الدرزية.

– وأخيرا التحقت المفرزة اليوغسلافية بقيادة الرئيس الأول شوقي اليوغسلافي.

– وفصيل مدفعية بقيادة الملازم فايز القصري.

إعادة تنظيم جيش الإنقاذ:

لقد أعيد تنظيم قوات جيش الإنقاذ كلها في الشهر الثالث (آذار) مـن عـام ١٩٤٨، عـلى شكل ألوية فأصبح مؤلفا من[1]:

١- لواء اليرموك الأول بقيادة المقدم محمد صفا.

٢- لواء اليرموك الثاني بقيادة المقدم أديب الشيشكلي.

٣- لواء اليرموك الثالث بقيادة المقدم مهدي صالح العاني.

وقد اعتبرت اللجنة العسكرية، ولو مـن الناحيـة الشكلية، عبد القادر الحسيني قائدا لمنطقة القدس ورام الله، والشيخ حسن سلامة قائدا لمنطقة يافا، وتابعين للجنة العسكرية.

التسليح والإدارة:

لقد افتقدت قوات جيش الإنقاذ إلى الكوادر العسكرية والتنظيمية والإدارية، فلـم يتـوفر نصف الحد الأدنى المطلوب من الضباط والرتب.

وكذلك فقد انعدم وجود الوعي السياسي في هذه القوات، مما أفقدها شرطا أساسيا من شروط الانتصار. وكان واضحا تدني مستوى التـدريب والانضباط والانسجام داخـل الوحدات، ربمـا كان الإسراع في تشكيل الجيش هو العامـل الأسـاسي الـذي لم يمنـح قيادتـه فرصـة لتـدريب المتطوعين التدريب الكافي.

ومن أصعب المشاكل التي عاناها جيش الانقاذ كما عانتها كل الجيوش العربية، قضية التسليح، فكانت الأسلحة في جيش الإنقاذ خليطا من أنواع مختلفة من البنادق الإنجليزية والفرنسية والبلجيكية، ومن عـدد قليـل مـن

---

(١) مذكرات بهجت أبو غربية: مجلة القدس الشريف، عدد ٦٤، عام ١٩٩٠، ص٤٤.

مدافع الهاون المختلفة العيارات وقليل من الرشاشات المختلفة، مع بعض المصفحات التي غنمها الجيش من الصهاينة. وكانت الأسلحة على قلتها غير متناسقة في أنواعها لدى الفوج الواحد. وكذلك فقد كانت الذخيرة قليلة.

وكان هذا الوضع المتردي يعكس حالة الجيوش العربية قاطبة، على الرغم من أن بعض هذه الجيوش كان لديها سلاح مخزون، لو استخرج لعوض بعض مساوئ التسليح في وحدات الإنقاذ.

وقد ورد في تقرير رؤساء أركان الجيوش العربية في مؤتمر القاهرة المنعقد في ١٠ تشرين الثاني ١٩٤٨، أن ما يملكه جيش الإنقاذ بفلسطين في ١٩٤٨/١١/١١ هو[1]:

ستة أفواج: الفوج ٣ سرايا + سرية المقر و٤ رشاشات فكرز وهوشكز قوة الفوج ٥٣٠ مقاتل، لكل فوج ٢ هاون (٨١ملم)، ٢٢ رشاشة خفيفة. المجموع= ٣٠٠٠ مقاتل، وبطارية مدفعية عدد ٤ أحدها تالف، لكل مدفع ١٥٠ طلقة، و ١٢ مصفحة يهودية، ومستشفى ميدان.

الجنود مختلفون: عراقيون، سوريون، لبنانيون، أردنيون، فلسطينيون، والقيادة ضعيفة. العتاد يكفي ١٢ يوما قتال جدي، موارد العتاد من الحكومات وما يشترى وقد انقطع المورد الآن.

أما الشؤون الإدارية والتموين، فقد أشرف عليها شباب من غير العسكريين معظمهم ممن عملوا في الميدان الوطني في سورية، وقد شهد هذا المرفق الكثير من النواقص.

معارك جيش الإنقاذ:

خاض جيش الإنقاذ قليلا من المعارك ضد اليهود في المنطقة الوسطى والشمالية، ومن أهم المعارك التي خاضها[2].

---

(١) العارف، عارف: نكبة بيت المقدس، ج٣، ص٧٦٠.
(٢) مذكرات بهجت أبو غربية: مجلة القدس الشريف، عدد ٦٤، عام ١٩٩٠، ص٤٥ والموسوعة العسكرية ج١، ص٤٨٣.

معركة جدين في ٢٢ كانون الثاني ١٩٤٨، ومعركة الزراعة في ١٦ شباط ١٩٤٨، ومشمارها عيمك التي قادها فوزي القاوقجي بنفسه في ٢٥ نيسان ١٩٤٨ مستخدما جميع ما لديه من مدفعية الميدان، ولكن الجيش البريطاني تدخل وفرض هدنة بين الطرفين، فجلب اليهود نجدات وطوقوا قوات القاوقجي تطويقا كاملا، ولولا نجدات القرى العربية في منطقة جنين لنجح التطويق. ولقد تخلص القاوقجي وانسحب إلى جنين بعد أن تكبد خسائر كبيرة.

ومعركة الشجرة، ورامات يوحانان. وشارك جيش الإنقاذ في معارك نيفي يعقوب، وباب الواد، والقدس، وحيفا، ويافا، والمطلة، والمنارة، والهراوي، والنبي يوشع، وطبريا، وعكا، وصفد، وكان تكتيكه في القتال مزيجا من تكتيك القوات النظامية وتكتيك حرب العصابات.

نهاية جيش الإنقاذ:

بعد سقوط الجليل بيد اليهود في ٢٩ تشرين الأول ١٩٤٨، اضطر جيش الإنقاذ للانسحاب من شمال فلسطين، إلى جنوب لبنان، وقد بدت حالته سيئة جدا وبحاجة ماسة لإعادة التنظيم من جديد على ضوء الأحداث التي شهدتها المنطقة.

وبدلا من إعادة تنظيم القوى العربية المقاتلة نظرا لإعلان إقامة الكيان الصهيوني، فقد بدأت الكيانات العربية حينذاك التمهيد لتوقيع اتفاقات الهدنة وانهاء القتال.

وانطلاقا من هذا المفهوم العام للأوضاع فقد استدعى الأمين العام لجامعة الدول العربية القاوقجي إلى القاهرة في ١٩٤٨/١١/٢٢ بحجة البحث معه في إعادة ترتيب الإنقاذ، وهناك أبلغه أن مهمة جيش الإنقاذ القتالية قد انتهت، وكلف على أثر ذلك العقيد أنور بنود (من الجيش السوري) بقيادة وحدات الإنقاذ، فأعاد تشكيل بقاياه بثلاثة أفواج حملت اسم لواء

اليرموك. وبقيت هذه القوة في جنوب لبنان، ثم انتقلت في أواخر آذار ١٩٤٩ إلى سورية. وفي أوائل أيار ١٩٤٩ وبعد أن بدأت الدول العربية توقيع اتفاقات الهدنة الدائمة في رودس، صدرت الأوامر من المفتشية العامة لقوات الإنقاذ، بتوجيه من الأمانة العامة للجامعة العربية، بتسريح هذه القوة وإنهاء مهمتها وحلها رسميا[1].

ثانيا: القوات الحكومية

تقديم:

كانت معظم البلدان العربية قد خضعت للاستعمار الغربي بعد الحرب العالمية الأولى، ومع أن هذه الدول وخاصة سورية ولبنان ومصر والعراق وشرق الأردن بدأت تعلن استقلالها في الفترة بين ١٩٣٠- ١٩٤٨، إلا أنها ظلت مربوطة بالرغبة الأجنبية في عدد من الأمور التي يتوقف عليها مصير الأمة.

وكانت الجيوش العربية على قائمة المؤسسات التي لم يكن الاستعمار ليرضى أن تصبح حرة قوية قادرة على ملء الفراغ العسكري الذي أحدثه الاستعمار بعد أن بدأ يخرج من وطننا العربي والإسلامي، بل حرص في غالبية الدول العربية على إبقاء الجيش تحت السيطرة الأجنبية بطريقة غير مباشرة ليضمن استمرار نفوذه رغم الاستقلال المعلن.

وهكذا كانت الجيوش العربية في عام ١٩٤٨ جيوشا غير مستقلة بالمعنى الصحيح، شأنها شأن حكوماتها التي كانت ترتبط بالدول الأجنبية بمعاهدات تفرض عليها الكثير من القيود. ومع هذا فقد قام معظم قادة هذه الجيوش في خلال الأربعينات بمحاولات لبناء قدرات جيوشهم وتطوير قدراتها كي تأخذ دورها في الدفاع عن أوطانها أمام الأخطار المحدقة بها وخاصة الخطر الصهيوني الذي بدأ يشتد خصوصا بعد صدور قرار التقسيم في التاسع

---

(١) الموسوعة العسكرية ج١، ص٤٨٣.

والعشرين من تشرين الثاني (نوفمبر) ١٩٤٧. من قبل هيئة الأمم المتحدة.

وقد سعى بعض قادة هذه الجيوش للحصول على ما يلزمها من السلاح لسد النقص الكبير الذي كان نتيجة لتجاهل الاستعمار والحكومات العربية المتحالفة معه لأمر التسليح، وقد طلب كثير من الضباط من حكوماتهم استبدال السلاح القديم الفاسد الذي تركه الاستعمار بسلاح متطور وذخيرة حديثة، ولكن الدول المستعمرة وخاصة بريطانيا وفرنسا كانت تقف حجر عثرة في وجه هذا الطلب. فكانت بريطانيا تقنع الدول التي كانت مرتبطة بها بأن جيوشها مسلحة تسليحا كافيا، وعندما طلب الضباط المصريون المزيد من السلاح باعوهم سلاحا فاسدا تفجر عند استعماله. ولما ألح الضباط السوريون على طلب سلاح جديد بدلا من القديم الذي تركته لهم القوات الفرنسية عند رحيلها، وأرسلوا فؤاد مردم لشراء السلاح، غرقت في البحر المتوسط الشحنة الوحيدة التي تمكن من شرائها، وقيل أنه كان يتردد على شركات الأسلحة برفقة صديقته اليهودية التي علمت بالصفقة وتاريخ شحنها، مما أدى إلى غرق الشحنة في البحر [١].

الجيوش العربية تجتاز حدود فلسطين:

بتاريخ ٣٠ نيسان عقد مؤتمر عسكري في عمان برآسة الملك عبد الله حضره رؤساء أركان جيوش العراق ومصر وسورية ولبنان والأردن وجيش الإنقاذ، كما حضره الأمين العام لجامعة الدول العربية عبد الرحمن عزام. واستعرض المجتمعون الوضع العسكري في فلسطين وما يجب أن يقوموا به بعد انتهاء الانتداب (أي بعد أسبوعين)، وقرروا أنهم بحاجة إلى ست فرق عسكرية وست أسراب طائرات، ورفعوا قرارهم إلى اللجنة السياسية العامة لمجلس جامعة الدول العربية التي كانت مجتمعة في عمان في نفس اليوم،

---

(١) علي، د. فلاح خالد: الحرب العربية الإسرائيلية، ص٩٤، عن السياسي العراقي الأستاذ محمود الدرة.

وقد اعتبرت اللجنة السياسية أن مطالب رؤساء الأركان مبالغ فيها ورأوا أن تشرع الجيوش عملها بالقوات المتيسرة.

وبعد انتهاء مؤتمر عمان انعقد مؤتمر عسكري آخر في دمشق رسمت فيه خطة دخول الجيوش العربية إلى فلسطين، وعلى أثر ذلك أعلنت سوريا ولبنان أنها سترسل قوات إلى فلسطين في ١٥ أيار. وفي الثاني من أيار تحركت قوات عراقية في طريقها إلى شرقي الأردن لتدخل فلسطين في ١٥ أيار[١]. وهكذا بدأت الجيوش العربية تتهيأ للدخول.

وفي ١٥ أيار اجتازت الجيوش العربية حدود فلسطين بغية إنقاذها من براثن الصهيونيين. اجتازتها بأعداد مختلفة، بعضها كان يقصد إنقاذها، وينوي القتال حتى النهاية، وبعضها كان ينوي أن يقف عند الحدود التي رسمتها هيئة الأمم في قرار التقسيم، وما كانت كل هذه الجيوش مجهزة تجهيزا كافيا يضمن لها النصر.

يقول المؤرخ عارف العارف في كتابه "نكبة بيت المقدس"[٢]:

«أما سوريا فقد عقدت النية على إنقاذ فلسطين، ورأت أنه لابد لإنقاذها من دخول الجيوش العربية واشتراكها الفعلي في القتال، هذا مع أنها لم تكن من الناحية العسكرية على استعداد تام للقتال، ولم يكن لديها يومئذ سوى خمسة عشر ألف رجل قليل منهم المدربون على القتال. أما الذين زحفوا صوب فلسطين، فلم يزد عددهم على ألف وخمسمئة مقاتل.

أما لبنان فما كان باستطاعته أن يفعل شيئا، إذ أنه لا يملك ما من الجيش ما يكفي لصون الأمن في بلاده، فأقام ألف مقاتل على الحدود.

وأما العراق فإنه وإن كان لا يقل عن سورية غيرة على فلسطين، إلا أن قادته لم يرسلوا إلى الميدان عند بدء القتال سوى (١٥٠٠) مقاتل، وازداد

(١) مذكرات بهجت أبو غربية: مجلة القدس الشريف، عدد ٦٦، عام ١٩٩٠، ص٣٣.
(٢) العارف، عارف: نكبة بيت المقدس، ج٢، ص ٣٣٩- ٣٤٢.

عددهم فبلغوا عند إعلان الهدنة خمسة آلاف.

والأردن، وإن كان كفؤا للقتال وله جيش مؤلف من رجال لا يقلون إخلاصا لـوطنهم مـن رجال أي قطر آخر من الأقطار العربية، إلا أن ارتباطه ببريطانيا – في ذلك الوقت – أثـر عليـه. ومع هذا فكان عدد رجال الجيش الأردني الذين خاضوا معارك فلسطين في البـدء أربعـة آلاف وخمسمئة مقاتلا.

وأما اليمن، فكانت غارقة في بحار الجهل، ولم ترسل إلى فلسطين – في ذلك الوقت – جنـدا ولا سلاحا.

وأما السعودية فكان لها ارتباط بالولايات المتحدة عن طريق شركات البترول الأمريكيـة، وقـد اشـتركت في القتال ولم يـزد عـدد السعوديين الـذين حـاربوا في فلسطين عـن الألـف وخمسمئة. ولقد حارب هؤلاء في قطاع غزة، وكانوا تابعين لقيادة الجيش المصري، وكانوا مـن الشجاعة والاخلاص على جانب عظيم.

وأما الحكومة المصرية فقد ترددت في بادئ الأمر. ولما رأت الرأي العام المصري يريد ذلك أعلنت الحرب، فكانت ترى بادئ ذي بدء أنه ليس من مصلحتها أن تـزج بجيشها في القتـال، وإذا كان لابد من العمل لنصرة فلسطين فليكن ذلك عن طريق الأسلحة والمتطوعين. ولكنهـا غيرت رأيها وقررت سوق جيشها أسوة بالجيوش العربية الأخرى. وكان عـدد جنـود الجيش المصري الذين دخلوا فلسطين عند بدء القتال ستة آلاف. وازداد هـؤلاء في معـارك النقـب فبلغـت عشـرة آلاف، ويـدخل في هـذا العـدد المتطوعـون مـن الاخوان المسلمين (المصـريين والسودانيين والليبيين).

ويمكن تلخيص مجموع المقاتلين التابعين للجيوش العربية النظامية عندما اجتازت حـدود فلسطين كما يلي[1]:

وكانت الخطة التي رسمها رؤساء أركان حرب الدول العربية في اجتماع

(١) العارف، عارف: نكبة بيت المقدس، ج٢، ص٣٤٢-٣٤٣.

الجيش	العدد	الجيش	العدد
الجيش العربي الأردني	٤٥٠٠	الجيش السوري	١٥٠٠
الجيش السعودي	١٥٠٠	الجيش اللبناني	١٠٠٠
(الجيش المصري)	١٠،٠٠٠	الجيش العراقي	١٥٠٠
(يدخل في ذلك المتطوعون)			

عقدوه في الزرقاء في أواخر نيسان تقضي ـ بأن تدخل الجيوش فلسطين في مساء اليوم الخامس عشر من أيار، وأن يزحف الجيش اللبناني من رأس الناقورة نحو الساحل الفلسطيني باتجاه عكا، وأن يقوم جيش التحرير بقيادة فوزي القاوقجي بغارات على منطقة حيفا التي كانت بيد اليهود، وأن يزحف الجيش السوري من مرتفعات بانياس وبنت جبيل نحو صفد والناصرة والعفولة، وأن تزحف بعض قطاعات الجيش الأردني من جسر دامية وجسر ـ الشيخ حسين باتجاه جنوب بيسان فشمال جنين إلى العفولة، والبعض الآخر صوب باب الواد عن طريق رام الله. وكان على هذه الجيوش عند التقائها بالعفولة أن تزحف نحو الساحل، فتحتل منطقتي الخضيرة وناتانيا اليهوديتين، وكان على الجيش المصري أن يجتاز الحدود عند رفح والعوجا ثم يزحف إلى غزة ومجدل عسقلان. وكان على المتطوعين المصريين أن يصلوا عن طريق الخليل وبيت لحم إلى القدس، فيطوقوها من ناحيتها القبلية بينما يطوقها الأردنيون من ناحيتها الشمالية والشرقية. أما القدس نفسها فقد اتفق على تجنيبها ويلات القتال، على أن يظل مرابطا فيها حماتها من أبنائها.

وقد أسندت القيادة العليا يومئذ إلى جلالة الملك عبد الله، وكان ذلك بطلب منه وعين الجنرال العراقي نور الدين محمود قائدا عاما تابعا للملك عبد الله.

ويظهر أن الشق الأول من هذه الخطة (وهو المتعلق بالقتال) لم يرق في عين الفريق غلوب باشا، فاستبدله بوصفه رئيسا لأركان حرب الجيش العربي بشق آخر، وما كان لأحد أن يعترضه، ولقد تم هذا الاستبدال قبل الميعاد المقرر للزحف بثمان وأربعين ساعة.

ودخل الجيش السوري الحدود من جنوب بحيرة طبريا، واحتل سمخ وعبر الجيش المصري الحدود عند رفح، وراح يزحف إلى الشمال إلى أن وقف عند اسدود، وكانت كتائب المتطوعين المصريين والسودانيين والليبيين (من الاخوان المسلمين) قد سبقته عن طريق بئر السبع إلى قطاع الخليل وجنوب القدس.

وعبر الجيش العراقي الحدود عند جسر ـ المجامع فاحتل مشروع روتنبرغ وراح يحاصر كيشر.

وزحف الجيش العربي الأردني على ذراعين: ذراع اجتاز جسر اللنبي، وراح يتأهب للزحف صوب القدس، وذراع اجتاز جسر دامية باتجاه نابلس، وهنا انشطر إلى شطرين: شطر بقي مرابطا في ذلك القطاع وآخر اتجه إلى باب الواد عن طريق رام الله. وأما الجيش اللبناني فقد بقي مرابطا عند الحدود متخذا لنفسه خط الدفاع.

وقد تلقى عرب فلسطين عامة، وسكان بيت المقدس خاصة، أنباء زحف الجيوش العربية بالرضا والاغتباط، وباتوا يرتقبون سقوط القدس وتل أبيب، وخلاص البلاد من محنتها في وقت قريب، وازدادوا سرورا عندما جاءهم نبأ القرار الذي أصدره مجلس الجامعة العربية في ١٢ نيسان ١٩٤٨ وقد جاء فيه[1]:

((إن دخول الجيوش العربية فلسطين لانقاذها يجب أن ينظر إليه كتدبير مؤقت خال من كل صفة من صفات الاحتلال أو التجزئة لفلسطين، وأنه

ــــــــــــــــــــــــــــــــــــــ
(١) العارف، عارف: نكبة بيت المقدس، ج٢، ص٣٤٥.

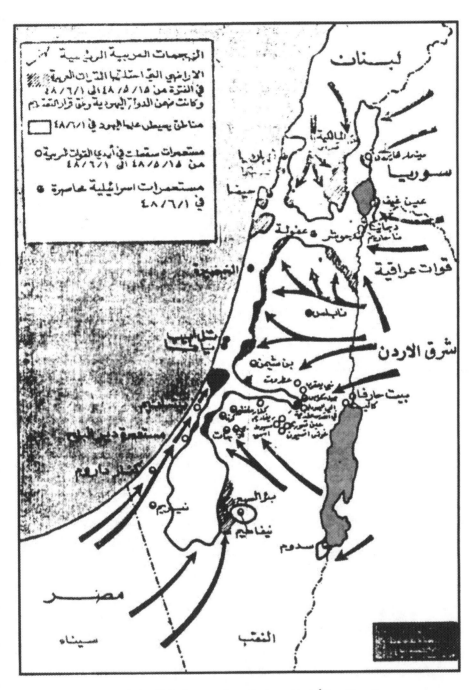

التحركات الأولى للجيوش العربية من ١٥/٥/ إلى ١٩٤٨/٦/١

بعد إتمام تحريرها تسلم إلى أصحابها ليحكموها كما يريدون)).

الجيش السوري:

كان الجيش السوري قبل بدء الحرب العربية الإسرائيلية عام ١٩٤٨ مؤلفا من ثمانية آلاف جندي موزعين كما يلي[١]:

٢٠٠٠ (لواء) أمر بدخول الحرب فورا.

٢٠٠٠ (لواء) جهز للقتال في فلسطين عند الحاجة.

٥٠٠ انخرطوا في صفوف جيش الإنقاذ.

٣٥٠٠ أمروا بالمرابطة على الحدود والقيام بالخدمات الحكومية في مصالح الدولة. ويقول المؤرخ عارف العارف على لسان اللواء الركن المتقاعد عبد الله عطفه، الذي شغل منصب رئيس أركان الجيش السوري عند بدء القتال، أنه لم يكن لدى الجيش السوري عندما أمر بدخول فلسطين من الأسلحة والذخيرة ما يكفي لأكثر من أسبوع، وهذا ما دفعه لأن يقترح على ولاة الأمور في سوريا أن لا يزجوا بالجيش في القتال كجيش نظامي، بل يأمروا بدخول جنوده الحرب كمتطوعين على أن يزودوا بجميع الوسائل والامكانيات التي تملكها الحكومة من عتاد وذخيرة[٢].

وفي ١٣ أيار ١٩٤٨ راح الجيش السوري يزحف نحو "سمخ"، وأقترب منها في مساء ١٤ أيار، وحط رحله على المرتفعات المطلة عليها وعلى "الحمة"، وفي ١٥ أيار اجتاز الحدود. وكان الأمر بزحف الجيش السوري قد أصدرته القيادة العامة في عمان، عن طريق رئاسة الأركان في الشام في ١٩٤٨/٥/١٥.

وبعد ظهر يوم ١٥ أيار دخل مع اليهود في قتال عنيف، واستمر القتال حتى اليوم الثامن عشر وفي ذلك اليوم احتل سمخ. وباحتلالها سقطت في

---

(١) علي، د. فلاح خالد: الحرب العربية الإسرائيلية، ص ٩٦.

(٢) العارف: عارف: نكبة بيت المقدس، ج٢، ص٣٥٢.

يده مستعمرتا "مشمار هاغولان" و "مسعدة"، ولكنه فشل في ٢١ أيار في احتلال "دجانيا" والمستعمرات اليهودية الأخرى، والسبب في ذلك أن الجيش لم يكن على استعداد لخوض غمار الحرب عندما صدر قرار التقسيم ونشب القتال في فلسطين عام ١٩٤٧، هذا رغم ما كان المؤتمرون من رجال الحكم في البلاد العربية قد قرروه في بلودان في ١٩٤٦ من أن الحرب لا محالة قادمة، وأن على الجيوش العربية أن تتأهب لنجدة فلسطين، فقد احتفظ رجال السياسة في سورية بذلك القرار السري، ولم يذكروا شيئا عنه لرجال الجيش وقادته، حتى أن معظم هؤلاء لم يعلموا أنهم سيدعون للقتال إلا في أواخر شهر نيسان ١٩٤٨، ولما صدر الأمر إليهم بالزحف لم يكونوا على استعداد لمواجهة الوضع (١).

وعندما قام الجيش السوري بالهجوم على مستعمرة "دجانيا" أتت لليهود نجدة كبيرة من فرق الصاعقة (البالماخ)، وراحت تضرب المواقع السورية، فانسحب الجيش السوري إلى الوراء، إلى المرتفعات المطلة على سمخ، وأخلى سمخ ومستعمرتي مشمارش غولان ومسعدة، وكانت خسائر السوريين عند انسحابهم زهاء ثلاثين شهيدا ومئة وعشرين جريحا.

وقد ورد في تقرير رؤساء أركان الجيوش العربية في مؤتمر القاهرة المنعقد في ١٠ تشرين ثاني ١٩٤٨، أن ما يملكه الجيش السوري في الميدان بفلسطين في ١٩٤٨/١١/١١ هو (٢):

٣ ألوية (اللواء من ٣ أفواج)، وفوج مدفعية من بطاريتين، وفوج مدرعات من سريتين، وسرية هندسة، وفوج هجانة و٣ كتائب خيالة (٤ سرايا) وقوة جوية ١٤ هارفرد، وعتاد الطائرات قليل وهو أمريكي.

وورد في التقرير أن العتاد يكفي لأسبوعين (فقط)، وأنهم يعملون على ملء الظروف الفارغة، والانتاج يوميا عشرة آلاف طلقة.

(١) العارف: عارف: نكبة بيت المقدس، ج٢، ص٣٥٤.
(٢) العارف: عارف: نكبة بيت المقدس، ج٣، ص٧٥٩.

وأن الموقف في الجهات من بانياس إلى الحمة هو:

- في الشمال من بانياس يوجد لواء، فوجين مـن الجبهـة وفوج احتيـاط مـع المدفعيـة والمدرعات.

- في الوسط في جسر بنات يعقوب يوجد لواء كامل يحتل مشمارهياردن.

- في الجنوب من الحمة إلى الشجرة يوجد فوج من قوة البادية.

- لواء احتياط.

الجيش اللبناني:

زحف الجيش اللبناني في ١٥ أيار، ولما وصل إلى حدود فلسطين وقف عندها واتخذ لنفسه خطة الدفاع، وكان طول هذه الحدود مئة وعشرة كيلو متـرات وكان يقـوده الجنرال فـؤاد شهاب، وكان عدد القوات التي رابطت عند الحدود ثلاثة آلاف، قسم منها في الناقورة وقسم في مرجعيون.

وقد ورد في تقرير رؤساء أركان الجيوش العربية السابق الـذكر، أن الجيـش اللبناني هـذا كان يتكون من أربعة أفواج نظامية، قوة الفوج (٥٠٠)، وفوج واحد غـير نظامـي، وأن العتـاد الباقي مع الجيش في ١١/ ١١/ ١٩٤٨، يكفي لثلاثة أيام في حالة الهجوم ولسبعة أيام في حالـة الدفاع.

الجيش العراقي:

أرسلت الحكومة العراقية يوم ٢٨ أبريل قوة قوامها ثلاثة آلاف جنـدي، وعسكرت هـذه القوة داخل الأراضي الأردنية بانتظار يوم الخامس عشر مـن مايو ١٩٤٨، وفي الخامـس عشر من أيار (مايو) اتجهت هذه القوة عـن طريـق المفرق إلى جسر ـ المجامع واجتازت حدود فلسطين، وكانت القوة العراقية التي أرسلت في بادئ الأمـر ضـئيلة العـدد، ولكنها ازدادت في غضون الهدنة الأولى (١١حزيران - تمـوز ١٩٤٨)، فأصبحت عنـد استئناف القتال في ٩ تمـوز ١٩٤٨ ثمانية آلاف مقاتل.

١١٢

يقول اللواء الركن محمود شيت خطاب عن الأسباب التي دفعت الحكومة العراقية إلى إرسال مثل هذه القوة الصغيرة في بداية الحرب، أن عبد الإله أرسل الجيش العراقي إلى فلسطين لا ليحارب ويحتل ويطرد اليهود من الأراضي العربية في فلسطين، بل أرسله للتغطية والتضليل، ولإسكات الشعب العراقي الذي كان يطالب دائما بالوقوف إلى جانب عرب فلسطين ومساعدتهم ومشاركتهم في الحرب، ولذلك عندما وصل الجيش العراقي إلى فلسطين عطلوه وشلوه ومنعوه من القتال، ولو قاتل لأحرز انتصارات هامة والدليل على ذلك معركة جنين[١].

أما القوات العراقية التي دخلت فلسطين في ١٥ أيار (مايو) ١٩٤٨ فهي:

١- اللواء الأول: بقيادة العقيد الركن نجيب الربعي، وقد وصل إلى المفرق في الرابع عشر من أيار ثم اجتاز حدود فلسطين يوم الخامس عشر واتخذ منطقة جسر المجامع مقرا مؤقتا له. وهو الذي حارب اليهود في كيشر.

كانت لديه كتيبة مدفعية ونصف كتيبة من المدافع عيار ٤,٥، وسرية مدرعات، وسرية الهندسة الآلية، ووحدة الميدان الطبية، وكان يرافقه فوجان من المجاهدين الفلسطينيين هما: فوج الشعراوية، وفوج صلاح الدين، وكانت مهمة هذين الفوجين ستر القطاعات النظامية.

وفي الحادي والعشرين من أيار (مايو) انتقلت غالبية القوات العراقية من منطقة جسر المجامع إلى منطقة نابلس، وكانت هذه القوة بقيادة العقيد رفيق عارف، وقد انقسمت إلى أربعة أرتال[٢]:

أ- رتل اتجه إلى جنين، يقوده المقدم الركن نوح عبد الله.

---

(١) علي، د. فلاح خالد: الحرب العربية - الإسرائيلية، ص ١٠٥، عن اللواء الركن محمود شيت خطاب الذي شارك في حرب فلسطين وشغل قائد جنين في فترة من فترات الحرب.

(٢) العارف: عارف: نكبة بيت المقدس، ج٢، ص٣٦٧.

ب- رتل اتجه إلى طولكرم، يقوده المقدم الركن طارق سعيد.

ج- رتل بقي في نابلس على سبيل الاحتياط مع آمر القوة العقيد رفيق عارف.

٢- اللواء الرابع بقيادة العقيد الركن صالح زكي توفيق، وصل إلى المفرق في أول حزيران، واجتاز الحدود في الثاني من حزيران، ودخل في معركة جنين في ٣ حزيران، وانتقلت بعض أفواجه إلى قطاع رأس العين، إثر سقوط اللد والرملة في ١٢ تموز، وبقي البعض الآخر بين جنين واللجون. وكان يرافق هذا اللواء بطارية مدفعية ١٨ رطل، وسرية مدرعات وفوج من رجال الشرطة وفوجان فلسطينيان هـما: فـوج الكرمـل، وفوج خالد بن الوليد.

٣- الفوج الثالث من اللواء الخامس: بقيادة المقدم عمر علي، وقد وصل إلى المفرق في أول حزيران ثم سار إلى أريحا، وفي صبيحة الثاني مـن حزيران اتجـه إلى نـابلس عـن طريق غور الجفتلك. وبينما كان يستعد لمواصلة سيره نحو طولكرم، تلقى خـبرا عـن تطويق اليهود لمدينـة جنين ليلة الثالث مـن حزيران فزحف إلى جنين لنجـدة المحصورين، وفي الساعة السابعة والنصف كان عند مفترق طريق "قباطية – جنين".

٤- القوة الجوية العراقية: وقد هبطت في مطار المفرق في الثاني عشرـ مـن أيـار ١٩٤٨، وقد تألفت من سربين من قاذفات القنابل، وثلاث طائرات مـن طراز جلاديتـور ثم أضيف إليها بعض مقاتلات فيوري.

٥- لقد زيدت القوات العراقية بعد الهدنة الثانية حتى بلغ عدد أفرادها (١٥) ألف جندي، فقد وصل اللواء الثالث إلى الزرقاء في الخامس عشر من يوليو، لكنه لم يدخل فلسطين أثناء فترة القتال من الثالث حتى الثامن عشر من يوليو، ووصل اللواء الخامس إلى المفرق في

الرابع والعشرين من يوليو ورابط في الشونة على سبيل الاحتياط.

وقد تولى قيادة القوات العراقية في فلسطين:

- اللواء نور الدين محمود من ٥ مايو إلى ١٨ مايو ١٩٤٨.

- الزعيم طاهر الزبيدي من ١٨ مايو إلى ٢٠ يوليو ١٩٤٨.

- اللواء مصطفى راغب من ٢٠ يوليو إلى ٢١ أكتوبر ١٩٤٨، وقد قدم استقالته بعد شعوره بعدم جدية القتال في فلسطين[1].

- اللواء الركن نور الدين محمود من ١١ أكتوبر ١٩٤٨ إلى ١٦ يونيو ١٩٤٩.

- الزعيم الركن رفيق عارف من ١٦ يونيو ١٩٤٩ إلى ٢٧ يوليو ١٩٤٩.

وكانت القوات العراقية منتشرة من كيشر إلى مجدل الصادق وباقة الغربية وامتدت إلى ١٦٠ كيلو متر، وكانت معركة كيشر ومعركة جنين ومعركة كوكب الهوى من أشهر المعارك التي خاضها الجيش العراقي ضد اليهود. وأما الطائرات فقد قامت بقسط غير قليل من واجبها في كيشر وباب الواد وقاقون، وهاجمت بتاح تكفا وتل أبيب.

وكانت خسائر الجيش العراقي في حرب فلسطين ٩٨ شهيدا بينهم عشرة من الضباط، واستشهد من الجنود في معركة جنين (٥٠)، وفي معركة قاقون (٤٥)، وفي معركة كوكب الهوى (١٧)، وفي معركة كيشر ـ (١٢)، وفي هاكوفتش (١١)، وفي المزار (٩)، وفي كفر قاسم (٨) وفي طولكرم (٤)، ومجدل يابا (٤)، وقلقيلية (٢)، وواحد في كل من الطيرة ورأس العين وطوباس ونابلس وعارة وعرعرة[2].

---

(١) علي، د. فلاح خالد: الحرب العربية ـ الإسرائيلية، ص١٠٧، عن مقابلة مع اللواء الركن حميد حسين الخصونة في ١٠ سبتمبر ١٩٥٦.

(٢) العارف: عارف: نكبة بيت المقدس، ج٢، ص٣٦٩.

الجيش الأردني:

في الخامس عشر من أيار ١٩٤٨ كانت القوات الأردنية تستعد لدخول فلسطين كجيش محارب، وكان الضباط الانجليز يتولون مناصب قيادية كبيرة في الجيش الأردني في ذلك الوقت، وقد بلغ عددهم ٤٥ ضابطا كبيرا يحملون رتبا في الجيش الأردني، ويحتفظون بولائهم لبريطانيا، ولم يكن في مراكز القيادة من الضباط العرب إلا خمسة ضباط. وقد أعيد تشكيل كتائب الجيش الأردني قبل دخولها إلى فلسطين بحيث جعل منها ثلاثة ألوية ووضعت تحت إمرة البريجادير «لاش» قائد الفرقة التي اتخذت من رام الله مقرا للقيادة، وكان عليه أن يعود إلى جلوب رئيس الأركان في جميع الأمور وهذه الألوية هي:[1]

١- اللواء الأول ويتألف من الكتيبة الأولى والكتيبة الثالثة بقيادة القائمقام هـ.جولدي في منطقة نابلس.

٢- اللواء الثالث، ويتألف من الكتيبة الثانية والرابعة بقيادة القائمقام ج.اشتون في منطقة القدس.

٣- اللواء الرابع، ويتألف من الكتيبة الخامسة والسادسة بقيادة القائمقام أحمد صدقي الجندي في منطقة رام الله وأريحا.

وكانت سيطرة الضباط الانجليز على وحدات الجيش وأسلحته كاملة تقريبا وخاصة وحدات المدفعية والمدرعات، وكانت تخضع لهم أيضا كتائب البدو الأولى والثانية والثالثة، ومع هذا فقد كانت مجموعة من ضباط الجيش الأردني تعارض القيود التي فرضتها القيادة الانجليزية على الجيش، ومن هذا ما قام به هؤلاء الضباط من افتعال حوادث الصدام مع اليهود، فكانوا يرتبون فيما بينهم هجمات بالتعاون مع المجاهدين العرب أحيانا، ويقومون بتأمين الإسناد المدفعي اللازم، كما أنهم تمكنوا من تزويد الثوار بدفعات من

---

(١) التل، عبد الله: كارثة فلسطين، ص٧٦- ٧٨.

١١٦

الذخيرة والعتاد بين الحين والآخر، رغم التعليمات المشددة بشأن صرف الـذخيرة[1]. هـذا بالإضافة إلى عشرات المعارك التي خاضها هؤلاء الأبطال مـن ضباط وجنود الجيش الأردني، والتي كبدوا فيها الأعداء خسائر جسيمة.

أما دخول القوات الأردنية إلى فلسطين بعد ١٥ أيار فكانت كما يلي:

في ١٥ أيار ١٩٤٨ هبطت الكتيبة الرابعة من كتائب الجيش الأردني بلدة خريثا واتخذتها مركزا لحركاتها. وفي ١٦ أيار بدت طلائعها في قطاع باب الواد.

وفي ١٧ أيار جاءت السرايا الأخرى فتسلمت مراكزها في القسم الغربي مـن ذلـك القطـاع الممتد من اللطرون وعمواس حتى يالو ومرتفعاتها.

وفيما يلي أسماء قواد الكتيبة والسرايا التابعة لها[2]:

- قائد الكتيبة: القائد حابس المجالي من الكرك.

- ركن الكتيبة: الرئيس محمود الروسان من إربد.

- قائد السرية الأولى: الرئيس كامل عبد القادر من الكرك.

- قائد السرية الثانية: الرئيس عبد اللـه السالم من إربد.

- قائد السرية الثالثة: الرئيس صالح العيد من السلط.

- قائد سرية القيادة: الملازم الأول نصر أحمد من إربد.

ومجموع أفراد الكتيبة ثمانمئة مقاتل، في كل سرية زهاء مئة وخمسون مقاتلا، والسريـة مسلحة، بجميع أنواع الأسلحة الخفيفة من بنادق ورشاشات وقنابل يدويـة وحراب، ومعهـا أيضا مدافع مورتر، ومدافع مقاومة للدبابات، ورشاشات متوسطة فيكرز ورشاشات خفيفـة برن وستن، ومدافع صاروخية.

وانضم إلى الكتيبة مجاهدون فلسطينيون (٢٤٠) من عمواس ويالو وبيت محسير، ومجاهدون أردنيون أكثرهم من البدو جاءوا بقيادة مشايخهم، الشيخ هايل سرور، والشيخ عتيق العطنة، والشيخ سويـلم بن دحيلان،

(١) علي، د. فلاح خالد. الحرب العربية - الإسرائيلية، ص١٠١.

(٢) العارف: عارف: نكبة بيت المقدس، ج٢، ص٥٠١.

والشيخ نهار السبوع، والشيخ مناور الرجا، والشيخ فلاح المطلق، والشيخ جدوع بن سالم، وكل واحد منهم كان يقود فصيلا، وأما الشيخ هارون بن جازي فقد انضم إلى المجاهدين الفلسطينيين في قطاع عرتوف.

وفي ١٨ أيار ١٩٤٨ صدر الأمر للكتيبة السادسة التي كانت مرابطة في أريحا بالزحف إلى القدس، شريطة أن لا تتعدى الأحياء العربية وأن تنتظر ورود أوامر أخرى عندما تصل إلى حدود الأحياء اليهودية.

وفي الساعة الرابعة بعد الظهر حطت رحالها على جبل الزيتون، وكان عدد الرجال المقاتلين فيها مئة وخمسين. وعند منتصف الليل دخلت فئتان من سرية الأمن الأولى البلدة القديمة عن طريق باب الأسباط، واحتلتا مراكز للدفاع عند دير الأرمن وباب النبي داود.

وعندما وصلت طلائع الجيش العربي إلى القدس تنفس الناس الصعداء، وراحوا يستقبلونها بالهتاف والتصفيق. ودب الرعب في أفئدة اليهود، ولا سيما سكان الحي القديم داخل السور، وراحوا يستغيثون باليهود خارج السور.

وبعد ظهر يوم (١٩) أيار دخلت الكتيبة السادسة إلى القدس يقودها وكيل القائد عبد الله التل، وحطت رحالها على الجانب القبلي من جبل الزيتون عند رأس العمود وتسلمت خط القتال الممتد من البلدة القديمة حتى جبل المكبر، وكان مجموع رجالها ألفا، وكانت هذه الكتيبة مزودة بعدد من المدافع الخفيفة والثقيلة، وكان لهذه المدافع فضل كبير في صد اليهود وإبعادهم عن باب الخليل.

وقامت هذه الكتيبة في صبيحة يوم ٢٠ أيار بمهاجمة الحي اليهودي بالبلدة القديمة، واشترك في هذا الهجوم فئات من فرق الجهاد المقدس ومن رجال جيش الإنقاذ، ومن المتطوعين الأردنيين.

وفي صباح اليوم التاسع عشر من أيار ١٩٤٨ زحفت قوات الجيش

الأردني من ناحيتها الشمالية عند شعفاط، واشتبكت مع اليهود في حي الشيخ جراح.

وفي ٢٤ أيار جاءت الكتيبة الثانية من كتائب الجيش العربي، وحطت رحالها في قطاع باب الواد في الأماكن المخصصة لها بين مقام الصحابي معاذ بن جبل وباب الواد، لتدعم الكتيبة الرابعة التي سبقتها، وكان قادتها هم:

- قائد الكتيبة: الكولونيل سليد.

- ركن الكتيبة: الملازم الأول عكاش الزبن من بني صخر.

- قائد السرية الأولى: الملازم الأول محمد كساب من عشيرة الدعجة في البلقاء.

- قائد السرية الثانية: الملازم الأول رفيفان خالد من بني صخر.

- قائد سرية المدرعات: الملازم الأول حمدان الصبيح من البركات.

- قائد المدفعية المقاومة للدبابات: الملازم الثاني حيدر مصطفى من عمان.

يقول المؤرخ عارف العارف عن هاتين الكتيبتين[1]:

«يبدو أن مهمة الكتيبتين العربيتين الثانية والرابعة كانت منحصرة في الدفاع عن قطاع باب الواد فقط، وليس الهجوم، والحق يقال أنهما قامتا بتلك المهمة حق القيام، وكثيرا ما حاول اليهود اختراق الجبهة من تلك الناحية بأعداد كبيرة، ولكنهم صدوا.

ولقد حدثني الرئيس الركن محمود الروسان أن الجيش العربي خاض هنا غمار ست عشرة معركة كبيرة (خلا المناوشات الصغيرة) منها ثلاث عشرة قبل الهدنة الأولى، وثلاث بينها وبين الهدنة الثانية. وكان لهذه المعارك الهامة أثر كبير في مصير قطاع باب الواد ومصير القدس معا.

وقد ابتدأت تلك المعارك والمناوشات منذ تمركز الجيش العربي في ذلك

---

(١) العارف: عارف نكبة بيت المقدس، ج٢، ص٥٠٣.

القطاع في ١٧ أيار ١٩٤٨، واستمرت حتى الثامن عشر من تموز ١٩٤٨، وكانت أشد المعارك وأكبرها المعركة التي حدثت في ٢٥ أيار والتي قذف اليهود فيها فرقة كاملة من مقاتليهم في الميدان، وحشدوا لها لواء كاملا، وقد انتهت المعركة بنصر العرب.

وفي ٢٨ أيار زار الملك عبد الله القدس ثم ذهب إلى باب الواد، وبعد أن تفقد سير القتال عاد إلى رام الله.

يقول المؤرخ عارف العارف عن هذه الزيارة[1]: قال لي الملك عبد الله يومئذ – بعد عودته من أرض المعركة – بالحرف الواحد:

((سمعت قبل اليوم، الشيء الكثير عن جبن اليهود، ولكنني رأيت اليوم بأم عيني ما سمعته من قبل بأذني. إنهم حقا جبناء يفرون من ساحة الوغى زرافات ووحدانا قتلاهم كثيرون، وخسائرنا قليلة والحمد لله)). ولكن الملك كان بالرغم من ذلك عابسا. وفيما كنت أسأل نفسي عن السبب قال الملك:

((غريب طبع هؤلاء الانجليز، إنهم سبب الامتعاض الذي يبدو على وجهي، يقولون إننا إذا لم نستمع لنصائح مجلس الأمن ولم نتوقف عن إطلاق النار، سيضطرون لسحب الضباط الانجليز الذين يشتغلون معنا، وسيمتنعون عن تقديم الأسلحة والذخائر لجيشنا، ويظهر أنهم لا يريدون أن نكسر اليهود كسرا تاما)).

وسكت برهة، ثم استأنف حديثه قائلا:

((ألا فليسحبوا ضباطهم، عندنا اثنان وعشرون ضابطا بريطانيا، فليأخذوهم أنا لا يهمني هذا، إنني أستطيع الحرب بدونهم، وعندي العدد الكافي من الضباط العرب الأكفاء، وأما الأسلحة والذخائر فإنها تنقصنا، وأنا في حاجة لمساعدتهم من أجل الحصول عليها))، ثم راح يتحدث عن الدول العربية قائلا: ((إنها قصرت في هذا المضمار، ولم تعمل إلى الآن

---

(١) العارف: عارف: نكبة بيت المقدس، ج٣، ص٥١٥- ٥١٦.

١٢٠

عملا يذكر وكان باستطاعتها – لو شاءت – أن تفعل الشيء الكثير فتمد فلسطين بالأسلحة، والمال والذخائر والرجال)).

وقال الملك لرجال حاشيته بعدئذ أن غلوب باشا، رئيس أركان الجيش العربي، قال له: ((إن المصلحة تقضي بالانسحاب من باب الواد لانعدام المقدرة على مقاومة اليهود هناك))، قال ذلك والمعركة قائمة على أشدها، فغضب الملك ونادى الوزراء إليه، وقال لهم أنه يعارض في انسحاب جيشه من باب الواد، وأنه على استعداد للتنازل عن عرشه أو يقود الجيش بنفسه ويقاتل حتى النفس الأخير.

وقال عبد الرحمن عزام الأمين العام لجامعة الدول العربية في مقال له نشرته مجلة آخر ساعة المصرية ما يلي [1]:

((بعد أن أكد لي الملك عبد الله أنه ينوي مهاجمة القدس القديمة، ثم محاصرة القدس الجديدة، ثم الزحف صوب تل أبيب، انتظرت فتم تطهير القدس القديمة ولكن بعد ذلك لا شيء، فأدركت عندئذ أن أصابع الانجليز تلعب من وراء ستار!، لقد قصدوا ألا تسقط القدس الجديدة، ولا تحاصر، ورتبوا بمعونة رجالهم ألا يتحرك الجيش الأردني إلا في إطار التقسيم)).

أما مجموع القوات الأردنية التي كانت في فلسطين، فقد ورد في تقرير رؤساء أركان الجيوش العربية في مؤتمر القاهرة المنعقد في ١٩٤٨/١١/١٠، أن ما ملكه الجيش الأردني في الميدان بفلسطين في ١٩٤٨/١١/١١ هو [2]:

((ثلاثة ألوية (اللواء ثلاث كتائب)، والعتاد يكفي للدفاع لمدة أسبوع، وأنه يباع بواسطة الأهلين))، وأن الكتائب موزعة كما يلي: كتيبة في خربثا، وكتيبة في اللطرون، وكتيبة في باب الواد، وكتيبة في المثلث، وكتيبة في بدو، والنبي صمويل، وكتيبة في بيت لحم ومعها سرية فرسان وسرية هجانة، وسرية هندية، وأن الجيش الأردني لا يتمكن من الهجوم لسعة

(١) مجلة الصريح المقدسية لصاحبها هاشم السبع – العدد ١٨، بتاريخ ٣٠ أيار ١٩٥٣.
(٢) العارف: عارف: نكبة بيت المقدس، ج٣، ص٧٥٧.

الجبهة وعدم وجود الاحتياط وقلة العتاد.

الجيش المصري:

في اليوم الرابع عشر من أيار ١٩٤٨ أصدر رئيس الحكومة المصرية محمود فهمي النقراشي أمره إلى الجيش المصري باجتياز الحدود، وكان الأمر باسم الملك فاروق بوصفه القائد الأعلى للجيش، وجاء في البلاغ الرسمي الأول الذي أذاعته الحكومة المصرية: ((إن عمليات فلسطين مجرد حملة لتأديب العصابات الصهيونية))[١].

وكان هذا القرار مفاجئا للكثيرين من رجالات العرب، ولعدد كبير من المصريين الذين لم يتوقعوا دخول مصر الحرب. فالأمين العام للجامعة العربية عبد الرحمن عزام قد أجاب شكري القوتلي رئيس الجمهورية السورية آنذاك عندما سأله هل ستدخل مصر ـ الحرب: ((إن المعلومات التي لدي تقول إن الجيش المصري سيقف على الحدود في حالة استعداد ولكنه لن يدخل))[٢].

ويقول الدكتور نجيب اسكندر وكان وزيرا في حكومة النقراشي: ((لم يكن من رأي النقراشي دخول الحرب، وصرح بذلك في مؤتمر مندوبي رؤساء أركان الحرب، ولما سئل النقراشي ما دام رأيك عدم دخول الحرب فلماذا لم تستقل عندما أمر الجيش، فقال إن الرأي العام كله كان مع الحرب، وكانوا يقولون إن من يمتنع عن الحرب يكن خائنا))[٣].

أما اللواء أحمد المواوي الذي شغل أول قائد للقوات المصرية في فلسطين فقال:

((إن النقراشي قال له أن الاشتباكات ستكون مجرد ظاهرة سياسية وليست عملا حربيا، ويعتقد أن المسألة ستسوى سياسيا بسرعة وأن الأمم المتحدة

---

(١) العارف: عارف: نكبة بيت المقدس، ج٢، ص٣٨١.
(٢) عزام، عبد الرحمن، مقال في مجلة آخر ساعة المصرية، في ٢٧ مايو ١٩٥٣.
(٣) جريدة الأهرام المصرية، في ٢٩، سبتمبر ١٩٥٣.

سوف تتدخل))[1].

ويقول العميد محمد فائز القصري عن عدد القوات المصرية التي دخلت:

))كانت القوات المصرية مؤلفة من كتيبة مدرعات، وخمس كتائب مشاة وكتيبة رشاشات، وكتيبة مدفعية ٢٥ رطلا وبعض مدافع ٥٧ ملم ضد الدروع مع جميع الخدمات اللازمة، ولقد بلغ تعداد هذه القوات (٨٥٠٠) محارب و(١٥٠٠) للخدمات.

وبمعنى آخر تألفت الحملة من لواءين مختلفين قليلا يساندهما ١٥ طائرة للدعم المباشر وخمس قاذفات للقنابل وبعض طائرات الاستطلاع والرصد))[2].

وكان الأمر العسكري الصادر عن مدير عمليات ومخابرات الجيش المصري اللواء موسى لطفي يشير إلى أن:

- الأمير ألاي أحمد علي المواوي كان قائدا للقوات المصرية التي دخلت فلسطين.

- تعيين اللواء محمد نجيب قائدا ثانيا للقوات المصرية.

وقد حل محل المواوي في تولى القيادة اللواء أحمد فؤاد صادق بعد معارك النقب الأولى.

وكان مع الجيش المصري قوة سودانية يقودها الضابط السوداني الصاغ زاهر سرور، وكانت خاضعة للقيادة المصرية.

وبعد اجتياز الجيش المصري الحدود قامت الكتيبة السادسة التي كان يقودها اللواء محمد نجيب بمحاصرة مستعمرة الدنقور قرب الحدود في ١٦ أيار. وفيما كانت عملية الدنفور قائمة كانت الكتيبة التاسعة تزحف نحو غزة، وكانت الطائرات المصرية تغير على تل أبيب.

(١) هيكل، محمد حسنين مقال في مجلة آخر ساعة، في ١٣ مايو ١٩٥٢ز
(٢) القصري، محمد فائز: حرب فلسطين ١٩٤٨، ج١، ص ١٨٠.

وبعد معركة الدنقور توجهت الكتيبة السادسة إلى غـزة، وتحركت الكتيبة التاسعة إلى الشمال صوب دير اسنيد.

وراحت الكتيبتان الأولى والثانية تزحفان صوب المجدل على الطريق الساحلي، وتركت المستعمرات اليهودية المنتشرة في جنوب فلسطين وشأنها، فلم يكن بالامكان اقتحامها لأنها محصنة.

وبعد معركة دير اسنيد (يدمر دخاي)، تقدمت الكتيبة التاسعة نحو اسدود، والكتيبة الأولى نحو المجدل ثم صوب عراق سويدان والفالوجة وبيت جبرين.

وقد تبعثرت الكتائب الأربعة على خطوط طويلة، وأصبحت في وضع لا يسمح لها بمهاجمة العدو، بل ولا تكاد تقوى على حماية نفسها ومواصلاتها[1].

وفي تلك الفترة من القتال وصلت إلى الميدان كتيبة جديدة فأصبح عدد الكتائب المصرية المقاتلة خمسة. ولما وصل الجيش المصري إلى اسدود وقف هناك وراح يلتزم خطة الدفاع بدلا من الهجوم.

وبعد الهدنة وقعت معارك في بيت دراس والنقب وبئر السبع، وحوصرت القوات المصرية في الفالوجة، وتكبدت القوات المصرية خسائر كثيرة في عدد من المعارك.

وفي تقرير رؤساء أركان الجيوش العربية في مؤتمر القاهرة المنعقد في ١٩٤٨/١١/١٠ ورد أن ما يملكه الجيش المصري في الميدان بفلسطين في ١٩٤٨/١١/١١ هو[2]:

((أربعة ألوية عاملة (كل لواء ٣ كتائب)، و٨ كتائب احتياط و٤ كتائب من القوات المرابطة)).

---

(١) العارف: عارف، نكبة بيت المقدس، ج٣، ص٣٨٣- ٣٨٦.

(٢) العارف: عارف، نكبة بيت المقدس، ج٣، ص٧٥٦.

ثلاث كتائب رشاش فيكرز، و٣ آليات مدفعية ميدان، وآلاي مضاد للـدبابات، وآلاي مضاد للطائرات، وهاون وآلاي استطلاع وآلاي دبابات خفيفة، وأربعة مستشفيات ميدان.

٥ سرايا سعودية، و ٥ سرايا سودانية، و ١٥٠٠ متطوع في بيت لحم، والقوة الجوية: سرب سبت فاير (عدد ٦)، وسرب (٩- ١٢)، وسرب مختلط (٨-٦) واكوتا وكوماندو، و ٦ طائرات، و ٦ خالية من التسلح.

والقوة البحرية: ١١ قطعة (٣٣ للحراسة و ٧ كاشفات الغـام وواحـدة مسلحة ومستعدة للعمل).

وأن العتاد لا يكفي لأكثر من ١١ يوم، والعتاد الجوي لأسبوعين.

وأن القوات منتشرة من العوجا – رفح – غـزة (١٢٠) كيلو مـتر، ومـن الفالوجـة – عـراق المنشية (١٢) كيلو متر، ومن الخليل – بيت لحم (٢٥) كيلو متر.

الجيش السعودي:

غادرت القوات السعودية جدة على متن طائرات سعودية إلى القاهرة، ونزلت قواتها خفيفة التسليح في ميناء فاروق الجوي، أما الأسلحة الثقيلة والقوات المدرعة والذخائر والتجهيزات الاحتياطية فقد أرسلت وأنزلت في ميناء السويس.

وبعد أن تجمعت القوات في العريش دخلت فلسطين عن طريق رفح، وواصلت سيرها إلى غزة، ونزلت في مواقع مقابلة للمستعمرات اليهودية الشرقية، وقد قامت بعرقلة سير القوافل التي كانت تمون تلك المستعمرات، واشتركت في خطوط القتال الأمامية في غزة والمجدل ودير اسنيد واسدود إلى جانب القوات المصرية.

وكان عدد القوات السعودية التي شاركت في الحرب إلى جانب القوات المصرية (١٥٠٠) جندي بقيادة إبراهيم الطاسان ويساعده عدد من الضباط

منهم اليوزباشي رشيد البلاع، واليوزباشي تركي الراشد، والصاغ أمين شاكر، وعبد الهادي محمود، والدكتور أحمد شلبي [1].

وقد اشتركت هذه القوات في عدد من المعارك وفي مقدمتها معركة بيرون اسحاق، ومعركة كراتيه، ومعركة بيت عفة، واستشهد من الجيش السعودي عدد من الجنود والضباط.

وقد ورد في تقرير رؤساء أركان الجيوش العربية في مؤتمر القاهرة، أن الجيش السعودي الذي كان في الميدان بفلسطين في ١٩٤٨/١١/١١ هو:

ست سرايا «السرية ٣ فصائل مشاة وفصيل رشاش»

وكان معه فصيلان مصفحان، وسرية رشاشات.

---

(١) علي، د. فلاح خالد: الحرب العربية – الإسلامية، ص ٩٥، عن صالح جمال الحريري في كتابه "الجيش السعودي في فلسطين"، ص١٠.

الفصل الثاني
القوات اليهودية

- نشأة القوات اليهودية

- الهاشومير (فرق الحراس)

- فرق العمل

- منظمة الهاجاناه

- منظمة الأرغون زفاي ليومي

- منظمة شتيرن

- الفيلق اليهودي

- تكوين الجيش الإسرائيلي

- تسليح القوات اليهودية

  ● مصانع الأسلحة

- أقوال في حجم وتسليح القوات اليهودية

القوات اليهودية

نشأة القوات اليهودية:

القوات المسلحة اليهودية لم تنشأ في الخامس عشر من مايو ١٩٤٨، بل تعود نشأة هـذه القوات إلى ولادة الحركة الصهيونية في أواخر القرن التاسع عشر في أوروبـا، وبدأت في مطلع هذا القرن في أوروبا الشرقية مما يجعل مجيء اليهود إلى فلسطين غزوة عسكرية استيطانية. فقواعد هذه القوات وإطار تشكيلاتها تعود حتما إلى ما قبـل وعـد بلفـور وإلى مـا قبـل الانتداب البريطاني على فلسطين، أي إلى وقت إنشاء المستعمرات الزراعية الأولى في فلسطين، مثل مستعمرات بتاح تكفا، ريشون لزيون، روشبينا، وغيرهـا، هـذه المستعمرات وإن كانت عند تأسيسها قلاعا عسكرية دفاعية في مرحلتها الأولى، إلا أنها كانت معدة لأن تصبح قلاعا للهجوم والتوسع.

وإذا ما تتبعنا نشوء المنظمات العسكرية الصهيونية لوجدنا أنها كانت على التوالي:

الهاشومير (فرق الحراس):

هي أول قوى الدفاع اليهودية التي تشكلت في أواخر القرن التاسع عشر ـ وأن حزب يوعالي صهيون – الحزب الذي سبق الحركة الاشتراكية الصهيونية هو الـذي شكلها مـن أجـل الدفاع عن الأحياء اليهودية (الغيتو) من الهجوم عليها. وهذا الحـزب هـو الـذي أشرف أيضـا على تشكيل فرق الحرس في فلسطين عام ١٩٠٥ والتي حلت محلها عـام ١٩٠٩ فرق الحـراس باسم هاشومير.

وكانـت فـرق الهاشـومير في بـدايتها مزيجـا مـن الصهاينة مـن شرقـي أوروبـا وأوكرانيا والقفقاس، ثم انضم إليهم يهود روس ماركسيون وبثوا فيها روحا

محاربة.

وكانت فرق الهاشومير تعمل كنواة تآمرية تغلغلت في معظم المنظمات الاشتراكية الصهيونية في فلسطين، وتحت ستار تأمين الدفاع سعت فرق الهاشومير الماركسية أن تحول فعالية الصهيونية الاشتراكية إلى اتجاه ماركسي، وفي عام ١٩١٢ حددت الهاشومير عقائدها كما يلي [1]:

١- إدخال الوعي في أذهان المستوطنين بضرورة الدفاع عن أنفسهم.

٢- تشكل فرق الحراس نواة توسيع الوظائف الدفاعية للمجتمع اليهودي في فلسطين.

٣- يجب أن تكون – الهاشومير – صاحبة الامتياز للدفاع عن المجتمع اليهودي في فلسطين.

٤- يجب أن تصبح فرق الحراس القومي المسلحة للمجتمع اليهودي في فلسطين.

وكان الصهيوني الهنجاري "جسواستامبر" أبرز القادة الذين أشرفوا على تنظيم الدفاع عن مجموعة المستعمرات حيث وضع نظاما خاصا للحراسة الليلية في كل مستعمرة تدافع بها عن الهجمات المفاجئة، وانخرط اليهود الروس في منظمة الهاشومير التي بدأت بتنفيذ المرحلة الأولى من الغزو الاستيطاني بإقامة مستوطنات رئيسية في مناطق معينة تتوالد مع الزمن وتتوسع [2].

فرق العمل:

قاد الجهد الثاني لتشكيل فرق دفاعية "ترميلدور" وهو صهيوني ايطالي اشتراكي، ومحارب قديم اشترك في الحرب الروسية اليابانية ١٩٠٤ – ١٩٠٥، قد اشترك مع جابوتنسكي ووايزمن في الدعوة لتشكيل فرقة يهودية

(١) علي، د. فلاح خالد: الحرب العربية – الإسرائيلية، ص١١٣.
(٢) الكيلاني، هيثم: المذهب العسكري الإسرائيلي، مركز الأبحاث، ص٧٢- ٧٣.

تحارب في صفوف الحلفاء في الحرب العالمية الأولى، وقد تم تشكيلها بالفعل.

وقد نظر جابوتنسكي إلى الفرق اليهودية على أنها المرحلة الأولى لتطوير جيش الاحتلال اليهودي في فلسطين، وقام بجهود جبارة لإبقاء هذه الفرق كطلائع لجيش الاحتلال، فعمدوا إلى جمع الأسلحة وإخفائها والتدرب عليها، وكانت الفرق اليهودية التي حاربت في صفوف الحلفاء في الحرب العالمية الأولى أكثر القوى في تكوين العسكرية الإسرائيلية.

منظمة الهاجاناه:

كلمة الهاجاناه كلمة عبرية تعني "الدفاع"، وهناك روايات مختلفة عن نشأتها وأصولها.

يقول مناحيم بيغن في كتابه "الثورة": «إن الهاجانا حلت عام ١٩١٩ محل فرق الحراس "الهاشومير" التي تأسست في أثناء الحكم التركي والتي كانت حرسا ليليا لحماية المستعمرات اليهودية من سطو العرب وقطاع الطرق. وكان معظم الذين تطوعوا بالأصل في الهاجانا من الفرقة اليهودية التي أسسها جابوتنسكي عام ١٩١٧ وقاتلت في صفوف الحلفاء في الحرب العالمية الأولى»[١].

ويقول إيجال ألون، نائب رئيس الوزراء الخارجية الإسرائيلية السابق وأحد ضباط الهاجانا ومن قادة البالماخ سابقا، في كتابه ""تكوين الجيش الإسرائيلي":

إن المآثر التي حققها جيش إسرائيل - عام ١٩٤٨ - والجرأة النادرة التي تحلي بها أمام قوى عربية تفوقه عددا لا يمكن فهمها إلا إذا عرفنا كيف تكونت القوة العسكرية اليهودية.

---

(١) علي، د. فلاح خالد: الحرب العربية - الإسرائيلية، ص١١٤، عن كتاب الثورة "المناحيم بيغن"، ص٣٤.

وفي قوة نشأت قبل سبعين سنة كمجموعات من زمر صغيرة من الحراس وتطورت إلى أن أصبحت الجيش الحديث.

فمنذ عام ١٨٨٠ عندما كانت البلاد لا تزال تحت الحكم العثماني ولم يكن عدد السكان ليزيد عن بضعة عشرات من الألوف، ابتدأ تشكيل خلايا سرية للدفاع عند السرقة والسطو والقتل والاغتيال، فاليهود لحمايتهم اعتادوا أكثر فأكثر أن يعتمدوا من أجل الدفاع عن أنفسهم وأملاكهم، وهكذا تشكلت منذ بداية هذا العصر ـ قوى متعددة مختلفة لمنظمات عسكرية يهودية سرية ذات اتجاهات سياسية أخذت تفكر بأن يكون دفاعها عن أنفسهم وأملاكهم، وهكذا تشكلت منذ بداية هذا العصر قوى متعددة مختلفة لمنظمات عسكرية يهودية سرية ذات اتجاهات سياسية أخذت تفكر بأن يكون دفاعها عن اليهود على مستوى وطني واسع، وكانت مستعدة دوما للدفاع عن أية مستعمرات يهودية مهما كانت بعيدة أو نائية، وكانت تحمي هذه المستعمرات النائية بالاشتراك مع الفلاحين والمزارعين فيها.

وخلال السنوات الواقعة بين الحربين العالميتين (١٩٢٠- ١٩٣٩) ضاعف اليهود جهودهم لإنشاء قواتهم العسكرية. وقد أعلنت سلطات الانتداب أن إنشاء مثل هذه القوات أمر غير شرعي لكن هذا لم يمنع اليهود من أن يمضوا قدما في تنظيم قواهم العسكرية بصورة سرية ودون توقف، هكذا وعلى التدريج تكونت الهاجاناه[١].

وقد أثر على تكوين الهاجانا اختيار أمكنة المستعمرات اليهودية التي كانت خاضعة لأهداف استراتيجية، وبصورة رئيسية حاجات الدفاع المركزي والاستراتيجية الشاملة للاستيطان التي كان هدفها الرئيسي ضمان وجود سياسي يهودي في جميع أنحاء البلاد والدور الذي يمكن أن تلعبه مثل هذه

---

(١) علي، د. فلاح خالد: الحرب العربية - الإسرائيلية، ص ١١٤، عن كتاب إيجال ألون "تكوين الجيش الإسرائيلي"، ص٤٥.

المستعمرات في المستقبل وخاصة في مجابهة حاسمة لا بد من وقوعها يوما في نظر المخططين للاستيطان الصهيوني، وهكذا نشأت المستعمرات على مختلف أنواعها منعزلة الواحدة عن الأخرى بالمسافات الجغرافية. والنتيجة أن كل مستعمرة يهودية جاءت قلعة محصنة للهاجاناه.

وكانت الهاجاناه تتوسع بصورة مطردة عددا وعدة بفضل موجات المهاجرين المتدفقين على فلسطين والأموال الكثيرة التي كانت تصلها من المنظمات الصهيونية في الخارج، وبفضل المعونات المادية والمعنوية التي كانت تقدمها الدولة المستعمرة بريطانيا.

كما كانت كميات الأسلحة تتدفق على فلسطين، وكانت سلطات الاستعمار تغض النظر عن ذلك. ولقد استمرت هذه السلطات في توفير وسائل الغزو الاستيطاني الصهيوني، وخاصة عندما اعترفت عام ١٩٣٦ بالهاجانا كمنظمة للدفاع عن المستعمرات، وبذلك ظهرت هذه المنظمة إلى الوجود بشكل رسمي ونمت وحداتها بشكل واسع وأقامت عددا كبيرا من المستعمرات[1].

ووضعت الوكالة اليهودية نظاما للخدمة الإجبارية فعدت الهاجانا جيشا غير قانوني يتمثل بقوات شرطة المستعمرات، وبقوات احتياطية يخدم فيها كل يهودي مقيم في فلسطين خدمة إلزامية دائمة، وبذلك كبر حجم الهاجانا حتى غدت المنظمة العسكرية المسيطرة، وبخاصة بعد أن تشكلت من القوات التالية:

1- قوات الدفاع الثابت: وتتألف من سكان المستعمرات، ومن سكان الأحياء اليهودية في المدن، وقدر عدد هذه القوات بأربعين ألف مقاتل.

2- قوة القتال: وتتألف من شرطة المستعمرات وكانت مقسمة إلى سرايا،

---

(١) الكيلاني، هيثم: المذهب العسكري الإسرائيلي، ص٧٣.

وبلغ عدد أفراد هذه القوة ١٦ ألف مقاتل.

٣- قوة البالماخ: وهي قوات الصاعقة وقد أنشئت عام ١٩٤٢ بقيادة الإرهابي «إسحاق سادية» واجتاز أفرادها تدريبا خاصا وشاقا وعنيفا وخاصة على أعمال النسف والتخريب والهجوم الصاعق، وكانت البالماخ تمثل رأس الحربة للهاجانا، إذ أن مهمتها كانت هجومية عدوانية بحتة[1].

وهكذا أصبحت البالماخ أول وحدات عسكرية محترفة للهاجاناه، وقد تطورت بين عامي ١٩٤٢ و ١٩٤٨، وتشعبت بحيث أصبحت لها تنظيماتها العسكرية في كامل أنحاء فلسطين.

وقد قدرت الحكومة البريطانية في الوثيقة الرسمية التي أذاعتها في ٢٤ يوليو عام ١٩٤٦ (رقم ٦٨٧٣) والتي عنوانها «بيان حول أعمال العنف» قدرت قوى الهاجانا والبالماخ ووصفتهما كما يلي[2]:

«الهاجاناه والبالماخ منظمة عسكرية غير شرعية مجهزة تجهيزا قويا تأتمر بقيادة مركزية، ولها قيادات أقليمية تابعة لها وتتألف من ثلاثة فروع تحت كل فرع منها نساء مجندات كما يلي:

- قوة ثابتة تتشكل من المستوطنين وسكان المدن، يقدر عدد جنودها بأربعين ألفا.

- جيش ميداني يستند إلى قوة الشرطة في المستعمرات ومدرب لعمليات متحركة يقدر عدده بستة عشر ألفا.

- قوة ضاربة تحت السلاح بصورة دائمة (البالماخ) معبأة ولها وسائل نقلها تقدر قوتها بألفين في وقت السلم وبستة آلاف في وقت الحرب.

وجميع هذه القوى خاضعة للتجنيد الإجباري، فتلامذه المدارس ذكورا أو

---

(١) الكيلاني، هيثم: المذهب العسكري الإسرائيلي، ص٨٤- ٩٤.
(٢) علي، د. فلاح خالد: الحرب العربية - الإسرائيلية، ص١١٧، عن الحكومة البريطانية الوثيقة الرسمية رقم ٦٨٧٣، تاريخ ٢٤ يوليو ١٩٤٦.

إناثا بين سني ١٧ و ١٨ يمضون سنة في الخدمة الإلزامية.

ومن الأدوار الرئيسية التي قامت بها البالماخ هي إخراج الأكثرية العربية مـن فلسطين. ومن إرهابي البالماخ الذين اشتهروا وأصبحوا رؤساء أركان الجيش الإسرائيلي: مـوشي دايان (١٩٥٣- ١٩٥٧) وإسحاق رابين (١٩٦٣- ١٩٦٧) وحاييم بارليف (١٩٦٨ – ١٩٧١).

وعرف الجيش الإسرائيلي (٤٥) لواء كانوا من إرهابي البالماخ السابقين ومنهم مـن أصبحوا رؤساء وزراء ووزراء وهم: إسحاق رابين رئيس الوزراء سابقا، وموشي دايان وزير الدفاع سابقا، وإسرائيل جاليلي أحمد مؤسسي البالماخ ورئيس أركان سابق للهاجانا وأصبح معاونا لـوزير الدفاع عام ١٩٤٨ وبعد انتخابات ١٩٦٥ وزيرا للإعلام.

وهكذا كان عدد القوات المستعدة للقتال في صفوف الهاجانا يناهز ستين ألفا من المقاتلين للضربة الأولى أو للدفاع الفوري، ويردف هؤلاء أربعون ألفا آخرين يشكلون قوة الاحتياط الأولى. أو خط الاحتياط الثاني ويضم كل قادر على حمل السلاح سواء كان ذكرا أو أنثى.

وكان مقر قيادة الهاجانا في تل أبيب، وكانت القوات موزعة على قيادات المناطق. وكانت هناك قيادات خاصة مستقلة من المناطق في المدن التالية: تل أبيب والقدس وحيفا.

وكان لدى قيادة الهاجانا الأسلحة الكافية لإمداد كل مقاتل بسلاح شخصي ـ كالبندقيـة أو المسدس أو الرشاش الصغير، بالإضافة إلى الأسلحة الأخرى التي كان يقوم بخدمتها أكـثر مـن مقاتل وهي: الرشاشات المتوسطة من نوع فيكرز، وهوتشكيز، ومدافع هاون وغيرها. وكانت الذخائر اللازمة لهذه الأسلحة متوافرة تنتجها المصانع المحلية للأسلحة والذخائر بصورة سرية. وكان في كل مستعمرة وحي يهودي مخبأ سري للأسلحة والذخائر.

وتبنت الهاجانا أحدث فنون التدريب وأساليبه المتبعة في الجيش البريطاني

آنذاك وقد كلف بعض الضباط الانجليز وأبرزهم الجنرال «وينجيب» بتدريب نخبة من رجال الهاجانا نتيجة للتحالف الذي قام بين الانجليز واليهود على أثر إعلان الحرب العالمية الثانية بحيث يشترك اليهود مع الانجليز في الدفاع عن المصالح البريطانية في الشرق العربي، وتقدم بريطانيا إلى اليهود المساعدات والوسائل اللازمة لإقامة الوطن القومي اليهودي الذي وعدهم به بلفور[1].

وهكذا أقيمت معسكرات التدريب الخاصة باليهود في فلسطين، وأخذ الضباط الانجليز يدربونهم على استعمال السلاح وعلى أحدث فنون القتال.

وبالرغم من أن الهاجانا كانت المنظمة العسكرية الكبرى لتنفيذ خطة الاستعمار الاستيطاني، فهناك منظمتان إرهابيتان قامتا بعمليات إرهاب وتقتيل واسعة، هما «الأرغون وشترن».

منظمة الأرغون زفاي ليومي أو «المنظمة العسكرية القومية»:

منظمة إرهابية متطرفة زعيمها «مناحيم بيغن» الذي ولد ونشأ في بولونيا وكان ناشطا في حركة (بيتار) التي أسسها جابوتنسكي بين يهود أوروبا الشرقية والتي كان هدفها العمل من أجل العودة إلى فلسطين، وقد أصبح رئيسا لهذه الحركة في بولونيا، ومن قادة الأرغون أيضا «صموئيل كاتز» الذي هاجر من أفريقيا الجنوبية إلى فلسطين وأصبح بعد قيام إسرائيل عضوا في الكنيست الإسرائيلي.

يقول بيغن عن هذه المنظمة في كتابه الثورة: «لقد ناضلنا أصدقائي وأنا لنعلم جيلا بكامله أن يتهيأ ويكافح لا من أجل إعادة بناء دولة يهودية فحسب بل أيضا ليحارب ويتألم ويموت من أجلها إذا اقتضت الحاجة، وإذا كنا ملتزمين بتعليم الشباب وتنظيم عودتهم لأرض إسرائيل بالرغم من ممانعة بريطانيا ارتفع في أرض إسرائيل علم الانبعاث القومي اليهودي وطلائع القوة

---

(١) الكيلاني، هيثم: المذهب العسكري الإسرائيلي، ص٩٠- ٩٤.

اليهودية: الأرغون زفاي ليومي، وكان ذلك في أبريل ١٩٣٧. وقد استندت إلى تعاليم جابوتنسكي (١٨٨٠- ١٩٤٠) أكبر قائد سياسي لليهودية المعاصرة بعد هرتزل، وقد تنبأ بدقة أن الشعب اليهودي لن يحقق دولته واستقلاله قط إلا إذا كان مستعدا أن يحارب من أجلهما. وقد رأى جابوتنسكي في الأرغون القوة الحاسمة في الحرب الذي لابد منه من أجل التحرر القومي [١].

ويقول جابوتنسكي الذي يعتبر الأب الفكري والروحي للأرغون [٢]: ((إن الأمل الوحيد في إعادة فلسطين لنا هو في تجزئة الامبراطورية العثمانية ولم أشك قط أنه إذا أدخلت تركيا الحرب فستقهر وستتجزأ، وأعتقد أنه كان واضحا بالنسبة إلي تماما أنه إذا وقعت الحرب – بين انجلترا وتركيا – فالسلوك السليم بالنسبة لليهود هو أن يشكلوا فرقة منهم وأن يساهموا في غزو فلسطين)).

ثم يقول جابوتنسكي: ((بعد أن تشكلت الفرقة اليهودية المجهزة بحراب وبنادق لويس ساهمت أخيرا في غزوة فلسطين وتأمينها لليهود)).

وساعد في تأسيس منظمة الأرغون الإرهابية وتنفيذ خططها كل من دافيد رازين وأبراهام شتيرن الذي أسس فيما بعد منظمة شتيرن. واقتصر عمل الأرغون في بادئ الأمر على تهريب اليهود من أوروبا الغربية ثم أوروبا الوسطى والشرقية إلى فلسطين، ثم بدأت المنظمة في ترتيب صفوفها ترتيبا عسكريا، فأخضعت المنتبسين إليها لتدريب عسكري مدته ستة أشهر تنتهي بامتحان دقيق في استخدام الأسلحة والمعدات الحربية، فإذا نجح المنتسب في هذا الامتحان يقسم يمين الطاعة والإخلاص والكفاح في سبيل تحقيق الدولة

---

(١) علي، د. فلاح خالد: الحرب العربية - الإسرائيلية، ص١١٩، عن مناحيم بيغن في كتابه ((الثورة: قصة الأرغون))، ص٣.

(٢) علي، د. فلاح خالد: الحرب العربية - الإسرائيلية، ص ١١٩- ١٢٠، عن جابوتنسكي في كتابه ((قصة الفرقة اليهودية))، ص ٣١.

اليهودية. وبعد مقتل جابوتنسكي مؤسس المنظمة عام ١٩٤٠، تسلم قيادتها مناحيم بيغن زعيم حيروت المسؤول الأول عن مذبحة دير ياسين[١].

جاء في البيان الرسمي للحكومة البريطانية رقم (٦٨٣٣) عن الأرغون ما يلي[٢]:

«الأرغون زفاي ليومي - المنظمة الحربية القومية - تشكلت عام ١٩٣٥ من العناصر المنفصلة عن الهاجانا.. لها قيادة سرية ويقدر عدد جنودها بين ٣٠٠٠ و ٥٠٠٠ مقاتل».

وكانت الأرغون مقسمة إلى أربع شعب هي[٣]:

١- وحدات شعب الاحتياط، وتتكون من القادمين الجدد، وكانوا يمضون فترة تدريبهم ثم يلتحقون بإحدى الشعب الأخرى.

٢- وحدات الصاعقة، وسميت أيضا الشعبة الحمراء والفرقة السوداء، ومهمة هذه الشعبة العمل في المناطق العربية، وكان أعضاؤها يختارون من اليهود المهاجرين من البلاد العربية ويدربون تدريبا خاصا، وكانت مهمتهم التجسس.

٣- قوة الهجوم، وهي الشعبة التي أنيط بها العمل العسكري المسلح من اشتباك ونسف وتدمير.

٤- قوة الدعاية الثورية، وكانت بمثابة دوائر إعلام الأرغون، تطبع وتنشر وتذيع بيانات هذه المنظمة. وكانت هذه الشعبة تصدر صحيفة حائط (صحيفة حيروت) أي الحرية لتنطق رسميا باسم الأرغون بالطابع الإرهابي الهادف إلى نشر ـ الرعب والخوف أكثر من تحقيق مكاسب عسكرية ملموسة.

---

(١) الكيلاني، هيثم: المذهب العسكري الإسرائيلي، ص - ٩٤،٩.

(٢) علي، د. فلاح خالد: الحرب العربية - الإسرائيلية، ص ١٢٢.. عن الحكومة البريطانية، الوثيقة الرسمية رقم (٦٩٧٣) تاريخ ٢٤ يوليو ١٩٤٦.

(٣) علي، د. فلاح خالد: الحرب العربية - الإسرائيلية، عن محمد فيصل عبد المنعم: أسرار ١٩٤٨، ص٢٢١.

منظمة شتيرن:

منظمة شتيرن أسسها إبراهام شتيرن عام ١٩٤٠، وكان أحد مؤسسي منظمة الأرغون التي انفصل عنها لرفضه قرارها القاضي بضرورة عقد اتفاق ودي وهدنة مع السلطات البريطانية ما دامت الحرب قائمة بينها وبين ألمانيا النازية، وكان شرط شتيرن لقبول هذه الهدنة أن تفتح بريطانيا طيلة الحرب أبواب فلسطين للهجرة اليهودية بلا قيد أو شرط. إلا أن زعماء الأرغون رفضوا هذا الشرط، فانفصل شتيرن وأعوانه عن المنظمة.

ووصف البيان الرسمي البريطاني [١] عصابة شتيرن بأنها انشقت عن الأرغون عندما قررت الأرغون إيقاف عملياتها عام ١٩٣٩، ويقدر رجال شتيرن من ٢٠٠- ٣٠٠ من المتعصبين الخطرين الذين لا يتورعون عن أي جريمة، وقد تعاونوا لمدة مع جماعة الأرغون لأن كلتا العصابتين تؤمنان بالتطرف الذي لا حدود له. كما أكد البيان الرسمي البريطاني أن عصابتي شتيرن والأرغون قد عملتا بالتعاون التام مع قيادة الهاجاناه في تنفيذ بعض العمليات المشتركة.

وقد أكدت الإرهابية غويلا كوهين [٢]: ((أن التعاون كان وثيقا ومنسقا بحيث أن الهاجانا والبالماخ والأرغون وشتيرن كانوا يستطيعون أن يضربوا معا وفي آن واحد، وهكذا ولدت قوة يهودية محاربة واحدة عرفت باسم (الجبهة المقاتلة) ففي ليلة الحادي والعشرين من أكتوبر عام ١٩٤٦ استطاعت هذه المنظمات كلها وعلى قدم المساواة أن تشترك في سلسلة من الضربات من عكا إلى غزة ومن الشاطئ إلى هضاب القدس.

(١) علي، د. فلاح خالد: الحرب العربية - الإسرائيلية، ص١٢٣.
(٢) علي، د. فلاح خالد: الحرب العربية - الإسرائيلية، ص ١٢٤، عن غويلا كوهين في كتابها ((مذكرات فتاة إرهابية ١٩٤٣- ١٩٤٨))، ص ٩٨.

الفيلق اليهودي:

في أواخر الحرب العالمية الثانية سمح تشرشل بتشكيل الفيلق اليهودي البالغ عدد (٥٣٥٨) جنديا على أيدي الجنود والضباط البولنديين الفارين بأسلحتهم، وكان هذا الفيلق نواة الجيش اليهودي المنتظر.

وتزايدت المطالبة بتأليف الجيش اليهودي في بريطانيا وفلسطين وأمريكا، وتألفت لجنة انجلوا أمريكية من أجل تأسيس الجيش اليهودي الذي سيحارب لبقاء اليهود، على أن يتألف هذا الجيش من اللاجئين اليهود ويهود فلسطين والمتطوعين في البلاد الأخرى والذين بإمكانهم أن يحاربوا في كل مكان إلى جانب الولايات المتحدة وبريطانيا والحلفاء. وكان من بين أعضاء اللجنة من الأمريكيين كل من الدكتور صموئيل هارون رئيس معهد كارنجيا، وجون هنري بترسون بالإضافة إلى عدد كبير من الأمريكيين.

ومن الأعضاء الانجليز في اللجنة كولونيل ساندمان ألوان، ولورد ألوين وعدد كبير غيرهم.

وبذل وايزمن وبن جوريون جهودا كبيرة أثناء وجودهما في الولايات المتحدة من أجل الجيش اليهودي، بينما كان شرتوك يبذل الجهود في فلسطين لمضاعفة تدريب القوة البوليسية اليهودية، وتحويل سراياها إلى أفواج وتوسيع الهاجانا من أجل الدفاع عن فلسطين.

ونتيجة للنشاط الصهيوني هذا أعلن وكيل وزارة الحربية البريطانية بعد نقاش في مجلس العموم حول تشكيل الجيش اليهودي عن تحويل سرايا الفوج الفلسطيني إلى اللواء الفلسطيني الذي يتألف من كتائب مشاة يهودية وعربية منفصلة للخدمة العسكرية في الشرق الأوسط.

وبذلك لم يضع اليهود الفرصة المتاحة لهم بسبب تأييد تشرشل الذي استمد قوة جديدة تدعم المشروع الصهيوني، هذه القوة تتمثل بتأييد الولايات الأمريكية عن طريق روزفلت، وسمنر ويلز والجنرال مارشال.

وتابع شرتوك الضغط على إدارة الانتداب وعلى حكومة لندن مشيرا إلى أن التقاعس والتأخير في إنشاء الجيش اليهودي سيؤدي بالتالي إلى تثبيط عزائم اليهود. وطلبت الوكالة اليهودية في السادس والعشرين من نوفمبر عام ١٩٤٣ من الحكومة البريطانية وحكومة الولايات المتحدة الأمريكية العمل على عدم تأجيل إنشاء الجيش اليهودي. وأوعزت الوكالة اليهودية إلى أنصارها في البرلمان البريطاني بالتحرك، فتقدم ثلاثة وخمسون منهم في أبريل ١٩٤٤ باقتراح يدعو إلى عدم التأجيل في تأليف الجيش اليهودي.

وفي العشرين من سبتمبر ١٩٤٤ أعلنت وزارة الحربية البريطانية أنها قررت الاستجابة إلى مطالب الوكالة اليهودية لتشكيل لواء يهودي بعد إلحاح الصهيونية سواء في بريطانيا أو الولايات المتحدة الأمريكية.

وأصبح اللواء جاهزا في نهاية عام ١٩٤٤، واعتبر الصهاينة ذلك نصرا كبيرا لمبدأ إنشاء وحدات يهودية ستحارب كيهود وستمثل الشعب اليهودي، كما أن هذا اللواء حمل أعلامه الخاصة التي رفعت شعار نجمة داود[1].

وذهب الصهاينة بعد ذلك إلى رصد الأموال لتزويد اليهود بالسلاح وتدريبهم. بالإضافة إلى إغراء الكثيرين من الضباط والجنود البولنديين على الفرار من الجيش بأسلحتهم. كما أن الوكالة اليهودية أوعزت إلى يهود فلسطين الملتحقين بقوات الشرق الأوسط للعمل مع الجماعات المختصة بالتموين ومخازن الأسلحة على خطوط المواصلات ومناطق القواعد الحربية من أجل تهريب الأسلحة إلى فلسطين، هذا فضلا عن استخدام عدد من جنود الحلفاء للاشتراك بهذه الأعمال.

وأعلن تشرشل رسميا في سبتمبر ١٩٤٤ بأن اللواء اليهودي الذي استمات الصهاينة في سبيل تشكيله لن يشارك في القتال في أوروبا وإنما في الاحتلال الذي سيتلوه.

---

(١) علي، د. فلاح خالد: الحرب العربية – الإسرائيلية، ص١٢٦.

وكان هذا يدل على الشعور السائد بين أعضاء الـوزارة الـبريطانيـة في إنشـاء دولـة يهوديـة مستقلة في جزء من فلسطين على الأقل. كما طلب مكتـب الوكالة في لنـدن في شـهر اكتـوبر ١٩٤٤ من الحكومة البريطانية بإقامة حكومة يهودية في فلسطين وأن تأذن لمليون ونصف من اليهود دخول فلسطين لتتوافر أغلبية كافية للمنادة بالدولة اليهودية.

تكوين الجيش الإسرائيلي:

بعد صدور قرار التقسيم أخذت المنظمات العسكرية اليهودية العاملة في فلسطين تتصل ببعضها البعض بغية إزالة أسباب الخلاف والإندماج فيما بينها، لتشكيل نواة جيش الدولة اليهودية، وقد تم إعلان تشكيل الجيش يوم إعلان قيام إسرائيـل في الخامس عشرـ مـن مـايو ١٩٤٨.

وتألف الجيش في أيامه الأولى من:

(٢٠,٠٠٠) جندي محارب مدربين تدريبا كاملا ومزودين بالسلاح الفردي والجماعي.

(١٠,٠٠٠) جندي محارب مدربين تدريبا كاملا إلا أن تسليحهم لم يكن كاملا.

(٣٠,٠٠٠) جندي مدرب تدريبا جزئيا غير مزودين بالسلاح.

(٨,٠٠٠) مقاتل مسلح ينتمون إلى منظمة الأرغون.

(١,٥٠٠) مقاتل مسلح ينتمون إلى منظمة شتيرن.

ولقد استطاعت إسرائيل أن تعبئ نحو ١٨% مـن اليهـود الموجـودين في فلسطين وذلـك خلال العمليات الحربية التي جرت عام ١٩٤٨ سواء قبل قيام ((الدولة)) أم بعدها، وقد قسـم الجيش الجديد فور تشكيله إلى تسع جمهرات تكتيكية مستقلة حدد لكل منها منطقة عمل خاصة بها، وترتبط جميعها بالقيادة العامة ارتباطا مبـاشرا، وكانـت كـل جمهرة تتـألف مـن الوحدات التالية:

كتيبة قيادة، وكتيبة استطلاع مـزودة بسيارات مصفحة، وثلاث كتائب مشـاة، وكتيبـة مصفحات، وكتيبة مدفعية، وكتيبة خدمات[١].

---

(١) الكيلاني، هيثم: المذهب العسكري الإسرائيلي، ص ٨٤- ٩٤.

وقد دخل اليهود المعارك الأولى من حرب ١٩٤٨ بهذه التشكيلات التي لم تستطع الصمود أمام قوات الجهاد والقوات العربية التي دخلت فلسطين لتحريرها. ولذا سعت إسرائيل إلى تحقيق الهدنة الأولى مع العرب. وخلال فترة الهدنة حصلت إسرائيل على عون عسكري كبير من الأسلحة والذخائر والأعتدة، واتجهت إليها موجات كبيرة من الفنيين والأخصائيين والمقاتلين من مختلف البلدان الأوروبية. وقد جاءت معظم هذه الامدادات محمولة على الطائرات.

وبعد توقف الحرب وبدء الهدنة الثانية عكفت الحكومة على تنظيم الجيش فأعلن بن غوريون رئيس الوزراء آنذاك حل جميع المنظمات العسكرية - وكانت حتى ذلك الحين مستقلة في قياداتها وميزانياتها وامداداتها - ودمجها في الجيش الإسرائيلي تحت قيادة واحدة.

وفي ابريل ١٩٤٨ أصدرت وزارة الدفاع القرارات التالية:

١- يتكون جيش لإسرائيل على أن تتبع وحدات الجيش كلها الدولة وسلطاتها الشرعية.

٢- يكون هناك مساواة بين كل وحدات الجيش.

٣- يجب أن يعمل كل فرد في الجيش وفقا لما تراه السلطة الشرعية في البلاد.

أما تقدير القوات اليهودية حسب تقرير رؤساء أركان الجيوش العربية في مؤتمر القاهرة المنعقد في ١٩٤٨/١١/١٠ هو [١]:

القوة البرية: الجيش ١٠٠ ألف مقاتل، ومقادير كبيرة من مدافع الهاون والرشاشات، والمصفحات والدبابات، والعتاد، والمدافع الثقيلة.

والقوة الجوية ٥٠ قاصفة و ٥٠ مقاتلة، و ١٠٠ للنقل والتدريب، و ٦

---

(١) العارف، عارف، النكبة، ج٣، ص٧٦١.

مطارات، ومدافع مضادة للطائرات، ومعامل لتصليح الطائرات.

والقوة البحرية خمس بواخر مسلحة بمدافع ٣ عقدة ومدافع بوفرس، وباخرة كبيرة فرنسية سريعة، وزوارق في البحر الميت.

تسليح القوات اليهودية:

أخذ اليهود يتسلحون منذ أوائل عهد الاحتلال البريطاني، وكانت السياسة البريطانية والأمريكية عونا لهم في ذلك، وقد قدر المسز أتلي رئيس الوزارة البريطانية في خطابه في مجلس العموم البريطاني في تموز ١٩٤٦ قوات اليهود المسلحة بما لا يقل عن سبعين ألفا وأن لديهم ذخائر وأعتدة ووسائل حربية حديثة بمقادير عظيمة.

كما أن السلطات العسكرية البريطانية بعد انتهاء الحرب العالمية الثانية سمحت لأفراد الفيلق اليهودي، الذي أصر تشرشل على تأليفه، بالعودة إلى فلسطين، حاملين أسلحتهم وقد انضم هذا الفيلق إلى القوات اليهودية المسلحة[1].

وقبل إعلان قرار التقسيم في ٢٩ نوفمبر ١٩٤٧ كان اليهود بحاجة ماسة إلى الأسلحة التي تمكنهم من تطبيق القرار بالقوة، وتمكنهم في الوقت ذاته من الاستيلاء على أكبر قسم من أراضي فلسطين بقوة السلاح. ولهذا بدأ يرد إليهم السلاح بكميات متتالية ومتزايدة، فوصلت أول شحنة كبيرة من الأسلحة التشيكوسلوفاكية على باخرة خاصة في نهاية مارس ١٩٤٨، بالإضافة إلى الأسلحة التي كانوا ينتجونها محليا في معامل سرية وبخاصة مدافع الهاون الصغيرة، وكانوا يصنعون ذخيرتها محليا، كما كانوا ينتجون القنابل من مختلف الأشكال وخاصة قنابل كوكتيل مولوتوف. زد على ذلك ما كانوا يسرقونه من معسكرات الجيش البريطاني وما تركه لهم هذا الجيش من معدات وأسلحة قبل رحيله.

---

(١) مارديني، زهير: فلسطين والحاج أمين الحسيني، ص ٣٤٦- ٣٤٧.

وقد نشرت جريدة الدفاع من مذكرات (رالف نيومان) أحد ضباط الجيش البريطاني في فلسطين، أنه فاوض عبد الرحمن عزام، والقاوقجي، وإسماعيل صفوت، وسمير ذو الفقار لبيعهم كمية من الأسلحة بمبلغ (٢٥) ألف جنيه، ولكنه لأسباب عدل وباعها لليهود، وكانت الصفقة كما يلي [1]:

(٤٠٠٠) بندقية انجليزية، (٣٠٠٠) رشاش قصير ستن)، (١٥٠٠) رشاش برنت، (٩٠٠) مسدس اتوماتيكي، (٢٠) رشاش فيكرز.

وكان لدى اليهود في أوائل عام ١٩٤٨ كميات من الأسلحة تقدر كما يلي:

(١٠,٠٠٠) بندقية، و(٤٥٠) رشاشا، (٧٠٠) مدفع هاون من عيارات مختلفة، وبالإضافة إلى الأسلحة التشيكوسلوفاكية وصلت شحنة أخرى في شهر مايو ١٩٤٨، مؤلفة من الأسلحة التالية: (٤٥٠٠) بندقية، (٢٠٠) رشاش، مدفعان من عيار ٦٥ ملم، (٢٠) مدفع للطائرات.

وكان لدى اليهود (٨٠٠) عربة مصفحة، و ٦ مصفحات بريطانية من مختلف الأنواع، ودبابتان من طراز كورمويل – حصلوا عليها من الجيش البريطاني – ودبابتان من طراز شيرمن [2].

وابتاع فرع الطيران في الهاغاناه [2] طائرة من نوع اوستر البريطانية، استعملها اليهود في القتال، وفي إلقاء الذخائر والمؤن إلى المستعمرات المعزولة، كما نقلت القنابل والعتاد إلى القدس، وقذفت المراكز العربية بقنابل محلية الصنع. وكان اليهود قد ابتاعوا قبل مايو ١٩٤٨ طائرات قتال وقاذفات قنابل.

أما بالنسبة للقوات البحرية ففي السابع عشر من مارس ١٩٤٨ قررت الهاجانا إنشاء الأسطول الإسرائيلي، وشكلت نواة بحارته من عناصر

(١) جريدة الدفاع – العدد ٣٨٩٣، في ٢٦ فبراير ١٩٤٨، ص٢.
(٢) علي، د. فلاح خالد: الحرب العربية – الإسرائيلية، ص ١٣١، عن مذكرات عامر حسك، ص١١٥.

المنظمات البحرية التي جرى تدريبها، ومن المسرحين اليهود من الأسطول البريطاني والمتطوعين من خارج البلاد، وكانت السفينة إيلات أول سفينة حربية في الأسطول الحربي الإسرائيلي. واشتركت في الحرب بعد أن وضع عليها مدفع ميدان قديم[1].

مصانع الأسلحة:

في بداية الحرب العربية الإسرائيلية أقام اليهود العديد من مراكز الطاقة ومصانع الأسلحة، وأهم هذه المراكز[2]:

١- مشروع روتنبرغ، ويمون معظم المصانع اليهودية في فلسطين بالكهرباء.

٢- مشروع البحر الميت (مصنع صغير للمتفجرات).

٣- رخوبوت – مختبرات كيماوية لصنع المتفجرات والغازات المسيلة للدموع.

٤- ليشون لزيون (عيون قاره) مصانع ذخيرة ورشاشات ومدافع هاون.

٥- رامات جان وتل أبيب، مصانع ذخيرة ورشاشات ومدافع هاون.

٦- قرية موتسكن – تصنيع مدافع هاون ورشاشات ستن، وتصليح السيارات والقوارب المسلحة.

٧- مكفة إسرائيل – تسلح بها التراكتورات.

٨- صولون – مصنع للألغام.

ولقد وصل حجم القوات اليهودية إلى هذا القدر قبل رحيل الجيش البريطاني عن فلسطين في الخامس عشر من مايو ١٩٤٨. ولم يكن باستطاعة اليهود الوصول إلى مثل هذا لولا تعاون حكومة الانتداب وتقديم

---

(١) علي، د. فلاح خالد: الحرب العربية - الإسرائيلية، ص١٣١، عن مذكرات عامر حسك، ص١١٥.

(٢) علي، د. فلاح خالد: الحرب العربية - الإسرائيلية، ص١٣٢، عن مذكرات عامر حسك، ص١١٦.

كافة المساعدات لهم.

ففي مساء يوم الرابع عشر من مايو ١٩٤٨ كان مجموع قوات العدو يقارب سبعين ألف جندي وكان أكثر من نصفهم مزودين بالأسلحة التالية[1]:

((٢٢,٠٠٠ بندقية، ١٢,٥٠٠ رشاش متوسط وخفيف، ٨٠٠ مدفع هاون من عيارات مختلفة، ٧٥ مدفع مضاد للدبابات، ٤ مدافع ميدان)).

ولم تنقض خمسة أشهر على قيام إسرائيل حتى تطور حجم الجيش الإسرائيلي وأصبح في اكتوبر ١٩٤٨ مؤلفا من[2]:

((القوة البشرية ٨٠,٠٠٠، بنادق ٦٧,٥٠٠، رشاشات خفيفة ومتوسطة ٢١,٣٠٠، مدافع هاون (٥- ٣) بوصة ١٢,٠٠٠، مدافع مضادة للدبابات ٦٧٥، مدافع هاون ٦ بوصات ثقيلة ٢٥٠، مدافع هاون ١٢٠ ملم ثقيلة ١٢.

وهكذا تمكن الصهاينة من تأمين هذا الازدياد الكبير في السلاح كما ونوعا في النصف الثاني من عام ١٩٤٨.

أقوال في حجم وتسليح القوات اليهودية:

يقول اللواء الركن خليل سعيد[3]:

((لقد وقعت الدعاية والتقديرات العربية بخطأ كبير فاعتبرت أن استعدادات الصهاينة ليست إلا مجرد تهويش، وأن الحركة الصهيونية قد فرضت فرضا وأن الذين يتولون القيادة والسطوة ما هم إلا عصابة مجرمة توصلت إلى مراكزها عن طريق الإرهاب.

غير أن الحقائق التي انكشفت عند القتال الفعلي كانت تختلف كثيرا عن تلك الدعايات، وظهر أن عددا كبيرا من المسؤولين العسكريين العرب لا

(١، ٢) علي، د. فلاح خالد: الحرب العربية - الإسرائيلية، ص ١٣٣، عن أنيس الصايغ في كتابه: ((ميزان القوى العسكرية بين الدول العربية وإسرائيل)).

(٣) سعيد، خليل: تاريخ حرب الجيش العراقي في فلسطين ١٩٤٨، ص٦٥- ٦٦.

يعرفون كثيرا عن حقيقة القوات المسلحة الصهيونية)).

ويقول اللواء الركن محمود شيت خطاب [1]

الذي كان يشغل قائد منطقة جنين في فترة الحرب، قال عـن تقديراتـه لقوات العـدو: ((هنالك مغالطات في تقدير قوات العدو التي شاركت في الحرب، وللأسف أن العديد مـن الكتاب اعتمدوا في تقدير القوات على ((غلوب)) كمصدر رئيسي، ففي مكان يقول غلوب أن عدد القوات (٦٠) ألفا وفي مكان آخر يقول أن هناك (٨٠) ألفا، فكيف هذا وإن الـذين كـانوا متمركزين في منطقة جنين من اليهود يقدرون بعشرة آلاف مقاتل وبـذلك فتقـديري للقوات اليهودية التي شاركت في الحرب يتراوح بنحـو (١٢٠) ألـف مقاتل نصفهم شـارك في الحـرب العالمية الثانية)).

لقد عمد القادة الصهاينة والكتاب المتعاطفين معهم إلى إنقاص عدد القوات اليهودية التي شاركت في الحرب العربية الإسرائيلية ١٩٤٨ عن قصد لإحياء أسطورة داود، الذي هزم جالوت، الأعز نفرا. ومن هؤلاء الكتاب ((هاري ايليس)) الذي قدر القوات العربية التي شاركت في الحرب بـ (١٧٠) ألف جندي.

وجاء في كتاب "الأخوين كيش": أن القوة العسكرية اليهودية تركزت على عشرة ألوية وزعت على الشكل التالي [2]:

الجبهة الشمالية:

- لواء يفتاح أحد ألوية البالماخ تولى قيادته وقيادة كل المستعمرات في المنطقة (ايجال ألون) ثم (هولاه كوهين).

- لواء جولاني، وهو اللواء الأول من ألوية الهاجانا بـقيـادة (موشي

(١) علي، د. فلاح خالد: الحرب العربية - الإسرائيلية، ص١٤٠، في مقابلة جرت بينه وبين اللواء الركن محمود شيت خطاب، يوم الاثنين ٤ أكتوبر ١٩٦٧.

(٢) علي، د. فلاح خالد: الحرب العربية - الإسرائيلية، ص ١٣٥، عن كتاب الأخوين كيش، ص ٢٥٢.

مونتاج (ن. جولان) ونائبه وكان هذا اللواء يسيطر على طبريا ووادي الأردن.

- لواء كارميلي، وهو اللواء الثاني للهاجانا بقيادة (موشي كارميل) وهـذا أصبح قائـدا للجبهة الشمالية كلها، فتولى قيادة اللواء (ماكليف).

الجبهة الوسطى:

- لواء الكسندوري، وهو ثالث ألوية الهاجانا وكان بقيادة (دان ايفن) وكـان يسيطر على جبهة ناتانيا.

- لواء كيدياني، وهو رابع ألوية الهاجانا بقيادة (ميخائيل بن جال) وكان يسيطر علـى تل أبيب والمنطقة المحيطة بها.

الجبهة الجنوبية:

- لواء جفعاني، وهو اللواء الخامس للهاجانـا بقيـادة (شيمون/فيدان) ويسيطر علـى جبهة «راخابوت - اسدود».

- لواء هاينجف النقب، وهو اللواء الثاني عشر في ألوية البالمـاخ وكان بقيـادة (نـاحوم ساريج) وكان يسيطر على أقصى الجنوب.

الجبهة المركزية القدس:

- لواء عتصيوني، بقيادة (دافيد شالتيل).

- لواء هاري ايل، وهو من ألوية البالماخ تسلم قيادته (يوسف تـابنكين) مـن (إسحاق رابين).

- لواء الهاجانا السابع، وتكون فيما بعد وعهدت قيادته إلى (شالوم شامير) واسندت إليه مهمة الهجوم على اللطرون.

ويقول بن جوريون: في تقرير رسمي نشرته جريدة أخبار اليوم [1]:

"إن أسطورة انتصار إسرائيل على الجيوش العربية عام ١٩٤٨ كانت أكذوبة كبرى، ونظرا للتقديرات المبالغ فيها التي نشرها الجنرال غلوب القائد

---

(١) جريدة أخبار اليوم المصرية، في ٥ سبتمبر ١٩٥٩.

السابق لجيش الأردن، والمصادر الأخرى عن القوات الإسرائيلية عشية الحرب، فإن الأرقام الرسمية للقوات الإسرائيلية التي اشتركت في الحرب هي:

٦٨٨٣ جنديا، و ١٠٧ ضابط، و ٢٦٧٠٠ حرس وطني، و ٩٤٥٠ كتيبة شباب رجل وامرأة، و ٣٠٠٠ رجل بوليس، و ٥٠٠٠ إرهابي ومخرب)).

واستطرد بن جوريون يقول: ((وعندما نشب القتال بين العرب وإسرائيل لم تكن قواتنا النظامية تزيد على (٢٢٠٠) ضابط وجندي ثلثهم تقريبا من الفتيات.

وكانت قواتنا منظمة في أربع كتائب وكل كتيبة مقسمة إلى ٣ فصائل باستثناء كتيبة القيادة فقد كانت تضم فصيلتين فقط)).

ثم شرح بن جوريون كيف أمكن تعويض هذا النقص الضخم في الرجال والعتاد فقال: ((أنه أبلغ عشية قرار الأمم المتحدة بقرار وقف إطلاق النار بأن لدينا (٩٠٢) ضباط، و(٥٥٩٠) رجلا من الرتب الأخرى يتدربون في وحدات المتطوعين في جميع أنحاء أوروبا، وأن (٢٦٤) ضابطا و (٢٥٦٤) جنديا من هؤلاء أي ثلث العدد تقريبا كان يتدرب في (٥٢) معسكرا موزعة في أراضي النمسا وألمانيا وحدهما)).

وكشف بن جوريون سر معسكرات التدريب قائلا: ((إن الوحدة الأولى من المتطوعين الأجانب تم تنظيمها في براغ عاصمة تشيكوسلوفاكيا يوم ٥ نوفمبر ١٩٤٧ أي قبل موافقة الأمم المتحدة على إنشاء الوطن القومي اليهودي في فلسطين بثلاثة أسابيع، وأن التدريب بدأ في ظل الحكومة الديمقراطية المشايعة للغرب في تشيكوسلوفاكيا واستمر خلال الأربعة الأشهر الأولى بعد الانقلاب الشيوعي.

وألقى بن جوريون فخر التنظيم الباكر لوحدات المتطوعين في

تشيكوسلوفاكيا على عاتق (اهود أفريل) الذي شغل منصب سفير إسرائيل في غانا.

وأشاد بن جوريون بالدور الذي قام به المتطوعون الأجانب في المعركة فقال: «إن البلاد التي ساهم متطوعوها في وقف زحف جيوش العرب كانت بالترتيب: جنوب افريقيا، ثم أمريكا، فكندا، ففرنسا ثم تشيكوسلوفاكيا».

واستطرد بن جوريون يكشف الستار عن تفاصيل مؤامرة التسليح فقال: «إن إسرائيل لم تكن تملك في بداية الحرب سوى (١٠٠٧٣) بندقية و (١٩٠٠) مدفع ماكينة، و (٤٤٤) مدفع ماكينة خفيف، و(١٨٦) مدفع ماكينة متوسط، و(٦٧٢) مدفع هاون خفيف عيار ٢ بوصة، و (٩٦) مدفع هاون متوسط عيار ٣ بوصة.

ولم تكن تملك شيئا من الدبابات أو السيارات المصفحة أو الطائرات أو السفن البحرية أو الأسلحة المضادة للدبابات أو المضاد للطائرات. وكانت هذه الأسلحة موزعة على القوات المسلحة وعلى المستعمرات والقرى في جميع أنحاء فلسطين».

وتابع بن جوريون كلامه في التقرير قائلا: «إن إسرائيل تمكنت من تلافي كارثة الهزيمة أمام الجيوش العربية بمساعدة ثلاثة من الزعماء في جهاز الخدمة العسكرية الإسرائيلية وهم[1]:

١- أهود أفريل: من أقطاب حزب الماباي، برز في عمليات تهريب الأسلحة والطائرات من تشيكوسلوفاكيا إلى إسرائيل أثناء الحرب، ثم اشتغل بالسلك الدبلوماسي الإسرائيلي.

٢- يهودا أرازاي: من أقطاب الجهاز السري لحزب الماباي، قام بأعمال سرية خطيرة، وهو من أعضاء السلك الدبلوماسي الإسرائيلي، هرب

(١) جريدة أخبار اليوم المصرية في ٥ سبتمبر ١٩٥٩.

(۱۷۰) ألف مهاجر عام ۱۹٤۸، وهرب (۲۷۰) ألف مهاجر عام ۱۹٤۹.

۳- يعقوب ميرودور، شغل نائب رئيس حزب حيروت ونائب في الكنيست، أرهابي خطير ومؤسس منظمة الأرغون، شغل منصب وزير الحربية في حزب حيروت، من أصحاب فكرة إنشاء ميناء إيلات والمحافظة على خليج العقبة.

وتابع بن جوريون تقريره فقال: «إن دبابات الجيش الأمريكي اشتريت في ايطاليا باعتبارها خـردة، ثم أصلحت ونقلت إلى فلسطين باعتبارها جـرارات زراعية، أما قاذفات القنابل الأمريكية فقد هربت تحت ستار أنها طائرات ركاب، وأضاف أن المدافع أخرجت من المـوانئ الأوروبية مغطاة بطبقة من البصل والبطاطس في السفن، أما مدافع الماكينة التشيكية فقد تم نقلها باعتبارها شحنة ماكينات الخياطة ماركة سنجر، كذلك تم شراء مصنفا للأسلحة والذخائر من الجيش الأمريكي بثمن اسمي وقد نقل إلى فلسطين تحت ستار أنه مصنع زجاج وورشة معادن.

واسترسل يقول: «لقد كان من شأن هذه الأسلحة أن تغير مجرى الحرب تماما في ابريل ومايو عام ۱۹٤۸ ومكنت جيش إسرائيل من مقاومة هجوم ستة جيوش نظامية عربية في مايو ويونيو من نفس العام. بل إنها مكنته من القيام بهجوم مضاد.

وفي هذه الاعترافات كشف بن جوريون لأول مرة وبصفة رسمية عن الدور الذي لعبه المتطوعون الأجانب في الحرب.

الفصل الثالث
مراحل القتال ونتائج الحرب

● مراحل القتال بعد دخول الجيوش العربية:

■ المرحلة الأولى للعمليات (١٥ مايو – ١١ يونيو ١٩٤٨).

■ الهدنة الأولى (١١ يونيو – ٧ يوليو ١٩٤٨).

■ الموقف العسكري عند ابتداء الهدنة الأولى

■ موقف الأخوان من الهدنة الأولى.

■ العمليات الحربية خلال فترة الهدنة الأولى.

■ المرحلة الثانية للعمليات (٨ يوليو – ١٨ يوليو ١٩٤٨).

■ الهدنة الثانية (١٨ يوليو ١٩٤٨).

■ توالي اعتداءات اليهود وخرق الهدنة.

■ اغتيال الوسيط الدولي.

■ المرحلة الثالثة للعمليات (١٩ يوليو – ٥ نوفمبر ١٩٤٨)

● نتائج الحرب:

■ مجلس الأمن يدعو إلى هدنة دائمة.

■ البيان الثلاثي للسلام.

■ لماذا غادر الفلسطينيون منازلهم؟!!

■ شهداء حرب فلسطين عام ١٩٤٨.

■ المدن والقرى التي فقدت عام ١٩٤٨.

مراحل القتال ونتائج الحرب

مراحل القتال بعد دخول الجيوش العربية:

المرحلة الأولى للعمليات ((١٥ مايو (أيار – ١١ يونيو (حزيران) ١٩٤٨:

كان القتال قد بدأ في فلسطين بين المجاهدين العرب من جيش الجهاد المقدس وقوات الأخوان المسلمين وقوات جيش الإنقاذ وبين اليهود في مرحلة متقدمة على دخول قوات الجيوش العربية إلى فلسطين، وقد قام هؤلاء المجاهدون بمعارك كثيرة وفي أماكن متعددة من مدن وقرى فلسطين، منذ شهري كانون الثاني وشباط ١٩٤٨ واستمر القتال بينهم وبين اليهود حتى آخر مرحلة من مراحله.

أما مراحل القتال بعد دخول الجيوش العربية فقد بدأت المرحلة الأولى منها في ١٥ مايو (أيار) ١٩٤٨، حيث بدأت القوات المصرية عملياتها فجر يوم ١٥ مايو ١٩٤٨ عندما عبرت الحدود الفلسطينية عند رفح واتجهت شمالا واشتبكت مع بعض المستعمرات اليهودية عند الدنجور وكفار ديروم وبيرون اسحاق، ودخلت غزة في اليوم التالي.

وفي ١٥ مايو أيضا تقدمت القوات السورية عبر حدودها في محاولة لاحتلال المنطقة اليهودية غرب الجليل، وتقدم اليهود في الوقت نفسه شمالا على امتداد البحر الأبيض إلى لبنان، ولم يتمكن أي من الطرفين من تنفيذ مجهود يذكر ولم تقع سوى اشتباكات محدودة.

وفي الجبهة الأردنية تقدمت القوات غربا ووصلت إلى اللد يوم ١٧ مايو وأرسلت فصيلة إلى القدس لتطهيرها، وفي ١٩ مايو وصل الجيش الأردني إلى الرملة وأتم اتصاله مع المجاهدين الفلسطينيين الذين كانوا يعملون بالقرب من اللطرون. وقد قام الجيش الأردني بالدفاع عن مواقعة بضراوة في الأسابيع الأربعة الأولى (حتى الهدنة الأولى).

واستأنفت القوات المصرية تقدمها من غزة يوم ١٩ مايو واشتبكت مع القوات اليهودية في معركة دير سنيد ووصلت إلى المجدل يوم ٢١ مايو، وبدأت القوات الجوية المصرية في ضرب تل أبيب يوميا بالقنابل.

ووصلت قوات المتطوعين المصريين إلى الخليل وبيت لحم والقدس يوم ٢١ مايو واحتلت مستعمرة رامات راحيل.

وفي يوم ٢٩ مايو وصلت القوات المصرية إلى اسدود، وتقدمت شرقا من المجدل إلى عراق سويدان ثم الفالوجا ثم عراق المنشية إلى بيت جبرين [١].

أما القوات العراقية فقد وصلت إلى المفرق في الخامس عشر ـ من مايو ـ (أيار)، وكان أول عمل قامت به بعد إجتيازها الحدود الفلسطينية هو مهاجمة قلعة ((جيشرـ)) على الضفة الغربية لنهر الأردن ولم تتمكن من احتلالها وكان ذلك في الثامن عشر من مايو ١٩٤٨، فتركتها وواصلت تقدمها نحو الغرب، وفي ٣٠ مايو انتشرت في مثلث ((نابلس – جنين – طولكرم)) الذي استلمته من قوات الانقاذ بعد انسحابها إلى دمشق [٢]. وكانت أهم المعارك التي قامت بها القوات العراقية في تلك المنطقة معركة جنين التي خاضتها بالتعاون مع قوات الجهاد المحلية.

وفي يوم ٣٠ مايو تقدمت القوات الأردنية من اللد ووصلت إلى نقطة تبعد ستة أميال من تل أبيب. وتم احتلال مستعمرة بتاح تكفا.

وفي يوم أول يونيو قامت قوة اليهود الرئيسية بهجوم مضاد لاستعادة بتاح تكفا وفشلت. وفي اليوم التالي تقدمت القوات العراقية إلى الطيرة.

وفي يوم ٧ يونيو استولت القوات المصرية على مستعمرة نيتسانيم شمال اسدود وفي ليلة ٩/٨ يونيو قام اليهود بمحاولة جديدة لاختراق طريق ((اللطرون – القدس)) غير أنهم فشلوا وأصيبوا بخسائر فادحة.

(١) أحمد، د. رفعت سيد: وثائق حرب فلسطين، ص١٣٥.
(٢) علي، د. فلاح خالد: الحرب العربية الإسرائيلية، ص٢٠٤- ٢٠٦.

وقد تمت في المرحلة الأولى على الجبهة المصرية عمليات ومعارك الـدنجور ودير سـنيد والمجدل، ومعركة نجبا، وتم احتلال خط ((المجـدل - الفالوجا - بيـت جبرين - الخليـل))، والهجوم على مستعمرة نيتسانيم واحتلالها.

الهدنة الأولى (١١ يونيو - ٧ يوليو ١٩٤٨):

خلال مرحلة القتال الأولى، مع أن بعض الجيوش العربية لم تقاتل القتـال الـذي يحتمـه عليها الواجب، ومع أن البعض الآخر اتخـذ موقف الـدفاع عند أمـاكن محـددة دون سـبب واضح، إلا أن قـادة العـدو وجـدوا أنفسـهم في موقف العزلـة بعد أن سـيطر المجاهـدون والجيوش العربية على معظم فلسطين، فاستنجد هـؤلاء القادة بأمريكـا التي أعلنت ((بأن الحالة في فلسطين تهدد السلم وتنـذر بالخطر))، وأسرعت إلى مجلس الأمن مطالبـة، إياه بالتدخل السريع والحاسم لإيقاف القتال ولو بـالقوة وتطبيـق العقوبات، وكـذلك أسرعت بريطانيا وعملت عـلى اتخـاذ إجراءات مزدوجة ضـد العـرب وضد تدخلهم العسكري في فلسطين، فمن جهة راحت تنذر الدول العربية بوقف القتال فورا وتهددها إن هـي استمرت في عملياتها العسكرية. ومـن جهة أخرى فقد لجأت إلى مجلس الأمن مطالبـة بتدخله. وأكملت إجراءاتها بإبلاغ الدول العربية المرتبطة معها معاهدات أنها ستوقف فـورا تزويـدها بالسلاح والعتاد إن لم تستجب لنداء وقف القتال[1].

وكان مجلس الأمن قد قرر منذ ٢٢ أيار (مايو) ١٩٤٨ بناء على اقتراح بريطانيا، توجيه نداء بوقف القتال في فلسطين، وقد رفض العرب هذا النداء. فاستمرت أمريكا ومعها بريطانيا في ممارسة الضغوط على مجلس الأمن وعلى الدول العربية مـع الاستمرار بالتهديد، ممـا دفع مجلس الأمن إلى إصدار القرار الآتي في ٢٩ مايو ١٩٤٨[2]:

(١) الموسوعة العسكرية ج١، ص٦٥٨.
(٢) أحمد، د. رفعت سيد: وثائق حرب فلسطين، ص١٦٩.

((رغبة في توقف الأعمال العدوانية في فلسطين دون أن يكون لـذلـك أثر عـلى حقـوق أو مطلب أو موقف كل من العرب واليهود يدعو مجلس الأمـن جميع الحكومات والسلطات المختصة لكي تأمر بإيقاف جميع أعمال القوات المسلحة لمدة أربعة أسابيع)).

رضخت الحكومات العربية لقرار مجلس الأمن وقبلت وقف القتال، وأصدرت أوامرها للقوات العربية بوقف إطلاق النار اعتبارا من يوم الجمعة ١١ يونيو ١٩٤٨.

وهكذا فرضت الهدنة الأولى اعتبارا من يوم ١١ يونيو ١٩٤٨ واستمرت حتى ٧ يوليو، واتفق على أن تبقى خطوط القتال دون تغيير وأن يتجنب كل من الطرفين (العرب واليهود) زيادة القوات أو جلب الأسلحة مع منع دخول المهاجرين القادرين على حمل السلاح إلى فلسطين. وعينت الأمم المتحدة برنادوت كوسيط للبحث في حل سلمي لمشكلة فلسطين حيث اتخذ جزيرة رودس مركزا له وبدأ تعيين عدد من المراقبين الدوليين.

ولم تلتزم إسرائيل بشروط الهدنة، بـل وركزت جهـدها للإفادة مـن فـترة الهدنـة لشـراء طائرات مقاتلة، ونجحت في عقد صفقة مع تشيكوسلوفاكيا، ووصل إلى إسرائيل (٢٠) طائرة، علاوة على (٢٠) طائرة أخرى تم نقلها على شكل قطع غيار، ونجح عملاء إسرائيل في شراء ٣ قلاع طائرة من طراز (ب - ١٧) من أمريكا، مجهزة بالمدافع.

وحصلت إسرائيل مـن تشيكوسلوفاكيا عـلى ١٠ آلاف بندقيـة و ٤٥٠ مـدفعا رشاشا و ٦ مدافع عيار ٦٥ مم ومجموعة مدفعية ٧٥ مم. وعملت إسرائيل على استنفار جميع امكاناتها وتعبئة جميع مواردها البشرية للحرب وجلبت ألوف المقاتلين من أوروبا وأمريكا.

مقابل ذلك حاولت بعض الدول العربية - وخاصة سوريا - الحصول على الأسلحة، وعقدت صفقة مع تشيكوسلوفاكيا، وأحيطت الصفقة

مجموعة من المؤامرات انتهت إلى إغراق الباخرة الإيطالية التي كانت تنقل الأسلحة، وحاولت القوات المصرية تحسين قدراتها العسكرية وكذلك بعض الدول العربية الأخرى، ولكنها وجدت عقبات كثيرة تحول دون ذلك، فقد وقفت كل الدول الكبرى في وجه كل محاولة عربية للحصول على السلاح، واوقفت كل الدول إرسال الأسلحة إلى العرب تطبيقا لقرار حظر بإرسال الأسلحة إلى المنطقة.

وإثر هذه التدابير تطور موقف إسرائيل، وأصبح بإمكانها الانتقال من مرحلة الدفاع الثابت إلى الهجوم خلال المرحلة الثانية من الصراع[1].

الموقف العسكري عند ابتداء الهدنة الأولى:

كانت الجيوش العربية عندما أعلنت الهدنة الأولى في ١١ يونيو ١٩٤٨ في أوضاع متقدمة على الرغم من بعض الأخطاء السياسية والعسكرية التي اكتنفت فترة القتال الأولى، فقد وصلت الجيوش العربية في نهاية هذه المرحلة إلى موقف أفزع اليهود بل والعالم الصليبي وظن الجميع أن نهاية اليهود في فلسطين قد قربت وأن مهمة الجيوش العربية في إعادة الأمن والنظام في فلسطين وإيقاف المذابح التي تقترفها العصابات الإرهابية الصهيونية ضد العرب قد انتهت.

ولقد أطبقت القوات العربية على تل أبيب من ثلاث جهات: القوات العراقية بشكل قوس يمتد من ناتانيا إلى ملبس على مسافة ٢٠ كيلو مترا من تل أبيب، وتتصل بها القوات الأردنية المرابطة على طول خط اللد والرملة على مسافة ٢٤ كيلو متر من تل أبيب. وإلى الجنوب وصل الجيش المصري بعد استيلائه على أسدود إلى مقربة من رحابوت على مسافة ٣٥ كيلو متر من تل أبيب. وكان موقف اليهود في القدس سيئا للغاية. وقد أتم الجيش

---

(١) الموسوعة العسكرية ج١، ص٦٥٨.

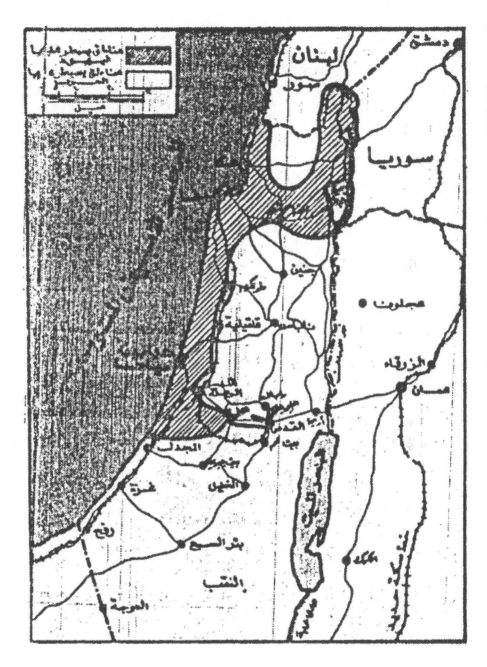

الموقف عند بداية الهدنة الأولى

السوري احتلال الجانب الشرقي من بحيرة طبرية وكاد يلتـف عـلى الضـفة الأخـرى. وتـم عزل المستعمرات اليهودية في النقب عن المستعمرات الشـمالية. وفي الجبهـة الشرقيـة كانت قوات المتطوعين بقيادة أحمد عبد العزيز قد وصلت إلى بيت لحم وان خـط مواصـلاتها كـان يمتد من العوجة إلى العسلوج وإلى بئر السبع والخليل. وبعد وصول هـذه القـوات إلى أبـواب القـدس الجنوبيـة تـم تنسيق مواقعهـا مـع قـوات الجهاد المقـدس وقـوات الجيـش الأردني، واستمرت في مناوشة الأعداء وقتالهم حتى وقعت الهدنة الأولى [1].

موقف الاخوان من الهدنة الأولى:

كان الإخـوان المسلمون أول مـن عـارض اقـتراح الهدنـة الأولى، لأنهـم كـانوا أدرى النـاس بحقيقة الموقف في فلسطين، فالقوات العربيـة جيوشا ومتطوعين كانـت في انتصـار سـاحق، وكـان اليهـود في هزائم متلاحقة وارتبـاك شـديد. وقـد فهـم الاخـوان أن اليهـود لم يجـدوا لهـم مخرجا من الورطة التي وقعوا فيها إلا بحيلة ماكرة يستردون فيها أنفاسهم، ويعيدون خلالهـا تنظيم صفوفهم، ويستغلون فيها غفلة خصومهم، فأوحـوا إلى مؤيـديهم في الأمـم المتحدة أن يطلبوا تقرير هدنة يسحب الطرفان خلالها قتلاهم لمدة أسبوعين.

وكان الإخـوان وكل المتـابعين لأنبـاء القتـال في فلسطين في ذلـك الوقـت يفهمـون ذلـك، والصحفيون الذين كانوا في الميدان وخارج الميـدان كانوا يفهمـون ذلك. وكـان عـلى الحكومـة المصرية أن ترفض الهدنة أو أن تتلكأ على الأقل في قبولها عـدة أسـابيع وإذن لتغـيرت نتيجـة هذه الحرب. ولما كانت هناك مشكلة تسمى مشكلة فلسطين ولا دولة تسمى دولة إسرائيل.

لم يدخر الاخوان وسعا في تقديم النصيحة للحكومة أن لا تنخدع وتقبل

(١) أحمد، د. رفعت سيد: وثائق حرب فلسطين، ص١٧٠.

الهدنة، وشرحوا لها مدى الأضرار التي ستحيق بالمجاهدين وبالجيوش العربية وبالأمة العربية والإسلامية إذا ما وافقت على الهدنة وصارت الجيوش العربية والمجاهدون ملتزمين بها، في حين أن اليهود لن يلتزموا بها بل إنها ستكون فرصة لهم لإعادة تنظيم صفوفهم بعد أن مزقت كل ممزق.

وكتب الأستاذ المرشد العام مقالا افتتاحيا في جريدة الاخوان اليومية الصادرة في ٣ يونيه ١٩٤٨ تحت عنوان «حول اقتراح الهدنة..... ماذا وراء هذا الرد؟»، قال فيه[1]:

«هناك حقائق ثلاث لا يجادل فيها أحد من الناس:

الحقيقة الأولى أن هذه العصابات الصهيونية الآثمة الغادرة في فلسطين قد اعتدت اعتداء منكرا على المدن الفلسطينية الكبرى وعلى القرى الصغرى، وارتكبت من الفظائع ما تشيب له الرؤوس، وكان عن عدوانها هذا أن شردت عشرات الألوف من عرب فلسطين وهاجروا إلى الأوطان المجاورة، وتركوا ديارهم وأموالهم وبيوتهم ومصالحهم نهبا مقسما في أيدي هذه العصابات التي تحتل الآن حيفا ويافا وعكا وطبرية وهي أعظم مدن فلسطين، ولهذا لم تجد الدول العربية بدا من امتشاق الحسام لتأديب هؤلاء الطغاة، ورد المهاجرين العرب إلى أوطانهم.

والحقيقة الثانية أن الجيوش العربية منتصرة مظفرة بيدها زمام الموقف والحمد لله، وأن الشعوب العربية قد انتفضت فتكشفت عن أروع وأجمل وأفضل خصال آبائها وأجدادها نجدة وعزة وبذلا وتضحية وقوة وبسالة، وأنها تبذل الدم والمال في فرح وسرور وطمأنينة وارتياح، وأن عنوان هذا كله قد قرأه الخاص والعام على جبهات الأبطال من رجالنا وشبابنا في الميدان.

والحقيقة الثالثة أن جامعة الدول العربية قد صبرت على عبث الساسة الدوليين حتى مل الصبر ذاته، وقد أضاعت فرصا كثيرة وأوقاتا غالية ثمينة

---

(١) عبد الحليم، محمود أحداث صنعت التاريخ، ج١، ص٤٢٢-٤٢٥.

في سبيل الظفر بتقدير الرأي العام العالمي والأخذ بالحكمة والعقل والتبصر، وأصبح الأمر كما قال الأستاذ العقاد في إحدى مقالاته، لن نجني بعد ذلك من الحكمة والتعقل إلا أن نعرف بعد فوات الأوان أننا كنا أشد تعقيلا من المجانين.

هذه هي الحقائق الثلاث التي كانت ولا زالت تفرض على الدول العربية أن ترفض كل اقتراح يشير إلى هدنة أو شبه هدنة إلا بعد أن تدخل جيوشها تل أبيب وتطرد هذه العصابات الآثمة من حيفا ومن يافا ومن عكا ومن طبرية وتطوق كل مستعمراتهم أو تستولي عليها وترد المهاجرين من عرب فلسطين إلى ديارهم، ثم إذا قيل بعد ذلك ((الهدنة)) فبها وإلا فالقتال حتى يقذف بآخر يهودي صهيوني إلى البحر وتطهر فلسطين المباركة من هذا الرجس.

ومن هناك كان الرد المطاط المرن غريبا علينا نحن الاخوان المسلمين، فنحن في ساعات الجد الحازم الذي لا يحتمل العبث مع العابثين.

وأعلن الأستاذ المرشد في آخر مقاله رأي الاخوان فقال: إننا متشائمون. من هذه الهدنة لا نرضى بها ولا نوافق عليها، ونحمل الذين اختاروا هذه الطريق تبعة عملهم بين يدي الله والناس. ولله الأمر من قبل ومن بعد ولا حول ولا قوة إلا بالله العلي العظيم.

العمليات الحربية خلال فترة الهدنة الأولى (١١ يونيو- ٧ يوليو ١٩٤٨):

تخلل فترة الهدنة الأولى نشاط للطرفين حتى استؤنفت العمليات ثانية في ٨ يوليو، واستغل اليهود فترة الهدنة هذه في تحسين موقفهم الحربي وإعادة تنظيم قواتهم، مما مكنهم دون شك من الإفلات من قبضة القوات العربية، وبعد نهاية الهدنة الأولى بدأت مقاومتهم تشتد، وقاموا بتحسين أوضاع قواتهم في خطوط الدفاع المواجهة للقوات العربية، وحاولوا تموين

المستعمرات المحاصرة والمعزولة، وإعادة الاتصال بها.

وفي يوم ١١ يونيو وهو يوم إعلان الهدنة نفسه هاجم اليهود بلدة العسلوج واحتلوها واستغلوا أوامر وقف إطلاق النار للاحتفاظ بها، واحتلوا قرية الحسير وبلدة عبديس والتبة ٦٩ (تبة الخيش).

وفي يوم ١٤ يونيو احتلوا بلدة كوكبة، واستمروا في إرسال التموين إلى المستعمرات الجنوبية تحت تأثير لجنة الهدنة، واستمرت طائراتهم في عمليات الاستطلاع بحجة تموين المستعمرات.

وتدفقت على إسرائيل خلال هذه الفترة المساعدات الخارجية تحت تأثير وضغط الجاليات اليهودية في أوروبا وأمريكا مما حسن موقف اليهود إلى حد كبير من ناحية العدد والسلاح.

أما القوات العربية فقد كانت الأوامر الصادرة لها تنص على ضرورة احترام قرارات الهدنة وعدم البدء بأي عدوان والاقتصار على فتح النيران فقط لحالات الدفاع عن النفس (١).

المرحلة الثانية للعمليات ((٨ يوليو (تموز) – ١٨ يوليو ١٩٤٨)):

بدأت العمليات على الجبهة المصرية بإعادة تنظيم القوات المصرية والتأهب لاستئناف القتال وطرد اليهود من المواقع التي استولوا عليها دون قتال في أثناء الهدنة الأولى، وقد حدث العديد من العمليات والمعارك في هذه المرحلة وفي أثناء الهدنة التي سبقتها، فحدثت عملية بيت دوراس في ٧ يوليو، وعملية كوكبة في ١٤ يونيو، وعملية تبة الخيش في ٩ يوليو. وتم الاستيلاء على مستعمرة كفارديروم ليلة ١٠/٩ يوليو، وتمت عملية بيت عفة وعبديس ونجبا في ١١ يوليو. وتم حصار مستعمرة الدنجور في ١٣ يوليو، وعملية بيرون اسحاق في ١٥ يوليو، ومعركة العسلوج في ١٧ يوليو.

(١) أحمد، د. رفعت سيد: وثائق حرب فلسطين ص ١٧٤.

وحدثت عدة عمليات في منطقة الفالوجا - كراتيا - حتا في ١٧- ١٨ يوليو.

وقد بـدأت الأسـلحة التـي استوردها اليهـود خـلال فترة الهدنـة الأولى تظهـر في الميـدان واستعمل العدو طائرات مقاتلة جديدة.

وفي الجبهة الأردنية والعراقية طـوق مدينة اللد والرملة واستولى علـى بلـدين عـربيين كبيرين، واحتل مطار اللد وهو أكبر مطار في فلسطين. وباحتلال اللد والرملة حصل العدو على محور مضمون للاتصال مع القدس، وكان لسقوط المدينتين أثر نفسي- تمثل في إحبـاط الـروح المعنوية للمقاتلين العرب في جميع الجبهات.

وفي يـوم ١٤ يوليـو أصدر قـادة الجيـش الأردني أمـرا لقواتهم بإيقاف جميع العمليات الهجومية واتخاذ موقف الدفاع في جميع المواقع التي تعمل فيها، وفي ١٨ يوليو (تمـوز) ١٩٤٨ بدأت الهدنة الثانية وصدر أمر بوقف القتال في جميع الجبهات[1].

الهدنة الثانية (١٨ يوليو "تموز" ١٩٤٨):

عندما عرضت مسألة فلسطين على هيئة الأمم المتحدة بعـد نهاية الهدنة الأولى ظفرت الصهيونية بتأييد أغلبية الدول، وعلى الرغم مما كان يبدو على موقف بريطانيا مـن ميـل إلى مناصرة العـرب فإن الحقيقـة ظهـرت فيما بعـد لكـل ذي عينـين ووضح أن هنـاك مـؤامرة إنجليزية أمريكية لإرغام العرب على قبول الهدنة في فلسطين.

وقد دخلت مسألة فلسطين في دور خطير بعـد القرار الذي أصدره مجلس الأمن فلم تعـد الدول العربية تواجه شراذم الصهيونية وحدها ولكنها أصبحت تواجه نوعا مـن الضغـط الـدولي الـذي تسانده الـدول الكبرى وأصبح

(١) أحمد، د. رفعت سيد: وثائق حرب فلسطين ص١٩٣.

الحكم للأهواء السياسية وليس لمنطق الحق والعدالة.

وقدمت أمريكا مشروعا وضع على أساس أن الحالة في فلسطين تعد تهديدا للسلم بمقتضى المادة ٣٩ من ميثاق هيئة الأمم ويأمر الحكومات والسلطات صاحبة الشأن بالامتناع عن أي عمل عسكري آخر وذلك طبقا للمادة ٤٠ من الميثاق. وتحقيقا لهذه الغاية تصدر هذه الحكومات والسلطات أوامرها بوقف القتال إلى قواتها العسكرية على أن يتم ذلك في موعد يقرره الوسيط ويشترط ألا يتجاوز ثلاثة أيام بعد إقرار المشروع في المجلس.

ويعلن المشروع أن امتناع أية حكومة أو سلطة عن تنفيذ الأحكام الواردة في الفقرة السابقة من هذا المشروع يؤدي إلى وجود حالة تهدد السلم بالمعنى الوارد في المادة ٣٩ من الميثاق الأمر الذي يتطلب أن ينظر مجلس الأمن فورا في اتخاذ إجراء آخر بموجب الفصل السابع من الميثاق.

ويدعو المشروع جميع الحكومات والسلطات صاحبة الشأن، إلى الاستمرار في التعاون مع الوسيط للمحافظة على السلام. ويأمر على وجه الاستعجال بوقف القتال فورا وبدون قيد ولا شرط في مدينة القدس على أن ينفذ ذلك بعد إقرار هذا المشروع بأربع وعشرين ساعة ويصدر تعليماته إلى لجنة الهدنة لتتخذ الخطوات التي لابد منها لتنفيذ وقف القتال. ويقرر المشروع أن الهدنة تظل نافذة المفعول طبقا للقرار الحالي ولقرار ٢٩ مايو إلى أن تتم تسوية الحالة المقبلة لفلسطين.

وقد وافق مجلس الأمن على هذا المشروع وأصدر قراره بذلك يوم ١٥ يوليو ١٩٤٨.

وحدد الكونت برنادوت وسيط هيئة الأمم يوم ١٨ يوليو موعدا لبدء الهدنة الجديدة في فلسطين وفقا لقرار مجلس الأمن المذكور.

وإزاء هذا الأمر الذي أصدره مجلس الأمن اجتمعت اللجنة السياسية لجامعة الدول العربية في بيروت ودرست الموقف بعد إصدار مجلس الأمن

على اعتبار مواصلة القتال في فلسطين تكديرا للسلم الدولي وتهديده الصريح بتوقيع الجزاءات على الدول العربية إذا هي رفضت وقف القتال، ولم يسع الحكومات العربية إلا أن تنزل على قرار مجلس الأمن الخاص بوقف القتال مرة أخرى في فلسطين.

وقد أصدرت اللجنة السياسية – بإجماع الآراء – القرار التالي[1]:

«تلقت اللجنة السياسية لجامعة الدول العربية قرار مجلس الأمن الصادر بتاريخ ١٥ يوليو بفرض وقف إطلاق النار في مدينة القدس وفي سائر فلسطين إلى أن يوجد حل سلمي لمشكلتها، وقد سبق لهذه اللجنة أن بادرت فلبت دعوة ذلك المجلس إلى هدنة أربعة أسابيع امتدت من يوم ١١ يونيو إلى يوم ٩ يوليو فأوقف العرب القتال في ساعة كانت جيوشهم تملك ناصية الأمر في جميع الميادين إثباتا لرغبتهم في السلم وأملا منهم في الوصول في ظله إلى حل عادل لقضية فلسطين، واحترم العرب أحكام تلك الهدنة احتراما كاملا ووفوا بالعهد الذي قطعوه برغم انتهاك اليهود لتلك الأحكام».

توالي اعتداءات اليهود وخرق الهدنة:

بعد فرض الهدنة الثانية استطاع اليهود أن يجلبوا أنواعا جديدة من الأسلحة الثقيلة والطائرات الضخمة، وحين آنسوا في أنفسهم شيئا من القوة والإعداد، ضربوا بالهدنة عرض الحائط وبدأوا عمليات جريئة واسعة النطاق، فهاجموا «تقاطع الطرق» – في قطاع القوات المصرية – في ١٤ أكتوبر واحتلوها. وبذلك تحطم الحاجز الذي يفصل الشمال عن الجنوب، وانطلقت القوات اليهودية المدرعة تحمل الأسلحة والجنود وانتفضت المستعمرات الهادئة الوادعة، ودبت معالم الحياة والنشاط في أوصالها وقامت لتؤدي دورها المرسوم فقطعت طرق المواصلات حين كان الضغط يشتد على

---

(١) أحمد، د. رفعت سيد: وثائق حرب فلسطين، ص٢٢٨- ٢٢٩.

خطوط الجيش الأمامية مما اضطر قيادة الجيش إلى تقصير خطوطه والتخلي عن مناطق المجدل وأسدود تاركة خلفها قوة قوامها خمسة آلاف جندي في منطقة ((الفالوجا)) لم تستطع الإفلات واللحاق بالجيش المنسحب إلى غزة[١].

وهكذا لم يعبأ اليهود بشروط الهدنة وخصوصا بعد أن اطمأنوا إلى أن العرب حافظوا على هذه الشروط ورفضوا أن ينقضوا كلمتهم، فتوالت اعتداءات اليهود وكثرت حوادث خرق الهدنة حتى أصبحت من المسائل اليومية العادية التي تتزايد ولم تقف عند حد.

واخترق اليهود شروط الهدنة في جميع الساحات، وتذرع العرب بالصبر واكتفوا بلفت نظر المراقبين وكتابة الشكايات إلى مجلس الأمن، ولم يفعل مجلس الأمن شيئا حيال هذه الاعتداءات المتكررة غير توجيه إنذار إلى الطرفين لحملهما على احترام قرار المجلس والتلويح بفرض عقوبات على الجانب الذي ينقض هذا القرار.

وصارت القدس مسرحا لاعتداءات مستمرة من جانب اليهود حتى أصبحت الحالة فيها خطرة، واضطرت القوات العربية المدافعة أن تعمل على رد الاعتداءات اليهودية، وباتت الحالة تنذر بالخطر ما لم يسارع مجلس الأمن إلى اتخاذ إجراءات عملية سريعة، ولم يستطع مراقبو الهدنة أن يتجاهلوا الحالة، فصرحوا بأن التبعية تقع على اليهود، ورفعوا تقريرا إلى الكونت برنادوت يوم ١٧ أغسطس قالوا فيه: ((إن اليهود هاجموا المراكز الواقعة جنوبي دار الحكومة والكلية العربية وغيرها مستعملين القنابل اليدوية ومدافع الهاون والأسلحة الأوتوماتيكية والسيارات المصفحة والمشاة فتوغلوا واحتلوا منطقة الصليب الأحمر))[٢].

وقامت إسرائيل بعد الهدنة الثانية بمجموعة عمليات على الجبهة المصرية ((عملية الضربات العشر، وعملية عين، ((والتي أدت إلى احتلال النقب

(١) عبد الحليم، محمود: أحداث صنعت التاريخ، ج١، ص٤٢٦.
(٢) احمد، د. رفعت سيد: وثائق حرب فلسطين، ص٢٣٠.

والوصول إلى إيلات على خليج العقبة، وكان الهدف من هذه العملية فتح الطريق إلى النقب)).

وفي الشمال قام الإسرائيليون بعملية ((حيرام)) واحتلوا الجليل الأعلى بعد انسحاب جيش الإنقاذ بقيادة فوزي القاوقجي[1].

وقد كان من الأسباب التي أضطرت العرب إلى قبول الهدنة أن عمد اليهود إلى الإغارة على عدة بلدان وقرى عربية وشتتوا أهلها ونهبوا ديارهم، فبات الأهلون بغير مأوى وغادروا قراهم وأصبحت مشكلة اللاجئين تتقدم غيرها من المشكلات.

وقد قدر عدد المهاجرين من اللد والرملة والناصرة والقرى المجاورة بخمسمائة ألف وعدد الذين اضطروا إلى النزوح عن مدنهم وقراهم بسبعمائة ألف اجتاز منهم نحو ٢٥٠ ألفا حدود فلسطين وتشرد الباقون في المدن والقرى التي كانت لا تزال آمنة.

وكانت خطة اليهود في تجريد القرى من أهلها أن يحاصروا القرية ويتولوا إخراج سكانها بيتا بيتا دون أن يسمحوا لأحد بأخذ متاعه أو فراشه أو ملابسه أو نقوده. وجردوا النساء من حليهن والرجال من كل ما له قيمة لديهم فغادر هؤلاء بيوتهم وهم لا يملكون شيئا، وخرجوا يفترشون الأرض ويعانون أشد أنواع الحرمان[2].

وهكذا كانت عمليات المرحلة الأولى من الحرب العربية – الإسرائيلية ناجحة، ورغم جميع المعوقات والظروف غير المتكافئة فقد حارب العرب هجوميا، في حين قاتل اليهود دفاعيا. وتميزت المرحلة الثانية بوقوف العرب دفاعيا، وانتقال اليهود للعمل هجوميا على الخطوط الداخلية، والانتقال من جبهة إلى جبهة بحرية تامة.

وقد ركزت القوات الإسرائيلية ضربتها ضد الجيش المصري، واستطاعت

---

(١) الموسوعة العسكرية، ج١، ص٦٦١.
(٢) أحمد، د. رفعت سيد: وثائق حرب فلسطين، ص٢٣٠.

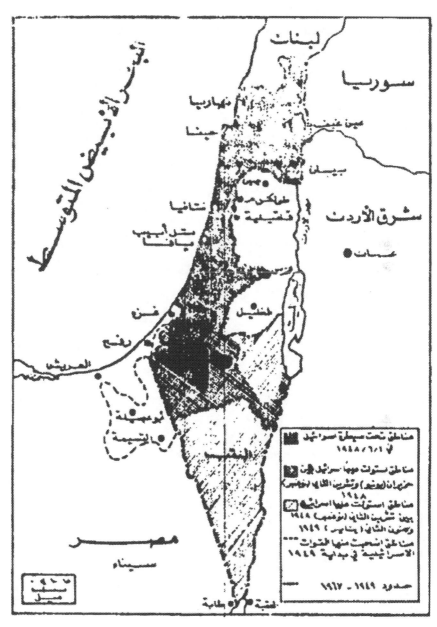

المناطق التي احتلها اليهود في حرب ١٩٤٨، وفي الفترة
التي تلت الهدنة الثانية حتى كانون الثاني (يناير) ١٩٤٩

حصاره في الفالوجا، واستطاعت تنفيذ مناوراتها بنجاح نتيجة لتشكيلها قوة لوائين مدرعين ولواء مشاة محمولة.

وخاضت القوات العربية خلال هذه الفترة معارك ضارية، ولكن القيود التي فرضتها القيادات السياسية أعاقت مسيرة الأعمال القتالية، كما أن النقص في التسلح والامداد بالذخائر كان لهما الدور الحاسم في إعاقة الأعمال القتالية.

وفي جميع الأحوال فقد هيمن الطابع السياسي على الصراع العربي الإسرائيلي، بحيث طغت النتائج السياسية للصراع على دور الأعمال القتالية وحجبتها بصورة شبه تامة.

ولقد كانت من نتيجة هذه الحرب ضياع جزء من فلسطين تفوق مساحته القسم المخصص لإنشاء الدولة اليهودية في قرار التقسيم، وترسيخ أقدام إسرائيل في الوطن العربي، وتحولها إلى قاعدة استعمارية أعاقت تطور العالم العربي ووحدته، وجعلت الاستقرار في منطقة الشرق الأوسط قلقا وقابلا للانفجار. وأدت هزيمة الأنظمة والجيوش العربية في هذه الحرب إلى تصاعد النقمة الجماهيرية، واندلاع الثورات والانقلابات للإطاحة بأسباب الهزيمة[1].

اغتيال الوسيط الدولي:

اغتال اليهود الكونت برنادوت الوسيط الدولي يوم ١٧ سبتمبر ١٩٤٨ بأن أطلقوا على سيارته «١٢» رصاصة أردته صريعا، وكان ذلك بغرض الانتقام لأنه كان قد تقدم باقتراح لحل مشكلة فلسطين بإنشاء دولتين إحداهما عربية والأخرى يهودية يربطهما نظام اقتصادي واحد ويتمتعان باستقلال محلي سياسي وإداري على أن يكون إقليم الجليل شمالا في الإقليم اليهودي،

---

(١) الموسوعة العسكرية، ج١، ص ٣٦٣.

وتدخل منطقة النقب جنوبا في الإقليم العربي.

وحل محل الكونت برنادوت نائبه ((رالف بانش)) [1].

المرحلة الثالثة للعمليات (١٩ يوليو (تموز) - ٥ نوفمبر (تشرين الثاني ١٩٤٨):

قام اليهود بأعمال كثيرة خرقوا فيها الهدنة خلال الفترة من ١٩ يوليو إلى الخامس من نوفمبر، وكانت هذه الأعمال في بادئ الأمر على نطاق محدود، وفيما يلي أهم ما حدث خلال هذه الفترة:

- في يوم ١٩ يوليو ١٩٤٨. قام اليهود بلغم شريط السكة الحديد بين رفح والعريش، وقد انفجر لغم بإحدى القطارات، وشوهدت بعض الحفر وآثار الخيول التي قدموا عليها لوضع الألغام.

- قام اليهود بغارة على دمشق استعملوا فيها طائرة ذات أربعة محركات.

- قام اليهود بهجوم على باب الواد. بجبهة الجيش الأردني، استخدموا فيه دبابات ((تشرشل وكرومل))، كما اعتدوا على العسلوج واحتلوا موقعا بالقرب من مستعمرة اللاسلكي، وفتحوا النيران على موقع غربي الفالوجا.

- وفي يوم ٢٢ يوليو هاجموا القوات المصرية في العسلوج فاضطرت إلى الانسحاب.

- وفي يوم ٢٣ يوليو أرسل اليهود قافلة من السيارات لتموين مستعمراتهم الجنوبية، واشتبكت مع القوات المصرية وتبادلت معها إطلاق النار.

- وفي يوم ٢٣ يوليو قام قائد قوات المتطوعين بفتح طريق شرق العسلوج للمرور فيه ولاتصال القوات المصرية من العريش إلى رفح ومنها إلى بئر السبع والخليل وقد تم ذلك يوم ٢٥ يوليو.

(١) أحمد، د. رفعت سيد: وثائق حرب فلسطين ص٢٣٢.

- وفي يوم ٢٧ يوليو هاجم اليهود مواقع القوات المصرية في بيت عفة والفالوجا وعراق المنشية، وفتحوا نيران مدفعيتهم على كراتيا.

- وفي ١٣ أغسطس عقد مؤتمر برئاسة القوات المصرية بفلسطين حضره مراقبوا الهدنة لتحديد خط أقصى للمواقع الدفاعية المصرية. كما عقد مؤتمر في يوم ٢٩ اغسطس بمكتب وزير الحربية بالقاهرة حضره مندوبون عن هيئة الأمم المتحدة حيث تقرر فيه السماح بتموين مستعمرات اليهود المنعزلة في النقب.

- وفي ٢١ سبتمبر صدر إعلان تأليف حكومة عموم فلسطين في القاهرة وجعل مركزها غزة.

- وازداد نشاط اليهود في المدة من ٦ إلى ١٥ أكتوبر وبدأوا يحصنون مواقعهم الأمامية، وقاموا بضرب عراق المنشية والفالوجا.

- وفي النصف الأول من شهر أكتوبر أعيد تنظيم القوات المصرية وتقسيمها على القطاعات المختلفة لعلاج الحالة التي نشأت عن طول المواجهة التي كانت تحتلها.

وتوالت العمليات بعد ذلك واستؤنف القتال في معظم أجزاء الجبهة المصرية، وكان العدو يعمل على فتح الطريق لتموين مستعمراته الجنوبية بمنطقة النقب وذلك بالإضافة إلى عزل القوات المصرية عن بعضها وقطع خطوط مواصلاتها. وقامت القوات اليهودية بضرب عراق المنشية والفالوجا واحتلت تبة الخيش وهاجمت كوكبة وبيت حانون وبذلك انقطع طريق الفالوجا بالمجدل.

وهاجم اليهود طريق ((رفح – العوجة)) وحاولوا قطع الاتصال بين غزة ورفح. واستولوا على الحليفات، وتوالت غاراتهم على غزة والعريش ثم استولوا على بئر السبع.

- وفي يوم ٢٢ أكتوبر صدر أمر بوقف إطلاق النار وإعادة القوات إلى

مواقعها ولكن بالرغم من ذلك استمر اليهود في اعتداءاتهم، وتطورت بعد ذلك الحوادث تطورا ترتب عليه حصار الفالوجا وانقطع طريق تموينها من الشرق عندما انسحبت القوات المصرية من بيت جبرين إلى الخليل.

وبدأت مشكلة جديدة هي انسحاب قوات الدول العربية في الجبهات المختلفة نحو حدودها الأمر الذي أتاح لليهود فرصة الاستفراد بأية قوات عربية يريدونها.

- وفي يومي ٢٧ و ٢٨ أكتوبر تم سحب القوات المصرية من اسدود ونيتسانيم. وتم في يومي ٣ و ٤ نوفمبر إخلاء القوات الرئيسية من المجدل.

وبعد سحب القوات من المجدل أصبح موقف قوات الفالوجا حرجا.

وأعيد تنظيم القوات المصرية في الخط الجديد «غزة – العوجة» بقصد تعزيز غزة ورفح والعوجه والاحتفاظ بقوة ضاربة في كل قطاع[١].

وكانت أهم عمليات خرق الهدنة في تلك الفترة عملية الفالوجا وعملية عراق المنشية في ٢٧ و ٢٨ يوليو، وعملية الهجوم الإسرائيلي الكبير على النقب في ١٦ أكتوبر ١٩٤٨ والذي تقدم من كراتيا في اتجاه النقب، وعملية «حيرام» في الجبهة الشمالية في أواخر أكتوبر والتي ترتب عنها احتلال منطقة الجليل وعدد من القرى اللبنانية، وعملية «لوط» التي تقدم فيها الجيش اليهودي في الخامس والعشرين من نوفمبر إلى وادي عربة حيث احتل مركز الشرطة في عين حصب، ووصل إلى سدوم واحتل مسعدة، ونتج عن هذه العملية نقل حدود إسرائيل حتى البحر الميت شرقا، واندفع الجيش إلى خليج العقبة جنوبا وأقدم على اغتصاب ما يستطيع اغتصابه قبل نهاية الحرب في الجبهة الشرقية.

وكان مجلس الأمن قد أصدر قراره القاضي بوقف إطلاق النار في الثاني والعشرين من أكتوبر ١٩٤٨ وطلب من الأطراف المتصارعة أن تعود إلى

---

(١) أحمد، د. رفعت سيد: وثائق حرب فلسطين، ص٢٣٩.

خطوطها قبل خرق الهدنة الثانية في الخامس عشر من أكتوبر ١٩٤٨.

ولم تعر إسرائيل هذا الطلب التفاتا، بل على العكس استغلته لتنهي في ظله هجومها على الجبهة الجنوبية وعلى الجبهة الشمالية.

ووقفت الدول الكبرى تساعد إسرائيل وتشد أزرها، وأظهر مجلس الأمـن ميلا إلى قبـول الأمر الواقع، ولم يعد أمامه سوى إصدار الأمر بوقف إطلاق النار، فوافق ذلك مخطط إسرائيل المرسوم إذ استطاعت أن تستغل فترات وقف إطلاق النار لكسب المزيد مـن الأرض، وبالفعـل فقد قررت المساحة التي كسبتها إسرائيل في أثناء فترات الهدنة ووقف إطلاق النار بـأكثر مـما كسبته في المعارك. فأصدر المجلس الأمر بوقـف إطلاق النـار يـوم الرابـع مـن نوفمبر ١٩٤٨ والدعوة إلى سحب القوات إلى حيث كانت قبـل بـدء القتـال في السـادس عشر- مـن أكتـوبر، وحدد يوم التاسع عشر من نوفمبر ١٩٤٨ آخر موعد لتنفيذ القرار (١).

_____

(١) علي، د. فلاح خالد: الحرب العربية الإسرائيلية، ص ٢٥١.

نتائج الحرب:

مجلس الأمن يدعو إلى هدنة دائمة:

أقر مجلس الأمن الاقتراح الذي قدمته كندا وفرنسا والبلجيك في ١٦ تشرين الثاني ١٩٤٨، والذي يقضي بإقامة هدنة دائمة في فلسطين بدلا من الهدنة المؤقتة، ودعا العرب واليهود إلى التفاوض من أجل إحلال سلم دائم في فلسطين، وذلك:

١- بإقامة خطوط للهدنة الدائمة تقف قوات الطرفين خلفها ولا تتحرك.

٢- واتخاذ كل التدابير لتخفيض قوى الطرفين العسكرية، وتجريدها من السلاح بشكل يسمح بحفظ الهدنة تمهيدا للانتقال إلى حالة السلام الدائم في فلسطين.

والغريب في الأمر أن مجلس الأمن أصدر قراره هذا وفرض الهدنة الدائمة ولم يستطع تنفيذ قراراته السابقة، إذ أن اليهود لم يمتثلوا أوامره، لا ولا أوامر الوسيط الدولي بالوكالة الدكتور بانش، تلك الأوامر التي تقضي- برجوع القوات اليهودية إلى حيث كانت قبل ١٤ تشرين الأول ١٩٤٨ [1].

ومع ذلك فقد قبلت الدول العربية (مصر والأردن وسورية ولبنان) قرار مجلس الأمن، ودخلت في مفاوضات مع إسرائيل، وعقدت في رودس هدنة دائمة بين مصر- وإسرائيل في الرابع والعشرين من فبراير ١٩٤٩، وبين لبنان وإسرائيل في ٢٣ مارس ١٩٤٩، وبين الأردن وإسرائيل في الثاني من إبريل (نيسان) ١٩٤٩، وتأخر توقيع اتفاقية الهدنة بين سورية وإسرائيل حتى العشرين من يوليو (تموز) ١٩٤٩ [2]. أما العراق فقد وكل الأمر إلى الأردن.

وانتهت الحرب العربية - الإسرائيلية إلى نهاية محزنة، بل إلى نكبة كبرى

---

(١) العارف، عارف: النكبة، ج٣، ص ٧٧٠.

(٢) زعيتر، أكرم: القضية الفلسطينية، ص ٢٤١- ٢٤٧.

لا يطيقها العقل البشري ولا يتقبلها الضمير الإنساني، وقد قبل الغرب التوقيع على هدنة رودس التي أعطت إسرائيل مساحة من فلسطين تبلغ مرة ونصف قدر ما أعطاها التقسيم الذي رفضه العرب وأجمعوا على معارضته وإسقاطه ولو بالقوة لما حمله ذلك القرار من سلب لحق شعب في الحياة فوق أرضه ووطنه، وإعطاء تلك الأرض وذلك الوطن لشراذم من شعوب العالم تركت أوطانها وجاءت إلى شعب فلسطين مسلم تحتل أرضه وتطرده منها.

ومع هذا فقد استمر اليهود في خرق الهدنة والاعتداء على العرب في كل بلد مجاور لهم، وفي إحصاء رسمي أذاعته لجنة الهدنة الأردنية أن عدد اعتداءات اليهود على الحدود الأردنية وحدها خلال ٢٦ شهرا، أي من ديسمبر ١٩٤٩ إلى ٣١ يناير ١٩٥٢، بلغ ٦٢٤ مرة، وأن عدد ضحايا الاعتداءات من العرب بلغ أكثر من مئة قتيل و ٨٥ جريحا، و ٨٣ مفقودا، وبينهم ٣٠ امرأة و ٣٥ طفلا بين قتيل وجريح، وخمس نساء وعشرة أطفال مفقودون، وبلغ عدد اعتداءاتهم في سنة ١٩٥٢ نحو ٣٠٠ مرة، وطرد اليهود منذ وقعت الهدنة من المناطق التي يحتلونها ما يزيد على ١٥ ألف عربي بينهم عدد كبير من النساء والأطفال مع الاستيلاء على أملاكهم وأموالهم عنوة وقهرا(١).

البيان الثلاثي للسلام:

بمناسبة انقضاء سنة على اتفاقيات الهدنة، والتي لم تبد فيها بوادر تدل على إمكان إزالة ما بين العرب واليهود من كره وحقد، ورغبة في التزود بالسلاح الحديث، أصدرت الولايات المتحدة وبريطانيا وفرنسا في ٢٥ مايو ١٩٥٠ بيانا ثلاثيا مشتركا أبلغته إلى الدول العربية بعد مؤتمر عقده وزراء خارجيتها في لندن ودرسوا فيه موضوع السلام والاستقرار بين الدول العربية

---

(١) زعيتر، أكرم: القضية الفلسطينية، ص ٢٥٨.

وإسرائيل وموضوع شحن الأسلحة والعتاد إلى هذه الدول، وبعد ما أشار البيان إلى جميع الطلبات التي تقدمها هذه البلاد للحصول على أسلحة أو عتاد ستبحث على ضوء ما تحتاجه من قدر محدود لأغراض المحافظة على أمنها الداخلي والدفاع عن نفسها، قال البيان: «والحكومات الثلاث تنتهز هذه الفرصة لتعلن اهتمامها البالغ بهذه المسألة ورغبتها في المعاونة على إعادة السلام والاستقرار إلى هذه المنطقة ومعارضتها الصارمة لأي استخدام للقوة أو أي تهديد بالالتجاء إلى القوة بين أي دولة من دول هذه المنطقة، والحكومات الثلاث تعلن أنها إذا تبينت أن أي دولة من هذه الدول تستعد لانتهاك حرمة الحدود أو خطوط الهدنة فإنها لن تتردد تنفيذا لالتزاماتها بصفتها أعضاء في هيئة الأمم المتحدة في أن تتدخل باسم هيئة الأمم وخارج نطاقها»[1].

وقد رد العرب على البيان الثلاثي بقولهم إن هذا البيان يعتبر دعامة جديدة للكيان اليهودي أريد به ضمان إسرائيل وتهديد العرب فيما إذا كانوا يفكرون في استعادة حقهم السليب بالقوة. وقد حدثت بعد صدور هذا البيان عدة اعتداءات يهودية على خطوط الهدنة، وخرقوا نصوصها مرارا من غير أن تحرك دول البيان الثلاثي ساكنا.

لماذا غادر الفلسطينيون منازلهم؟

بعض الناس يتساءل بحسن نية والبعض بسوء نية، لماذا غادر الفلسطينيون منازلهم عام ١٩٤٨ وتركوا مدنهم وقراهم وأصبحوا لاجئين في عدد من البلدان الأخرى؟ هل كان هذا خيارهم؟ أم أن اليهود طردوهم من بيوتهم ومدنهم وقراهم؟ أم أن الحكومات العربية طلبت منهم ذلك وشجعتهم على الخروج؟.....

---

(١) دروزة، محمد عزة: القضية الفلسطينية في مختلف مراحلها، ج٢، ص ٨٧، ملحق رقم ١٨ وأكرم زعيتر: القضية الفلسطينية، ص ٢٥٣- ٢٥٤.

أعتقد أن الحقائق أصبحت الآن واضحة وسجلها التاريخ، وأثبتها عـدد مـن المـؤرخين مـن أبناء فلسطين الذين شاهدوا الوقائع وشاركوا في الأحداث، وعلى رأسهم الأستاذ المـؤرخ عـارف العارف في سفره الكبير ((نكبة بيت المقدس))، والأستاذ المجاهد بهجت أبو غربية في مذكراته، وغيرهم...

بل إن الكثير من هذه الحقائق ذكرها بعض اليهود أنفسهم، ويمكن أن نلخص هـذه الحقائق بما يلي:

١- الهجمة الصهيونية الصليبية التي استهدفت إبادة أبناء فلسطين، والتي ظهرت عـلى ألسنة عدد من قادتهم، فقد صرح إيجال آلـون ((بـأن اليهـود أجبروا العـرب عـلى النزوح بالقوة والخديعة)). وصرح اسحاق رابين ((بأن الاستراتيجية التـي كانـت تعلـم للجنود اليهود، تتلخص بعدم ترك حجر على حجر في القرى العربية وتشريد سكانها، لكي يضمن عدم عودتهم بعد أن تكون قراهم قد أصبحت أنقاضا)). أما بن غوريـون فقال: ((إننا لن نتنازل عـن قـدم واحـدة مـن الأرض الفلسطينية، كـما ولـن نسـمح بعودة لاجئ واحد))[١].

٢- كانت مخططات اليهود والانجليز والأمريكان المتعلقـة بتنفيـذ وعـد بلفور وإقامـة ((الوطن القومي اليهودي)) تتضمن مشاريع وخطط ترحيل أبناء فلسطين، وفي أثناء طرح مشروع تقسيم فلسطين سنة ١٩٣٧ (مشروع لجنة بيل) بحث علنا أمر ترحيل (٢٤٠) ألف عربي عن قراهم ومدنهم في منطقة الجليل ومرج ابن عامر.

وفي سنة ١٩٤٧ صدرت نداءات من رئيس الولايات المتحـدة وغيره من المسؤولين والهيئات الأمريكية تدعو عرب فلسطين إلى الرحيل وإفساح المجال أمام المهـاجرين اليهود الهاربين من ظلم النازية على حد قولهم.

(١) مجلة دير شبيجل الألمانية - عدد ٤١، في ١١ أكتوبر ١٩٨٢، ص ١٦٨- ١٨٨.

٣- قام الانجليز بمساعدة اليهود على بناء قوة عسكرية كبيرة قدرت في نهاية الانتداب بأربعين ألف إلى ستين ألف مقاتل، كما ساعدوهم على تهريب وشراء وصنع كميـات كبيرة من السلاح.

٤- سلم الانجليز إلى اليهود كميات كبيرة مـن السـلاح بطريقـة أو بـأخرى وبخاصـة مـا سمي بمخلفات الحرب التي ادعى الانجليز أنهم لم يستطيعوا نقلها فباعوها لليهود، ومن ضمنها كميـات كبيـرة مـن السـلاح والمصفحات والسـيارات والمـدافع، سلمت لليهود في ميناء حيفا ومن مستودعات الجيش البريطاني الرئيسية في عرتوف وغيرها.

وعندما بدأ القتال في فلسطين سنة ١٩٤٧ قدمت أمريكا لليهود تسهيلات وإمدادات عسكرية كبيرة من سلاح ومقاتلين [١].

وقد ذكرت صحيفة (مشمار) اليهودية أن اليهود «اشتروا مـن مخلفات الجيش البريطاني الحربية ما قيمته خمسة ملايين جنيه بما في ذلك ٢٤ طـائرة». وذكرت صحيفة (يديعوت) اليهودية أن اليهود «اشتروا من الجيش البريطاني ألف سيارة نقل كبيرة وكان الطيارون اليهود المتطوعون من سلاح الجو الملكي البريطاني وعددهم خمسون طيارا نواة لتدريب أعداد كبيرة من الطيارين اليهود».

ومقابل ذلك فقد حارب الانجليز طوال فتـرة الانتـداب أيـة محاولـة مـن عـرب فلسطين للتسلح والتجنيد، وعندما صدر قرار التقسيم ضغطوا على الحكومات العربية بجميع الوسائل لحرمان عرب فلسطين من السلاح وبـذلك كـان التـوازن العسكري بـين العـرب واليهود غـير متكافئ إلى أبعد الحدود، واتضح عـدم التكـافؤ في الإمكانيات بشكل صـارخ عندما تحول اليهود من الدفاع إلى الهجوم منذ أواسط شهر نيسان ١٩٤٨.

٥- اقترف اليهود عشرات المذابح ضد المدنيين العرب قبل انتهاء الانتداب

---

(١) مذكرات بهجت أبو غربية: مجلة القدس الشريف – العدد ٦٥، عام ١٩٩٠، ص٤٣ – ٤٤.

وبعده، وكان الأسلوب المتبع هو قصف القرية بقنابل المورتر بكثافة ثم التقدم ونسف أكبر عدد من منازلها وقتل من وجد فيها من سكانها شيوخا ونساء وأطفالا.

ومن أشهر هذه المذابح:

- مذبحة دير ياسين قرب القدس في ٩ أبريل ١٩٤٨ حيث قتلوا فيها (٢٥٠) عربيا، تلك المذبحة التي قال عنها مناحيم بيغن: «إن مذبحة دير ياسين نصر ـ إذ لولاها لما قامت دولة إسرائيل، ثم أن قيمة دير ياسين فاقت القيمة المرجوة من ست كتائب عسكرية»[١].

- مذبحة «عين زيتون» بالقرب من مدينة صفد، حيث قامت عصابة البالماخ بتجميع ١٨٠ عربيا من سكان القرية من الشيوخ والنساء والأطفال، وزجت بهم في مسجد القرية ثم أشعلت فيه النيران، ومن حاول الهرب من المسجد المحترق أطلقوا عليه الرصاص[٢].

- مجزرة قرية ناصر الدين قرب طبريا.

- مذابح قرى كفر قاسم وقبية ونحالين وحوسان، والتي وقعت بعد قيام دولة العدو وتوقف الحرب.

- في قرية بلد الشيخ قرب حيفا قتل أكثر من ستين شخصا من غير المقاتلين.

- في قرية سعسع قرب صفد تم نسف عشرين منزلا على رؤوس أصحابها من رجال وأطفال ونساء زاد عددهم عن ستين.

- في مدينة اللد قتل (٢٥٠) شخصا بعد سقوط المدينة.

- في قرية الحولة وضع حوالي (٥٠) شخصا من الرجال والنساء والأطفال في بيت واحد وأطلقت عليهم النيران ثم نسف البيت وأصبح قبرا لهم.

- في قرية الدوامة قرب الخليل لجأ حوالي مئتين من المسنين إلى مسجد

(١، ٢) مجلة دير شبيجل الألمانية العدد ٤١، في ١١ أكتوبر ١٩٨٢، ص ١٦٨ـ ١٨٨.

القرية ولما وصل اليهود إلى المسجد قتلوا جميع من فيه عن بكرة أبيهم [1].

6- استخدم اليهود مدافع المورتر عيار ((٣)) انش ضد المدن والقرى وكان القصف يستهدف المدنيين ويوقع بهم إصابات كثيرة بالإضافة إلى ما يحدثه من رعب يحمل المدنيين على الابتعاد عن مدى نيران العدو.

7- دخلت قوات اليهود كثيرا من الأحياء والقرى وفيها معظم سكانها فلم يسمح لهم اليهود بالبقاء في بيوتهم وقتلوا البعض وطردوا البعض الآخر وأجبروهم على الرحيل، وهذا ينطبق على عدد كبير من القرى مثل قرية (أبو شوشة) قرب باب الواد، وقرية زكريا في قضاء الخليل.

8- كانت دعايات الحكومات العربية مضللة بحيث أوهمت عرب فلسطين أن جيوش الدول العربية كفيلة بطرد اليهود من الأماكن التي يحتلونها وإعادة العرب الفلسطينيين إلى منازلهم في مدنهم وقراهم، ولكن الدعاية اليهودية كذبت حيث قالت إن الإذاعات العربية طلبت من أبناء فلسطين الرحيل.

9- من المعروف في التاريخ القديم والحديث أن كثيرا من المدنيين كانوا ينزحون عن مساكنهم في أثناء الحروب ليبتعدوا عن مواقع القتال، وليعودوا إليها بعد توقف القتال.

ومما لا شك فيه أنه لم يدر بخلد أي فلسطيني نزح عن بيته أو قريته أنه لن يتمكن من الرجوع إليها بعد انتهاء الحرب، وما زال عدد من أبناء فلسطين يحتفظون بمفاتيح بيوتهم التي خرجوا منها على أمل العودة إليها.

ولقد خرج أبناء فلسطين من ديارهم لهول ما لاقوا من مجازر وإرهاب وتشريد. وكان يحدوهم الأمل في أن يجدوا من إخوانهم العرب عونا على العودة إلى ديارهم، وهم وإن وجدوا مثل هذا العون عند البعض إلا أن نفرا

(١) مذكرات بهجت أبو غربية: مجلة القدس الشريف – العدد ٦٥، عام ١٩٩٠، ص٤٤- ٤٥.

من إخوانهم العرب في بعض الدول العربية أذاقوهم من الكيد والعنت بما لا يقل عن كيد اليهود.

خسائر العرب في الحرب:

توقفت الحرب بين العرب واليهود في يناير ١٩٤٩ بسبب إنهاك قوة الجيوش العربية بفلسطين، وأصبح توقف الحرب هذا بحد ذاته عبارة عن هدنة دائمة. وعندئذ كان اليهود قد احتلوا ٧٧،٤% من أرض فلسطين، وهي المساحة التي طالب بها اليهود عام ١٩٤٦، علما بأن خطة التقسيم الدولية أعطتهم فقط ما نسبته ٥٦،٤% من مساحة البلاد. وهكذا حصلوا على معظم أرض فلسطين في فترات الهدنة ومراحل القتال الأخيرة، بمساعدة الدول الكبرى وتحت سمع وبصر الأمم المتحدة.

وبلغت خسائر اليهود في حرب ١٩٤٨ أكثر من ستة آلاف قتيل، ويعادل هذا الرقم ١% من عدد اليهود آنذاك بفلسطين.

وطرد اليهود وشردوا حوالي (٨٠٠،٠٠٠) فلسطيني من بلادهم، وقدر اليهود قيمة الموجودات التي استولوا عليها وصادروها من السكان المشردين بحوالي ٣٣٦ مليون دولار.

شهداء حرب فلسطين:

كان شهداء العرب من أبناء فلسطين عام ١٩٤٨ كما يلي [1]:

عدد الشهداء	البلد أو الناحية
١٣٨٠	١- مدينة القدس وقراها
١٦٢٤	٢- مدينة يافا وقراها
١٤٧٩	٣- لد والرملة وقراها
١٢٧٩	٤- مدينة حيفا وقراها
١١٧٩	٥- مدينة غزة وقراها
٩٧١	٦- مدينة الناصرة وقراها
٧٥٢	٧- مدينة صفد وقراها
٥٧٦	٨- مدينة عكا وقراها
٥٦٥	٩- مدينة طبريا وقراها
٥٥٤	١٠- مدينة الخليل وقراها
٥٢٩	١١- مدينة طولكرم وقراها
٤٨٦	١٢- مدينة جنين وقراها
٤٣١	١٣- مدينة بئر السبع وقراها
٢٨٦	١٤- مدينة بيسان وقراها
٣٠١	١٥- مدينة نابلس وقراها
٢٣٠	١٦- رام الله والبيرة وقراها
١٧٩	١٧- مدينة بيت لحم وقراها
١٩٩	١٨- فلسطينيون من أنحاء مختلفة
١٣٬٠٠٠	المجموع العام

(١) العارف، عارف: نكبة بيت المقدس، ج٥، ص ١٠٥١- ١٠٥٢.

مجموع عدد الشهداء في حرب فلسطين ١٩٤٨ من أبناء فلسطين ومن أبناء الأقطار العربية التي جاءت لنجدتها سواء أكانوا من الجيوش العربية أو من المجاهدين المستقلين أو الذين ينتمون إلى هيئات أو منظمات:

العدد	الهيئة أو الجهة التي ينتمون إليها
١٣,٠٠٠	من أبناء فلسطين. سواء المنتمون إلى الجهاد المقدس، أو إلى المجاهدين من أبناء الحركة الإسلامية، أو إلى المجاهدين المستقلين، أو أبناء المدن والقرى الذي استشهدوا في مختلف الميادين.
٩٦١	الشهداء المصريون من رجال الجيش المصري.
٢٠٠	الشهداء المصريون من غير الجيش، وأكثرهم من الإخوان المسلمين.
٣٦٢	شهداء الجيش الأردني.
٢٠٠	الشهداء الأردنيون من غير الجيش، من الاخوان المسلمين ومن المجاهدين المسقلين
١٩٩	شهداء الجيش العراقي.
٢٠٠	الشهداء العراقيون من غير الجيش.
٦٨	شهداء الجيش العربي السعودي.
١٠٥	شهداء من السعودية، من غير الجيش.
٣٠٧	شهداء الجيش السوري
٢٠٤	شهداء سوريون من غير الجيش، من الاخوان المسلمين، ومن المجاهدين المستقلين.
٤٩٤	شهداء جيش الإنقاذ.
٢٠٠	شهداء الأقطار العربية الأخرى (يمنيون، ليبيون، تونسيون، سودانيون، مراكشيون، جزائريون)
٤٢	شهداء وقتلى من غير العرب (يوغسلاف، يونان، رومان، أرمن، هنود، اسبان).
١٦٧٠٣	مجموع الشهداء الذين تم إحصاؤهم.

وإذا أضفنا إلى هذه العدد عدد الشهداء من أبناء فلسطين الذين استشهدوا في عهد الانتداب (١٩١٧- ١٩٤٧) خلال الثورات والانتفاضات التي قامت في البلاد ضد الانتداب البريطاني، وضد الإعداد للوطن القومي اليهودي، وقد قدرهم الخبيرون بثلاثين ألف شهيد، علمنا أن فلسطين الشهيدة قدمت ما لا يقل عن خمسين ألف شهيد دفاعا عن أرض الإسراء والمعراج [١].

---

(١) العارف، عارف: نكبة بيت المقدس، ج٥، ص١٠٥٣.

المدن والقرى التي فقدت عام ١٩٤٨:

لقد أضاع العرب في أثناء الحرب وباتفاقات الهدنـة بـين الـدول العربيـة وإسرائيل المـدن والقرى التالية[1]:

١- من قضاء القدس أضاع العرب اثنتين وثلاثين قرية هي:

٤- بيت نقويا	٣- بيت جمال	٢- بريج	١- اشوع
٨- جرش	٧- بيت أم الميس	٦- بيت ثول	٥- بيت محسير
١٢- خربة العمود	١١- خربة اللوز	١٠- خربة اسم الله	٩- الجورة
١٦- دير الشيخ	١٥- دير ياسين	١٤- دير عمر	١٣- دير أبان
٢٠- صرعه	١٩- ساطاف	١٨- ساريس	١٧- رافات
٢٤- عقور	٢٣- عسلين	٢٢- عرتوف	٢١- صوبا
٢٨- القسطل	٢٧- قالونية	٢٦- قرية العنب	٢٥- عين كارم
٣٢- نطاف	٣١- المالحة	٣٠- لفتا	٢٩- كسلا

٢- من قضاء الخليل أضاعوا ست عشرة قرية هي:

٤- تل الصافي	٣- بيت جبرين	٢- بيت نتيف	١- برقوسيا
٨- الدوايمة	٧- دير الدبان	٦- دير نخاس	٥- خربة أم بروج
	١٢- زيتا	١٠- زكريا ١١- زكرين	٩- رعنا
	١٦- مفلس.	١٤- القبية ١٥- كدنا	١٣- عجور

٣- من قضاء بيت لحم أضاعوا سبع قرى هي:

٤- سفلا	٣- راس أبي عمار	٢- دير الهوى	١- بيت عطاب
	٧- الولجة	٦- القبو	٥- علار

٤- وأضاع العرب مدينة لد وتسعا وعشرين قرية من قضائها هي:

(١) العارف، عارف: نكبة بيت المقدس، ج٥، ص١٠٥٦ - ١٠٦٤.

٤- بيت نبالا	٣- البرج	٢- بير أم معين	١- برفيلية
٨- خربة النويرة	٧- جنداس	٦- جمزو	٥- بين شنا
١٢- خروبة	١١- خربة زكريا	١٠- خربة القبيبة	٩- خربة الظهيرة
١٦-دير أبو سلامة	١٥- دانيال	١٤- دير أيوب	١٣- الخلايل
٢٠- شلتا	١٩- سلبيت	١٨- الحديثة	١٧-دير طريف
٢٤- الكنيسة	٢٣- القباب	٢٢- قوله	٢١- الطيرة
٢٨-مجدل الصادق	٢٧- المزيرعة	٢٦- اللطرون	٢٥- اللد
			٢٩- عنابة

٥- وأضاع العرب مدينة الرملة واثنتين وثلاثين قرية من قضائها هي:

٤- النبي روبين	٣- اذنبة	٢- أبو الفضل (السطرية)	١- أبو شوشة
٨- بيت سوسين	٧- بشيت	٦- البرية	٥- أم كلخة
١٢- التينة	١١- بيت فار	١٠- بير سالم	٩- بيت جيز
١٦- دير محيسن	١٥- خلده	١٤- الخيمة	١٣- جيليا
٢٠- شحمه	١٩- سجد	١٨- زرنوقة	١٧- الرملة
٢٤- عاقر	٢٣- صيدون	٢٢- صرفند الخراب	٢١-صرفند العمار
٢٨-المغار	٢٧- القبية	٢٦- قطرة	٢٥- قزازة
٣٢- بينه	٣١- نعناعة	٣٠- المخيزن	٢٩- المنصورة

٦- ومن قضاء جنين أضاع العرب أثنتا عشرة قرية هي:

٥-مصمص	٤-مشيرفة	٣- معاوية	٢- اللجون	١- أم الفحم
١٠-نورس	٩- المزار	٨- صندلة	٧- زرعين	٦- زلفة
			١٢- عين المنسي	١١- مقيبلة

٧- ومن قضاء طولكرم أضاع العرب تسعا وعشرين قرية هي:

٤- تبصر	٣- بركة رمضان	٢- باقة الغربية	١- أم خالد
٨- خربة الزلفة	٧- خربة المنشية	٦- جلجولية	٥- جت
١٢- رمل زيتا	١١- خربة بيت ليد	١٠-خربة الزبابدة	٩- خربة خريش
١٦- غابة جيوس	١٥- غابة مسكة	١٤- الطيرة	١٣-الطيبة
٢٠-غابة الطيبة القبلية	١٩-غابة الطيبة الشمالية	١٨-غابة كفر صور	١٧-غابة العبابشة
٢٤- كفريرا	٢٣- قلنسوة	٢٢- قاقون	٢١-فرديسيا
٢٨-وادي القباني	٢٧- مسكة	٢٦- كفر سابا	٢٥- كفر قاسم

٢٩- وادي الحوارث الشمالي

٨- وخسر العرب مدينة حيفا كلها ومدينة شفا عمر، وإحدى وأربعون قرية واثنتا عشرة عشيرة، أما القرى فهي:

٤- أم الزينات	٣- أم الشرف	٢- أبو زريق	١- أبو شوشة
٨- بلد الشيخ	٧- بريقة	٦- اجزم	٥- أم العمد
١٢-خبيزة	١١- جدر الغوانمة	١٠- جبع	٩- البطيحات
١٦- الخربية	١٥- خربة ليد	١٤-دالية الكرمل	١٣-خربة الداموم
٢٠- صرفند	١٩- صبارين	١٨- السنديانة	١٧-دالية الروحة
٢٤- عتليت	٢٣-عبلين	٢٢- الطنطورة	٢١-الطيرة
٢٨-عين هود	٢٧- عين غزال	٢٦- عسفيا	٢٥- عرعرة
٣٢- كبارة	٣٢- قيسارية	٣١- قنير	٣٠- فريديس	٢٩- القبيات
٣٧- الريحانية	٣٦- كفر قرع	٣٥- الكفرين	٣٤- كفر لام
٤١- الياجوره	٤٠- وادي عارة	٣٩- المنسي	٣٨- المزار

وأما العشائر فهي:

٣- عرب الزبيدات	٢- عرب الخوالد	١- عرب أبو جنيح
٦- عرب العوادين	٥- عرب العمرية	٤- عرب الصفصاف

٧- عرب الغوارنة   ٨- عرب الفقرا   ٩- عرب الكعيبنية

١٠- عرب النفيعات.

٩- وخسر العرب مدينة عكا كلها، وخمسين قرية، وثماني عشائر، أما القرى فهي:

١- أبو سنان	٢- أم الفرج	٣- اركرت	٤- البصة ٥- البروة
٦- البعنة	٧- البقيعة	٨- بيت دجن ٩- تربيخا	١٠- ترشيحا
١١- جت	١٢- جولس	١٣- جديدة	١٤- خربة جدين
١٥- دير الأسد	١٦- دير حنا	١٧- الدامون	١٨-دير القاسي
١٩- الرامه	٢٠- الرويس	٢١- الزيب ٢٢- ساحور	٢٣- سخنين
٢٤- السميرية	٢٥- شعب	٢٦- سحماتا	٢٧- الشيخ داود
٢٨- طمره	٢٩- عرابه	٣٠- عمقا	٣١- الغابسية
٣٢- فسوطه	٣٣- كفر اعنان	٣٤- كفر سميع	٣٥- كفر ياسيف
٣٦- كابول	٣٧- كسرى	٣٨- كويكات ٣٩- معار	٤٠- معليا
٤١- المكر	٤٢- مجد الكروم	٤٣-المزرعة ٤٤-المنشية	٤٥-نحف
٤٦- النهر	٤٧-المنصورة	٤٨-الكابري ٤٩- يركا	٥٠-يانوح

وأما العشائر فهي:

١- عرب الحجيرات	٢- عرب السمينة	٣- عرب السواعد
٤- عرب السويطات	٥- عرب الطوقية	٦- عرب العرامشة
٧- عرب القليطات	٨- عرب المريسات	

١٠- وخسر العرب مدينة الناصرة كلها، وعشيرة الصبيح، وأربع وعشرون قرية هي:

١- اندور	٢- جبل طابور	٣- اكسال	٤- بعينه ٥- ترعان

١٠- سولم	٩- الرينة	٨- رمانة	٧- الدخى	٦- دبورية
١٥- عزيز	١٤- عين ماهل	١٣- عيلوط	١٢- طمرة	١١- صفورية
٢٠- ناعورة	١٩- المجيدل	١٨- كوكب	١٧- كفر كنا	١٦- كفرمناد
	٢٤- يافا	٢٣- مشهد	٢٢- معاول	٢١- تين

١١- وخسر العرب مدينة صفد، وخمس وسبعون قرية، وثلاث عشائر أما القرى فهي:

٥- الجاعونة	٤- البويزية	٣- بيرية	٢- بيسمون	١- آبل القمح
٩- حرفيش	٨- جزاير الهنداج	٧- جب يوسف		٦- جش
١٣- الخالصة	١٢- خيام الوليد	١١- خصاص		١٠- الحسينية
١٧- الدربشية	١٦- دلاته	١٥- ديزية		١٤- خربة الحقاب
٢١- ريحانية	٢٠- دردرا	١٩- ديشوم		١٨- دوارة
٢٥- الزوق الفوقاني	٢٤- زنغرية	٢٣- الزاوية		٢٢- الراس الأحمر
٢٩- السموعي	٢٨- سعسع	٢٧- سبلان		٢٦- الزوق التحتاني
٣٣- الصنبرية	٣٢- صفصاف	٣١- الشوكة التحتا		٣٠- الشونة
٣٧- الضاهرية التحتا	٣٦- الضاهرية الفوقا	٣٥- الصالحية		٣٤- صالحة
٤٢- عكبرة	٤١- علما	٤٠- طيطبا	٣٩- طليل	٣٨- طوبا
٤٦- العلمانية	٤٥- عين الزيتون	٤٤- عموقة		٤٣- العابسية
٥٠- فرعم	٤٩- فارة	٤٨- عرابة		٤٧- غباطية
٥٥- قباعة	٥٤- القديرية	٥٣- قضيتا	٥٢- قدس	٥١- قيطية
٥٩- ماروس	٥٨- لزازة	٥٧- كراد الغنامة		٥٦- كراد البقارة
٦٣- المالكية	٦٢- مزارع الدرجة	٦١- ملاحة		٦٠- المنارة
٦٧- المنصورة	٦٦- الحولة	٦٥- المطلة		٦٤- ميرون

٦٨- المفتخرة	٦٩- فراضية	٧٠- النبي يوشع	٧١- الناعمة
٧٢- هونين	٧٣- يردا	٧٤- مفرالخيط	٧٥- منصور الخيط

وأما العشائر فهي:

١- عرب الزبيد	٢- عرب الشمالنة	٣- عرب الهيب.

١٢- وخسر العرب مدينة طبريا، وست وعشرون قرية هي:

١- الحمة	٢- الحدثة	٣- حطين	٤- خربة الوعرا السودا
٥- الدلهمية	٦- سمخ	٧- السمرا ٨- السمكية	٩- الشجرة
١٠- الطابغة	١١- عيلبون ١٢- عوم ١٣- العبيدية	١٤- غوير أبو شوشة	
١٥- كفر كما	١٦- كفر سبت	١٧- لوبية	١٨- المنارة
١٩- المنصورة	٢٠- معذر	٢١- مجدل	٢٢- مغار
٢٣- النقيب	٢٤- نصر الدين	٢٥- نمرين	٢٦- ياقوق

١٣- وخسر العرب مدينة بيسان، وثمان وعشرون قرية، وأربع عشائر، أما القرى فهي:

١- الاشرفية	٢- ام عجرة	٣- البيرة	٤- تل الشوك	٥- جبول
٦- جسر المجامع	٧- الحمرا	٨- الحميدية	٩- الخنيزير	١٠- دنة
١١- زبعه	١٢- الساخنة	١٣-السامرية	١٤- سيرين	١٥-الصفا
١٦- الطيبة	١٧- الطيرة	١٨- العريضة	١٩- الفاتور	٢٠- قرونة
٢١- قومية	٢٢- كفرة	٢٣- كفر مصر	٢٤- كوكب الهوى	
٢٥- المرصص	٢٦- مسيل الجزل	٢٧- وادي البيرة	٢٨- يبلا	

وأما العشائر فهي:

١- البشاتوة   ٢- البواطي   ٣- الصقر   ٤- الغزاوية.

١٤- وخسر العرب في قضاء غزة مدينتين هما: المجدل والفالوجة، وست وأربعون قرية هي:

٥- بطاني غربي	٤- بطاني شرقي	٣-برقة	٢-بربر	١- بربرة
٩- بيت حانون	٨- بيت جرجا	٧- عراق سويدان		٦- بعلين
١٣- بيت لاهيا	١٢- بيت عفا	١١- بيت طيما		١٠- بيت دراس
١٨- جولس	١٧- الجورة	١٦- جلدية	١٥- جسير	١٤- تل الترمس
٢٣- خصلص	٢٢- حمامة	٢١- حليقات	٢٠- حتا	١٩-الجية
٢٨- سمسم	٢٧- سكرير	٢٦- سدود	٢٥- دير سنيد	٢٤- دمرة
٣٢- صميل	٣١- سوافير غربي	٣٠- سوافير شرقي		٢٩- سوافير شمالي
٣٦- كراتيا	٣٥- القسطينة	٣٤- عراق المنشية		٣٣- عبدس
٤٠- المسمية الكبيرة	٣٩- المحرفة	٣٨- كوكبة		٣٧- الكوفخة
٤٤- هربيا	٤٣- نعليا	٤٢- نجد		٤١- المسمية الصغيرة
	٤٦- ياسور			٤٥- هوج

١٥- وخسر العرب مدينة يافا كلها كلها وقراها، وهي:

٤- جليل الشمالية	٣- بيار عدس	٢- بيت دجن	١- ابو كشك
٧- جماسين الغربي	٦- جماسين الشرقي		٥- جليل القبلية
١١- ساقيه	١٠- رنتيه	٩- الخيرية	٨- الحرم
١٥- سارونا	١٤- السافرية	١٣- السوالمة	١٢- سلمه
١٩- كفر عانة	١٨- فجه	١٧- العباسية	١٦- الشيخ مونس
٢٣- يازور	٢٢- ويلهلما	٢١- المويلح	٢٠- محمودية

١٦- وخسر العرب مدينة بئر السبع وقراها وعشائرها، وكان يعيش في

هذا القضاء سبع وسبعون عشيرة بدوية تتفرع عن خمس قبائل هي:

أ‌- قبيلة الترابين، ويتفرع عنها عشرون عشيرة.

ب‌- قبيلة العزازمة، ويتفرع عنها عشر عشائر.

ج‌- قبيلة التياها، ويتفرع عنها ست وعشرون عشيرة.

د‌- قبيلة الجبارات، ويتفرع عنها ثلاث عشرة عشيرة.

هـ- قبيلة السعيدين، ويتفرع عنها أربع عشائر.

وبقيت بعض هذه العشائر في منازلها في أثناء القتال، ورحل معظمها عنها، فتشتتوا في المناطق الأردنية وفي ما تبقى من أرض فلسطين، وكذلك قل عن مدن فلسطين وقراها الأخرى.

وهكذا كانت نكبة فلسطين نكبة كبيرة شديدة أليمة، في عدد شهدائها وفي حجم أراضيها ومدنها وقراها التي استولى عليها اليهود.

وزاد من وقع هذه النكبة ومن شدتها، فترة الضياع الطويلة التي تلت النكبة واستمرت عشرات السنين، والتي ضربت فيها القيادات الإسلامية وأبعدت عن الساحة، وأسندت الأمور إلى نفر من العلمانيين ليس في فلسطين وحدها بل وفي كثير من البلدان العربية، فأوردوها موارد الهلاك.

الباب الثالث
معارك وتضحيات

خارطة فلسطين

معارك وتضحيات

تقديم:

عندما صدر قرار التقسيم عام ١٩٤٧ ترك أسوأ الأثر عند العرب وأحسنه عند اليهود، فبينما كان اليهود يقيمون الأفراح ومعالم الزينة في شوارعهم ومحلاتهم، أو صلوات الشكر في معابدهم حيث اعتبروا ذلك أكبر نصر لهم، راح العرب يفكرون في أنجع الطرق والوسائل التي يجب اتباعها من أجل الحيلولة دون تنفيذ القرار.

وبدأت الاضطرابات الدامية بين العرب واليهود على أثر إعلان الهيئة العربية العليا لفلسطين الإضراب العام لمدة ثلاثة أيام. ووصلت ثورة النفوس أوجها في أيام الاضراب عندما رأى العرب احتفالات اليهود التي اعقبت قرار التقسيم.

وعمت فلسطين موجة عارمة من الحماسة والاندفاع للقتال، وشكل العرب في جميع مدن فلسطين لجانا قومية ومجموعات مجاهدين مرتجلة للدفاع عن أنفسهم في وجه الهجمات التي بدأها اليهود في وقت كانت فيه جميع المدن العربية لا تملك إلا القليل النادر من السلاح.

ففي خلال أول شهرين (كانون الأول ١٩٤٧ وكانون الثاني ١٩٤٨) قام اليهود بهجمات عديدة على المدن والقرى الفلسطينية التي يوجد فيها أو بجوارها كثافة سكانية من اليهود خصوصا مدن يافا وحيفا وطبرية وصفد، وذلك في إطار خطة وضعها الهاغانا بهدف إرهاب العرب وحملهم على الرحيل ولتحقيق بعض المميزات العسكرية قبل أن يستعد العرب.

وحدثت معارك كثيرة في عدد من المدن والقرى وقف فيها العرب في وجه الهجمات اليهودية، ودافعوا عن مدنهم بحماس وثبات، وأخذت المعارك تتوالى بين الفلسطينيين وأعدائهم، وبدت كفة العرب راجحة في

أواخر عام ١٩٤٧ والشهور الأولى مـن عـام ١٩٤٨، وتفـوق العـرب فـي سلسـلة مـن المـعارك فـي مناطق القدس وبيت لحم والخليل كمعارك القدس القديمة والقدس الجديدة، والشيخ جراح، وقالونية، وعين كارم، وباب الواد، ومستعمرة النبي يعقوب، ورامات راحيل، وميكـور حـاييم، ومعارك الدهيشة، والخضر وصوريف وكفار عصيون وعرتوف وبيت اكسـا وبيـت سـوريك. وأغلق المجاهدون مضيق باب الواد نهائيا في وجه القوافل اليهودية المسلحة وبذلك أحكمـوا الحصار على القدس الجديدة التي يسكنها أكثر من مئة ألف يهودي، ومنعوا كل اتصال بينهـا وبين تل أبيب، كما أحكموه على الحي اليهودي في المدينة القديمة حتى رفع السكان اليهـود في القدس الرايات البيض طالبين الاستسلام.

وفي منطقة يافا واللد والرملة التي كانت من أشد المناطق خطرا، قام جيش الجهاد المقـدس بقيادة الشيخ حسن سلامة بأعمال باهرة في المعارك التي نشبت في يافـا وحـول لـد والرملـة ورأس العين وبيت دجن والعباسية وسلمة ويازور وهاتكفا، وكانت هذه المعركة الأخيـرة مـن أشهرها. ووقف المجاهدون مواقف عظيمة في مدينة يافا وضواحيها في المنشية والعجمي وأبو كبير وتل الريش وغيرها.

وفي المنطقة الشمالية من فلسطين انتصر ـ المجاهدون في معارك الطيرة والياجور وبلـد الشيخ ومستعمرات مرج ابن عامر ومعارك لوبية وترشيحا وصـفد والمغار، وكـافحوا القـوات اليهودية في حيفا وطبرية، وكبدوا الأعداء خسائر فادحة، وحفظوا الأراضي والممتلكات في تلك المناطق إلى أن تسلمها «جيش الإنقاذ» الذي ألفته الجامعة العربية.

وكان للمعارك المتوالية التي خاضها أبناء فلسطين وانتصروا فيها انتصارا مبينا رغم قلـة أسلحتهم وضعف وسائلهم، ولاسيما معارك القدس وباب الواد والدهيشة وصوريف وسلمة، أثر كبير في تحطيم عنفوان اليهود وإعادة

الثقة بالنفس للعرب^(١).

وعندما رأى الانجليز انتصار الفلسطينيين في معظم المعارك التي خاضوها وخشوا من تفاقم حرب العصابات أن يحبط مخططهم الرامي إلى القضاء على عروبة فلسطين، ساورهم القلق وبادروا بتقديم مذكرة إلى السلطات العربية الرسمية اعترضوا فيها على تسليح الفلسطينيين ووصفوه بأنه ((عمل غير ودي)) وأن الرأي العام العالمي يعطف على اليهود، ولذلك فإن ما يقع عليهم من أعمال القسوة في فلسطين من شأنه أن يثير الرأي العام على العرب الذين يساعدون الفلسطينيين في موقفهم. ثم تابع الانجليز اعتراضهم وضغطهم على الحكومات العربية حتى حملوها على تبديل الخطة العسكرية التي تقررت في عاليه، وعلى إدخال جيوشها إلى فلسطين.

وهكذا كانت تلك المذكرة وما تبعها من ضغط سياسي السبب الرئيسي ـ في قلب الأوضاع وهدم الركن الأساسي في خطة الدفاع عن فلسطين^(٢).

وكان اليهود يستعدون خلال الأسابيع القليلة التي سبقت انتهاء الانتداب البريطاني في منتصف أيار ١٩٤٨ للقيام بعمليات عسكرية واسعة غرضها الاستيلاء على أكبر مساحة من الأرض التي تنسحب منها القوات البريطانية وضمها إلى دولتهم عند قيامها، وقد وضعوا لذلك خططا أطلقوا عليها أسماء رمزية، وكان من بينها عملية تهدف إلى فتح طريق القدس – تل أبيب. وفك الحصار عن يهود القدس، وقد أطلقوا عليها الاسم الرمزي ((نحشون)) وخصصوا لها (٥٠٠٠) رجل من قوات الهاغاناه والبالماخ والأرغون وشتيرن مزودين بأسلحة حديثة اشتروها من تشيكوسلوفاكيا ونقلوها إلى فلسطين بحرا وجوا إلى جانب الدبابات الخفيفة والسيارات المصفحة التي حصلوا عليها من سلطات الانتداب البريطاني في مناسبات متعددة.

---

(١) مارديني، زهير: فلسطين والحاج أمين الحسيني، ص ٣٥٧.
(٢) مارديني، زهير: فلسطين والحاج أمين الحسيني، ص ٣٥٨.

ومع اقتراب انتهاء الانتداب البريطاني انتشرت المعارك في جميع أنحاء فلسطين وازدادت شدتها، ولم تعد معارك مواصلات أو غارات بل أصبحت من ناحية اليهود معارك احتلال أحياء وقرى ومدن، ومن ناحية العرب معارك دفاع مستميت عن الأرض والممتلكات والأرواح.

يقول الحاج أمين الحسيني عن هذه الحرب التي دارت بين العرب واليهود[1]:

«استمرت المعارك بين الفلسطينيين واليهود في جميع أرجاء فلسطين قرابة ستة شهور بعد صدور قرار التقسيم في ١٩٤٧/١١/٢٩، وكان تفوق حركة الجهاد الفلسطيني واضحا في الأشهر الأربعة الأولى على قلة ما في أيديهم من السلاح والذخيرة والمال. وقد انضم إلى المجاهدين الفلسطينيين جماعات من المتطوعة من الأردن وسورية والعراق ومصر ثم دخلت أفواج جيش الإنقاذ الذي ألفته اللجنة العسكرية لجامعة الدول العربية وكان قسم منهم من الفلسطينيين. ثم أصبحت الحرب سجالا بين العرب واليهود في الشهرين الأخيرين آذار ونيسان من عام ١٩٤٨ حتى دخول الجيوش العربية في منتصف أيار.

وكانت المنظمات الصهيونية العالمية قد أمدت اليهود في فلسطين خلال هذه الشهور بكثير من الأسلحة والذخائر الخفيفة والثقيلة من مخلفات الحرب العالمية الثانية من البلاد الأوروبية والأمريكية، وكذلك بالضباط والجنود والخبراء والمدرسين لتدريب الشباب والفتيات على الأعمال العسكرية».

وفي أواخر شهر نيسان وأوائل أيار ١٩٤٨ إنهار الموقف العربي العسكري في معظم مدن فلسطين واحتل اليهود العديد من المدن العربية الرئيسية، ونزح حوالي (٢٠٠) ألف عربي عن مدنهم وقراهم، وحصل كل ذلك والانجليز يقدمون لليهود أفضل المساعدات، ولا يقدمون للعرب العزل أية

(١) مارديني، زهير: فلسطين والحاج أمين الحسيني، ص ٣٨١.

حماية سوى حثهم على الرحيل، وجيوش الدول العربية خارج فلسطين تتفرج، فقد استغل اليهود تفوقهم الكبير في السلاح والعتاد والقوات العسكرية التي نظمت ودربت وسلحت تحت ظل الانتداب البريطاني ومساعدته الكبيرة، وانهارت المقاومة الفلسطينية في عدد من المدن ووجد أهلها العرب أنفسهم بلا حماية، وتعرضوا للقصف الكثيف بقنابل المورتر وراجمات الألغام، وسقط العديد من القتلى والجرحى وجرت مذابح وسلب ونهب وانتشر ـ الذعر، فلم يجدوا أمامهم مناصا من الابتعاد عن مناطق القتال، وكلهم أمل ـ كما خدعتهم دعاية الحكومات العربية ـ أن جيوش الدول العربية ستدخل إلى فلسطين بعد أيام فتطرد اليهود وتعيد العرب إلى بيوتهم وأملاكهم، وما دروا أن حقيقة ما كان يجري بالفعل هـو أن الانجليز كانوا يعملون على تسليم اليهود جميع المدن الواقعة في التقسيم الذي خصص لهـم بموجب قرار التقسيم، بل وعملوا على تسليم هذا القسم وما فيه من مدن وقرى خاليا مـن السكان قبل انتهاء الانتداب، وما دروا أن الحكومات العربية كانت موافقة سرا على التقسيم ولذلك لم يكن هناك مانع لدى رؤسائها من استلام اليهود للقسم الذي خصص لهـم بموجب قرار التقسيم.

وكانت النتيجة أن احتل اليهود مجموعة من المدن ولم يخرجوا منها، وبعضها لم يكن وفق خطة التقسيم في المنطقة اليهودية، وكانت المدينة الوحيدة التي طردوا منها بعد احتلالهـا هي مدينة جنين.

هذا وسوف نتطرق في هذا الباب إلى كثير من المعارك التي حدثت على أرض فلسطين في أواخر عام ١٩٤٧ وفي عام ١٩٤٨ مع شيء من التفصيل عن أهم هذه المعارك إن شاء اللـه.

الفصل الأول
معارك مدينة القدس

- تقديم
- القدس قبيل انتهاء الانتداب
- القوات العربية في القدس:
  - جيش الجهاد المقدس
  - كتيبة جيش الإنقاذ
- قوات مجاهدي الاخوان المسلمين
- البوليس الفلسطيني
- مجموعات أخرى من المتطوعين
- القوات اليهودية في القدس
- معارك متصلة
- معارك حي القطمون
- معارك حي الشيخ جراح
- نسف الأحياء اليهودية
  - نسف حي المونتفيوري
  - نسف شارع بن يهودا
  - نسف الوكالة اليهودية
- القدس في الأيام الحمراء (١٤- ١٩ أيار)
- نجدة من منطقة جنين
- معارك باب الخليل
- معارك حي النبي داود
- سقوط حارة اليهود
- معركة جبل المكبر

خريطة القدس وما جاورها

المصدر: مجلة القدس الشريف – العدد الستون، ١٤١٠هـ ص١٩.

تقديم:

القدس مدينة مباركة بارك الله فيها وفيما حولها، فهي المدينة التي ضمت أولى القبلتين وثالث الحرمين الشريفين، والمدينة التي أكرمها الله بالإسراء والمعراج.

وقد عاشت القدس في ظل الإسلام موئل سؤدد ومهوى أفئدة، تشد إليها الرحال وتنعم بالأمن والاستقرار، يؤمها العباد والعلماء ويتغنى بها الأدباء والشعراء. وبقيت القدس تدور مع الإسلام حيث دار تعز إذا عز الإسلام وتهين إذا هان المسلمون.

وفي فترات الضعف والغفلة للأمة الإسلامية تعرضت القدس لهجمات حاقدة من أعداء الإسلام فاغتصبها الصليبيون وخاضت خيلوهم في الدماء، وارتوت أرضها الطاهرة بدماء المسلمين الغافلين، وزحف على أرضها التتار وفعلوا فيها الأفاعيل.

وفي العصر الحديث تآمر عليها كل الأعداء، وسلمها الانجليز لليهود ليقيموا على أرضها الطاهرة «دولة إسرائيل»... ودارت في أحياء القدس وضواحيها معارك جهاد، وقف فيها المجاهدون - على قلة عددهم وعدتهم - أمام هجمات اليهود الذين دربهم الانجليز على القتال وزودوهم بأحدث ما لديهم من سلاح.

القدس قبيل انتهاء الانتداب:

أقام اليهود حول مدينة القدس في ظل الانتداب عدة مستعمرات تطوقها من جميع الجهات.

فمن الشمال أنشئت ثلاث مستعمرات تفصلها عن رام الله ونابلس هي:

«نفي يعقوب» و «عتروت (قلندية)» بالإضافة إلى «نحلات شمعون وبيت إسرائيل» المتصلة بمدينة القدس ذاتها بالقرب من حي الشيخ جراح.

وفي الجنوب مستعمرة «كفار عصيون» وثلاث مستعمرات أخرى مجاورة لها تقع في منتصف الطريق بين القدس والخليل، ومستعمرات «رامات راحيل» و «وتل بيوت» و «ميكور حاييم» المتصلة بمدينة القدس مباشرة من جهة الجنوب.

ومن الشرق، مجمع مستشفى هداسا والجامعة العبرية على جبل الطور الحصين.

أما من الجهة الغربية (طريق القدس - يافا) فكان هناك أحياء يهودية واسعة تقطنها أعداد كبيرة من اليهود أصبح عددهم في نهاية الانتداب يساوي عدد أهالي القدس العرب أو يزيد. وكانت هذه الأحياء تغلق على العرب طريق «القدس - يافا» إغلاقا كاملا ولكن العرب كانوا يصلون إلى يافا عن طريق «رام الله - اللطرون».

وبالإضافة إلى الأحياء اليهودية المشار إليها تندرج عدة مستعمرات على مسافات قريبة من القدس هي:

«كفعات شاؤول» بين قريتي لفتا ودير ياسين، و «موتسا» قرب قرية قالونية، و «الباشار» قرب القسطل، و «كريات عنافيم» قرب قرية أبو غوش ومستعمرة الخمسة «معاليه هاخمشاه» بين قريتي قطنة وبيت سوريك.

وبالإضافة إلى ذلك كانت هناك الأحياء والمستوطنات اليهودية القديمة داخل القدس العربية مثل «حارة اليهود» و «المونت فيوري» و «حي مياشيريم».

يتضح مما تقدم أن الوضع العسكري في مدينة القدس كان صعبا ومعقدا، فالمستعمرات من حولها تطوقها والأحياء اليهودية داخل القدس تجزئها، ولكن لو توفرت للعرب إمكانات حسنة مثل الأسلحة المقاومة للدروع

لاعتراض السيارات المصفحة التي كان يستعملها اليهود بكثرة لأمكن عزل جميع هذه المستعمرات والأحياء عن بعضها البعض والسيطرة عليها، وهذا ما حاوله المجاهدون العرب منذ البداية.

ولقد نجح المجاهدون العرب في عزل يهود القدس عن الاتصال بمنطقة ((يافا – تل أبيب)) حيث أغلقوا الطريق عن الممر الجبلي الضيق المسمى ((باب الواد)) على بعد ٣٠ كيلو مترا إلى الغرب من القدس، كما أغلقوا طريق السكة الحديدية المتجهة بها محاصرين بكل معنى الكلمة، يفتقرون إلى الماء والغذاء والإمداد العسكري خصوصا بعد نسف خط أنابيب المياه الذي كان يغذي جميع الأحياء اليهودية يوم ١٥ كانون الأول ١٩٤٧[١].

وقد حاول اليهود قبل شهر أيار ١٩٤٨ احتلال حي الشيخ جراح وحي المصرارة ففشلوا، ولكنهم نجحوا في احتلال حي القطمون وحي البقعة. وشنوا في هذه الفترة هجمات واسعة احتلوا فيها عدة مدن رئيسية في فلسطين، ولم يبق أمامهم من المدن الرئيسية سوى القدس التي كانوا مصممين على احتلالها. وفي يوم ١٣ أيار وقع اتفاق بين قادة الهاغاناه وقيادة الأرغون على الاشتراك في هجوم موحد لاحتلال جميع مدينة القدس.

القوات العربية في القدس:

كان عدد القوات العربية في القدس قبل انتهاء الانتداب وبتاريخ ١٣/ أيار ١٩٤٨ لا يتجاوز (٢٠٠٠) مقاتل كانوا موزعين على أحياء القدس على النحو التالي[٢]:

---

(١) مذكرات بهجت أبو غربية: مجلة القدس الشريف – العدد ٥٦، عام ١٩٨٩، ص١١.

(٢) مذكرات بهجت أبو غربية: مجلة القدس الشريف – العدد ٦٦، عام ١٩٩٠، ص٣٧- ٤٠.

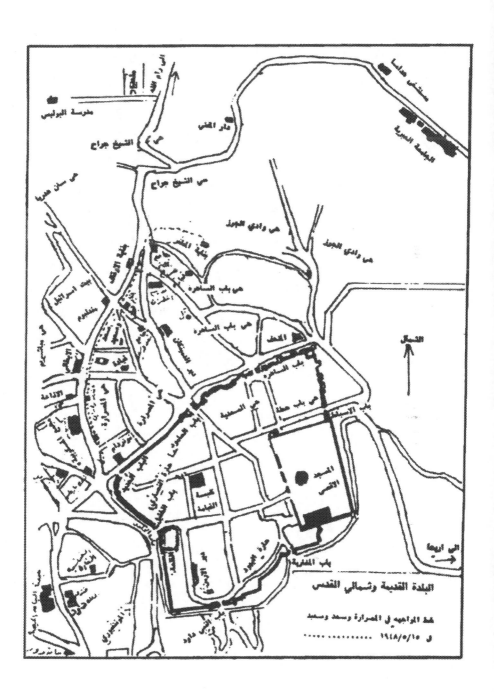

البلدة القديمة وشمالي القدس

خط المراجيم في المصرارة ومسجد ومسجد
و ١٩٤٨/٥/١٥ ....

١- جيش الجهاد المقدس بقيادة خالد الحسيني:

العدد	
٨٠	في البلدة القديمة بقيادة حافظ بركات.
٣٠	فرقة التدمير في البلدة القديمة بقيادة فوزي القطب
٦٠	في وادي الجوز بقيادة محمد عادل النجار
٦٠	في المصرارة وسعد وسعيد بقيادة بهجت أبو غربية
٣٠	في باب الخليل وشارع مأمن الله بقيادة محمد أبو ناب
٤٠	في حي الثوري بقيادة محمد سعيد بركات
٤٥	في البقعة الفوقا بقيادة شفيق عويس.
١٠٠	في البقعة التحتا بقيادة إبراهيم أبو دية.
٤٠	في بيت صفافا بقيادة عبد الله العمري.
٥٠	في قرية أبو ديس بقيادة فوزي عريقات.
٤٠	في قرية العيزرية بقيادة إبراهيم أبو الريش.
٤٠	في قرية صور باهر بقيادة جاد الله محمد الخطيب.
٣٥	مقر قيادة جيش الجهاد المقدس في القدس.
٧٤٠	المجموع

وكانت كل مجموعة من هذه المجموعات تقاتل مستقلة بدون تنسيق، ومبادرات
واجتهادات خاصة من قادتها، وأما صلتها بالقيادة العامة لجيش الجهاد المقدس وقائده خالد
الحسيني فتقتصر على النواحي الإدارية والتزود بالذخيرة إذا توفرت، ولم يكن جميع أفراد
هذه القوات مسلحين بأكثر من (٥٠٠) قطعة سلاح معظمها بنادق قديمة منوعة منها حوالي
٦٠ رشاش بدون وبضعة رشاشات براوينغ وقليل جدا من مدافع الهاون عيار (٢) إنش. كما

كان لدى هذا الجيش عدة أطنان من المتفجرات (TNT)، أما تدريب هذه القوات فكان متدنيا جدا ومعظم أفرادها وقادتها اكتسبوا لخبرة والتدريب في أثناء القتال ولكن عزيمتهم ومعنوياتهم واستعداداتهم للتضحية كانت كبيرة.

٢- كتيبة جيش الإنقاذ بقيادة الرئيس فاضل عبد الله رشيد:

كانت لجيش الإنقاذ في القدس كتيبة واحدة عددها غير ثابت يتراوح بين ٢٠٠- ٥٠٠ مقاتل، وكان معظمهم من المتطوعين العراقيين. وكان مقر قيادة الكتيبة في البلدة القديمة في المدرسة العمرية. أما سلاح هذه الكتيبة فكان معظمه بنادق تشيكوسلوفاكية حديثة الصنع ورشاشات فرنسية ومدافع مورتر. ولم يكن الانضباط في هذه الكتيبة متوفرا لعدم التجانس وضعف التدريب والانضباط.

٣- قوات مجاهدي الإخوان المسلمين:

أ‌- سرية من الاخوان المسلمين السوريين قوامها (٨٥) مقاتلا على رأسها ثلاثة من رجالات سورية هم:

- الشيخ مصطفى السباعي رئيس جماعة الاخوان المسلمين في سورية.

- جمال الصوفي، وكان مسؤولا في القيادة.

- الملازم عبد الرحمن الملوحي قائد الفوج الأول الذي وصل القدس.

وجلهم إن لم نقل كلهم من الأسر المرموقة في سورية ومن حملة الشهادات المثقفين اشتركوا في معارك الحي القديم وفي القسطل والقطمون، وفي الحي الأخير استشهد منهم كثيرون[١].

(١) العارف، عارف: النكبة، ج١، ص ٣٢٦.

ومن قادة هذه السرية أيضا:

- عدنان الدبس مسؤول مجموعة حي الشيخ جراح، والمصرارة، وسعد وسعيد.
- زهير شاويش، مسؤول مجموعة حي القطمون.
- ضيف الله مراد مسؤول حفظ الأمن في المدينة.
- لطفي السيروان مسؤول في القيادة عن الاتصال بين المراكز.
- كامل حتاحت(١).

ب- قوة من الاخوان المسلمين في شرق الأردن بقيادة المجاهد عبد اللطيف أبـو قورة، وكانت ترابط في ((عين كارم)) غربي القدس.

ج- كتيبة من الإخوان المسلمين المصريين بقيادة اليوزباشي محمود عبده، قدمت عـن طريق معسكر قطنا بسورية وانضمت إلى كتيبة الشهيد أحمد عبد العزيز، ورابطت في مرتفعات صور باهر جنوبي القدس.

٤- البوليس الفلسطيني بقيادة سليمان عازر:

في أواخر عهد الانتداب تشكلت قوة من البوليس الفلسطيني كـان عـددها (٢٠٠) رجـل، وعهد بقيادتها في البداية إلى خالد الحسيني، ولما أصبح هذا قائدا لجيش الجهاد المقدس تولى قيادتها ضابط البوليس سليمان عازر، وقد أوكل الانجليز لهذه القوة حراسة الأحياء العربية. كما أوكلوا لقوة يهودية مثلها حراسة الأحياء اليهودية. وقبيل انتهاء الانتداب تمركزت القوة في باب الخليل في القشلاق والقلعة. أما سلاحها فكان بنادق انجليزية بحالة جيدة، ثم حصلت على بعض رشاشات ((برن)) من مصادر عربية.

٥- مجموعات أخرى من المتطوعين:

بالإضافة إلى القوى التي ذكرت كانت هناك مجموعات أخرى منها

---

(١) السباعي، مصطفى: الاخوان المسلمون في حرب فلسطين، ص٦- ٢٧.

٢٠٧

مجموعة قرية الطور بقيادة الأستاذ عثمان بدران، كما كان عدد من أهل المدينة لا يقلون عن (٢٠٠) اشتروا أسلحتهم من مالهم الخاص، وكانوا يهبون بشكل فردي لنجدة الأماكن التي تتعرض للهجوم.

ويذكر الأستاذ عارف العارف في كتابه ((نكبة بيت المقدس)) أن حامية المدينة عند انتهاء الانتداب البريطاني كانت كما يلي[1]:

الجهاد المقدس	٧٠٠	
جيش الإنقاذ	٥٠٠	
الاخوان المسلمون السوريون	٨٥	
سرية منكو للمتطوعين الأردنيين	١٥٠	
المناضلون الفلسطينيون التابعون للجيش العربي.	٥٢٠	
البوليس البلدي	٣٠٠	
حراس الحرم	٢٥	
المجموع	٢٢٨٠	

ولكن هذا العدد من المجاهدين لم يكن مستقرا فكان تارة يزداد وتارة ينقص، تبعا للظروف والأحوال، هذا في المدينة، وأما في قطاعها الجنوبي (بيت لحم وبيت جالا وبيت صفافا وصور باهر) فلم يكن عند زوال الانتداب أكثر من مئة وخمسين مقاتلا ثم ازدادوا فبلغوا ثمانمائة ينتمون بعضهم إلى الجهاد المقدس والبعض الآخر مستقلون. ثم انضم إليهم المتطوعون من مصر والسودان وليبيا وتونس ومراكش، وكان هؤلاء من الإخوان المسلمين تابعين لقيادة القائم مقام أحمد عبد العزيز، ولما استشهد قادهم محمد علي فكري، ثم اسندت قيادتهم إلى عبد الجواد طبالة. وكان

---

(١) العارف، عارف: النكبة ج١، ص ٣٢٩.

يشرف على القوات المصرية القائد سيف اليزن بك، وكان المصريون في هذا القطاع مزودين بأربعة مدافع ميدان، وكانت منصوبة في رأس بيت جالا، والصليب، وعند الطنطور، وفي نقطة قريبة من فندق وطسون في بيت لحم وبيت ساحور، وكان لديهم عدد كبير من مدافع المورتر والفيكرز، ومن المدافع المقاومة للدبابات والطائرات، ولم يكن لديهم طائرات.

ولقد ازداد عدد المصريين وعدد المتطوعين المنخرطين في صفوفهم خلال فترة الهدنة، فأصبحوا ثلاثة آلاف مقاتل أكثرهم (٧٥٪) متطوعون والباقون نظاميون، وأما الضباط فكلهم نظاميون، كانوا في الجيش المصري ثم استقالوا وتطوعوا في حركة الجهاد الفلسطيني.

وأما في القطاع الشمالي (بير زيت وعابود ورام الله) فكان يرابط زهاء أربعمئة من رجال الجهاد المقدس، ومئتان من جيش الإنقاذ، ومئتان أو أكثر مستقلون. وكثيرا ما كان هؤلاء وأولئك (أي المرابطون في بيت المقدس وفي قطاعها الجنوبي والشمالي). يستنجدون بسكان القرى المجاورة، فينجدهم هؤلاء ما استطاعوا إلى ذلك سبيلا، وأحيانا كانوا يستنجدون بسكان المناطق البعيدة عن القدس. ولهذا كنت ترى عدد المجاهدين في مختلف القطاعات يزداد تارة، وطورا يقل. وكانوا يزودون بالعتاد والطعام من لدن الجهة التي يتوجهون لنجدتها[١].

القوات اليهودية في القدس[٢]:

كانت قوات اليهود في القدس أضعاف قوات العرب وأفضل تدريبا وتسليحا، خصوصا بعد أن استطاعت بعض القوافل القادمة من تل أبيب إلى القدس اجتياز باب الواد بعد معركة القسطل، وكانت تضم عددا من المقاتلين وكميات كبيرة من السلاح والعتاد.

(١) العارف، عارف: النكبة ج١، ص ٣٣٠.
(٢) مذكرات بهجت أبو غربية: مجلة القدس الشريف، العدد ٦٦، عام ١٤١١ هـ ص ٣٩- ٤٠.

وكانت قوات اليهود في ١٣ أيار ١٩٤٨ تقدر بعشرة آلاف مقاتل منهم قوات من منظمة الأرغون بقيادة (ي. رعنان) يتمركزون مقابل قطاع بهجت أبو غريبة ابتداء من المستشفى الإيطالي حتى مدرسة البوليس في حي الشيخ جراح. أما باقي القطاعات فكانت من مسؤولية الهاغاناه بقيادة (إسرائيل جاليلي) وقوات (البالماخ) بقيادة (بيجال آلون) وهي قوات الهجوم المدربة تدريبا جيدا وتتبع للهاغاناه. وبالإضافة إلى ما ذكر كانت في القدس تشكيلات قليلة العدد من منظمة (شترن).

كانت القوات اليهودية قد شكلت ودربت وسلحت قبل سنوات عديدة في ظل الانتداب البريطاني ودعمه. وكان عدد كبير من أفرادها وضباطها قد دربوا في أثناء الحرب العالمية الثانية. وكانت جميع القوات اليهودية في القدس تتبع لقيادة موحدة. أما تسليحها فقد كان جيدا وخصوصا بالنسبة للهاغاناه والبالماخ، فبالإضافة إلى عدد كبير من البنادق كانت لديها أعداد كبيرة من رشاشات «برن» وقاذفات صواريخ مضادة للدروع انجليزية الصنع من طراز (بيوت) وعدد من مدافع الميدان. كما تمكنوا من صنع راجمات تطلق ألغاما كبيرة مصنوعة من اسطوانات الغاز وما شابهها، كما كان لديهم عدد كبير من المصفحات تزيد على (٢٠٠) مصفحة.

يقول المؤرخ عارف العارف[1]: كان اليهود عند نهاية الانتداب (١٥ أيار ١٩٤٨) أكثر عددا وأسلحة وتدريبا، فقد كان لمنظمة الأرغون الإرهابية وحدها في القدس، على ما ذكره (ي. رعنان) قائدها العام في هذا القطاع، ألف جندي مدرب على القتال، وهم الذين قارعوا الانجليز واغتالوا الكثيرين منهم. وكانت لدى الهاغاناه قوات أكثر بكثير مما لدى الأرغون، ويقول «رعنان» أنه وإن لم يكن لدى أرغون أكثر من ٣ مدافع برن و ٣٢ مدفع رشاش و ٣٩ بندقية اعتيادية و ٨٠ مسدسا ومقدارا من القنابل والمواد

(١) العارف، عارف. النكبة ج١، ص ٣٣٠- ٣٣١.

المتفجرة، إلا أنه كان تحت تصرف الهاغاناه مقادير هائلة من الأسلحة والعتاد الحربي والمواد المتفجرة.

والأهم من هذا أن اليهود كانوا يعملون يدا واحدة إذ كان الاتفاق قد تم في شهر نيسان بين رجال الأرغون والهاغاناه، فدفنوا خلافاتهم ولو إلى حين واقتسموا الأعمال، وقسمت مدينة القدس إلى أربع مناطق قتال:

- المنطقة الأولى: الأحياء الواقعة في جنوب القدس (الكولونية الألمانية والطالبية).

- المنطقة الثانية: جزء من الأحياء الواقعة في غرب المدينة (فندق الملك داود، ودار جمعية الشبان المسيحيين، وعمارة داود إخوان، وكلية تراسانطة، وراحافيا).

- المنطقة الثالثة: الجزء الآخر من الأحياء الواقعة غرب المدينة (مقبرة ماملا، وطريق باب الخليل، والمسكوبية والنوتردام).

- المنطقة الرابعة: الأحياء الواقعة في شمال المدينة وشمالها الغربي (من المستشفى الإيطالي حتى الشيخ جراح ومدرسة البوليس على طريق القدس – نابلس). فكانت المنطقة الرابعة من نصيب الأرغون، والمناطق الأخرى من نصيب الهاغاناه. ومجموع أفراد الهاغاناه سبعة آلاف بقيادة بن غوريون. وهناك البالماخ وهي القوة العسكرية الوحيدة المنظمة يقودها بيجال آلون، وهي عبارة عن أربع كتائب مجموع أفرادها في فلسطين كلها ثلاثة آلاف. ومعنى ذلك أن عدد اليهود المنضمين إلى المنظمات الثلاث:

(الهاغانا ٧٠٠٠ + الأرغون ١٠٠٠ + البالماخ ٣٠٠٠) أحد عشر ألفا.

ويقول الزعيم منير أبو فاضل[1]: إن الحكومة كانت في أواخر عهد الانتداب قد داهمت دار الوكالة اليهودية وعثرت فيها على أرقام تشير إلى

_____

(١) العارف، عارف: النكبة ج١، ص ٣٣١، عن مقال منير أبو فاضل في جريدة النهار البيروتية – العدد ٤٥٣٢، في ١٩٥٠/٦/١٦، وكان أبو فاضل من كبار ضباط الأمن في عهد الانتداب، كما كان مفتشا لقوات الجهاد المقدس في قتال ١٩٤٨.

العدد الحقيقي للقوات اليهودية، وأن ضابطا كبيرا من حكومة فلسطين اسمه (ك. ر) حمل تلك الأرقام إلى غلوب باشا رئيس أركان الجيش العربي في عمان، وأنه هو أيضا (أي منير أبو فاضل) أرسل ما لديه من معلومات في هذا الصدد إلى الحكومات العربية، وكان ذلك قبل نشوب الحرب الفلسطينية ١٩٤٨، وتدل تلك الأرقام على أن قوة اليهود كانت قبل بدء القتال ١٩٤٨ عبارة عن:

٢،٠٠٠ جندي دربوا تدريبا كاملا، وكانوا مزودين بالسلاح الكامل.

١٠،٠٠٠ جندي دربوا تدريبا كاملا، ولم يزودوا بالسلاح الكامل.

٣٠،٠٠٠ جندي دربوا تدريبا جزئيا، ولم يزودوا بالسلاح.

فيكون مجموع هؤلاء ٦٠،٠٠٠ مسلح وينتمون إلى جيش الهاغاناه.

وأما الأرغون فكانوا ٦،٠٠٠ مسلح

ومنظمة شتيرن كانوا ١،٠٠٠ مسلح، وقد عهد إليهم بأعمال التخريب.

المجموع   ٦٧،٠٠٠

وتحدث المستر ريفس، حاكم «لواء السامرة» أيام الانتداب البريطاني، إلى رئيس بلدية جنين حلمي العبوشي في يوم السبت ٢٧ آذار ١٩٤٨، والذي نقل الكلام بدوره إلى اللجنة العسكرية بدمشق فقال إن المعلومات التي تمكنت دائرة الاستخبارات البريطانية من جمعها تدل على أن اليهود أقوياء أكثر مما يتراءى الناس، وأن لديهم أسلحة ومعدات حربية حديثة لا يوجد مثلها عند المقاتلين العرب في فلسطين، حتى ولا لدى جيوش الدول العربية النظامية، ومنها:

١- مئات من محركات الدبابات الخفيفة والثقيلة يمكن تركيبها في أي وقت.

٢- مدافع كبيرة بكميات وافرة لم يستعملوا أيا منها إلى الآن، ومنها نوع يرمي قنابل شبيهة بالصواريخ إلى مسافة ٣ كيلو مترات.

٣- معمل كبير للمصفحات كان يزود بريطانيا بالمصفحات خلال الحرب، وأن رصاص البنادق لا يخترق هذه المصفحات.

٤- بنادق يخترق رصاصها المصفحات، ويوقفها عن العمل.

٥- يملك اليهود عددا وافرا من الطائرات قاذفات القنابل والمقاتلات، ولديهم مطارات قريبة من مراكزهم الرئيسية.

٦- لدى اليهود ما لا يقل عن ٥٠ إلى ٦٠ ألف مقاتل مدرب. وقد قرروا البدء بهجومهم قبل يوم الجلاء (١٥ أيار) بضعة أيام.

هذا عن قوة اليهود في فلسطين كلها، وأما القدس وحدها فقد كان لهم فيها – على ما جاء في التقرير الذي رفعه الرئيس فاضل عبد الله العراقي – نحوا من عشرة آلاف جندي من جنود الهاغاناه، يقودهم جنرال بولوني.

معارك متصلة:

كانت الاشتباكات بين العرب واليهود قد وقعت قبل رحيل الانجليز عن القدس، وكان من أبرز تلك الاشتباكات هجوم اليهود على قرية بيت صفافا يوم ٢٥ كانون الأول ١٩٤٧ في محاولة لاحتلال القرية، ولكن بيت صفافا صمدت بقيادة الشهيد محمود العمري. ثم تعرضت هذه القرية إلى هجمات متواصلة ولكنها ظلت صامدة.

وكانت قرية لفتا مطوقة من جميع جهاتها بالأحياء والمستعمرات اليهودية، وكانت تعرقل مواصلات اليهود وتهاجم قوافلهم، وفي يوم ٢٧ كانون الأول ١٩٤٧ هاجمها اليهود ونسفوا بعض بيوتها وقتلوا اثنين من العرب وجرحوا سبعة، وقتل أربعة من اليهود.

وقام العرب بحصار الحي اليهودي في البلدة القديمة وقطعوا الصلة بينه وبين الأحياء اليهودية الغربية ابتداء من يوم ٢ كانون الثاني ١٩٤٨[١].

٢١٣

وفي أواخر شهر نيسان ١٩٤٨ بدأ اليهود بتنفيذ خطة (يبوس) لاحتلال جميع مدينة القدس قبل انتهاء الانتداب. وفي إطار هذه الخطة، قاموا بهجوم يستهدف احتلال مرتفع النبي صموئيل الاستراتيجي مرورا بقرية شعفاط وقرية بيت إكسا والاتصال بمستعمرة نفي يعقوب، وقد فشل هذا الهجوم. كما قاموا بهجوم ثان على حي المصرارة وحي الشيخ جراح، يستهدف احتلال حي الشيخ جراح والاتصال بمجمع هداسا والجامعة العبرية والامتداد إلى جبل الطور، وقد فشل هذا الهجوم أيضا.

ومع اقتراب انتهاء الانتداب البريطاني انتشرت المعارك في جميع أنحاء فلسطين وازدادت شدتها، ووقعت في هذه الفترة اشتباكات متعددة في مدينة القدس وما جاورها، كان طابعها محاولة كل من الطرفين وصل خطوطه ومواقعه وعزل مواقع الطرف الآخر ومحاصرتها.

وكانت الأيام الخمسة التي انقضت بعد الرابع عشر من شهر أيار ١٩٤٨، وهو اليوم الذي رحل فيه الانجليز عن البلاد، وحتى الثامن عشر وهو اليوم الذي دخل فيه الجيش العربي، كانت أكثر الأيام هولا وأعظمها أثرا في مصير القدس ويسميها المقدسيون: ((الأيام الحمراء)).

إذ ما كاد الانجليز يغادرون المدينة في اليوم الرابع عشر ـ حتى وقف الفريقان العرب واليهود وجها لوجه، واشتعلت نيران القتال في جميع أنحاء المدينة.

وفيما كان الجيش يجتاز المدينة مودعا دخل اليهود عمارة المسكوبية، بسهولة من بابها الغربي والشمالي بناء على اتفاق سابق بين قائد المنطقة الانجليزي وبين رجال الهاغاناه. وكانت فئات أخرى من رجال الأرغون، في ساعة مبكرة من صبيحة ذلك اليوم قد احتلت العمارات ذات القيمة الاستراتيجية المجاورة لها، ومنها عمارة جنرالي، ودار البرق والبريد، ومقر البوليس العام، والسجن المركزي.

وحاول العرب في الوقت نفسه أن يدخلوا المسكوبية من بابها الجنوبي، إلا أن مؤخرة الجيش البريطاني التي لم تكن قد برحت ذلك المكان بعد، صدتهم. وأطل ضابط بريطاني من آخر دبابة غادرت ساحة المسكوبية ونادى الجنود اليهود بأعلى صوته قائلا لهم: «الآن تستطيعون التقدم واحتلال مكاننا»[1].

وزحف اليهود عند الظهيرة من ناحية دار الوكالة اليهودية، نحو القنصلية الفرنسية مجتازين شارع الملك جورج، وواكوب، وسان جوليان. واحتلوا فندق داروتي، وكنيسة الخضر ـ الأرثوذكسية، وفندق الأوقاف المقابل لمقبرة مأمن الله[2]، والمستشفى الإيطالي وكلية تراسنطة والطالبية وعمارة داود والإذاعة الفلسطينية ومدرسة البوليس في حي الشيخ جراح.

وما كاد الليل ينتصف (١٤- ١٥ أيار) حتى كان اليهود قد احتلوا بنك باركلس ومعظم المباني والمرتفعات المطلة على الأحياء العربية، وأنشأوا فوق سطح البنك حصنا صغيرا راحوا يتصيدون منه الناس من مدنيين ومجاهدين على حد سواء، وبعد معركة حامية تمكن رجال منظمة شترن من الوصول إلى عمارة النوتردام. إلا أن المجاهدين العرب كروا عليهم فأخرجوهم منها، وأنزلوا بهم خمسا وثلاثين إصابة. وكذلك فشل اليهود في اقتحام باب الخليل.

وفيما كان صوت الرصاص يلعلع في شوارع المدينة وفي أحيائها المختلفة كان رجالات اليهود مجتمعين بدار الوكالة اليهودية يعلنون قيام «دولة إسرائيل». وقد تم ذلك في الساعة الثانية عشرة من مساء ١٤- ١٥ أيار ١٩٤٨. وما كاد ينقضي على ذلك أحد عشر ساعة وخمس دقائق حتى أعلنت الولايات المتحدة اعترافها بها.

---

(١) العارف، عارف: النكبة ج١، ص ٣٣٥.
(٢) كان يرابط في هذا الفندق عدد من المجاهدين فجاءهم في اليوم العاشر من شهر أيار فريق من الجنود البريطانيين في مصفحتين تحملان المدافع الرشاشة وأرغموهم على الانسحاب من الفندق.

٢١٥

وكانت الاشتباكات والمعارك بين العرب واليهود قد بدأت قبل انتهاء الانتداب، واشتدت المعارك في جميع أحياء القدس بعد رحيل القوات البريطانية عنها، وكانت أشد المعارك هي:

معارك حي القطمون:

القطمون حي عربي يقع غربي مدينة القدس إلى الجنوب قليلا، ويقوم على رابية مشرفة على معظم الأحياء العربية واليهودية من القدس الجديدة، وهي: البقعا الفوقا، والبقعا التحتا، وراحافيا، وميكور حاييم، وتل بيوت، وأكثر نقاط القطمون إشرافا دير مار سمعان[1].

والقطمون يتصل شمالا بالأحياء اليهودية الغربية وجنوبا بمستعمرة ميكور حاييم، فهو بذلك يفصل بين مستعمرات جنوب القدس وبين الأحياء اليهودية الرئيسية. ونظرا لأهمية هذا الموقع فقد شن اليهود هجمات متواصلة لاحتلاله وربط مواقعهم بعضها ببعض. وكانت أكبر عملية قاموا بها هي نسف فندق سميراميس ليلة 5 كانون الثاني 1948، وقتل في الحادث (18) وجرح (20) من العرب.

وهاجم اليهود حي القطمون عدة مرات خلال شهري آذار ونيسان وتمكنوا من احتلال عدة منازل ومرتفعات تتحكم في المنطقة وتحصنوا في عمارة زلبرشتاين الكبيرة، كما تمكنوا من قطع خطوط الهاتف والكهرباء عن الحي وشلوا مواصلته ومواصلات الأحياء العربية المجاورة حتى أصبحت شبه مقطوعة عن القدس مما أدى إلى رحيل معظم سكانها.

وكانت حامية الحي سرية من أبطال جيش الجهاد المقدس يبلغ عددها حوالي (130) مجاهدا يقودهم المجاهد الشجاع إبراهيم أبو دية، وقد صمدت هذه السرية أمام هجمات متلاحقة وقوات متفوقة طوال شهري آذار ونيسان وقدمت العديد من الشهداء.

(1) الموسوعة الفلسطينية - المجلد الثالث، ص582.

وفي يوم ٢٧ نيسان هاجم اليهود الحي بموجات متلاحقة من قوات البالماخ، وسقط من المجاهدين العديد من الشهداء والجرحى وبلغ عدد الشهداء في يوم ٢٩ نيسان وحده (٣٥) شهيدا، كان بعضهم من الإخوان المسلمين السوريين الذين رابطوا في هذا الحي وشاركوا في عدد من المعارك للدفاع عنه.

وفي غمرة القتال انضم إلى حامية القطمون (٦٠) مقاتلا من كتيبة جيش الإنقاذ المتمركزة في مدينة القدس القديمة بقيادة الرئيس فاضل عبد الله رشيد، ولكنهم كانوا يجهلون طبيعة الأرض ولذلك لم يلبثوا أن انسحبوا بعد ليلة واحدة. كما أن قنصليات مصر والعراق وسورية ولبنان كانت تقع في هذا الحي ويحرسها بعض الجنود المصريين واللبنانيين، وكان حوالي ثلاثين جنديا من الجيش الأردني مزودين بثلاث مصفحات يحرسون القنصلية العراقية، وقد حاولوا أن يساندوا المجاهدين في المعركة ولكنهم لم يلبثوا أن انسحبوا بناء على أوامر قيادة الجيش البريطاني التي هددت بقصفهم بالمدفعية البريطانية[1].

وفي ليلة ٢٩/٣٠ نيسان تحركت قوة كبيرة من جنود البالماخ باتجاه «دير سمعان» الذي يقوم على مرتفع استراتيجي وسط حرش كثيف خلف خطوط المجاهدين. وكان العرب يقدرون أهمية هذا الدير الاستراتيجية ولكنهم لم يحاولوا أن يحتلوه محافظة على حرمته وحرمة راهباته. وقد سلكت القوات اليهودية دربا وعرة والتفت على الدير تحت جنح الظلام وتمكنت من احتلال الحرش بعد معركة قصيرة. ولكن المجاهدين العرب طوقوا المنطقة ومنعوا اليهود من التقدم، وفي الصباح دخل اليهود إلى بناية الدير وتحصنوا فيه. ولكن المجاهدين شددوا ضغطهم على اليهود المتحصنين في الدير والذين أصبحوا شبه محاصرين، وسقط من اليهود عدد كبير من القتلى والجرحى لم

(١) مذكرات بهجت أبو غربية: مجلة القدس الشريف - العدد ٦٣، عام ١٩٩٠، ص٥٠.

يكن بالإمكان اخلاؤهم، ولذلك قرر قائدهم أن ينسحب من الدير بعد حلول الظلام وبعد ظهر يوم ٣٠ نيسان شن العرب هجوما جديدا على الدير وشددوا ضغطهم ولكنهم لم يتمكنوا من اقتحامه، وفي المساء التقط اليهود المحاصرون مخاطبة لاسلكية بين العرب فهموا منها أن العرب أصبحوا يائسين من احتلال الدير، فعدل اليهود عن الانسحاب خصوصا بعد أن بدأت تصلهم قوات جديدة من البالماخ.

وفي صباح الأول من أيار ١٩٤٨ واصلت قوات البالماخ تقدمها مستعينة بسبع مصفحات حتى وصلت إلى مركز قيادة الحي العربية عند فندق (جدع) واتصلت بمستعمرة ميكور حاييم، وبذلك سيطرت على الحي بأكمله.

وفي اليوم الثاني من أيار أحضر القائد إبراهيم أبو دية نجدة للقيام بهجوم معاكس مع أنه كان جريحا ولكنه غادر مستشفى بيت صفافا وأخذ يقود رجاله، وقامت مدفعية جيش الإنقاذ بقصف أحياء القدس الغربية من مرتفعات النبي صموئيل وقرية بدو شمال القدس. ولكن النجدة لم تتمكن من تغيير الوضع لأن الانجليز المتمركزين في المنطقة المعروفة باسم (منطقة الأمن الأولى) منعوا النجدة من التقدم وتخطي الحد القائم قرب القنصلية العراقية. ليس هذا فحسب، بل لقد اعتقل الانجليز القائد إبراهيم أبو دية، وسجنوه عدة ساعات، وفي نفس الوقت كانت الطريق مفتوحة أمام النجدات اليهودية من الناحية الشمالية والناحية الغربية.

وبعد أن احتل اليهود حي القطمون فرض الانجليز على الطرفين هدنة محلية استغلها اليهود وتحصنوا في المواقع التي احتلوها، وقبيل انتهاء الانتداب انطلقوا من هذه المواقع واحتلوا أحياء البقعا الفوقا والبقعا التحتا وأجزاء من حي ((الثوري)) وأعملوا فيها النهب والسلب عسكريين ومدنيين، وعزلت القدس عن بيت لحم والخليل جنوبا، واتصلت المستعمرات اليهودية جنوبي القدس بتجمع اليهود الرئيسي غربي القدس.

يقول المجاهد بهجت أبو غربية[1]: ((لقد كانت خسارتنا بسقوط القطمون وبقية أحياء القدس الجنوبية كبيرة جدا كما أن خسارتنا في الأرواح من رجال سرية الأبطال، سرية إبراهيم أبو دية، كانت كبيرة جدا فقد استشهد معظم رجال هذه السرية ولم يبق على قيد الحياة سوى حوالي (١٥) خمسة عشر رجلا من أصل رجالها الـ (١٣٠) مائة وثلاثين. لقد دافعوا عن أرضهم دفاع الأبطال ولم يسمحوا للعدو أن يمر إلا على جثثهم. أما العدو فقد كانت خسائره أكبر قدرت بالمئات وقدر عدد المهاجمين بثلاثة آلاف)).

ويتابع المجاهد بهجت أبو غربية حديثه فيقول: صباح يوم ٢٧ نيسان ١٩٤٨ زارني في مقر قيادتي في حي المصرارة الرئيس فاضل عبد الله رشيد (آمر حامية القدس) وبرفقته الشيخ مصطفى السباعي رئيس تنظيم الاخوان المسلمين في سورية وكان يقود مجموعة من الاخوان تحت قيادة جيش الإنقاذ، ومعهما شخص ثالث، وتجول الزوار في قطاعي. وعلى أثر هذه الزيارة تقرر تعزيز دفاع حي المصرارة بمجموعتين من رجال جيش الإنقاذ كل مجموعة تتألف من حوالي ٣٥ رجلا، وألحقتا بقيادتي، فركزت المجموعة الأولى على خط المواجهة في بيت الدكتور حسين فخري الخالدي مقابل دار إذاعة القدس، وتمركزت المجموعة الثانية أيضا في خط المواجهة في بيت عائلة المؤقت مقابل السجن المركزي ومستشفى الحكومة. وبعد بضع أيام ألحقت بقيادتي مجموعة ثالثة من حوالي ٣٥ رجلا من جماعة الأخوان المسلمين في سورية وبعضهم من شرقي الأردن، وتمركزت في حي سعد وسعيد في بناية أنطون المسيحي.

معارك حي الشيخ جراح:

عندما خبت نار القتال في القطمون أو كادت، راحت تشتعل في حي

---

(١) مذكرات بهجت أبو غربية: مجلة القدس الشريف – العدد ٦٣، عام ١٩٩٠، ص ٥٠- ٥٣.

الشيخ جراح، ذلك لأن هذين الحيين من أحياء المدينة، لهما أهمية استراتيجية لا نجدها في الأحياء الأخرى، فالأول (حي القطمون) مرتفع ومسيطر على أحياء القدس الغربية والجنوبية، والثاني (حي الشيخ جراح) واقع على طريق نابلس في شمال المدينة[1].

والشيخ جراح حي عربي من أحياء مدينة القدس تميز بموقعه الاستراتيجي الذي يهيمن على كل التحركات من الساحل إلى الداخل. وكانت القوات الصهيونية تعتمد على الطريق المار بالشيخ جراح لنقل الإمدادات ووسائط القتال إلى يهود القدس (في القدس الجديدة والحي القديم)، وإلى المستعمرات اليهودية الواقعة شمال القدس على طريق رام الله، وهي عطاروت، والنبي يعقوب، وتعتمد على هذه الطريق ايضا للاتصال بمستشفى هداسا والجامعة العبرية بجوار جبل المكبر. وقد شهد حي الشيخ جراح بسبب هذا الموقع الهام صراعا مريرا ومعارك مستمرة بين العرب والقوات الصهيونية[2].

لقد صب اليهود جل اهتمامهم على هذا الحي لتأمين اتصالاتهم التي ذكرناها، وليسيطروا على طريق «القدس - نابلس»، ويقطعوا كل اتصال كان بين القسم العربي من المدينة والقسم الشمالي من فلسطين.

وكانت القوات الصهيونية تعد العدة لإقامة الكيان الصهيوني، فتزودت بأسلحة كثيرة جاءتها سرا عن طريق الجو والبحر من تشيكلوسلوفاكيا في مطلع نيسان ١٩٤٨.

ونظمت القوات قيادتها، فتولى يعقوب دوري رئاسة أركان الهاغاناه، وتولى بيغال يا دين رئاسة العمليات، في حين أصبح دافيد شالتيل آمرا لمنطقة القدس، كما تسلم يوسف تانبكين قيادة لواء «هاريل» الذي كلف بعمليات القدس. وكان هذا اللواء مؤلفا من ثلاث كتائب تضم ١٥٠٠

(١) العارف، عارف: النكبة ج١، ص ١٨٤.
(٢) الموسوعة الفلسطينية - المجلد الثاني، ص٦٤٨.

مقاتل.

وقــد اســتطاعت القــوات الصهيونية بعد ذلك تطــوير أعمالها القتاليــة في منطقــة القـدس، فاســتولت عـلى القسـطل، وسـاريس، وبـدو وبيـت سـوريك، بالإضافة إلى معسكر بريطاني سابق في وادي سارة، وأمنت الحمايـة للقوافل المتجهة إلى القـدس، فـأرسلت إلى يهود القدس خلال خمسة أيـام (١٢- ١٧ نيسـان) ثـلاث قوافل إمداد تضم ٢٥٠- ٣٠٠ سيارة نقل.

وظل اليهود يتمسكون بمواقعهم في جبل المكبر. وكانت الطريق تتعرض للهجوم مرارا. فأنشأ البريطانيون في أول نيسان موقعا يسيطر على الشيخ جراح، لمساعدة القوافل اليهوديـة على المرور عبر الطريق، دون أن يكون هناك من يعترضها.

وفي يوم الثلاثاء ١٣ نيسان ١٩٤٨ نشبت في الحي معركة من أكبر المعارك التي قامت في بيت المقدس، حيث أخذت قافلة صهيونية من تسع سيارات كبيرة، منها اثنتان مصفحتان، تخترق حي الشيخ جراح بحراسة قوات الهاغاناه، للوصول إلى الجامعة العبريـة ومستشـفى هداسا على جبل المكبر. وعند وصول القافلة إلى وسط الحي فجر المجاهـدون مـن جيش الجهاد المقدس ألغاما تحت سيارات القافلة، فدمروا سيارتين، وقتلوا ٣٨ من اليهود وانقضوا

ينتقمون لمصرع قائدهم عبد القادر الحسيني، الذي كان قد استشهد قبل نحو أسبوع في معركة القسطل. ولم تكن قوة أفراد الكمين العربي تزيد على ٢٤ مقاتلا، مسلحين بالرشاشات والبنادق. وبدأت المعركة مع حرس القافلة الذين أطلقوا إشارات الاستغاثة، فأسرعت القوات البريطانية القريبة من ميدان المعركة لمساعدتهم. ووجهت نيرانها ضد المجاهدين من ثلاث جهات. وما أن انتشرت أخبار المعركة في مدينة القدس حتى هرع المجاهدون من أنحاء المدينة المقدسة كلها، ووصل منهم إلى حي الشيخ جراح زهاء مائتي مجاهد، قذفوا بأنفسهم في خضم المعركة المحتدمة ضد البريطانيين والصهيونيين معا. وشعر الصهيونيون بقوة الكمين وصلابته فطلبوا الهدنة. وعرضوا الاستسلام وإلقاء السلاح، فوافق المجاهدون على طلبهم وأرسلوا مندوبا عنهم لإبلاغ الصهيونيين بشروط التسليم. لكن هؤلاء قتلوا المندوب العربي، فتجدد الاشتباك بعنف أكبر. واستمرت المعركة حتى الساعة السادسة مساء، حيث بلغ عدد قتلى اليهود ١٢٠ قتيلا، وخسر البريطانيون ستة جنود بين قتيل وجريح. ولم ينج من القافلة إلا ثمانية أفراد قام البريطانيون بحمايتهم، في حين خسر المجاهدون ١٢ شهيدا.

لقد اعتبرت هذه العملية من وجهة نظر البريطانيين ردا على مذبحة دير ياسين التي ارتكبت يوم ١٩٤٨/٣/٩. لكن القضية لم تكن مجرد انتقام فحسب، وإنما كانت دفاعا عن أرض فلسطين، ولهذا تجدد القتال وتكرر مع اقتراب موعد جلاء القوات البريطانية.

وقد استولى المجاهدون في ١٨ نيسان على مستشفى أوغستا فكتوريا في جبل المكبر، كما استولوا على قرية العيسوية قرب الجامعة العبرية والمدينة القديمة، فطلب قائد المنطقة اليهودي الدعم، فحركت قيادة الهاغاناه لواء هاريل، وانطلقت قافلة مكونة من ٣٥٠ سيارة إلى القدس بقيادة قائد اللواء ودافيد بن غوريون، الرئيس التنفيذي للوكالة اليهودية. وعند الأطراف

الغربية للقدس وقعت القافلة في كمين عربي كبير. وقامت القوات اليهودية بمهاجمة الكمين فلم تنجح، واستمرت المعركة حتى المساء حتى استطاعت القافلة متابعة طريقها، بعد استقدام نجدات جديدة، وتكبدها خسائر كبيرة.

ثم قام اليهود في ٢٤ نيسان بالهجوم على حي الشيخ جراح، واستمرت المعركة طول الليل، اضطرت القوات المعادية بعدها إلى التراجع، وظل الصراع بعد ذلك محتدما إلى أن انسحب البريطانيون يوم ١٩٤٨/٥/١٣، ودخلت الجيوش العربية يوم ١٥ أيار، وأصبحت المنطقة ضمن عمليات القوات الأردنية. وقد حاولت القوات الإسرائيلية فرض سيطرتها على المناطق التي جلا عنها البريطانيون، فتجدد القتال. وفي يوم ١٩٤٨/٥/١٨ قام العدو بهجوم على قطاعات المدينة، وقصفت المدفعية من كل ناحية. وفي صباح ١٩٤٨/٥/١٩ قامت المدفعية العربية بقصف مصادر النيران المعادية، ثم قامت سرية مشاة ومعها المجاهدون الأردنيون والفلسطينيون بالتقدم نحو الشيخ جراح تحت حماية نيران مدفعية جيش الإنقاذ، واحتدمت المعركة في الشيخ جراح احتداما شديدا، ثم أخذت تهدأ تدريجيا حتى انتهت عند الظهر بإنقاذ القدس من السقوط. وتحولت منطقة الشيخ جراح مرة أخرى إلى قاعدة لانطلاق الهجمات العربية، حيث ركز الجيش الأردني مدفعيته في هذا الحي، وانطلقت قواته لاحتلال المنطقة، وقطع المواصلات بين جبل المكبر والقدس الجديدة. وقد حاولت القوات الإسرائيلية بعد ذلك عبثا الاستيلاء على حي الشيخ جراح. وكان اخفاقها المتكرر عاملا دفع القيادة الإسرائيلية إلى تجنب المرور في حي الشيخ جراح، فتم إنشاء طريق بعيد عن المناطق العربية.

وتجدر الإشارة إلى أن معركة حي الشيخ جراح أبرزت نقاطا أساسية في الصراع العربي - الصهيوني خلال تلك المرحلة، منها الروح المعنوية العالية التي كان يتحلى بها المجاهدون، ومنها فشل العدو الصهيوني في تحقيق

النصر على الرغم من القوات الضخمة التي زج بها في المعركة، وما كان لهذا العدو أن يحقق نصرا لولا تدخل عوامل سياسية كانت تتحكم بتحرك القوات العربية[١].

نسف الأحياء اليهودية:

قامت فصائل التدمير التابعة لجيش الجهاد المقدس بعدة عمليات نسف مشهورة في الأحياء اليهودية بمدينة القدس من بينها:

حي المونتفيوري، وشارع بن يهودا، ودار الوكالة اليهودية، وعمارة جريدة البالستاين بوست، وشارع هاسوليل[٢].

نسف حي المونتفيوري في ١٩٤٨/٤/٢٣:

كانت هذه العملية أكبر هجوم عربي على هذا الحي المحصن الواقع في وسط القدس، والذي كان يعتدي على مواصلات العرب داخل المدينة، ويكاد يفصل جنوب القدس عن باقي المدينة، ولهذا قررت قيادة جيش الجهاد المقدس إدخال سيارة ملغومة لتدمير الحي، وتعاونت على تنفيذ هذه العملية عدة جهات[٣]:

صلاح الحاج مير من قيادة القدس منسقا للعملية، وفوزي القطب قائد فرقة التدمير يعد السيارة الملغومة، وبهجت أبو غربية يقود عملية التغطية النارية والحماية والتنفيذ المباشر، ويساعده في ذلك حافظ بركات عند باب الخليل، ومحمد سعيد بركات عند حي الثوري.

وبعد رسم الخطة بالتفصيل، وقبيل غروب يوم الجمعة ٢٣ نيسان ١٩٤٨، تمركز بهجت أبو غربية ورجاله على سطح بناية تابعة لدير صهيون، على بعد نحو (١٥٠) متر عن الهدف وسددوا رشاشاتهم إلى استحكامات العدو.

---

(١) الموسوعة الفلسطينية – المجلد الثاني، ص ٦٥٠.
(٢) الموسوعة العسكرية، ج١، ص٤٨٩.
(٣) مذكرات بهجت أبو غربية: مجلة القدس الشريف – العدد ٦٠، عام ١٤١٠ هـ ص ٢٣.

وبعد الغروب سارت السيارة الملغومة ببطء ووصلت إلى الهدف المطلوب دون أن ينتبه العدو، ونزل منها السائقان وأشعلا فتيل الألغام. وكان الانفجار شديدا جدا هز مدينة القدس هزا عنيفا ودمر معظم بنايات المونتفيوري وأحالها إلى خرائب، وقتل عدد كبير من اليهود وجرح آخرون لم يعرف عددهم، وأصبح الحي لا يصلح للسكن.

نسف شارع هاسوليل في ١٩٤٨/٢/١:

تمكن قسم من الفدائيين من نسف شارع هاسوليل اليهودي فحطم وانهار العديد من عماراته الضخمة، وقتل وجرح فيه خلق كثير من اليهود ونزح العديد الآخر منهم عن منازلهم [١].

نسف شارع بن يهودا:

واصل العرب الرد على الإرهاب اليهودي، فقام القائد عبد القادر الحسيني يعاونه اخوانه شباب فلسطين، بنسف شارع بن يهودا وكانوا قد استولوا على مصفحة من بوليس يافا، وجاءت هذه تتهادى تتبعها ثلاث سيارات تحمل كل واحدة طنا من المتفجرات، وتركزت وسط الشارع واتشعل الفتيل، فتهاوى الشارع بعماراته، وبلغ عدد القتلى والجرحى من اليهود ما يقارب ثلاثمائة شخص، وقدرت الخسائر بمليونين من الجنيهات [٢].

نسف الوكالة اليهودية في ١٩٤٨/٣/١١:

انهارت دار الوكالة اليهودية التي سيطرت على فلسطين منذ أن احتلها الانجليز عام ١٩١٨، فقد ضمن الانجليز صك الانتداب نص الاعتراف بها وبحقها في التدخل لصالح اليهود ومستقبلهم وهجرتهم.

وكانت الهاغانا جيش اليهود المدرب تقوم على حراستها ليل نهار، وما

---

(١) أبو يصير، صالح مسعود: جهاد شعب فلسطين، ص ٣٤٣، عن جريدة الأهرام في ٢ فبراير ١٩٤٨.

(٢) أبو يصير، صالح مسعود: جهاد شعب فلسطين، ص٣٤٥.

كان يدور بخلد اليهود أن أحدا يستطيع الوصول إلى تلك الوكالة وبناياتها الضخمة المحروسة المحمية، ولكن لم تمض عشرون يوما على نسف شارع بن يهودا، حتى لحقت به دار الوكالة اليهودية.

وعلى الرغم من أن الوكالة اليهودية كانت محمية بالرقباء والجنود اليهود، فقد تمكن الفدائيون العرب منها بإخلاص رافق هذا الشعب في أشد أيام محنته، في ذات الوقت الذي كان ينظر بعيونه إلى خارج الحدود، متوقعا عونا عربيا فعالا، فلا يصله إلا القليل وغير المفيد.

وكان الشاب أنطون داود مسيحيا عربيا يعمل سائقا لدى القنصل الأمريكي العام في القدس مستر ميكاتي، وكان معروفا لدى جيش الهاغانا اليهودي، ولدى حراس دار الوكالة، فطالما عبرها يوصل القنصل المذكور لمقابلة أحد زعماء اليهود ورجالهم، وهم بذلك مطمئنون إليه لا يخشون منه وطنية، ولا يتوقعون حراكا، ومن حقهم أن يطمئنوا فالصهيونية بنت الأمريكان المدللة، ولا يمكن أن يوظف هذا القنصل الأمريكي معه إلا شابا وثق في إخلاصه لهم، أو على الأقل تأكد من عدم اهتمامه بالأحوال العامة، وخطأ اتجه اليهود في اطمئنانهم إلى الشاب العربي، فلقد كان يدرك حقيقة الموقف، ويتفاعل معه مخلصا وطنيا، وكان في سبيل مصلحة عليا يعمل صامتا، لا ترقى إليه الشبهات ولا تحوطه منهم الظنون، وفي ضحى الحادي عشر من مارس (آذار) ١٩٤٨، اجتازت السيارة الأمريكية الفخمة الفورد موديل ١٩٤٧ رقم ٦٦١١ يقودها أنطون داود أسوار الوكالة اليهودة متحصنة بالعلم الأمريكي الذي كان يرفرف عليها، وظن الحراس أن السائق العربي الذي جاء بسيارة القنصل إنما حمل رسالة للوكالة، فدخل دون اعتراض، كانت المتفجرات تزن أكثر من مائتي كيلو غرام معبأة في صندوق السيارة الخلفي، وأوصلت بساعة زمنية محددة الوقت، وانفجرت السيارة في الدقيقة التي حددها الفدائيون، وعم القدس صوت الانفجار رهيبا مفزعا، فدمر بيت المال اليهودي، ومكتب المجلس الملي اليهودي، وتسرب

الخراب إلى العديد من الأملاك اليهودية المجاورة وقتل ستة وثلاثين يهوديا بينهم عدد كبير من كبار اليهود ورجالهم، وجرح مئات آخرون، وكان بين القتلى «يافة» مؤسس الكرن هايسود، وبن زفي، وشمويل دوب، ويائيل متسي وغيرهم من كبار زعماء اليهود وأقطابهم [1].

القدس في الأيام الحمراء (١٤- ١٩ أيار):

لقد أطلق أهل القدس على الأيام الخمسة من يوم الجمعة ١٤ أيار حتى الأربعاء ١٩ أيار ١٩٤٨ إسم الأيام الحمراء وذلك لشدة المعارك التي اشتعلت فيها مع انتهاء الانتداب البريطاني، فأضاءت النيران ليلها، وسالت الدماء فتضرجت ساحات المدينة وشوارعها وأسوارها، وسقط العديد من الشهداء وامتلأ المستشفى الوحيد في البلدة القديمة (مستشفى الهوسبيس) بالجرحى حتى لم يعد هناك متسع لجريح، فاستلقى الجرحى في الممرات وفي ساحة المستشفى وعجز الأطباء عن إسعافهم.

ويصف المجاهد بهجت أبو غربية - أحد قادة القدس - تلك الأيام الحمراء في مذكراته فيقول [2]:

«في الوقت الذي اشتد فيه الخطر، خطر الموت، وخطر سقوط القدس ومقدساتها شعرنا باليتم!! أو لعله التآمر!! كنا طيلة هذه الأيام نقاتل وحدنا دون أية مشاركة من الجيوش العربية التي كنا ننتظر وصولها في منتصف ليل ١٥/١٤ أيار فلم تصل، مع أن قوات الجيش العربي الأردني كانت قد وصلت (الخان الأحمر) على بعد (١٧) كيلو مترا شرقي القدس مساء يوم ١٥ أيار. وفي نفس الوقت اعتبر اليهود أن هذه الأيام فرصة قد لا تعوض تتيح لهم احتلال القدس جميعها، بأحيائها الجديدة وأحيائها القديمة ومقدساتها، ووضع العالم أجمع أمام أمر واقع يساعدهم على ذلك تفوقهم

(١) العارف، عارف: النكبة ج١، ص ١٣١. والتل، عبد الله: كارثة فلسطين، ص٨.
(٢) مذكرات بهجت أبو غربية: مجلة القدس الشريف - العدد ٦٧، عام ١٩٩٠، ص٣٣- ٣٦.

في السلاح والعتاد والمسلحين.

فقد كانت قواتهم خمسة أضعاف قواتنا، وكان بن جوريون قد وضع جميع القوات اليهودية في القدس بما في ذلك الهاغاناه التي يقودها (شالتيل) تحت قيادة (يتسحاق ساده) قائد البالماخ الذي وعد رؤساءه أن يستولي على المناطق الهامة يوم ١٤ أيار، وقال: إذا نجحنا في ذلك فإنني أعدكم أن مدينة القدس بأجمعها ستكون لنا خلال (٤٨) ساعة من خروج الانجليز منها. وكانت أوامر بن جوريون لشاتيل: هاجم وهاجم وهاجم.

إلا أن أهل القدس قبلوا هذا التحدي، فقرروا أن يحموا مدينتهم العزيزة عليهم بصدورهم ومهجهم وأرواحهم، فخاضوا معارك هذه الأيام بشجاعة فائقة ومعنويات عالية، وصمدوا لهجمات الأعداء، ومما عزز صمودهم وجود عدد من قادتهم السياسيين والمقاتلين الذين ربطوا مصيرهم بمصير القدس، فشاركوا أهلها صمودهم وما يتعرضون له من أخطار.

وفي صباح يوم الجمعة ١٤ أيار ١٩٤٨ انسحب الجيش البريطاني من القدس، وأنزل العلم البريطاني عن قصر المندوب السامي في جبل المكبر وارتفع مكانه علم الصليب الأحمر الدولي. وفي الساعة العاشرة غادر المندوب السامي (السير ألن كننغهام) مدينة القدس بسيارته إلى مطار قلنديه دون أن يودعه أحد من العرب أو اليهود.

وما كادت سيارة المندوب السامي تغادر القدس حتى فتح اليهود النار بكل عنف على امتداد خطوط التماس وشنوا هجوما عاما مستهدفين احتلال المواقع الاستراتيجية التي أخلاها الانجليز وبعض المواقع الأخرى في المنطقة الحرام. ففي وسط المدينة المرتفع كان الانجليز يشغلون منطقة استراتيجية هامة جدا يسيطرون منها على جانبي المدينة العربي واليهودي، محاطة بسور من الأسلاك الشائكة تضم دائرة البريد المركزي وفيها المقسم الرئيسي للهاتف، وتضم مجمع المسكوبية وفيه القيادة العامة لقوات البوليس الفلسطيني والمحاكم والسجن المركزي ومستشفيين. كما تضم دار الإذاعة وبنك باركلس

ودار بلدية القدس، وبقرب هذه المنطقة بنايات المستشفى الإفرنسي، والنوتردام، والمستشفى الإيطالي.

وعندما انسحب الإنجليز من هذه المنطقة، انسحبوا من ناحية اليهود – من الغرب – إلى الناحية العربية، فخرجوا من ناحية الأحياء العربية وبذلك أتاحوا لليهود استلامها جزءا، حتى أن بعض الانجليز سلموا مفاتيح الدوائر والأبنية لليهود لقاء مبالغ من المال.

وفي حي المصرارة دخلوا بناية المستشفى الإيطالي وأنزلوا عنها علم الصليب الأحمر الدولي ورفعوا مكانه العلم الصهيوني، كما دخلوا مبنى الإذاعة القريب من المستشفى. وفي حي الشيخ جراح، استولوا على بناية مدرسة البوليس، ولم تكن لدينا القوات اللازمة لمنع اليهود من الاستيلاء على هذه الأماكن.

وقام اليهود أيضا باحتلال المواقع الاستراتيجية التي تعتبر امتدادا لوسط المدينة فتقدموا من شارع الملك جورج فاحتلوا كلية تراسنطا وبناية داود وبناية جمعية الشبان المسيحية وفندق الملك داود ووصلوا إلى القنصلية الإفرنسية، جرى كل ذلك دون قتال مع العرب تقريبا لأن هذه المناطق كانت تحت سيطرة الإنجليز وتعتبر من الطرفين العرب واليهود مناطق حرام، وكان بإمكان العرب دخول قسم كبير منها قبل أن يصلها اليهود، ولكن لم تكن لديهم القوات اللازمة لذلك.

أما الأماكن التي تحرك المجاهدون لاحتلالها في هذا اليوم فهي قلعة باب الخليل الهامة جدا، فقد دخلها رجال البوليس العرب بدون قتال، وفي نفس الوقت بدأت قوات جيش الجهاد المقدس بقيادة إبراهيم أبو دية وجاد الله محمود الخطيب، وقوات من جماعة الاخوان المسلمين التابعين لكتيبة جيش الإنقاذ تهاجم مستعمرة رامات راحيل جنوبي القدس حيث دارت معارك متواصلة لعدة أيام اشتركت في آخرها قوات مصرية. ومن ناحية أخرى بدأ العرب داخل البلدة القديمة بالضغط على حارة اليهود المحاصرة.

وعلى ضوء ما تقدم فقد كسب اليهود الكثير من معارك النهار ولم يستفيدوا من معارك الليل إلا القليل. وفي منتصف الليل احتفل اليهود بقيام دولة إسرائيل وبعد دقائق أعلنت الولايات المتحدة اعترافها بها. وفي آخر الليل شرع اليهود بقصف مواقعنا بالمورتر والراجمات.

وفي يوم السبت ١٥ أيار تسلل اليهود من دير القربان والمستشفى الإفرنسي- إلى بناية النوتردام التي كانت هدفهم الرئيسي، والتي تقع خارج سور البلدة القديمة ولا تبعد عنه وعن الباب الجديد أكثر من (٢٠) مترا. وبعد فترة قصيرة هاجم اليهود مدخل الباب الجديد محاولين اقتحامه والدخول إلى البلدة القديمة إلا أنهم صدوا خصوصا بعد أن تحصن المجاهدون فوق أسطح مدرسة الفرير ودير القربان ودير اللاتين ومنعوا اليهود من دخول الباب الجديد.

وقبل الهجوم على بناية النوتردام كان اليهود قد شنوا هجوما واسعا منذ الصباح الباكر على حي المصرارة وسعد وسعيد على طول خط المواجهة، ابتداء من قرب المستشفى الإفرنسي وحتى بوابة مندلبوم محاولين التقدم بالمشاة ولكن نيران المجاهدين حالت دون ذلك لفترة طويلة، إلا أنهم فيما بعد تمكنوا من دخول المدرسة الأسوجية كما تمكنوا من دخول مخفر بوليس مياشوريم القريب من بناية مندلبوم ودخلوا كذلك بناية قطينة الكبيرة التي كانت تسمى بناية المتحف الفلسطيني، وكانت جميع هذه البنايات تقع في المنطقة الحرام بيننا وبين اليهود.

وقام المجاهدون بشن هجوم على بناية النوتردام وانسحب منها اليهود ومن المستشفى الإفرنسي وفندق داروتي في شارع يافا، وتبين فيما بعد أن اليهود أخلوا هذه المواقع ظنا منهم أن الجيوش العربية هي التي شنت هذا الهجوم.

وفي صباح يوم السبت أيضا (١٥ أيار) هاجم اليهود حي الشيخ جراح الذي كانت قوة العرب فيه ضعيفة، واستولى اليهود على جميع الحي واتصلوا بمجمع هداسا والجامعة العبرية، وبذلك أغلقت على القدس الطريق

الشمالية (طريق القدس – رام الله)، وفي نفس اليوم انطلق اليهود من حي القطمون الـذي احتلوه أول شهر أيار وتقدموا إلى أحياء البقعة التحتا وحي النمامرة والحي الألماني في وجه مقاومة عربية ضعيفة، وأصبحت أحياء الثوري والنبي داود وحتى باب الخليل في خطر.

وإلى الجنوب أيضا استمر القتال في مستعمرة رامات راحيل التي دخلها العرب ولكن اليهود عادوا لشن هجوم متواصل لاستعادتها، وفي شمال القدس بالقرب من مدينة رام الله استولى العرب على مستعمرة عطاروت.

وكانت ليلة ١٦/١٥ أيار ١٩٤٨ ليلة خطيرة إن لم تكن أخطر الليالي، فقد استمر اليهود بالقصف ولم يتوقفوا عن إطلاق النار.

نجدة من منطقة جنين:

قام المجاهدون في منطقة جنين بإرسال نجدات سريعة إلى القدس حيث شاركت هذه النجدات في الدفاع عن الأحياء العربية فيها، كما شاركت في معارك باب الواد وجبل المكبر.

يقول المؤرخ الكبير الأستاذ عارف العارف:

«لما انسحب الجيش البريطاني في صباح يوم الجمعة ١٤ أيار ١٩٤٨، وأخلى مطار قلندية، احتله سكان مستعمرة عطاروت. وشعر العرب في ١٥ أيار بحرج الموقف، وأرسل آمـر حاميـة القدس فاضل العراقي برقية لاسلكي، إلى قائد المنطقة مهدي بـك، استنجده فيها، وجاءت نجدة من جنين بقيادة فوزي جرار قوامها خمسون مقاتلا، وكان لمجيئها أثر يذكر»[1].

ويروي الضابط المتقاعد محمد مثقال جرار قصة هذه النجدة فيقول[2]:

«حضر أحد ضباط الجهاد المقدس إلى نادي آل جرار في جنين ومعـه برقية

(١) العارف، عارف: النكبة ج٢، ص ١٤٦، ص٤٣٥.
(٢) مقابلة أجريتها مع الضابط المتقاعد محمد مثقال جرار، في عمان في الشهر السابع من عام ١٩٨٩.

مرسلة من الحاج أمين الحسيني إلى قيادة الجهاد المقدس في بير زيت يقول فيها: (استعينوا بمسلحي آل جرار في إنقاذ الموقف بالمدينة المقدسة)، فتحركنا وبرفقتنا ما يربو على ثلاثمائة مسلح من مشاريق الجرار على رأسهم فوزي جرار وقادة الفصائل، ونفذ الوقود من السيارات التي استخدمناها عند قرية حوارة جنوب شرق نابلس، وعدت إلى نابلس وبرفقتي خيري علي حسن جرار، وراجعت اللجنة القومية وطلبت تأمين الوقود للسيارات مقابل الثمن، وبعد جهد أمنوا لنا ثماني صفائح بنزين. ولما وصلنا قرية جفنة قرب بير زيت نفذ الوقود مرة أخرى، فمشينا على الأقدام إلى بلدة بير زيت. وفي اليوم التالي ذهبنا إلى مدينة رام الله للاتجاه منها إلى القدس عن طريق (نيفي يعقوب) إلا أن بعض معارفنا في المدينة ومنهم المرحوم نهاد الحاج إبراهيم جرار نصحونا بأن نسلك طريق طيبة رام الله – أريحا إلى القدس، وكانت هذه الطريق صعبة المسالك. ووصلنا القدس في منتصف الليل. وفي نفس الوقت قام اليهود بهجوم على موقع الباب الجديد (١٦ أيار ١٩٤٨) محاولين الدخول منه إلى البلدة القديمة. وهناك وفي المدرسة المأمونية التي كانت مركز قيادة الجهاد المقدس وجدنا خالد الحسيني وكامل عريقات والدكتور داود الحسيني، فطلبوا منا التحرك رأسا لملاقاة اليهود عند الباب الجديد بعد أن زودونا بدليل. ولما وصلنا الباب الجديد دارت معركة شرسة مع المهاجمين انهزم اليهود على أثرها وتم تطهير الباب الجديد واحتلال كل من بناية النوتردام وكلية الفرير ودير السريان والمستشفى الفرنسي، ومكثنا في هذه المواقع أكثر من أسبوعين، وجرح منا خمسة مجاهدين وعادوا معنا بعد شفائهم إلى جنين».

معارك باب الخليل:

ازداد قصف المدافع وتبادل النار في مدينة القدس في ١٦ أيار ١٩٤٨، واشتد الحصار على الحي اليهودي في البلدة القديمة فطلب اليهود الاستسلام عن طريق حارس أملاك الأراضي المقدسة، لغرض كانوا يهدفون إليه، فوضعت القيادة العربية شروطا قبلها اليهود، وهي تتلخص في تسليم السلاح والشبان القادرين على القتال، وتم الاتفاق على هدنة تبدأ في الساعة الثامنة من مساء ذلك اليوم، وأذيع الخبر بين المجاهدين فأوقفوا القتال فعلا في الحي القديم.

وفي تمام الساعة الثامنة (أي في الميعاد المحدد للشروع في التسليم، قام رجال الهاغانا بهجوم كاسح على طول الجبهة في المدينة: من النبي داود إلى باب الخليل فالباب الجديد والمصرارة وحي الشيخ جراح، وكان عدد مقاتليهم في تلك الجهة يومئذ ألفين، وقد مهدوا لهجومهم هذا بمدافع المورتر من عيار بوصتين، وبالقنابل وراجمات الألغام، فانسحبت حامية مأمن الله من مقرها في عمارة الأوقاف، وكان الهجوم في الحقيقة مركزا على باب الخليل والقلعة. والغاية منه اقتحام السور من هذه الناحية، وإنقاذ اليهود في الحي القديم، وما كان الهجوم في الأنحاء الأخرى إلا للتغطية.

وجاء اليهود إلى باب الخليل في ست مصفحات قاصدين اقتحام السور، اثنتان جاءتا من طريق مأمن الله، واثنتان من الشماعة، واثنتان من بركة السلطان، ومن وراء المصفحات جاء المشاة. وكان عددهم زهاء ستمئة احتشدوا في حي الشماعة، ثم راحوا يزحفون نحو الباب، فتصدى لهم العرب، وردوهم على أعقابهم بعد أن أصلوهم من أبراج القلعة ومن على الأسوار نارا حامية. وكان للقنابل التي ألقوها من الأسوار وللألغام التي زرعها فتيان فرقة القنابل والألغام، في المداخل وعند مفترق الطرق مفعولها عندما انفجرت، ودمرت بعض المصفحات الأمامية.

كان عدد المدافعين في بادئ الأمر مئة وخمسة وسبعين (من البوليس البلدي والنظامي ورجال الجهاد المقدس) ثم أتتهم نجدات من سكان المدينة ومن القرى ومن الاخوان المسلمين السوريين التابعين لجيش الإنقاذ، فأصبحوا أربعمئة، وكانت الجبهة التي عهد إليهم بالدفاع عنها تمتد من باب النبي داود إلى باب الخليل فالباب الجديد. وكان مثل هذا العدد مرابطا في الخطوط الممتدة من الباب الجديد إلى المصرارة فالشيخ جراح.

وفيما كانت المعركة دائرة عند باب الخليل، كانت قوات يهودية أخرى تناوئ العرب المرابطين عند الباب الجديد والنبي داود ودير أبي ثور، وكان يهود الحي القديم في الوقت نفسه يناوئون العرب في داخل السور، حتى أنهم تمكنوا من احتلال بعض دور الأرمن المجاورة لحيهم.

ولكن العرب رغم قلة ذخائرهم، تمكنوا من صد هذا الهجوم الذي دام حتى مطلع الفجر، وردوا اليهود عن الأبواب كلها، وكلفهم ذلك ثلاثة عشر شهيدا وأربعين جريحا. وزعم اليهود أنهم ما كانوا ليفشلوا لو لبى رجال الهاغانا الطلب، وجاءوا لمؤازرة رجال الأرغون الذين قاموا بهذا الهجوم.

وفي رواية يهودية أخرى أن القوات اليهودية التي تولت مهاجمة باب الخليل يومئذ كانت مؤلفة من خمس فرق: أربع منها من رجال الهاغانا، والخامسة من رجال الأرغون وكان يقود هذه الفرقة (جبورا) الذي اشترك في معارك الشيخ جراح.

ويلقى رجال الأرغون التبعة في الانهزام الذي أصاب اليهود في هجومهم على باب الخليل على رجال الهاغانا، ويقولون أنه لولا عملية التغطية التي قاموا بها هم (أي الأرغون) لمذرت الحملة كلها.

ويحدث الرواة الذين شهدوا المعركة أن فرقة التدمير العربية قامت في تلك الليلة بأعمال باهرة، وكذلك المجاهدون من الجهاد المقدس، ومن جيش

الإنقاذ^(١).

وقام اليهود بهجوم ثان على باب الخليل وفي الليلة التالية (١٧ أيار)، بعد أن مهدوا لهجومهم هذا بنيران البنادق وقنابل المورتر، وراجمات الألغام التي لم ينقطع هديرها في ذلك النهار. وسقطت قنبلتان من قنابل المورتر في أرض الحرم وأخريان عند باب الأسباط. وقد أتوا هذه المرة بعدد كبير من مقاتليهم، وكان العرب قد لغموا مفارق الطرق الثلاثة المؤدية إلى باب الخليل (مأمن الله، والشماعة، وبركة السلطان)، وأقاموا عددا من البراميل والعربات والسيارات الكبيرة في الساحة الكائنة بين باب الخليل وسويقة علون وقشلاق البوليس، أقاموها بشكل متعارض يجعل من العسير اجتياز المصفحات لتلك الساحة.

وكان العرب في تلك الليلة أكثر استعدادا من التي سبقتها، إذ كانوا يتوقعون هجوما على المدينة من تلك الناحية، وما الهجوم الذي سبقه في الليلة الفائتة إلا لجس النبض. ولم يبق أحد من السكان يحمل السلاح إلا وهرع إلى الميدان يذود عن الحمى، وكانت معنويات الجميع عالية.

وبدأ الهجوم في الساعة التاسعة مساء، ولكن ما كادت المصفحات الأمامية تجتاز مفارق الطرق المتقدم ذكرها حتى نسف ثلاث منها، فتمزقت إربا، وقتل من فيها، عندئذ تقدم المشاة، وظلت المصفحات الأخرى رابضة مكانها تحمي ظهور الذين تقدموا نحو الباب، وقبل أن يصلوا أطلق المدافعون المرابطون على السور، النيران على الأعداء فاشتبك الفريقان زهاء أربع ساعات. وكانت ذخائر المدافعين قليلة فاستنجدوا بإخوانهم المرابطين في الروضة من جماعة الجهاد المقدس.

ولم ينحصر القتال بباب الخليل، بل تعداه إلى حي الشيخ جراح وباب العمود فالمصرارة والباب الجديد والنبي داود، وفي قطاع المصرارة احتل

(١) العارف، عارف: النكبة ج٢، ص ٤٢٩- ٤٣١.

الأرغون المدرسة السويدية والبيت البولوني ومركز بوليس مياشوريم. وراح اليهود بجميع فرقهم (الهاغانا والأرغون وشترن) يضيقون الخناق على الجزء القديم من المدينة داخل السور، ولولا عناد المجاهدين وثباتهم لسقطت بيد الأعداء.

واستمر القتال طيلة يوم ١٧ أيار واشتد عند منتصف الليل، وكاد اليهود يقتحمون المدينة من ناحية الباب الجديد، وأصبحوا على بعد عشرين مترا من باب الخليل، فازداد الخطر وساد الذعر، وقتل ستة من المجاهدين، ورأى المجاهدون من الحكمة أن يستنجدوا بالجيش العربي، فذهب وفد منهم إلى جبل الزيتون وقابلوا الرئيس بركات طراد قائد سرية منكو للمتطوعين الأردنيين، ورجوه أن يرفع الأمر إلى جلالة الملك كي ينجدهم، وإلا قضي على المدينة وسكانها إذ أن ذخائرهم قد نفذت. فأبرق هذا من فوره إلى قيادة الجيش في عمان وقال: ((إن اليهود أطبقوا على القدس من ثلاث جهات وهم حولها، كالهلال، فإذا لم ترسل قوة لنجدة المناضلين المرتبكين، سقطت المدينة بيد اليهود، وفني ستون ألف نسمة من سكانها العرب)).

يقول الزعيم منير أبو فاضل في مقال له نشره جريدة النهار البيروتية في عددها (٤٥٣٣) الصادر بتاريخ ١٧ حزيران ١٩٥٠ [1]:

((إن قيادة الجهاد المقدس طلبت من الجيش العربي، عندما اشتد هجوم اليهود على القدس بين ١٤ و ١٨ أيار، أن ينجد القدس وأن يقذف المراكز اليهودية بمدافعه)).

وأرسلت في الوقت نفسه رسائل الاستغاثة إلى المجاهدين المرابطين في قطاع رام الله شمال القدس، وقطاع بيت لحم جنوبها، فأتى المنجدون من هنا وهناك، وخف للنجدة أيضا عدد من المتطوعين الذين ينتمون إلى جماعة الاخوان المسلمين بمصر. وقصفت مدافع جيش الإنقاذ المتمركزة في قطاع

---

(١) العارف، عارف: النكبة ج٢، ص ٤٣٤- ٤٣٥.

النبي صموئيل، ميشورم والبخارلية وسنهدريا، مئة قذيفة.

ووصلت بعد منتصف الليل أول مصفحة عربية إلى المكان المعروف برأس العمود، وأتت أيضا فئة من سرية الحسين وفئتان من سرية منكو المتقدم ذكرها، فتقوت معنويات المجاهدين وقاموا بهجوم معاكس على اليهود، فطردوهم من الباب الجديد، ومن باب الخليل. ووصلت طلائعهم إلى مفترق الطرق الفاصلة بين المسكوبية وشارع يافا وشارع البرنس ماري، وأعطبوا مصفحتين يهوديتين عند حديقة البلدية، وتمركزت في النوتردام قوة قوامها ٦٩ مقاتلا بقيادة فوزي جرار.

يقول المؤرخ عارف العارف[١]: «حدثني الأستاذ مصطفى السباعي مرشد الأخوان المسلمين السوريين، وقد حضر معركة باب الخليل هذه، أن عدد المجاهدين الذين دافعوا عن القدس في تلك الليلة كان (٧٧٥) منهم ١٧٥ فلسطينيون (بوليس وجهاد مقدس) و ١٠٠ أردنيون (سرية الحسين وسرية منكو) و ١٠٠ سوريون (اخوان مسلمون) و ٤٠٠ فوج اليرموك (جيش إنقاذ). وكانت أسلحتهم عبارة عن بنادق اعتيادية وقنابل يدوية. ولقد نفعتهم الخراطيش (١٥٠٠٠) التي أمدتهم بها لجنة الدفاع عن فلسطين، تلك اللجنة التي ألفها عدد من كرام القوم في عمان، كما نفعهم المقادير الكبيرة من الديناميت الذي كان في حوزة المجاهدين الفلسطينيين.

ويواصل الأستاذ عارف العارف كلامه فيقول: وما دمنا عند ذكر الإخوان المسلمين السوريين فلا بد لنا أن نذكر أنه اشترك من هؤلاء الاخوان في حرب فلسطين زهاء أربعمئة أخ، مئة منهم بقيادة الأستاذ الشيخ مصطفى السباعي وهو أستاذ في الجامعة السورية. والباقون انخرطوا في صفوف جيش الإنقاذ. وقد استشهد منهم أحد عشر ـ شخصا، وجرح زهاء خمسين».

(١) العارف، عارف: النكبة ج٢، ص ٤٣٥ـ ٤٣٦.

وما كاد الليل يولي الأدبار ويطلع النهار حتى كان النصرـ معقودا للعرب، ولقد أصيبت هذه الناحية من المدينة بأضرار فادحة في الممتلكات من جراء هذه المعارك. إذ دمر الجزء الأعظم من المنازل والمكاتب والفنادق والحوانيت ودور التجارة تدميرا تاما، وسدت الشوارع والطرق، بعضها بالحجارة والبعض الآخر بالأسلاك الشائكة من لدن المتحاربين أنفسهم.

وقتل في هذه المعركة زهاء خمسين مقاتل من اليهود، وجرح كثيرون. ولم يقتل من العرب سوى ستة، وأصيب خمسة بعاهات مستديمة، واثنان فقدا النظر، وجرح من الاخوان المسلمين في تلك المعركة خمسة وثلاثون وجرح من باقي المجاهدين خمسة وعشرون. وأصبح عدد كبير من البنادق التي استعملها المجاهدون في حالة لا تصلح للاستعمال. وأخذ التعب من المجاهدين مأخذه، وألم بهم ضنك شديد من جراء القتال والسهر المتواصل.

معارك حي النبي داود:

في ١٧ أيار ١٩٤٨ حاول اليهود اقتحام المدينة من جهة باب النبي داود، فصعدوا التل من الدرب السلطاني المحاذي للسور، ولكن العرب قابلوهم بنيران شديدة من على السور، وقذفوا الباص الذي كانوا يستقلونه بالقنابل الحارقة وقتلوا من فيه.

وفيما كان القتال ناشبا في هذه الناحية، راح المشاة من المهاجمين اليهود يتسلقون التل المقابل لحي مونتفيوري ووصلوا إلى مدرسة صهيون عن طريق جورة العناب.

وفي ١٧ أيار احتل العرب مستعمرة النبي يعقوب الكائنة على الطريق نفسها، وبسقوطها فتحت الطريق للمجاهدين الذين جاءوا من الشمال لنجدة القدس. وقد اشترك جيش الإنقاذ مع مجاهدي جيش الجهاد المقدس في الهجوم على هذه المستعمرة. وكان المقدم مهدي صالح العاني هو المسؤول

عن القتال في هذا القطاع، الذي كان فيه حامية من رجال الهاغانا.

وفي اليوم الثامن عشر من أيار احتل اليهود محطة السكة الحديدية ومطبعة الحكومة في القدس، كما احتلوا دير القربان والمستشفى الفرنسي والنوتردام. ووقف اليهود يومئذ على الباب الجديد يريدون اقتحامه، حتى أنهم نسفوا الباب ونسفوا السور الملاصق له، كما نسفوا جانبا من الواجهة المقابلة له من عمارة النوتردام، وكادوا يقتحمون المدينة، وينقذون اليهود المحصورين في الحي القديم، لولا أن جاءت مجموعة من الجهاد المقدس يقدر عدد أفرادها بثلاثين مقاتلا وصدتهم عن الباب، ثم تسلق رجالها السور، وصعدوا إلى سطح الدير، ومن هناك راحوا يقاتلون اليهود المتمركزين في النوتردام، ولما كانت هذه العمارة من المناعة بمكان، فقد قامت فرقة التدمير العربية بنسف ما تبقى من واجهتها القبلية، كما ثار لغم في الدير، فتهدم من جرائه بعض جدرانه، وجرح تسعة من العرب في هذه المعركة، وظل المجاهدون الفلسطينيون مرابطين في ذلك القطاع حتى جاء الجيش العربي في اليوم التالي (١٩ أيار) وطلب منهم الانسحاب فانسحبوا[١].

وفي ١٨ أيار أيضا احتل اليهود فندق الملك داود، ودير الراهبات، والبقعا الفوقا، ومدرسة صهيون، ومقر القاصد الرسولي، وحي النبي داود، وكانت حامية هذا الحي مؤلفة من ٨٣ نفرا من رجال جيش الإنقاذ، ينتمون إلى فوج اليرموك الثالث الذي انسحب من القطمون في ٧ أيار. وقد غادروا حي النبي داود عندما هاجمه اليهود، وتركوا باب المدينة في تلك الناحية مفتوحا، فاقتحمه اليهود، ودخل منهم ثمانون من رجال البالماخ، واتصلوا باليهود المحصورين في الحي القديم. وقد بذلت سرية الأمن جهدها لتصدهم فلم تلفح، وقتل من رجالها أربعة وجرح أربعة آخرون بينهم القائد.

وما كاد اليهود يدخلون حي النبي داود حتى قاموا بتخريبات لا توصف،

(١) العارف، عارف: النكبة ج٢، ص ٤٤٤.

منها ما ذكره رهبان كنيسة نياحة العذراء، فقد دمر اليهود باب الكنيسة الخلفي واقتحموها في طريقهم إلى البرج، وجعلوا منها مسرحا للقتال، وراحوا يمعنون في السلب والتدمير، ونهبوا كل ما وجدوه في الدير من أمتعة وفي الكنيسة من صلبان وتماثيل، ومن كتب وأسفار وأدوات للصلاة والعبادة، وبعد أن تم لهم ذلك جعلوا الكنيسة مسرحا للرقص واللهو.

وفيما كان العرب في قطاع النبي داود منهمكين في رد عادية اليهود خارج السور، انتهز اليهود المقيمين في الحي القديم الفرصة، فاحتلوا دور الأرمن القريبة من الدير، وهاجموا باب الخليل. وراح اليهود يقصفون الأحياء العربية في البلدة القديمة بمدافع المورتر، ولكن العرب عادوا فتغلبوا على اليهود وطردوهم من حارة الأرمن ومن باب الخليل وسدوا باب السور من ناحية النبي داود[1].

وفي ١٨ أيار احتل اليهود حي الثوري، ومن حي الثوري والنبي داود راحوا يضربون رأس العمود ويعرقلون خط المواصلات العربية بين القدس وعمان.

وفي ١٩ أيار دخلت القدس الكتيبة السادسة من الجيش العربي، يقودها وكيل القائد عبد الله التل، وتسلمت خط القتال الممتد من البلدة القديمة حتى جبل المكبر، وكان مجموع رجالها ألفا. وقامت هذه الكتيبة في صبيحة يوم ٢٠ أيار بمهاجمة الحي اليهودي في البلدة القديمة، فأغارت عليه من ناحية باب المغاربة، واشترك في هذه الغارة وفي الغارات التي تبعتها فئات من فرق الجهاد المقدس، ومن رجال جيش الانقاذ، ومن المتطوعين الأردنيين، وقد قدر عددهم بخمسمئة.

وقام اليهود في الوقت نفسه بهجوم مضاد على باب الخليل، والباب الجديد وعلى باب النبي داود لينقذوا اليهود المحصورين في ذلك الحي، وقامت بين الفريقين معارك حامية، فقذف اليهود الأحياء العربية بعدد لا

(١) العارف، عارف: النكبة ج٢، ص٤٤٦.

يحصى من قنابل المورتر وراجمات الألغام وسقطت بعض القنابل في ساحة الحرم، وفي المدرسة الصلاحية، وقصف العرب الأحياء اليهودية خارج السور وأصابت قذائف العرب حي المونتفيوري والكنيس اليهودي الكبير، وأصيبت عمارة النوتردام ودير القربان، وانتهت المعركة بنصر العرب، فانهزم اليهود من الدور التي كانوا قد احتلوها في حارة الأرمن، ومن باب النبي داود.

واشترك في هذا الهجوم عدد من المجاهدين في بيت المقدس وشعفاط والقرى المجاورة، وكانوا بقيادة الضابط المصري ابراهيم الحفناوي. وطردوا اليهود من مدرسة البوليس الواقعة في جبل((سقوبس)) والدور المجاورة لها، ومن جميع المنازل التي كانوا قد احتلوها في حي الشيخ جراح. وقطعوا كل اتصال كان بين الأحياء اليهودية وبين مؤسساتهم في جبل الزيتون (هداسا والجامعة العبرية).

سقوط حارة اليهود:

في يوم الثلاثاء ٢٥ أيار استمرت المعارك خارج الأسوار، وقام اليهود بمحاولات مستميتة لإنقاذ المحصورين في الحي اليهودي بالمدينة القديمة، ولكنهم صدوا وسقطت قنبلة في دير الأرثوذكس فقتلت عددا من اللاجئين وجرحت كثيرين، ونسف اليهود الواجهة الأمامية لدير القربان. واستمرت المدافع العربية تضرب الأحياء اليهودية، ودب الرعب في أفئدة اليهود في داخل السور وفي خارجه. أما الذين في داخل السور فقد أصبحوا على وشك الاستسلام، وأما الذين في خارجه فكادوا يموتون جوعا وعطشا.

وسقطت في النهار قنبلة على كنيسة القيامة فحرقت القبة الكبرى، وأصيب دير القربان والنوتردام، وأصيب السجن المركزي وبعض البنايات في المسكوبية.

وحلقت في سماء القدس القديمة طائرة يهودية قاصدة إلقاء حمولتها من ذخائر ومؤن إلى اليهود المحصورين في الحي القديم، إلا أن العرب حالوا دون بغيتها، وكان الليل قد انتصف فألقت بكيسين، وقع أحدهما في مقبرة الروم على جبل صهيون، وسقط الثاني عند باب الخليل فغنمه العرب.

وأعادت الطائرة اليهودية الكرة في مساء اليوم التالي (٢٦ أيار) فألقت خمس رزم، التقط العرب منها ثلاثا، وكانت ملأى بالذخائر.

وفي ٢٦ أيار ١٩٤٨ قصفت المدافع العربية الحي اليهودي من مراكزها في رأس العمود ودام القصف ربع ساعة، ثم تقدم المشاة ومعهم رجال فرقة التدمير العربية حاملين الألغام، وتمكن هؤلاء من نسف عشرة منازل يهودية وبعض الاستحكامات التي كان الأعداء متحصنين فيها. وقام اليهود بهجوم معاكس اشترك فيه عدد أكبر من عدد العرب المهاجمين، واشتبك الفريقان في قتال مرير دام حتى المساء. وما كاد النهار يولي الأدبار حتى كان النصر ـ معقودا للعرب.

ولم يزد عدد العرب الذين اشتركوا في القتال يومئذ عن المئة: أربعون من رجال السرية الأولى يقودهم الملازم الثاني إبراهيم الشوبكي، وثلاثون من سرية منكو يقودهم الرئيس بركات طراد، وحظيرة من فئة التدمير التابعة للجيش العربي، وأخرى من فرقة التدمير التابعة للجهاد المقدس، والباقون من رجال الجهاد المقدس يقودهم حافظ بركات، هذا طبعا غير المجاهدين الذين كانوا على الأسوار، والجنود الذين كانوا يرابطون في طرفي المدينة من الشرق والشمال[1].

وفي ساعة مبكرة من صبيحة اليوم السابع والعشرين من شهر أيار ١٩٤٨ ألقت طائرة يهودية بعض القنابل على الأحياء العربية فسقطت إحداها بالقرب من كنيسة القيامة، وقد فعلوا ذلك ليخففوا ضغط المجاهدين على

---

(١) العارف، عارف: النكبة، ج٢، ص٤٨٢.

الحي القديم.

وقام حوالي مئتي عربي بمهاجمة الحي اليهودي القديم في البلدة القديمة، نصفهم من رجال الجيش العربي، والنصف الآخر من رجال الجهاد المقدس، يتقدمهم خمسة وعشرون شابا من رجال فرقة التدمير العربية المقدسية حاملين الألغام، وراحوا يمطرون الأعداء بوابل من رصاص بنادقهم، وسيل من الألغام والمدافع، وقابلهم اليهود بنيران مدافعهم من خارج السور.

وقد تهدمت أوكارهم بفعل الألغام، وتقدم المشاة فاحتلوا جميع المنازل المجاورة للكنيس الكبير، وكان اليهود قد تحصنوا في الكنيس المذكور، وراحوا يطلقون منه النار على العرب. وقد أنذرهم القائد عبد الله التل بواسطة هيئة الصليب الأحمر الدولي ومندوبها الدكتور «ليز» طالبا منهم أن يغادروا الكنيس وألا يتخذوه حصنا، ولما لم ينصاعوا لكلامه اضطر لإصدار الأمر بهدمه، فهدمه رجال فرقة التدمير المقدسية، ولم يمض على ذلك أكثر من ساعة حتى كانت الحرائق مشتعلة في كل مكان، وكان العرب قد استولوا على الأسواق وما فيها، ولم ينفع اليهود التجاؤهم إلى حصنهم الأخير في كنيسهم الجديد الواقع في حارة السكناج، إذ أن هذا أيضا قد سقط بيد العرب.

وفي اليوم التالي الجمعة (28 أيار) كانت الحرائق مشتعلة في كل ناحية من أنحاء الحي اليهودي، فجاء حوالي الساعة العاشرة صباحا إثنان من الحاخامين يحملان علما أبيضا علامة التسليم. وأخبرا قائد الموقع الرئيسي محمود الموسى أنهما يبغيان التفاوض في صدد شروط التسليم. واجتمع مندوبو الطرفين، وفرض العرب شروطهم، وتسلم العرب الحي اليهودي كله. ولقد قتل من اليهود في ذلك اليوم، واليوم الذي قبله خلق كثير، قدرهم بعض المطلعين بمئتين. وأما الجرحى فكانوا مئة وخمسة وأربعون، وكان بين الجرحى قائد منظمة الهاغانا وقائد منظمة الأرغون. وأما اليهود أنفسهم فقد اعترفوا بمئة قتيل فقط وسبعين جريحا. ووقع «1249» يهوديا

في قبضة العرب أطلق سراح ((٩١٣)) منهم وهم الشيوخ والأطفال. وأما الباقون وعددهم ((٣٣٢)) رجلا محاربا وأربع فتيات محاربات، فقد أرسلوا إلى شرق الأردن ووضع الرجال في المعتقلات، وأمر الملك بإطلاق سراح الفتيات.

وكان لسقوط الحي اليهودي بالبلدة القديمة أثر عظيم فتحطمت أعصاب اليهود أو كادت، وراحوا ينتقدون قائد الهاغانا دافيد شالتائيل واتهموه بالتقصير في إنقاذ الحي. ومما زاد من خطورة الأمر أن خسائرهم في الأسبوعين الأخيرين فقط بلغت ألفا ومئتي مدني، قتل منهم أربعمئة وخمسون، هذا غير المحاربين الذين لاقوا حتفهم في الميدان.

ووصل اليأس بهم إلى درجة جعلت العرب يعتقدون أنه لن تقوم لهم بعد اليوم قائمة. ولكن الواقع كان غير ذلك، إذ ما كاد يهود الحي القديم يستسلمون ويوقعون وثيقة الاستسلام، حتى راح اليهود خارج السور يهاجمون البلدة القديمة في الساعة الثامنة مساء، من ثلاث جهات، من باب الخليل وباب العمود والباب الجديد. ولكن العرب ردوهم وقصفوا الأحياء اليهودية في المدينة الجديدة بنيران مدافعهم [١].

معركة جبل المكبر:

يقع جبل المكبر في الطرف الجنوبي لمدينة القدس ويشرف على معظم أحياء المدينة. وهو جبل استراتيجي مرتفع، من احتله سيطر على المدينة كلها. وقف عليه عمر بن الخطاب يوم فتح القدس وذكر الله وكبر.

اتخذه الانجليز في عهد احتلالهم لفلسطين مقرا لحكامهم وبنوا فوقه دار المندوب السامي التي كانت تعرف بدار الحكومة. ومع نهاية الانتداب البريطاني في أوائل أيار ١٩٤٨ وضع المندوب السامي البريطاني لحكومة فلسطين السير ألين كاننغهام دار الحكومة ومبنى الكلية العربية والمدرسة

(١) العارف، عارف: النكبة ج٢، ص٤٨٨.

الزراعية اليهودية تحت تصرف منظمة الصليب الأحمر الدولية. وقبل العرب هـذا الترتيب يوم ١٩٤٨/٥/٩ وتأخر قبول اليهود حتى يوم ١٧ أيار لأنهـم كـانوا يـأملون في احتلال المدينـة كلها[1].

تسلم الصليب الأحمر الدولي مباني جبل المكبر بحضور مندوبي الصـليب الأحمر والهيئة العربية العليا والوكالة اليهودية. وقد اشترط يومئذ ألا يقيم في المنطقة المسلمة للصليب الأحمر أي شخص في سـن الجنديـة. ولـم ينفذ الطرفان الاتفـاق بحذافيره، ولكـن لم يقع أي اشتباك في منطقة جبل المكبر حتى أواسط آب ١٩٤٨ حين انتهك الإسرائيليون الاتفاق وقاموا في مساء يـوم ١٩٤٨/٨/١٧ بالتسـلل إلى جبـل المكبر فتصدى لهـم المجاهـدون مـن الأخوان المسلمين والفلسطينيين.

يقول الأستاذ كامل الشريف عن الدور الرئيسي الذي قام به الاخوان المسلمون في معركـة جبل المكبر[2]:

يقع جبل المكبر إلى الجنوب الشرقي من القدس القديمة، وهو مرتفع منيع يستطيع مـن يحتله أن يهيمن على القدس كلها، ويقطع الطريق الرئيسي- الـذي يصـلها بعمان، فـوق أنـه يتحكم في القوات المتطوعة التي ترابط في جنوب القدس، وكان هـذا المرتفع إحدى حلقـات الدفاع التي يتولاها الاخوان المسلمون المرابطون في قرية صور باهر.

وقد كان اليهود يخططون لمهاجمة الاخوان على غرة، وكانت أول المحاولات التـي أقدموا فيها على احتلال مرتفعات جبل المكبر في ١٨ أغسطس ١٩٤٨. فقد بدأت جموعهم تتحـرك في الساعة الثامنة من مساء ذلك اليوم، من أحياء القدس اليهودية ومن المستعمرات الواقعـة جنوبها، ثم بدأوا يزحفون بهدوء غير أن نقطة المراقبة الأمامية انتبهت لهذه الحركة وأخبرت قائد صور باهر وطلبت توجيهاته السريعة.

(١) العارف، عارف، النكبة ج٤، ص ٧٩٠.
(٢) الشريف، كامل، الاخوان المسلمون في حرب فلسطين، ص١٥٧- ١٦١.

وبدأ القائد ((محمود عبده)) يضع خطته لإبادة هذه القوات وتلقين اليهود درسا قاسيا يحفظونه عن الاخوان وشدتهم في القتال.

وحين بدأ يتحرك بقوته في صور باهر كانت عواصف الرصاص تثور في قمة الجبل، وكانت طلائع العدو قد اشتبكت مع مواقع الاخوان الأمامية. وما أن وصل حتى كانت المعركة في أعنف مراحلها، وكان واضحا أن العدو يستميت في احتلال هذا الموقع ويقذف كتلا هائلة من قواته لتحقيق الغرض في أقصر ـ وقت ممكن، وكلما تكسرت موجة تحت أقدام الأبطال المؤمنين تدفقت في أثرها موجة أخرى.

وكانت أول الخطوات التي أقدم عليها القائد ((محمود عبده)) أن أمر فصيلة من جنوده فدارت إلى اليمين واقتربت من الطريق الذي يستخدمه العدو في تحركاته وأخذت تطلق النار على القوافل التي تتحرك صوب المعركة، وفي نفس اللحظة كان يصدر أمره للمدافعين عن الجبل بالإنسحاب إلى الوراء فظن العدو أن المقاومة قد انتهت، فتقدم ليحتل المواقع التي أخلاها المجاهدون، وفي نفس الوقت كانت أفواه المدافع تنفتح من كل صوب وتقذف كتلا من اللهب على قمة الجبل، ولم يكن لليهود حينها ما يحتمون فيه فقتل منهم عدد كبير، فبدأوا يتراجعون في ذعر وارتباك.

تقدمت بعد ذلك قوات من المشاة وحاصرت قمة الجبل، واشتبكت مع العدو في قتال عنيف، وحاول اليهود التراجع إلى القدس، ولكن القوة الخلفية فاجأتهم بنيران حامية، وبينما كانت المعركة تسير على هذا النحو المرسوم اليوزباشي ((محمود عبده)) بطلقات طائشة فحمله مرافقوه إلى الخلف، ولم تمض إلا لحظات حتى جاء المجاهد ((لبيب الترجمان)) ليتولى قيادة المعركة في مرحلتها الختامية.

وقد شاركت قوة من الجهاد المقدس من أبناء السواحرة وبيت المقدس في المعركة وكان يقودهم محمد طارق الأفريقي، كما أنضمت إليهم سرية من

الجيش الأردني يقودها عبد الله التل. وقامت هذه القوات بهجوم عنيف على القوات اليهودية فاندحرت هذه القوات، وأخذ اليهود يتسللون إلى المنطقة الحرام ودار الحكومة حيث يوجد بعض مراقبي الهدنة ورجال هيئة الأمم، وفطن الاخوان للأمر فتابعوهم إلى هناك، وضربوا حصارا محكما حول دار الحكومة وهددوا بتدميرها، مما اضطر رجال هيئة الأمم إلى الاستغاثة بالبكباشي أحمد عبد العزيز الذي جاء لتوه، واستجاب لرغبة مراقبي الهدنة بوقف إطلاق النار، ولكنه أصر على احتلال مرتفع يدعى (رأس الأحرش) يشرف على دار الحكومة والحي اليهودي بالقدس. وبذلك أصبح الإخوان خطرا شديدا يهدد القدس الجديدة، واتخذوا من هذا الموقع نقطة يراقبون منها حركات اليهود وسكناتهم.

وحاول اليهود في اليوم التالي القيام بهجوم كبير على نفس هذه المواقع أملا في احتلالها ورد اعتبارهم بعد هزيمة الأمس، ولكن يقظة الإخوان واستماتتهم في الدفاع وقف سدا منيعا دون وصولهم لهذه الغاية، مما اضطرهم إلى التراجع، وكانت خسائرهم في هذه المرحلة تتجاوز المئتين حسب تقدير مراقبي الهدنة عدا فقدانهم لجميع الأسلحة والمعدات التي دفعوا بها في هذه المعارك.

وبدأت بعد هذه الفترة مرحلة مفاوضات طويلة لتخطيط حدود المنطقة

الحرام، وكان أحمد عبد العزيز فخورا بجنود الاخوان وبما أحرزوه من انتصار رائع، مما جعله يملي إرادته على اليهود ويضطرهم إلى التخلي عن منطقة واسعة مهددا باحتلالها بالقوة.

وبعد تدخل الجنرال رايلي كبير المراقبين الدوليين عقد اجتماع يوم ١٩٤٨/٨/٢٢ حضره كل من المقدم عبد الله التل عن الجيش الأردني، والعقيد أحمد عبد العزيز عن المتطوعين المصريين، والقائد طارق الأفريقي عن الفلسطينيين، وموشي دايان عن الجيش الإسرائيلي.

وحضر من هيئة الرقابة الدولية مع الجنرال رايلي الكولونيل فوكس والجنرال لاندستروم.

وقد تم الإتفاق على إضافة منطقة جديدة مع جبل المكبر إلى المنطقة التي وضعت تحت إشراف المنظمة الدولية وصارت تعرف بـ((منطقة دار الحكومة وجبل المكبر)). وتسلم الصليب الأحمر الدولي المنطقة في أيلول ١٩٤٨. وعقد اتفاق آخر في ١٩٤٨/١١/٢٠ لوقف إطلاق النار في مدينة القدس كلها، وجعلت بين الخطين مناطق حرام كان فيها يومئذ منطقة جبل المكبر والمباني القائمة عليه، وهي دار الحكومة والكلية العربية والمدرسة الزراعية اليهودية وما بين هذه المباني وما حولها من أرض [١].

(١) الموسوعة الفلسطينية - المجلد الرابع، ص ٢٨١، عن عارف العارف في كتابه ((نكبة بيت المقدس)) - الجزء الرابع.

الفصل الثاني
معارك منطقة القدس

معارك منطقة القدس

تقديم:

منذ بدأ القتال في فلسطين في أواخر عام ١٩٤٧ وأوائل ١٩٤٨ وقعت بين العرب واليهود معارك كثيرة في منطقة القدس، بل وكانت أشد المعارك قد وقعت في هذه المنطقة حيث وجه المجاهدون عدة ضربات موجعة للصهيونيين، وسجلوا عليهم في الأيام العشرة الأخيرة من شهر آذار ١٩٤٨ انتصارا ساحقا في معركتين كبيرتين، الأولى معركة شعفاط في ٢٤ آذار، والثانية معركة الدهيشة في ٢٧ آذار.

واشتدت بذلك وطأة الحصار العربي على يهود القدس فانقطع الاتصال بينهم وبين المناطق الأخرى، ولا سيما منطقة تل أبيب، بسبب سيطرة المجاهدين العرب على كافة الطرق المؤدية إلى مدينة القدس.

وكانت أشد المعارك وقعا وأكثرها أثرا في النفوس معركة القسطل التي استشهد فيها قائد الجهاد المقدس عبد القادر الحسيني.

وفي هذا الفصل سأتحدث عن أهم هذه المعارك:

معركة كفار عصيون

معركة كفار عصيون الأولى:

تقع مستعمرة كفار عصيون جنوب القدس، على المرتفعات الواقعة على طريق القدس – الخليل. وكان اليهود في هذه المستعمرة والمستعمرات الثلاث المجاورة لها (ريفاديم، ماسوئوت اسحاق، عين تسوريم) يحاولون باستمرار قطع طريق «القدس – الخليل» بإطلاق النار على السيارات العربية المارة.

وفي يوم ١٤ كانون الثاني ١٩٤٨ أطلق اليهود النار على عدة سيارات

عربية وعلى سيارة القنصل العراقي وهو في طريقه إلى الخليل. فشن سكان مدينة الخليل هجوما واسعا على المستعمرة محاولين اقتحامها، إلا أن المستعمرة كانت محصنة جدا، وما كان في أيدي المهاجمين أكثر من بضع بنادق اعتيادية، كما أنهم جاءوا إليها في صفوف غير منتظمة ولا يقودهم قائد. فاستشهد منهم أربعة عشر مقاتلا، وجرح أربعة وعشرون[1].

وفي نفس اليوم (١٤/١/١٩٤٨) هاجم المجاهدون العرب قافلة يهودية كبيرة غربي القدس على طريق ((القدس - يافا)) كانت متجهة إلى القدس، وقرب قرية بيت نبالا وقعت في كمين قوي، وسيطر المجاهدون على ميدان المعركة، فقتل (١٢) وجرح حوالي (٦٠) يهوديا وأحرقت جميع سيارات القافلة[2].

معركة كفار عصيون الثانية:

كانت مستعمرة كفار عصيون والمستعمرات المجاورة لها من أقوى المستعمرات اليهودية المحصنة. إذ كان يقوم بحمايتها عدد من قوات الهاغانا وعصابتي شترن وأرغون. وقد استمرت في التصدي للقوافل العربية وقطع الطريق عليها، ولم يكن بد من إزالة هذه العقبة الكؤود من طريق القوافل العربية.

وفي يوم (٦) أيار ١٩٤٨ قام مسلحو كفار عصيون بإطلاق النار على عدد من السيارات المدنية التي كانت ترافقها بعض سيارات الجيش العربي ومصفحاته، كما قصفوا القافلة بقنابل المورتر، فقتل جندي وجرح آخر وتعطلت إحدى السيارات وتعذر سير القافلة، ثم وصلت للجيش العربي نجدة من تسع مدرعات وتمكنت القافلة من استئناف سيرها إلى مدينة الخليل.

(١) العارف، عارف، النكبة ج١، ص٨٣.
(٢) مذكرات بهجت أبو غربية: مجلة القدس الشريف، العدد ٥٦، عام ١٩٨٩، ص١٣.

وفي اليوم التالي (٧) أيار قامت قوة من الجيش العربي مزودة بمدرعات تحمل مدافع من عيار بوصتين، ومن هذه القوة ثلاثون جنديا وثلاثة ضباط هم: حكمت مهيار، قسيم محمد، عبد الله أبو دخينة. ويرافقهم حوالي (٤٠٠) من مجاهدي مدينة الخليل والقرى المجاورة، وقاموا بمهاجمة يهود كفار عصيون عند موقع دير الشعار الذي احتله اليهود وتحصنوا فيه، وتمكن العرب من احتلال الدير كما قصفوا مستعمرة كفار عصيون نفسها بالمدافع. وقد خسر اليهود في هذه المعركة حوالي (٢٠) قتيلا تركوا جثثهم في أرض المعركة، بالإضافة إلى عدد من القتلى والجرحى تمكنوا من إخلائهم، كما خسر العرب ما يقارب من هذا العدد من الشهداء والجرحى.

وفي اليوم التالي انسحب الجيش العربي، وقيل أن الانجليز الذين كانوا في البلاد ولم يبرحوها بعد، كانوا يعارضون في اشتراك الجيش العربي في القتال قبل انتهاء الانتداب. وعاد اليهود إلى الدير واحتلوه، وراحوا منه يقتنصون المارة [1].

ولكن العرب عادوا فشنوا هجوما آخر مركزا يوم (١٢) أيار ١٩٤٨، اشتركت فيه سرية من الجيش الأردني بقيادة حكمت مهيار معززة بتسع مدرعات وثلاثة مدافع مورتر وعدد من المجاهدين الفلسطينيين جاوز الخمسمائة مقاتل بقيادة عبد الحليم الجولاني. وكانت مقاومة اليهود في هذا اليوم شديدة، وكانت طائرة يهودية تساعد اليهود في المعركة، وفي صباح اليوم التالي (١٣) أيار استأنف العرب هجومهم بعد أن وصلت نجدة من الجيش العربي بقيادة عبد الله التل.

وحوالي الساعة الواحدة بعد الظهر رفع اليهود علما أبيض على أحد المواقع، نتيجة لمفاوضات للتسليم كانت تجري بواسطة ممثل الصليب الأحمر الدولي.

(١) العارف، عارف: النكبة ج١، ص ٣١٣- ٣١٥.

وتوقف الهجوم وتقدم الجنود والمجاهدون نحو المستعمرة إلا أن اليهود غدروا بالعرب واستأنفوا اطلاق النار فقتلوا اثني عشر عربيا وجرحوا أكثر من ثلاثين، فاستأنف العرب الهجوم بشدة، ولما رأى اليهود أنهم لا محالة مغلوبون قرروا الاستسلام للمرة الثانية ورفعوا الأعلام البيضاء، مرة أخرى.

وسقطت كفار عصيون حوالي الساعة الثانية والنصف من بعد ظهر ١٣ أيار واستسلم من فيها بإشراف الصليب الأحمر الدولي. وأما المستعمرات الثلاثة الأخرى المجاورة لها فقد سقطت في ١٤ أيار ١٩٤٨.

وبلغ عدد الأسرى اليهود (٣٣١) كما أطلق سراح ٨٧ من النساء والأطفال، وادعى اليهود أنهم خسروا (٦٢) قتيلا و (٤٢) جريحا. أما العرب فكانت خسائرهم (٤٠) شهيدا مدنيا و (١٤) عسكريا من الجيش الأردني. كما جرح من العرب أكثر من مئة جريح أصيب عدد منهم بفعل الألغام التي كانت محيطة بالمستعمرة[1].

واستولى المجاهدون على ست مصفحات وثلاثمائة بندقية وعدد من الرشاشات وكميات من الذخائر. وأحرقت طائرتان للعدو، وتم نسف معظم بيوت المستعمرة[2].

معركة صوريف:

تقع قرية صوريف في قضاء الخليل، وهي مسقط رأس المجاهد إبراهيم أبو دية، وكانت فيها مخازن أسلحة الجهاد المقدس، وكان يجاورها بعض المستعمرات اليهودية.

بعد معركة كفار عصيون الأولى، أرسل اليهود نجدة إلى مستعمرة كفار عصيون يوم ١٧ كانون الثاني ١٩٤٨، انطلقت ليلا من مستعمرة عرتوف

---

(١) مذكرات بهجت أبو غربية: مجلة القدس الشريف، العدد ٦٦، عام ١٤١١ هـ ص ٣٦.
(٢) مارديني، زهير، فلسطين والحاج أمين الحسيني، ص ٣٦٢.

بالسيارات حتى وصلت ((وادي الصنع)) قرب قرية بيت نتيف، ثم واصلت تقدمها سيرا على الأقدام في واد بين قريتي صوريف والجبعة لتصل إلى مستعمرات كفار عصيون.

ولكنها ضلت الطريق، واكتشفها أهالي صوريف في الصباح الباكر، فهب القائد إبراهيم أبو دية ورجاله وحاصروا القافلة واشتبكوا معها عند موقع ((ظهر الحجة))، واستمر القتال طول النهار، ومع أن القوة اليهودية كانت مدججة بالأسلحة الأوتوماتيكية وبكميات كبيرة من الذخيرة إلا أن المجاهدين العرب تغلبوا عليها وأبادوها عن بكرة أبيها، وكان عددها (٤٠) مقاتلا من رجال الهاغانا المشهورين، وقد اعترف اليهود بمقتل (٣٥) رجلا نشروا أسماءهم في الصحف، واستشهد من العرب أربعة فقط[١].

وكانت حصيلة الغنائم في المعركة (١٢) مدفع برن و (١٨) بندقية و (٢٨) مسدسا وعددا من القنابل والذخائر[٢].

وبعد هذه المعركة ارتفعت شهرة القائد إبراهيم أبو دية الذي أدار المعركة بكل كفاءة في أرض قرية صوريف.

وفي اليوم التالي جاءت قوة عسكرية يهودية من نفس الطريق لنقل جثث القتلى فدارت معركة ثانية قرب قرية بيت نتيف دامت (٧) ساعات قتل فيها (١٣) من اليهود وثلاثة من العرب ثم تدخل الجيش البريطاني وتولى نقل الجثث. وبعد هذه المعركة نادى بعض اليهود بإخلاء المستعمرات اليهودية الكائنة في جبل الخليل، وعارض ذلك آخرون.

وبعد معركة ((ظهر الحجة)) جند إبراهيم أبو دية سرية منتقاة من رجال جبل الخليل الأشداء، وزودها بأسلحة جيدة نسبيا، واتخذت من أبنية محطة الرادار في قرية حلحول مقرا لها. وكان من المفروض أن تكون سرية ضاربة

(١) مذكرات بهجت أبو غربية: مجلة القدس الشريف، العدد ٥٦، عام ١٩٨٩م، ص ١٤.
(٢) محسن، عيسى خليل: فلسطين الأم وابنها البار، ص ٣١٣، عن جريدة الدفاع الأحد ١٨ كانون الثاني ١٩٤٨.

متحركة تتولى القيام بهجمات مركزة على مواقع العدو في الأماكن والأوقات المناسبة، ولكنها وبسبب ضرورة المحافظة على حي القطمون الاستراتيجي في القدس، نقلت إلى هـذا الحـي ودافعت عنه بكل بسالة، ولكن حركتها تجمدت في هـذا الحي إلى حـد كبير، وفيما بعـد استشهد ٩٠% من رجالها في قتال باسل في حي القطمون.

معارك ضواحي القدس

معركة بيت سوريك:

تقع قرية بيت سوريك غربي القدس إلى الشرق من القسطل المجاورة لها، وعلى بعد قليـل من طريق «القدس – يافا».

علم المجاهدون من مصدر استخبارات الجهـاد المقـدس، أن قيـادة الهاغانـا تنـوي تعزيـز قواتها في القدس لرفع الروح المعنوية بين سكانها اليهود المحاصرين وللقيام بـأعمال عسكرية معينة، وأن القيادة الصهيونية قررت إرسال (٨٠) سيارة مملوءة بالجنود والمعدات والمـؤن إلى يهود القدس صباح يوم ١٩٤٨/١/٢٤ تحرسها المصفحات، وستمر من طريق بـاب الـواد الـذي تطل عليه قرية بيت سوريك.

وقيل أن حاييم وايزمن زعيم الصهيونية سيكون بين ركابها.

وصلت أخبار هذه القافلة إلى القائد العام عبد القادر الحسيني مساء يوم ١٩٤٨/١/٢٣ في بير زيت. وفي الحال أرسل خمسة رجال من فرقة التدمير بقيادة المجاهد فوزي القطب لبث الألغام على الطرق الجانبية لمنع وصول قوات الجيش إلى ميدان المعركة لإنقاذ اليهود، ثم توجه القائد ومعه قوة عددها (٣٢) مجاهدا إلى قرية بيت سوريك، كما أمر بإرسـال نجـدات من مسلحي رام اللـه إلى القرية المذكورة.

وفي الساعة الثالثة من صباح ١٩٤٨/١/٢٤ قسم القوة التي كانت معه، والنجدات التي وصلته إلى ثلاثة أقسام[1]:

- القسم الأول وكان (٢٨) مجاهدا وضعهم تحت قيادته في استحكامات تشرف على الطريق العام المزروع بالألغام حيث وزعهم إلى أربع حظائر كل حظيرة تبعد عن الأخرى (٥٠٠) متر، وبين كل مجاهد والآخر مسافة (٥٠) متر.

- والقسم الثاني وضعه في قمة الجبل خلف الفصيل المرابط بجانب الطريق العام بقيادة إبراهيم أبو دية، ويساعده عزمي الجاعوني، وكانت مهمتهم تتمثل في حماية المؤخرة، وضرب النجدات اليهودية، التي قد تفد من المستعمرات الواقعة غرب بيت سوريك.

- أما القسم الثالث فجعل مركزه على رأس قمة جبل يواجه طريق باب الواد من الجنوب بقيادة كامل عريقات، للتصدي للنجدات اليهودية التي قد تأتي من مستعمرة (موتزا عيليت) والمستعمرات المجاورة لها.

وبعد أن وزع قواته أدق توزيع أرسل قاسم الرماوي إلى رام الله لإحضار نجدات أخرى.

وعند طلوع الفجر حلقت طائرة فوق الطريق لاستكشافها، كما تقدمت مصفحة انجليزية في اتجاه القدس، ولما اقتربت من حقول الألغام عادت أدراجها، ويبدو أنها أبلغت رجال القافلة اليهودية بوجود كمين، فتوقفت القافلة وصدرت الأوامر إلى حراس القافلة وحراس المستعمرات بالتوجه فورا لمقابلة المجاهدين العرب، فسارت هذه القوات في الوديان المجاورة للطريق للالتفاف حول المجاهدين، ومحاولة ضرب حصار حولهم.

وفي الساعة التاسعة صباحا وصلت قوات العدو إلى نقطة الحراسة الخلفية التي يتولى قيادتها المجاهد إبراهيم أبو دية، واشتبكت معها، ووقع أبو دية

(١) محسن، عيسى خليل: فلسطين الأم وابنها البار، ص ٢١٣- ٢١٦.

جريحا، ولما علم عبد القادر بذلك أصدر أوامره إلى الحظيرة الأولى بالالتفاف حـول الجبل الذي تتمركز فيه حظيرة أبو دية، ليقطع خط الرجعة، عـلى اليهـود، وأمر الحظائر الأخـرى بالتقدم إلى المرتفعات العاليـة المحيطـة بالوديان، لمفاجأة قـوات العـدو، ونجحـت الخطـة وانصبت نيران المجاهدين على الأعداء.

كان عبد القادر ورجاله قد كمنوا لليهود في طريق توقع أن يسلكوه، وفعلا سلك اليهود نفس الطريق، ولما أصبحوا على بعد ثلاثين مترا من الكمـين راحـت رشاشاتهم تحصـد اليهـود حصدا، فأخذتهم المفاجأة وأخذوا يصيحون، وراحوا يرمون أنفسهم في الحفر والأخاديد.

اتصلت قيادة اليهود بالمستعمرات المجاورة طالبة النجدة، وجـاءت مـن خلـف المقاتلين العرب نجدة لليهود من قـوات نظاميـة هجوميـة (بالمـاخ) وقيـل أنه كـان معهـا مصفحتان بريطانيتان، فهاجمت قرية بيت سوريك وأوقعت قسما من المجاهدين في مأزق خطير، وكـان بينهم القائد عبد القادر الحسيني الذي أظهر في هذه المعركة بسالة فائقة، وحميت المعركـة واستمرت مدة طويلة وصلت خلالها نجدات للمجاهدين من قرى القدس ورام اللـه، وأصبح اليهود محاصرين. وعند الغروب انسحب اليهود مستفيدين من ظلام الليل وتوقف القتال[1].

لقد استمرت المعركة التي بدأها عبد القادر بأربعين رجلا وخرج منها بـ (٨٠٠) مقاتل من الساعة التاسعة صباحا حتى الساعة الخامسة مساء حيـث انسحب اليهـود، وأصـدر القائـد أوامره بالانسحاب إلى قرية بيت سوريك، لأن عبد القـادر لم يرغب في الاشتباك مـع القوات البريطانية، الذي تأكد من قرب وصولها إلى مكان المعركة.

وفي اليوم التالي حضر قائد الجيش الانجليزي وأمر أهالي قرية بيت

---

(١) مذكرات بهجت أبو غربية: مجلة القدس الشريف، العدد ٥٦، عام ١٩٨٩، ص١٥.

سوريك بمساعدة الجنود في جمع جثث القتلى من اليهود التي زادت عن (٦٥) جثـة، كـما جرح الكثير. وغنم العرب (١٠) مدافع رشاشة (٦ ستن و ٤ برن) وأربعين بندقية وعددا مـن القنابل والذخيرة والألبسة الحربية وبعض الخرائط وجهاز لاسلكي.

وأما خسائر العرب فقد كانت قليلة لا تتعدى الخمسة بين شهيد وجريح.

راع اليهود ما سمعوه عن نتائج المعركة، حيث ظهرت الصحف اليهودية في اليوم التالي مجللة بالسواد، وقالت إن (٦٠٠) جندي من رجال الهاغانا الموكول إليهم حراسة القوافل والمستعمرات، هزمتهم عشرات الجنود بقيادة عبد القادر، وطالبت بتغيير القائمين عـلى أمـر القيادة في منطقة القدس.

أما الشعب العربي فقد بات تلك الليلة فرحا بالنتائج، حيـث ارتفعت معنوياتهم عاليـا، وعادت عشرات السيارات التي تنقل المسلحين إلى رام اللـه.

يقول الأستاذ العارف عن هذه المعركة[١]:

((وأكد لي من أثق بصدق حديثه من رجال الجهاد المقدس، الذين اشتركوا في هذه المعركة أنه رأى بأم عينيه مصفحتين بريطانيتين من مصفحات قوة الطيران البريطاني، وهما تقاتلان في صفوف اليهود، وقد أصلت المجاهدين نارا حامية من مدافعها الرشاشة، ولقد أحاطوا بالقرية وبالمجاهدين الذين كانوا فيها، إحاطة السوار بالمعصم، وذاع الخبر أن عبد القادر وصحبه في خطر، وأتت رسل القرية إلى القرى المجاورة يستنفرون القوم ويستصرخونهم للنجدة، فلبى هؤلاء النداء، وانسلوا إلى الميدان من كل حدب، وبلغ عدد المجاهدين الذين خفوا للنجدة (١٠٠٠) مجاهد، وبلغت حماسة الناس إلى درجة لا توصف، فرأيت بأم عيني عندما كنت في سنجل، أستنفر المجاهدين لنجدة إخوانهم المحصورين، فتى راح يتوسل إلى أبيه الشيخ كي

(١) محسن، عيسى خليل: فلسطين الأم وابنها البار، ص ٣١٦، عن كتاب ((نكبة بيت المقدس)).

يسمح له بالذهاب إلى ميدان الوغى بدلا منه. وأبى الشيخ في البدء إلا أن يذهب هو، ثم عاد فاستجاب لرجاء ولده وسلمه بندقيته وقال: ((اذهب يا بني، وعين الله ترعاك)). وإني لأقسم غير حانث أنه لم يتخلف عن القتال يومئذ سوى الضعفاء والمرضى، والذين لم يجدوا دابة تحملهم أو سيارة تنقلهم)).

معارك صور باهر:

تقع بلدة صور باهر جنوبي القدس - بين القدس وبيت لحم - وتكاد تعتبر حيا من أحيائها، وهي محاطة من الشمال والجنوب والغرب بثلاث من المستعمرات اليهودية.

أما مدينة بيت لحم فتقع على بعد ستة أميال جنوبي القدس، وهي إحدى المدن المسيحية المقدسة، إذ تقع فيها كثير من آثار المسيحيين وكنائسهم وخاصة كنيسة المهد التي يحج إليها المسيحيون.

وقد كانت بلدة صور باهر ومدينة بيت لحم ضمن المنطقة التي تولى الدفاع عنها ((الإخوان المسلمون))، فعندما تقدم القائد أحمد عبد العزيز من بئر السبع إلى الخليل وبيت لحم استقبله السكان في مظاهرات حماسية ترحب به وبمن معه من الاخوان، وأخذ أحمد عبد العزيز ينظم خطط الدفاع عن المدينتين، متخذا مقر قيادته في فندق (وندسور) في بيت لحم.

وبدأ بجمع قواته وحشدها في منطقة ((بيت لحم)) وأقام خطا دفاعيا حول المدينة يمتد من ((صور باهر)) إلى ((كرمزان)) مارا بقرى ((مارالياس)) و ((بيت صفافا)) و ((شرفات)) و ((الولجا)).

ومنذ وصلت كتيبة الاخوان المسلمين بقيادة اليوزباشي ((محمود عبده)) إلى المنطقة جعل مقر قيادته في ((صور باهر))، وكان إلى جواره في بلدة ((عين كارم)) الاخوان المسلمون الذين قدموا من شرقي الأردن بقيادة المجاهد عبد اللطيف أبو قورة. وظل الاخوان في بيت لحم، وصور باهر، وعين كارم

ثلاثة من ضباط الإخوان في بيت لحم وهم من اليمين (أحمد
شعبان، لبيب الترجمان، يحيى عبد الحليم) يقفون أمام قيادة
الإخوان في صور باهر

عاما كاملا خاضوا خلاله عددا من المعارك، وقدموا عددا كبيرا من الشهداء، وسجلت لهم أرض الإسراء والمعراج بطولات قل أن تحدث على مر الأيام.

وكان اليهود قد هاجموا قرية صور باهر في ١٧ شباط ١٩٤٨ من نواحيها الثلاث: من الشمال (تل بيوت) ومن الجنوب (رامات راحيل) ومن الغرب (ميكور حاييم)، فحرقوا مطحنة فيضي إخوان، وقتلوا حراسها، ونسفوا منزلا من منازل العرب في أطراف القرية. وقدرت خسارة المطحنة وحدها بستين ألف جنيه.

وراح العرب يعنون بصور باهر أكثر من عنايتهم من قبل، فحصنوها ذلك لأنها ذات موقع استراتيجي هام، ولهذا جعلها القائد (محمود عبده) مقرا لكتيبة الاخوان، وكان ما بذله فيها من الجهد لتحصينها مثار إعجاب الضباط والمراقبين، واحتفظ بها حتى آخر مراحل القتال رغم الهجمات المتوالية التي شنها العدو، وحاول فيها احتلالها ليضع القوات المرابطة في بيت لحم والخليل كلها تحت رحمته[١].

معركة رامات راحيل:

تقع مستعمرة ((رامات راحيل)) على ربوة عالية في طريق القدس - بيت لحم، بجوار قرية صور باهر، وكانت تتحكم في الطريق الرئيسي، وقد استعصت على بعض الجيوش العربية، فلم تتمكن من اقتحامها.

وفي ١٧ أيار ١٩٤٨ قام المجاهدون باقتحامها وكان عددهم (١٨٥) مجاهدا، فقد دخلتها مجموعة من الجهاد المقدس بقيادة إبراهيم أبو دية من الناحية الغربية، واستشهد من رجالها عشرة وجرح خمسة عشر. ودخلها الإخوان المسلمون السوريون بقيادة الشيخ مصطفى السباعي من الناحية القبلية، وقد استشهد منهم خمسة وعشرون.

---

(١) الشريف، كامل: الاخوان المسلمون في حرب فلسطين، ص ١٥٧. والعارف، عارف: النكبة ج١، ص١١٢.

ودخلها مجاهدو صور باهر بقيادة جاد الله محمود من الناحية الشرقية. وشارك في احتلالها مجاهدون آخرون من عرب التعامرة وعرب السواحرة والعبيديين، ومن الخليل، وشارك أيضا بعض ضباط وجنود الكتيبة الأردنية السادسة.

وفرت حامية المستعمرة تاركة وراءها عددا كبيرا من القتلى والجرحى، ومقادير وافرة من الذخائر والمؤن وأدوات القتال[1].

وقد ذكر (ي. رعنان) القائد العام لقوات الأرغون في تقريره الذي رفعه إلى رئيسه (مناحيم بيغن) أن معركة رامات راحيل بدأت في ١٤ أيار، وقال إنها معركة حامية، استعمل العرب فيها المصفحات التي غنموها من قافلة كفار عصيون، وأن الحامية اليهودية فيها كانت تتألف من ثلاث سرايا: سرية من الهاغانا، وسرية من الأرغون، وسرية من جماعة شترن، وأن مجموع رجالها أربعمئة مقاتل، وأن القائد المسؤول عن الحامية (موشيه دايال). وأن المناضلين العرب تمكنوا من أول هجوم من إفناء جميع المقاتلين اليهود الذين كانوا في نقطة المراقبة، كما أفنوا وحدة من الاحتياطي أرسلت للقيام بهجوم معاكس. واحتل المناضلون يومئذ معظم أقسام المستعمرة وقطعوا كل اتصال كان بينها وبين مستعمرة (رانونا) المجاورة لها، ووقع عدد كبير من المدافعين اليهود أسرى، وجرح عدد كبير بينهم القائد دانيال، وأصبح مصير الباقين على قيد الحياة في كفة القدر لولا أن وصلت مع الغروب نجدة من رانونا أنقذتهم من الموت، واعترف مناحيم بيغن في مذكراته أن جميع رجال الحامية أصيبوا، فلاقى معظمهم حتفهم، ومن لم يقتل أو يجرح وقع أسيرا[2].

ولكن العرب شغلوا بنهب المستعمرة بعد احتلالها، وكانت النجدات اليهودية قد وصلت، فراحت تحاربهم، وما كانوا في وضع يمكنهم من صد

(١) العارف، عارف: النكبة ج٢، ص ٤٠٤.
(٢) العارف، عارف: النكبة ج٢، ص ٤٠٥.

تلك النجدات، فخرجوا من المستعمرة يوم ١٩ أيار أي بعد يومين من احتلالها.

وأعاد العرب الكرة يوم الخميس ٢٠ أيار ١٩٤٨، فهاجموا المستعمرة بأعداد أكبر من المجاهدين الفلسطينيين (٣٠٠) يقودهم إبراهيم أبو دية و (٤٠) بدويا من بني صخر، وساندتهم مصفحتان من الجيش العربي، وحملوا على المستعمرة حملة صادقة واحتلوها، وفيما كانوا يجتازون أبوابها أصيب القائد إبراهيم أبو دية برصاصة اخترقت النخاع الشوكي فنقل إلى المستشفى واقترف العرب الخطأ السابق نفسه، فقام البدو بنهب المستعمرة وتبعهم أهل القرى، فدبت الفوضى في صفوفهم.

وقيل أن قسما من اليهود كانوا قد تحصنوا في المستعمرة ولم يخرجوا منها رغم كثرة قتلاهم، ولم يتمكن العرب من إخراجهم، وما كاد الليل يجن حتى رجع اليهود بقوات كبيرة واستردوها من العرب.

وحاول العرب أن يهاجموا المستعمرة للمرة الثالثة في ٢٢ أيار إلا أنهم وجدوها محصنة أكثر من ذي قبل.

وكان القائد أحمد عبد العزيز قد وصل إلى الخليل – قادما من بئر السبع – في ٢٠ أيار ١٩٤٨، وما لبث أن غادرها إلى بيت لحم، ليتفقد معركة (رامات راحيل) التي كانت قائمة على مقربة منها.

وفي ١٩٤٨/٥/٢٤ أرسل أحمد عبد العزيز (قائد قوات الإخوان المسلمين في فلسطين عام ١٩٤٨) قوة من جنود الاخوان بقيادة المجاهد لبيب الترجمان لتقوم باستكشاف المستعمرة، فقامت بكتابة تقرير واف عن تحصيناتها، زودته بالرسوم اللازمة المضبوطة بالمسافات، ونقاط الضعف والقوة في الدفاع عنها.

وكانت خطة الأخوان أن تبدأ المدفعية بقصف الحصون، ثم يزحف المشاة تحت غلالة من نيران الهاون وقنابله الدخانية، ثم تتقدم منهم مجموعات الفدائيين حملة الألغام لنسف العوائق السلكية وحقول الألغام، يساعدهم

على ذلك طبيعة الأرض الجبلية والفجوات الكثيرة فيها.

وفي مساء ١٩٤٨/٥/٢٦ كان كل شيء هادئا حول رامات راحيل، وكان الجنود الموجودون فيها من ((الهاغانا)) ينامون ملء أجفانهم وقد اطمأنوا إلى حصونهم القوية، حتى إذا انتصف الليل أو كاد ينتصف بدأ المجاهدون ينطلقون من مركز رئاسة أحمد عبد العزيز في وسط الظلام الكثيف ثم يلتقون في سكون في مناطق مختلفة في الجبال المحيطة بالمستعمرة، ثم انطلقت إشارة ضوئية زحف بعدها المجاهدون ثم توقفوا عند نقطة معينة محددة في الخطة.

وعندما دقت ساعة الكنيسة الكبيرة دقتين بعد منتصف الليل، ارتجت الأرض تحت دوي المدافع، وتمزق حجب الليل المظلم من وهج القنابل المحرقة التي انطلقت كالشهب تنقض على المستعمرة الساكنة، ولم تمض إلا دقائق حتى شبت الحرائق في أكشاكها الخشبية، وتفجرت حقول الألغام التي لف بها العدو مستعمرته، ثم سكتت المدافع، وأصدر القائد البطل لبيب الترجمان أوامره لقواته، فبدأت تزحف تحت غلالة كثيفة من قنابل الهاون ودخانها، وفي لمح البصر اندفع الفدائيون يفجرون ألغامهم تحت الأسلاك الشائكة، ومن ورائهم فصائل الاقتحام تعبر بسرعة لتحتل الأهداف التي خصصت لها، وبدأ الاشتباك الرهيب عند الخنادق والدشم، واستمات اليهود في الدفاع عن مستعمرتهم، ولم يضع الاخوان الوقت، فتسلق نفر منهم إلى الأبراج يفجرون تحتها الألغام، ويحيلونها أنقاضا وركاما، وأثرت هذه الانفجارات المفاجئة تأثيرا سيئا في نفوس المدافعين عن المستعمرة، وأسقط في أيديهم، فبدأوا ينسحبون عبر ممراتهم السرية إلى مستعمرة (تل بيوت) القريبة من القدس الجديدة.

وعكف المجاهدون على الخنادق يتمون تطهيرها، وحين كان آخر يهودي يغادر المستعمرة هاربا، كان صوت المؤذن يتهادى مع النسيم الطاهر من أعلى

قمة فوق أعلى برج: (اللـه أكبر اللـه أكبر.... أشهد أن لا إلـه إلا اللـه... أشهد أن محمدا رسول اللـه).

ووجد الإخوان في هذه المستعمرة ما أذهلهم مـن الخيرات والـذخيرة والمؤونة، إذ كانت مركز التموين الذي يشرف على إمداد المستعمرات الواقعة في جنوبي القدس. وقد وجد تحت الردم من اليهود ما يزيد على مائتي جثة، عدا ما أخذوه من جثث معهم. أما خسائر الإخوان فكانت عشرة من الشهداء والجرحى، أحدهم من الأخوان المسلمين الـذين كـانوا في صور باهر وعين كارم بقيادة المجاهد عبد اللطيف أبو قورة رئيس الأخوان في عمان[1].

معركة مستعمرة ((تل بيوت)):

كانت مستعمرة ((تل بيوت)) تطلق النار على العرب من برجها الضخم باستمرار، وتسبب عن ذلك كثير مـن الخسـائر والأضرار مـما أضطر أحمـد عبد العزيز إلى إصدار أوامـره إلى المجاهد ((حسين حجازي)) ليتولى تدمير هذا البرج الخطر، وفي ليلة ٤ يونيو (حزيران) ١٩٤٨ انطلقت جماعة من الأخوان من بيت لحم وأحيط انطلاقهم بتكتم حتى إن زملاءهـم في القوة لم يعلموا حقيقة المهمة التي سيقومون بها، حتى لمعت برقة خاطفة أضاءت صفحة السماء وأعقبها انفجار هائل ارتجت له أركان المدينة وشاهد الناس أحجار البـرج الضخم تتناثر في الهواء ثم تتهاوى لتصنع من تراكمها قبرا كبيرا يضم تحته رجال الهاغانا[2].

وقد علقت جريدة ((أخبار اليوم)) في عددها الصادر في ٥ يونية ١٩٤٨ تصف هذه العملية الجريئة فقالت بعد كـلام طـويل: ((وفي الليل تسلل

(١) العارف، عارف: النكبة ج٢، ص ٤٠٩، عن كامل الشريف في كتابه ((الأخوان المسلمون في حرب فلسطين)).
(٢) الشريف، كامل: الأخوان المسلمون في حرب فلسطين، ص١١٤.

(حسين ومعه أربعة جنود، وزحفوا على الأشواك في (صور باهر) أربعة كيلو مترات تحت تهديد الرصاص الطائر في الهواء والحيات الزاحفة بين الأحجار، وقرب الفجر سمعت (بيت لحم) انفجارا مدويا، وتهدمت ثلاثة حصون من (تل بيوت) وفي الصباح عاد (حسين حجازي) ليتلقى تهنئة قائده ومنها لقب «بطل تل بيوت».

وبينما المجاهدون يوجهون ضربات مركزة في كثير من المناطق ويعدون أنفسهم للوثوب على القدس الجديدة إذ بالدول العربية تقبل الهدنة الأولى وتصدر أوامرها لجيوشها بوقف إطلاق النار لمدة أربعة أسابيع تبدأ من ١١ يونية ١٩٤٨.

معركة تبة اليمن:

في ١٩ أكتوبر ١٩٤٨ قام اليهود باقتحام مرتفع شاهق بالقرب من بيت لحم يعرف بتبة اليمن، وفي ٢٠ أكتوبر بعثت القيادة العسكرية في بيت لحم إشارة رسمية إلى الجهات العسكرية قالت فيها[1]:

«قام العدو بهجوم عنيف على جميع مواقعنا الدفاعية تحت ستار غلالة شديدة من نيران الأسلحة الأتوماتيكية والهاونات وقاذفات الألغام والمدفعية الثقيلة، وتمكن العدو من الاستيلاء على مواقعنا بجبل «اليمن»، فقامت قوة من الاخوان المسلمين بقيادة الملازم أول خالد فوزي بهجوم مضاد فطردت العدو بعد أن كبدته خسائر فادحة، وقد أبلغنا مراقبي الهدنة».

وقد علقت أغلب الجرائد العربية واليهودية على هذه المعركة وذكرت جهود الاخوان فيها بالإكبار والإعجاب، وكتبت جريدة «الناس» العراقية في عددها الصادر يوم ١٩٤٨/١١/٧ مقالا تحت عنوان «بسالة متطوعة الاخوان المسلمين».

---

(١) عبد الحليم، محمود: أحداث صنعت التاريخ، ص ٤٢٧.

«إن اليومين الماضيين امتازا ببسالة منقطعة النظير من متطوعة الأخوان المسلمين، فقد استولى اليهود شمال غرب بيت لحم بعد محاولات عديدة على جبل مرتفع يسمى «تبة اليمن» يشرف على قرى الولجة وعين كارم والمالحة وما جاورها وأصبحوا يهددون كل المناطق المحيطة بها، ورأت قيادة الجيش المصري ضرورة تطهيرها فندبت لذلك عددا من متطوعة الأخوان المسلمين في صور باهر فتقدمت سرية منهم. ولم تمر ساعة حتى كانت هذه الفرقة قد أجهزت على القوة اليهودية وغنمت ذخيرتها ومتاعها وحررت قرية «الولجة» وأصبحت تسيطر على منطقة واسعة، وقد أصدرت قيادة الجيش المصري أمرا بتسمية الجبل «تبة الاخوان المسلمين»، وقد استشهد من الأخوان كل من مكاوي سليم من الزقازيق والسيد محمد قارون من المنصورة وإبراهيم عبد الجواد من الفيوم رحمهم الله رحمة واسعة».

معركة شعفاط:

تتمتع قرية شعفاط والقرى المجاورة لها بمواقع استراتيجية هامة، بالنسبة لمدينة القدس، فهي تشرف عليها، وتسيطر على طريق القدس - تل أبيب، وقد كان أمر الدفاع عن هذه القرى موكولا إلى مسلحي أهل القرية أنفسهم، الذين نظمتهم قيادة الجهاد المقدس، بالإضافة إلى حاميات دفاع ثابتة ترسلها القيادة. وقد هجر معظم سكان هذه القرى - من الشيوخ والنساء والأطفال - بيوتهم، وبقي المسلحون يدافعون عنها.

وفي يوم ٢٤ آذار ١٩٤٨ علم القائد العام (عبد القادر الحسيني) أن قافلة يهودية تحمل الجنود والمؤن وتحرسها المصفحات ستخرج من القدس وتتجه إلى مستعمرتي «النبي يعقوب» و «عطاروت» الواقعتين على طريق القدس - رام الله. فقام زهاء مئتين من المجاهدين نصفهم من شعفاط والنصف الآخر من شباب بيت المقدس وحزما وعناتا والمزرعة الشرقية ومزارع النوباني

وترمسعيا، بالمرابطة على طريق القدس – رام الله. وفي تمام الساعة العاشرة وصلت القافلة بالقرب من قرية شعفاط، فانقض عليها المجاهدون وقتلوا أربعة عشر يهوديا من رجالها، وجرحوا عشرة، وحرقوا مصفحتين، وغنموا مقادير كبيرة من الأسلحة الخفيفة. وشدد المجاهدون هجومهم للقضاء على من بقي حيا من جنود القافلة، وصادف أن مر من هناك والمعركة قائمة، قائد القوات البريطانية في فلسطين الجنرال مكميلان ومعه كلوب باشا قائد الجيش الأردني في طريقهما إلى القدس ومعهما سيارة من الجنود، فنزل الجنرال من السيارة، ورجا المجاهدين الكف عن إطلاق النار وقال: (من شان الحاج أمين، كفوا عن اليهود)[1] وراح القائدان يتوسلان لنقل الجرحى اليهود، وأخيرا سمح لهما بنقل (21) قتيلا و(17) جريحا، بعد أن أخذ المجاهدون جميع الأسلحة والمؤن.

وقبل انسحاب المجاهدين، أمر القائد العام بمهاجمة مستعمرة نيفي يعقوب في تلك الليلة، لمعرفة مدى تحصيناتها وإيقاع أكبر قدر ممكن من الخسائر بها والانتقام من حرسها الذين كانوا يتعرضون للسكان المدنيين من العرب الذين يفدون من وإلى القدس.

فتوجهت قوة مكونة من مئة مسلح وعلى رأسها قاسم الرماوي إلى مدرسة بيت حنينا الواقعة بالقرب من المستعمرة من جهة الغرب. وبعد أن وضعت خطة الهجوم بدأت بالتنفيذ الساعة الثامنة ليلا حتى الواحدة بعد منتصف الليل، وبعد أن أدت مهمتها انسحبت، وقد ذكر البلاغ الرسمي لحكومة الانتداب بعد ظهر اليوم التالي أن مستعمرة نيفي يعقوب قد تعرضت لأكبر هجوم شهدته منذ بدء الاشتباكات، وأن عددا من الأشخاص قد قتلوا كما دمرت بعض استحكامات المستعمرة[2].

(1) محسن، عيسى خليل: فلسطين الأم وابنها البار ص 323، عن مخطوط د. قاسم الرماوي (حياة عبدالقادر).
(2) مخطوط الدكتور قاسم الرماوي (حياة عبد القادر).

يقول الأستاذ عارف العارف عن هذه المعركة: إن معركة شعفاط هذه كانت من أجل أخذ الثأر لحادث جرى قبل ذلك بثلاثة أيام (١٩٤٨/٣/٢١) يوم مرت من شعفاط قافلة يهودية في طريقها إلى مستعمرتي ((نيفي يعقوب)) و ((عطاروت))، وراح رجال القافلة يطلقون النار على سكان شعفاط فقتلوا عشرة بينهم فتاة من شعفاط.

وفيما كانت معركة شعفاط قائمة، كان عدد آخر من المجاهدين يتربصون على طريق يافا لقافلة سيارات يهودية كانت تحمل المؤن، وقفوا لها بالمرصاد بين القدس وباب الـواد وكانت مؤلفة من ١٣ سيارة، تمكنوا من تحطيمها كلها.

معركة الدهيشة:

كانت قيادة جيش الجهاد المقدس قد اتخذت خطة مهاجمـة طرق المواصلات اليهودية وتدمير قوافل العدو المسلحة المحروسة، بوضع الألغام في طريقها ثم مهاجمتها، ولذلك عمـد اليهود إلى تصفيح سياراتهم بالدروع حتى لا يخترقها الرصاص، لكـن ذلك لم يثـن المجاهدين عن مهاجمتها والفتك بها.

وفي ٢٧ آذار ١٩٤٨ علم العرب بمرور قافلة يهودية تحت جنح الليل، إلى كفار عصيون، ناقلة المؤن إلى هذه المستعمرة التي كـان يطوقهـا العرب والمستعمرات اليهوديـة الأخـرى المجاورة لها. وكانت القافلة مؤلفة مـن مئتين وخمسين رجلا مـن الهاغانـا جاءوا في أربع وخمسين سيارة يهودية يحرسها أربع مصفحات. فاعتزم المجاهدون مهاجمتها عنـدما تعـود فبثوا الألغام، وأقاموا الحواجز على الطريـق في سبعة عشرـ موضـعا، وراحـو يرقبـون رجوع القافلة.

وكان عدد المجاهدين في بادئ الأمر قليلا ثم ازداد عـددهـم فأصبحوا

مئتين، وكان يقودهم نائب القائد العام للجهاد المقدس كامل عريقات، وما أن أطلت القافلة عليهم قبل شروق الشمس عند موقع ((الدهيشة)) القريبة من برك سليمان وبيت لحم، حتى هاجموها بنيران شديدة من أسلحتهم الخفيفة، فسقط عدد من رجالها قتلى وجرحى، وانفجرت في الوقت نفسه بعض الألغام فنسفت المصفحة الأمامية في مقدمة القافلة، ودمر المجاهدون السيارة الأخيرة وبذلك عطلوا حركة القافلة كلها. ثم أطبقوا عليها من عدة جهات، ودارت معركة حامية استمرت إلى المساء. وما كاد الليل يجن حتى كانت القافلة كلها قد أشرفت على الهلاك، ولا زاد ولا ماء، ووصلت نجدات للمجاهدين من بيت لحم وبيت جالا ومن السواحرة والتعامرة والعبيدين وغيرهم حتى بلغ عددهم حوالي الخمسمئة.

وفي ساعة مبكرة من صبيحة اليوم التالي ٢٧ آذار حلقت في سماء المعركة طائرة يهودية تحمل الذخائر والمؤن إلى المحصورين، ثم تبعتها ثلاث طائرات وألقت حمولتها ولكنها أخطأت الهدف، فلم يصل اليهود منها إلا القليل، وسقط معظمها في يد العرب. وهوت إحدى الطائرات إلى الأرض فتحطمت وقتل قائدها.

واستنجد رجال القافلة بالوكالة اليهودية فاستغاثت هذه بالحكومة، فخف عدد من الجند لنجدتهم وكانوا مزودين بالمدافع، إلا أن المجاهدين قاتلوهم بالرصاص، وقيل أنهم أعطبوا مصفحتين، وأنذروا الجند ألا يتقدموا لأن الطريق ملغومة، وقالوا إنهم سيقاتلونهم، فتوقف الجند.

شعر العرب عندئذ بنشوة النصر، وراحوا يضيقون الخناق على اليهود الذين رفضوا التسليم، واستنجدوا بالحكومة مرة أخرى. فأجرت الحكومة اتصالات مع قيادة الجهاد المقدس لأجل إيقاف القتال، فاشترط هؤلاء أن يسلم اليهود للعرب كل ما لديهم من أسلحة وأعتدة، وتم التسليم بواسطة المستمر سموفيل مساعد حاكم لواء القدس، وكان يومئذ يراقب تطور المعركة

من بيت لحم.

فرفع العرب الحصار بعد أن دام ستا وثلاثين ساعة، وانتهى القتال في الساعة الخامسة من بعد ظهر يوم ٢٨ آيار وتسلم العرب أسلحة اليهود.

وكانت غنائم العرب ثلاث مصفحات وثمانية باصات كبيرة وثلاثين سيارة للشحن، وثلاثين بندقية من طراز ستن، وأربعين من طراز برن، ومئة من البنادق الاعتيادية (انجليزية وألمانية) وعدد من القنابل والمسدسات، وطنا ونصف الطن من ملح البارود والمتفجرات ومقادير كبيرة من الأعتدة والذخائر التي اقتسمها المجاهدون من أبناء الخليل والقدس وبيت لحم وبيت جالا وعرب التعامرة وغيرهم من الذين حضروا المعركة. وأما القية الباقية من سيارات القافلة وعددها أربعة عشر فقد التهمتها النيران. وقتل من اليهود في هذه المعركة خلق كثير، وجرح كثيرون، وفي بيان يهودي أن قتلاهم كانوا خمسة عشرـ والجرحى خمسون، وتسلمت الحكومة ١٥٩ يهوديا نقلتهم في سياراتهم إلى منازلهم، وكان بين المنقولين ٢٤ جريحا. وكانت الجمعية الطبية العربية قد نقلت في سياراتها ٣٥ جريحا يهوديا سلمتهم إلى المستشفيات اليهودية في القدس. وأما النساء اليهوديات وعددهن ست وثمانون، فقد بقين في بيت لحم، ولم يمسسهن أحد بأذى، ثم أرجعن إلى منازلهم. واستشهد في هذه المعركة اثنا عشرـ عربيا وجرح ثلاثة[1].

وفيما كان سكان جبل القدس يشعرون بالفرح للانتصار الذي نالوه في الدهيشة، أتاهم نبأ انتصار أخوانهم في الخليل، حيث قتل المجاهدون اثنين وأربعين شخصا من رجال الهاغانا على مقربة من «يهيام» وحطموا خمسة من باصاتهم المصفحة، وكان معظمهم من سكان نهاريا.

---

(١) العارف، عارف: النكبة ج١، ص ١٤١- ١٤٤.

معركة القسطل

تقديم:

القسطل قرية عربية صغيرة تقع على هضبة عالية تبعد عشرة كيلو مترات إلى الغرب من مدينة القدس. وتمتاز بكونها موقعا استراتيجيا هاما، يتحكم بالطريق الرئيسية المعبدة بين القدس ويافا، إذ ترتفع الطريق نحو (٥٢٥) مترا عن سطح البحر، وترتفع القرية (٧٢٥- ٧٩٠) مترا عن سطح البحر، وتشرف على الطريق من جهته الجنوبية الغربية، وتلتف الطريق حول القسطل على شكل نصف دائرة.

وأخذت القرية اسمها من تحريف كلمة ((كاستل)) اللاتينية، ومعناها الحصن، ففي العهد الروماني كانت تقوم قلعة صغيرة في البقعة نفسها، استخدمها الصليبيون في الحروب الصليبية.

نشأت القرية في وقت متأخر وبنيت بيوتها من الحجر، وبالرغم من امتدادها العمراني على طول المنحدرات الشرقية لجبل القسطل لم تتجاوز مساحتها في عام ١٩٤٥ (٥ دونمات).

وكانت شبه خالية من المرافق والخدمات العامة ومعتمدة على مدينة القدس المجاورة لها. وكان عدد سكانها في عام ١٩٤٥ نحو (٩٠) نسمة[١]. وتقوم على أعلى قمة القسطل دار المختار ومسجد صغير ومقبرة وبقايا القلعة. وتنحدر الأرض حول القمة نحو الشمال والجنوب والشرق على شكل مدرج، وفي الجهة الغربية يمتد حرش كثيف. وعلى مسافة قصيرة في اتجاه الجنوب الغربي يقوم على أرض القرية مرتفع آخر أقل ارتفاعا خال من المباني. وعلى بعد كيلو متر إلى الشرق من القسطل من جهة القدس تقع مستعمرة (موتزا) ومصح (ارزا) اليهودية. وعلى بعد كيلو متر إلى الغرب

---

(١) الدباغ، مصطفى مراد: بلادنا فلسطين، ج٨، ق٢، ص١٢١.

تقع مستعمرة العنب (الدلب) وبعدها بقليل مستعمرة (الخمسة) وإلى الجنوب على مسافة كيلة متر ونصف يقع محجر (الياشار) اليهودي الكبير.

وفي سنة ١٩٤٨ كانت القسطل قرية صغيرة لا يزيد عدد سكانها عن (٣٠٠) نسمة، ولم تكن فيها حامية عسكرية عربية سوى عدد قليل من أبنائها المسلحين ببعض البنادق الخاصة(١).

وقد تعرضت القسطل عام ١٩٤٨ لعدوان صهيوني بغية الاستيلاء عليها للاستفادة من موقعها الاستراتيجي الذي يعد البوابة الغربية للقدس، فاستبسل المجاهدون العرب في الدفاع عنها بقيادة الشهيد عبد القادر الحسيني، ولكن اليهود تمكنوا في النهاية من احتلالها وتدمير بيوتها بعد أن طردوا سكانها العرب منها. وفي عام ١٩٤٩ أقاموا مستعمرة (كاستل) على بقعة هذه القرية العربية(٢).

معركة القسطل الأولى (٤ نيسان ١٩٤٨٩):

كان اليهود يستعدون خلال الأسابيع القليلة التي سبقت انتهاء الانتداب البريطاني في منتصف أيار ١٩٤٨ للقيام بعمليات عسكرية واسعة غرضها الاستيلاء على أكبر مساحة من الأرض التي تنسحب منها القوات البريطانية وضمها إلى دولتهم عند قيامها. وقد وضعوا لذلك خططا أطلقوا عليها أسماء رمزية. وكان من بينها عملية تهدف إلى فتح طريق القدس – تل أبيب وفك الحصار عن يهود القدس. وقد أطلقوا عليها الاسم الرمزي ((نهشون))، وخصصوا لها (٥,٠٠٠) رجل من قوات الهاغانا والبالماخ والأرغون وشتيرن مزودين بأسلحة حديثة اشتروها من تشيكوسلوفاكيا ونقلوها إلى فلسطين بحرا وجوا إلى جانب الدبابات الخفيفة والسيارات المصفحة التي حصلوا عليها من سلطات الانتداب البريطاني في مناسبات متعددة(٣).

(١) مذكرات بهجت أبو غربية: مجلة القدس الشريف – العدد ٦٠، عام ١٩٩٠، ص١٨.
(٢) الموسوعة الفلسطينية، المجلد الثالث، ص ٥٧٠.
(٣) الموسوعة الفلسطينية، المجلد الثالث، ص ٥٧٠.

وبدأت آثار تفوق اليهود في السلاح والعتاد وعدد المسلحين تظهر للعيان وعزز ذلك دعم الانجليز لهم بشتى الوسائل، وبدأ زمام المبادرة ينتقل إلى أيديهم.

وكانت خطة «نهشون» تقوم على أساس احتلال القرى العربية التي تقع على المرتفعات التي تتحكم في الطريق عند مدخل (واد علي) من ناحية الغرب وهي التي يرابط فيها المجاهدون الذين دأبوا على إغلاق الطريق ومهاجمة القوافل اليهودية، وهي قرى بيت محسير، وساريس، ودير محيسن، وجلدة من جهة الغرب، والقسطل، ودير ياسين من جهة الشرق.

حاول الشهيد عبد القادر الحسيني الحصول على بعض مدافع جيش الإنقاذ المنصوبة في قرية جبع ليستعين بها في منطقة القدس فرفض القاوقجي إعطاءه شيئا منها وقال له: إذهب إلى القيادة في دمشق واطلب ما تريد.

وتوجه عبد القادر إلى دمشق في أواخر آذار ١٩٤٨ للاتصال باللجنة العسكرية التابعة لجامعة الدول العربية والحصول على أسلحة ومعدات لازمة لقواته على ضوء المعلومات التي توافرت لديه عن قرب قيام اليهود. بهجوم كبير لفتح طريق القدس والسيطرة عليه.

وقد تسلم القيادة في غيابه كامل عريقات الذي قام إثر معركة الدهيشة بنقل بعض قوات الجهاد المقدس إلى جبال القدس لتدعم قوات المجاهدين التي كانت تتصدى للقوافل الصهيونية في منطقة باب الواد والقرى الواقعة على جانبي طريق القدس – تل أبيب.

وصلت إلى قيادة الجهاد المقدس معلومات تفيد أن اليهود قرروا تقديم الموعد المحدد لتنفيذ هجومهم. ولذا عقد كامل عريقات اجتماعا عسكريا في الأول من نيسان في أحد مواقع جبهة القدس حضره قادة المجاهدين في هذا القطاع، وهم إبراهيم أبو دية، ورشيد عريقات وعبد الحليم الجولاني وبهجت أبو غربية وخليل منون وفوزي القطب وغيرهم. وقد اتخذ

المجتمعون قرارات حشدوا على ضوئها قوات جيش الجهاد المقدس في المنطقة وعززوها بشباب القرى المسلحين ووزعوهم ليلا على مراكز باب الواد وبيت محسير وساريس والقسطل.

وحشد الشيخ حسن سلامة قواته في قطاع يافا واللد والرملة في منطقة دير محيسن (قضاء الرملة) استعدادا لمقاومة الهجوم الصهيوني المنتظر.

وفي يوم السبت ٣ نيسان ١٩٤٨ اتجهت القوات الصهيونية إلى باب الواد واشتبكت مع المجاهدين في معركة عنيفة دامت ساعتين ونصف الساعة. واستطاع اليهود نتيجة تفوقهم الساحق في العدد والعدة اقتحام ممر باب الواد ومهاجمة القرى العربية في المنطقة، وتقدموا في المساء إلى مشارف قرية القسطل. وعند منتصف الليل قامت قوة كبيرة من رجال البالماخ مزودة بالمصفحات ومدافع المورتر والهاون بمهاجمتها فتصدت لهم حامية القرى التي لا يزيد عدد أفرادها على خمسين مقاتلا من أبنائها. وقد دافع هؤلاء عن قريتهم بضراوة إلى الفجر حتى نفذت ذخيرتهم فتمكن اليهود من احتلالها، وبدأوا على الفور عملية تحصين للتمسك بها لأنها مفتاح طريق القدس - تل أبيب وموقع السيطرة عليه. وقاموا بإجلاء جميع سكانها، وفي نفس الليلة سقطت على مدينة القدس العربية ألف قذيفة مما سبب رحيل بعض السكان إلى أريحا[1].

المجاهدون يتحركون لاسترداد القسطل:

كانت القسطل أول قرية عربية يحتلها اليهود عام ١٩٤٨، وقد أثار احتلالها اهتماما كبيرا في القدس وقراها، وفي دمشق وغيرها، ومن دمشق أخذ يتصل القائد عبد القادر الحسيني برجاله في القدس بشكل متواصل حاثا إياهم على استرجاع القسطل قائلا: ((القسطل هي القدس))، وفي نفس

---

(١) محسن، عيسى خليل: فلسطين الأم وابنها البار، ص٣٧٣.

الوقت يستحث اللجنة العسكرية في دمشق لتزويده بالأسلحة التي يحتاجها والتي أصبح سقوط القسطل في يد اليهود يستلزم ذلك من أجل استردادها[1].

وتحركت قوات من المجاهدين العرب نحو القسطل، جاء بعضها من قيادة جيش الجهاد المقدس في بير زيت وقرى رام الله، تمركز بعضها بقيادة صبحي أبو جبارة في قرية قالونيا ليقطع اتصال القسطل بالقدس، وجاءت أعداد أخرى عن طريق قرية عين كارم من مجاهدي الجهاد المقدس في القطمون بقيادة إبراهيم أبو دية، ومن بيت صفافا بقيادة عبد الله العمري، وعين كارم بقيادة خليل منون، كما جاءت قوات من نفس مدينة القدس القديمة بقيادة حافظ بركات، ومن أبو ديس بقيادة كامل عريقات. وشارك في الإشراف والمتابعة والتنسيق المحامي أنور نسيبة سكرتير اللجنة القومية في القدس[2].

وفي يوم ٤ نيسان بدأ المجاهدون العرب يهاجمون، مواقع اليهود من الجنوب، واستمر القتال يوم ٥ نيسان حيث أحرز المجاهدون بعض التقدم.

وفي ٦ نيسان هاجم المجاهدون بقيادة كامل عريقات وأبو دية وحافظ بركات محاجر ((الياشار)) اليهودية ونسفوها، بعد أن قضوا على الحراس فيها واحتلوها.

وخسر اليهود في هذه الهجمة الكثير من جنودهم، إلا أن المجاهدين لم يتمكنوا من الاحتفاظ بهذا الموقع، نظرا لأن ذخيرتهم قد نفذت أو كادت، فشن اليهود عليهم هجوما معاكسا بعد أن وصلتهم إمدادات كثيرة من الرجال والسلاح والمؤن، بواسطة الطائرات، وتمكنوا من استرداد الموقع في اليوم نفسه، واستشهد من المجاهدين خمسة رجال وجرح عدد منهم ومن بينهم كامل عريقات[3].

---

(١) مذكرات بهجت أبو غربية: مجلة القدس الشريف، العدد ٦٠، عام ١٩٩٠، ص ١٨- ٣٠.

(٢) مذكرات بهجت أبو غربية: مجلة القدس الشريف، العدد ٦٠، عام ١٩٩٠، ص ٢٠.

(٣) محسن، عيسى خليل: فلسطين الأم وابنها البار، ص ٣٧٤.

ومن ناحية ثانية تمكن اليهود يوم ٦ نيسان من احتلال قريتي دير محيسن وخلده القريتين من باب الواد وتمكنوا من شق الطريق وإيصال قافلة من المؤن والأمدادات إلى القدس مؤلفة من (٤٠) شاحنة كبيرة. وأصبح الموقف حرجا، وحاول كثيرون الاستنجاد بقوات من جيش الإنقاذ والجيش العربي الأردني ولكنهم لم يفلحوا[١].

عبد القادر في دمشق:

في تلك الأثناء كان القائد عبد القادر الحسيني في دمشق يتميز غيظا ويتحرق شوقا للعودة إلى القدس، ولكنه كان حتى ذلك الوقت لم يحصل من اللجنة العسكرية على أي سلاح، واستمر في الضغط على قائد اللجنة العسكرية إسماعيل صفوت باشا وعلى أعضائها الحاضرين: طه باشا الهاشمي ومحمود الهندي، وحاول أن يستعين بقادة الدول العربية المتواجدين في دمشق مثل رياض الصلح رئيس وزراء لبنان وعبد الرحمن عزام الأمين العام لجامعة الدول العربية وأحمد الشرباتي الوزير السوري، واشترك الحاج أمين الحسيني ورجال الهيئة العربية العليا في هذا الضغط. واستمرت اللجنة العسكرية على عنادها وموقفها السلبي مدعية أنه ليس لديها سلاح، أي سلاح لتعطيه لعبد القادر، وعندما كان يقول لهم أنه رأى السلاح المكدس في معسكر قريب من دمشق تقول اللجنة العسكرية أن ذلك السلاح خاص بجيش الإنقاذ، ولا يمكن أن يعطوه منه شيئا، وعندما يطلب إعطاءه بعض المدافع التي لدى القاوقجي في فلسطين واعدا بأن يصفي المستعمرات المحيطة بالقدس قبل ١٥ أيار إذا حصل على السلاح اللازم. وتكرر اللجنة العسكرية رفضها، فيطلب أن تتحرك مدفعية القاوقجي إلى القسطل للمساندة فيرفض ذلك، ويرد عليه إسماعيل صفوت بلهجته العراقية[٢]:

(١) مذكرات بهجت أبو غربية: مجلة القدس الشريف، العدد ٦٠، عام ١٩٩٠، ص٢٠.
(٢) محسن، عيس خليل: فلسطين الأم وابنها البار، ص ٣٦٨.

((خلاص....... ما كوا مدفعية......... ماكو مدافع............... ماكوا مال......... ماكو سلاح))

فهاج النمر الغاضب من جديد وصاح: ((إن التاريخ سيتهمكم بإضاعة فلسطين أنتم ومن يقف وراءكم، وهل المدافع لتطويق جبع، يا باشا))[1].

لقد أضعتم بلادنا، وأنتم المسؤولون عما سيحل بنا من دمار، سأحتل القسطل وأموت أنا وكل جنودي.

وخرج عبد القادر من مكان الاجتماع في غاية الغضب والانفعال، وبعد ذلك عقد اجتماع ضم القائد عبد القادر، وإميل الغوري، وعبد الرؤوف الفارس، وجريس خليف، وقاسم الريماوي، وفوزي جرار، ورفيق عويص، وخالد الفرج، ومحمد سليم أبو لبن، ومنير أبو فاضل، وفيه شرح القائد ما جرى وأفهمهم أنه ينوي الاستقالة من قيادة جيش الجهاد المقدس، فثار عليه إخوانه، ولكن القائد ظل مصمما على الاستقالة، وسلمها لسماحة المفتي في فندق أوريان بالاس وقال:

((و الله يا عماه، إنه يعز علي هذا، ولقد قمت بالواجب حتى الآن، ولكن لا يمكنني أن أقاتل وأضحي بأولاد الناس دون جدوى)) فنصحه المفتي بالتريث وحاول التخفيف عنه ولكن بدون نتيجة. ولما علم رياض الصلح بخبر الاستقالة توجه إلى الفندق، وألح عليه بوجوب سحب استقالته ولكنه أبى، وفي النهاية نجح أخيرا بإقناعه، ووعده ببذل أقصى جهوده للمساعدة في إرسال الأسلحة للمجاهدين.

وبعد ذلك توجه إلى مخازن اللجنة العسكرية وشاهد الأسلحة والمتفجرات، فطلب كمية من المتفجرات ليحضر لغما ينسف به مشروع روتنبرغ الذي يدير جميع المصانع اليهودية ويزودها بالمتفجرات، ولكن اللجنة رفضت ذلك أيضا.

---

[1] يشير إلى المدافع والدبابات التي قدمتها اللجنة العسكرية إلى القاوقجي والتي تمركزت في جبال جبع وطوباس بعيداً عن ميدان القتال.

ونزولا عند رغبة المجاهدين الذين نصحوا القائد بمراجعة اللجنة مرة أخرى قبـل العـودة إلى فلسطين، قابل القائد اللجنة المذكورة وطلب منها سلاحا وعتادا، وبعد عدة وساطات قـام بها سماحة الحاج أمين ورياض الصلح، وبعد جهد جهيد، أمر الهاشمي بتقـديم (٥٠٠ بندقيـة و ١١٠ آلاف طلقة و ٣٠٠ قنبلة يدوية وكمية من المتفجرات ومبلغ ٥٠٠ جنيه فقط)[١].

ولما رأى عبد القادر هذه الكمية المهينة، واطلع على حالة الخمسمائة بندقية التي كانـت عبارة عن حديد بلا خشب وأكثرهـا غيـر صالـح للاستعمال جـن جنونه، واتجه إلى الفنـدق ودخل على سماحة المفتي وقال له:

((و اللـه يا عماه، إنهم يريدون القضاء علينا، ويريدون إضاعة فلسطين إنهم يخوننا يا عماه، إنه لا أمل لنا بوجودهم فهل بمثل هذه الأسلحة يريدون تخليص فلسطين؟ إنني قررت العـودة، وسأعود جنديا يعرف كيف يدافع عن بلاده.

فحاول رياض الصلح الذي كان موجودا بالتعاون مـع سماحة المفتي مـن تهدئة خـاطر القائد الثائر، ثم قدم إليه مسدسه الخاص وقال: ((خـذه وليكن اللـه معك))، كمـا زوده سماحة المفتي بمبلغ ٨٠٠ جنيه فلسطيني لإنفاقها في سبيل الجهاد.

وبعد ذلك التفت عبد القادر إلى رفاقه وقال:

((أما أنا فإني ذاهب إلى القسطل، لأموت هناك قبل أن أرى ثمرة التقصيـر ونتـائج التواطـؤ، وسأعود إلى القسطل وسأسترجعها من اليهود مهما كلف الثمن وسأموت هناك ويسقط دمي على رأس عبد الرحمن عزام وطه الهاشمي وإسماعيل صفوت الذين يريدون تسليمنا لأعدائنا كي يذبحونا ذبح النعاج)).

والتفت عبد القادر إلى سماحة المفتي وقال: ((إن احتلال اليهود للقسطل

_____

(١) محسن، عيسى خليل: فلسطين الأم وابنها البار، ص ٣٦٩، عن مخطوط الدكتور قاسم الرماوي - ((حياة عبد القادر)).

أكبر عار يلحق بنا، فعلينا أن نمحو هذا العار باستعادة القسطل مهما كلف الأمر إن لدى اليهود الدبابات والمصفحات والطائرات والمدافع، أما نحن فسنقاتل بدمائنا ولحومنا، وليبق السلاح مكدسا في دمشق)).

العودة إلى القدس:

في تمام الساعة السابعة من مساء يوم ٥ نيسان ١٩٤٨، غادر عبد القادر دمشق عائدا إلى القدس ومعه بعض رجاله، و (٥٦) متطوعا كان الفوج الأول في الأخوان المسلمين السوريين الذي أنهوا تدريبهم في معسكر قطنا وكانوا بقيادة الملازم عبد الرحمن الملوحي، وتوجهوا إلى فلسطين بصحبة الشهيد عبد القادر الحسيني، وقد حضر هذا الفوج معه معركة القسطل[1].

وبعد أن ودع عبد القادر إخوانه وقبله سماح المفتي بين عينيه وودعه ثلاث مرات، وكأنه كان يعرف أنه الوداع الأخير، لما رآه من إصرار القائد على استعادة القسطل، ومع روح اليأس التي استولت عليه بسبب موقف اللجنة العسكرية، الذي كان منسجما مع السياسة التي ترمي إلى تجميد الوضع القائم في فلسطين، حتى تدخل الجيوش والقوات العربية إلى فلسطين.

وصل عبد القادر ورجاله جسر اللنبي الساعة الرابعة من صباح يوم ٦ نيسان ١٩٤٨، حيث التقى بسرية من متطوعي الأخوان المسلمين بقيادة الشيخ مصطفى السباعي في طريقهم إلى القدس، فصافحهم عبد القادر ورافقهم إلى المدينة المقدسة[2].

ووصل عبد القادر إلى دار أخيه فريد الحسيني في حي باب الساهرة بالقدس.

يقول المجاهد بهجت أبو غربية[3]: ((أيقظني أخي صبحي من نومي

(١) السباعي، د. مصطفى: الاخوان المسلمين في حرب فلسطين، ص ٢٤- ٢٥.
(٢) محسن، عيسى خليل: فلسطين الام وابنها البار، ص ٣٧٢.
(٣) مذكرات بهجت أبو غربية: مجلة القدس الشريف، العدد ٦٠ عام ١٩٩٠، ص ٢١- ٢٣.

بطل القسطل – عبد القادر الحسيني

صباح يوم الأربعاء ٧ نيسان وأخبرني أنه قدم من دمشق مع عبد القادر الحسيني الـذي نـزل في بيت أخيه فريد، فتوجهت إلى البيت وعلمت أنه واصل المشي طول الليل وأنه نـائم لمـدة ساعتين. وسألت عن السلاح فعلمت أنهـم لم يحضروا سـوى أسـلحتهم الفردية بالإضافة إلى نصف كيس فشك انجليزي ونصف كيس فشك ألماني.

وقعت علي هذه الأخبار وقع الصاعقة، وغمرني الغم والأسى، وعدت بعد ساعتين وسلمت عليه ولاحظت أنه في أشد حالات الغضب، فقال لي فورا: مطلوب منك مأموريـة قـد لا يستطيع أحد أن يقوم بها غـيرك، أريد أن تـذهب حـالا إلى كامل عريقات فقد علمت أن حصته من الغنائم العسكرية في معركة الدهيشة كانت مصفحة وعدة رشاشات، أحضرها لي، لم يقل لماذا يريدها حالا، ولم يقل لي أنه سيتوجه إلى القسطل، ولم يحدثني عما جرى معـه في دمشق، ولم يكن الجو ليسمح لي بالحديث.

ذهبت فورا إلى بيت كامل عريقات في قرية أبو ديس فوجدته في السرير بسبب جرحـه الذي أصيب به، واخذت المصفحة اليهودية وكانت بحالة جيدة جدا، وأخذت سـت رشاشات ولكنها كانت غير صالحة فقد أعطبها اليهود قبـل أن يستسلموا ولكـن كـان مـن الممكـن إصلاحها.

أخذتها وتوجهت إلى القدس، إلى حي بـاب السـاهرة، فقيل لي إن عبد القادر غـادر إلى القطمون، اتصلت تلفونيا بقيادة إبراهيم أبـو ديـة في القطمون وسـألت عـن إبراهيم وعبـد القادر فقيل لي إنهما غادرا القطمون إلى القسطل عـن طريق عـين كـارم. ولم أقـدر أن عبـد القادر سيشن هجوما مركزا على القسطل في تلـك الليلـة ((٧)) نيسان ١٩٤٨، كمـا أن اليهـود قاموا بمناوشات ملفتة للنظر في قطاعي، وكانت تعليمات عبـد القادر الثابتـة لي أن لا أغـادر قطاعي وأن لا أشارك في النجدات والفزعات لخطورة موقعي.

عبد القادر الحسيني يضع مع نفر من قادة الجهاد المقدس خطة
لاسترداد القسطل

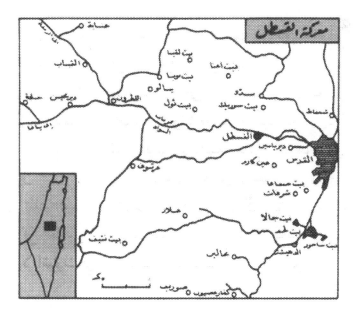

معركة القسطل الثانية (٧-٨ نيسان ١٩٤٨):

كان القائد عبد القادر يوم وصوله إلى القدس قد عقد اجتماعا في مدرسة الروضة، حيث حضر كل من القائد إبراهيم أبو دية، وعبد الله العمري، وحافظ بركات وغيرهم وأخذوا يسردون له قصة احتلال القسطل بشكل مثير، لم يتمالك معه إلا وأن صمم التوجه حالا لمهاجمتها، ثم أمر إبراهيم أبو دية آمر سرية القطمون، بإحضار أكبر عدد ممكن من حماة الحي لمهاجمة القسطل، كما أرسل في طلب النجدات من بيت صفافا والمالحة وعين كارم ودير ياسين وصوبا، كما أرسل مالك الحسيني وعزمي الجاعوني إلى بير زيت، لاستنفار قوات الجهاد المقدس ومهاجمة القرية من الجهة الشمالية والغربية والشمالية الشرقية.

غادر عبد القادر القدس عن طريق المالحة – عين كارم، وفي عين كارم اجتمع القائد مع المجاهد عبد الفتاح درويش، ولما وصل إلى منطقة القسطل تسلم القيادة وهو يدرك جيدا أنها معركة يائسة يخوضها بأسلحة قديمة ومهترئة ودون ذخيرة، ضد عدو مجهز بأحدث أنواع الأسلحة.

وفي غرفة تقع على سطح الجبل الذي يواجه القسطل بالقرب من المحاجر المدمرة، جلس عبد القادر وإلى جانبه عدد من آمري السرايا وقواد الفصائل منهم: إبراهيم أبو دية، وفاضل رشيد، عبد الله العمري، وهارون بن جازي، وعدد كبير من المسلحين يقرب من (٣٠٠) مجاهد حيث راح يوزع قواته على جبهة القتال كالتالي[1].

١- الميمنة – بقيادة حافظ بركات (قائد السرية الرابعة) وتبدأ هجومها من الجهة الشرقية من القسطل.

٢- الميسرة – بقيادة هارون بن جازي «من البدو» – (أمر السرية الثامنة) وتبدأ هجومها من الجهة الجنوبية الغربية

---

(١) محسن، عيسى خليل: فلسطين الأم وابنها البار، ص٣٧٥.

٣- القلب - بقيادة إبراهيم أبو دية (آمر السرية الثالثة) مع فصيلتين من سريته وتبدأ الهجوم من الناحية الجنوبية.

٤- القيادة - وتتكون من القائد عبد القادر وعبد الله العمري وعلي الموسوي وجودت العمد واثنين من شباب القدس.

٥- الاحتياط - ومركزه قالونيا: فرقة بقيادة صبحي أبو جبارة وأخرى بقيادة الشيخ عبد الفتاح المزرعاوي.

وبعد أن وزع عبد القادر الذخيرة المطلوبة طلب المجاهد إبراهيم أبو دية السماح لحارس عبد القادر الخاص (عوض محمود أحمد الترمسعاوي) وكان من المجاهدين والذي يحمل رشاشا من نوع (برن) الممتاز، أن يشترك معه لنقص الرشاشات والأسلحة، فلما رأى القائد ضرورة ذلك سمح له بالاشتراك.

الهجوم على القسطل:

بعد ظهر يوم ٧ نيسان ١٩٤٨ زحف القائد بقوات المجاهدين حسب الخطة المرسومة، على معاقل العدو المحيطة بالقسطل، وكانت الخطة أن يبدأ إطلاق النار بصورة مكثفة ومركزه من الجهة الغربية لمناوشة العدو وإيهامه أن الزحف العربي قد بدأ من هذه الجهة، وبعدها يتقدم القلب والجناح الأيمن لاحتلال القرية من الجهة الجنوبية والشرقية والقيام بنسف الاستحكامات اليهودية فيها.

يروي القائد إبراهيم أبو دية خطة الهجوم على القسطل فيقول[١]:

«وضعنا خطة لاحتلال القسطل ونظمنا صفوفنا للهجوم على ثلاثة محاور، فبعد القصف بالمورتر، تتقدم ميمنة من الجنوب الشرقي ويقودها حافظ بركات، وتتقدم ميسرة من الجنوب الغربي قوامها مجموعة المجاهد هارون بن جازي، والقلب ويقوده إبراهيم أبو دية. أما القائد عبد القادر

(١) مذكرات بهجت أبو غربية: مجلة القدس الشريف، العدد، عام ١٩٩٠، ص ٢٣- ٢٤.

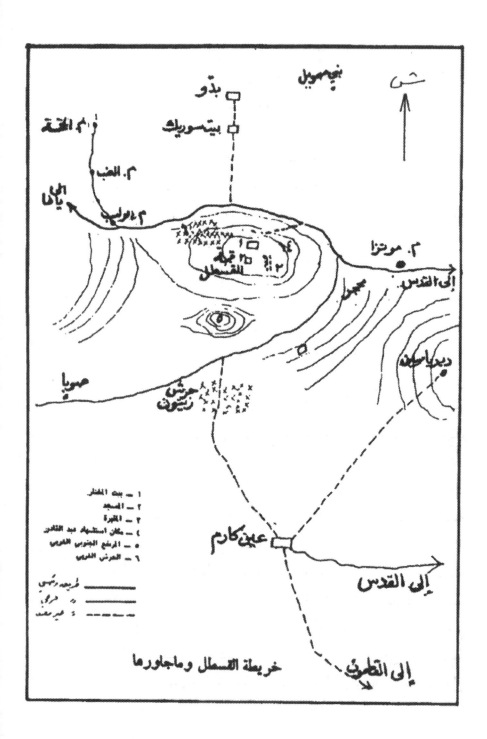

خريطة القسطل وماجاورها

الحسيني فقد اتخذ من محاجر الباشار مقر قيادة على بعد حوالي كيلو متر ونصف من قمة القسطل، ولكن لم يبق لديه إلا بعض الإداريين من كبار السن، وحتى حارسه الخاص عوض محمود الترمسعاوي ألحقه بإبراهيم أبو دية لأنه كان مسلحا برشاش برن جيد.

وعند منتصف الليل - وكانت ليلة شديدة الظلام - بدأ المجاهدون بقصف القسطل بمدافع المورتر وكانت أربعة: مدفعان منها من عيار (٢) إنش ومدفعان من عيار (٣) إنش وكان عليهما المعول لطول مدى رمايتهما، مع أن أحدهما كان من صنع محلي، ولا يرمي إلا بعد شد زناده بحبل من بعيد، وكانت كمية قنابل المورتر قليلة. وبعد أن أطلقت جميع قنابل المورتر تقدم المشاة وعددهم حوالي (٢٠٠) تحت غطاء نيران الرشاشات. تقدموا لاحتلال موقع محصن، وهم غير مدربين على القتال الليلي، وكان القصف الممهد للهجوم غير كثيف وغير فعال، إلا أن اليهود وقد أفزعهم الهجوم وشعروا بجديته وخطورته، وكانوا مدربين على القتال الليلي، عمدوا إلى تنفيذ خطة دفاعية معروفة لديهم يسمونها (الجوزة التي لا تكسر) وبمقتضاها أخلوا جميع مراكزهم الأمامية وتجمعوا في قمة القسطل حيث يقوم بيت المختار - وهو بناء سميك الجدران - وبالقرب منه مسجد صغير ومقبرة، وتحصنوا في البنايتين المسيطرتين على منحدرات الجبل، ولكن هذا التكتيك مكن المجاهدين العرب من الدخول إلى القرية والاقتراب الشديد من القمة باستثناء الميمنة التي بقيت بعيدة عن القمة. ثم قامت الميسرة بهجمة جريئة محاولة اقتحام المسجد إلا أنها ردت بعد أن خسرت عددا من الشهداء والجرحى وأصبحت مشاركتها في المعركة محدودة. أما القلب بقيادة إبراهيم أبو دية فقد اقترب جدا من المقبرة وبيت المختار ولكنه لم يستطع أن يقتحم هذه المواقع وبعد حين تجمدت حركته، فأعد هجوما بلغمين في كل منهما (٤٠) كيلو غراما من (TNT) تقدم بهما أربعة رجال لينسفوا جانبا من دار

المختار ولكنهم ما كادوا يصعدون جدار (الحبلة) ويتقدمون في اتجاه دار المختار حتى سقطوا شهداء وفشلت المحاولة، وبذلك تجمد الهجوم وضعفت شدة نيران العرب حرصا على ما بقي لديهم من ذخيرة وتحول الهجوم إلى تراشق متقطع بالنيران في ليل دامس، وأصبحت هناك خطورة من أن يتحول الموقف عند الفجر إلى كارثة حيث تنكشف مواقع العرب لمواقع العدو المرتفعة والمسيطرة على المنحدرات بالإضافة إلى أن اتصال اليهود المتحصنين في القمة مع المستعمرات الغربية كان ما يزال مؤمنا من خلال حرش كثيف.

هنا أرسل إبراهيم أبو دية رسولا يخبر القائد عبد القادر الحسيني بحراجة الموقف ويطلب منه إصدار الأمر إلى حافظ بركات قائد الميمنة للتقدم نحو القمة لتشديد الضغط على العدو وإجباره على الانسحاب وإخلاء مواقعه. ولم يعرف أبو دية بعد ذلك ما جرى، ولكن روايات كثيرة تؤكد أن عبد القادر غادر مقر قيادته ودخل القسطل وفي نيته أن يصل إلى مجموعة الميمنة ليدفع بها إلى الأمام، وقيل أن من معه حذره من دخول القرية في هذه الظروف فنهره ودخل القرية وحيدا.

وعند اقتراب الفجر وصلت لليهود إمدادات عن طريق الحرش الذي أشرت إليه، وأصبح موقف إبراهيم أبو دية ورجاله خطرا وكان قد خسر عددا من رجاله بين شهيد وجريح، وكان هو نفسه جريحا، والميمنة لم تتحرك فقرر الانسحاب، ولما وصل إلى مقر القيادة في محاجر الياشار سأل عن عبد القادر فقيل له لقد دخل القرية متوجها لعندك فقال إبراهيم إنه لم يصلني ولم أره».

وتقول إحدى الروايات[1]: «أصيب أبو دية إصابات عديدة واستشهد عدد من رجاله، وبذلك تمزقت قوى القلب، واختل نظام المعركة، فعلت أصوات المجاهدين أن المجاهد أبو دية قد جرح بعد دخول القرية، وأن الهجوم قد

---

(١) محسن، عيسى خليل: فلسطين الأم وابنها البار، ص ٣٧٥.

فشل بسبب نفاذ الذخيرة من كثير من المجاهدين، وبسبب إصابة العديد منهم بجراح أقعدتهم عن متابعة التقدم.

وصل النبأ إلى القائد عبد القادر، فما كان منه إلا أن نهض ليتولى توجيه المعركة وقيادة المجاهدين، وكان لا بد له من ذلك لأن جموع المجاهدين أخذت تتقهقر، وأصبح الفشل مؤكدا، فتوجه إلى القلب، وما أن رآه المجاهدون من رجال الميسرة والقلب، حتى التفوا حوله، ودخل القرية، والتحم باليهود الذين هالهم ما رأوه من تصميم المجاهدين واستماتتهم في الهجوم بعد أن أخذت استحكاماتهم وبيوت القرية تسقط واحدة بعد الأخرى، وهو يهلل ويكبر ويزمجر كالأسد متنقلا من بيت إلى آخر وهو يقاتل بما لديه من أسلحة، فجرح ثلاثة من رفاقه وبقي واحد ظل يقاتل معه، وليس لديهما من الأسلحة سوى رشاش وستن ومسدس عيار ٩ ملم.

عبد القادر محاصر في القسطل:

بقي عبد القادر وحده دون ذخيرة أمام مراكز العدو المحصنة، والتي عززت بإمدادات كثيرة من الرجال والعتاد، وكان الكثير من رجال عبد القادر قد نفذت ذخيرته فتراجع، وشعر اليهود بحراجة وضع عبد القادر فأطبقوا عليه وحاصروه بإحكام.

وما كاد فجر ٨ نيسان ١٩٤٨ يبزغ، حتى كان عبد القادر ورجاله يقاتلون يائسين، بعد أن أخذ العدو يضيق الحصار حولهم ولا ذخيرة كافية لديهم.

وهنا أصبح عبد القادر في حكم المفقود أو المحاصر داخل القرية، وأصيب المقاتلون بالإحباط فهم لا يستطيعون إعادة الكرة والهجوم على القرية من جديد في النهار وذخائرهم قليلة، وأخيرا قرروا أن يرسلوا في طلب نجدات من كل مكان لإنقاذ عبد القادر المحاصر داخل القسطل. فتوجهت الرسل على جناح السرعة إلى القدس ورام الله والخليل والرملة

وجميع القرى القريبة، تستنهض همم المقاتلين، فسارعت النجدات في التوجه إلى القسطل، فجاءت النجدات التالية[1]:

- مجموعة من جيش الجهاد المقدس بقيادة قاسم الريماوي.

- مجموعة من شباب القدس بقيادة بهجت أبو غربية.

- مجموعة من حي وادي الجوز بقيادة محمد عادل النجار.

- مجموعة من حرس الحرم الشريف بقيادة عبد المجيد المدني.

- مجموعة من قرى الوادية بقيادة رشيد عريقات.

- مجموعة من حامية القدس بقيادة جمال رشيد العراقي.

- مجموعة من رجال الشيخ حسن سلامة ومعهم عدة دبابات.

وبلغ عدد المجاهدين الذين هبوا لنجدة عبد القادر ورجاله حوالي (٥٠٠) مجاهد، وأطبقت هذه النجدات على القسطل من جميع الجهات خاصة من الجهة الشمالية.

لما علم عبد القادر بوصول النجدات اشتد ساعده، وارتفعت معنويات رجاله، فاندفع مزمجرا مكبرا، الله أكبر، إلى الأمام يا أبطال القسطل، وهاجم تلا عاليا وحصينا، وبعد أن قاد بنفسه جنوده مخالفا قوانين الحرب التي تحتم بقاء القادة الكبار في المؤخرة، حرصا على سلامتهم، وانتصر البطل وحقق معجزة حربية.

انقض العرب على الحاميات اليهودية من الجهات الأربع، واشتبكوا معهم بالسلاح الأبيض فتهاوت مراكز تلك الحامية، وفر اليهود مهزومين من الجهة الشمالية، وفي تلك الأثناء وصلت قوات الجهاد المقدس القادمة من قالونيا وموتزا، فاصطدمت بالقوات الهاربة فطوقتهم، وقتلت منهم عددا كبيرا، واحتمى الباقون في حرش بجانب الطريق العام، إلا أنهم لم يسلموا،

---

(١) محسن، عيسى خليل: فلسطين الأم وابنها البار، ص٣٧٦.

بل قتل المجاهدون منهم ٣٥ شخصا، وجرحوا عـددا آخر. وتقدمت مصفحة تابعة لقوات الشيخ حسن سلامة في الجهة الشرقية حيث أسرت مصفحة يهودية، وفي هذه الأثنـاء وصلت الدبابات البريطانية كعادتها لنجدة القوات اليهودية التي خلفت وراءهـا حـوالي ١٥٠ قتيلا و ٨٠ جريحا حيث احتمى هؤلاء الجرحى بهذه الدبابات فنقلتهم.

دخل المجاهدون القرية منتصرين بين التهليل والتكبير، وراحوا يتعقبون أفراد العدو مـن بيت إلى آخر ومن ركن إلى ركن، وراحوا يرفعون العلم الفلسطيني على أعلى بناية فيها وكـان ذلك في تمام الساعة الرابعة بعد ظهر يوم ٨ نيسان ١٩٤٨.

ولكن أحدا من المجاهدين لم يكن يعلم في نشوة الانتصار هـذه، أن القائـد عبد القادر بطل القسطل، قد جاد بأنفاسه، والتحق بالرفيق الأعلى.

((فانقلبت أفراحنا أتراحا لما رأينا قائدنا المحبوب مستندا إلى حـائط الجامع، ويده عـلى جنبه، وقد أسلم الروح وبيده مسدسه))[١]. فأسرع المجاهدون يتلقفونه بصدورهم عندما وجدوه جثة هامدة، وقد أصيب في عنقه وأذنه وبطنه بشظايا قنبلة (سلبند) القاتلة، ووجدوا قرب جثته عددا من الجنود اليهود صرعى، وأغلب الظن أنه تبادل معهم القتال، كما وجدوا إلى جانبه رشاشا فارغ الطلقات من نوع (توميجن) ومسدس وسلحلك، كما وجدوا مـا كـان يحمل من أوراق ووثائق ونقود، مما يدل على أن اليهود لم يتعرفوا على شخصه عندما قتلوه.

يقول المجاهد بهجت أبو غربية عن هذه المعركة[٢]:

((في صباح يوم الخميس ٨ نيسان ١٩٤٨، جاء من يستصرخني لنجدة القائـد عبـد القادر الحسيني (المحاصر في القسطل)، فتحركت بسرعة

---

(١) محسن، عيسى خليل: فلسطين الأم وابنها البار، ص ٣٧٧، عـن مخطوط الـدكتور قاسـم الريماوي ((حياة الشهيد عبد القادر)).

(٢) مذكرات بهجت أبو غربية: مجلة القدس الشريف، العدد ٦٠، عام ١٩٩٠، ص ٢٥- ٢٧.

وأصدرت إلى قواتي في المصرارة وسعد وسعيد وحي باب الساهرة باتخاذ أعلى درجات الاستعداد، واخترت منهم (٣٠) رجلا من خيرة المقاتلين. وركبت قواتي في المصفحة اليهودية التي أخذتها من كامل عريقات وفي سيارة شحن كبيرة، ورسمت خطتي مستفيدا من خبرتي الكبيرة بأرض المعركة التي تجولت فيها مرارا. وتقدمت إلى القسطل من الشمال عن طريق القدس – الجيب – بدو – بيت سوريك – القسطل، وبذلك أصل بسرعة أهاجم اليهود في القسطل من ظهرهم وأضعهم بين نارين، وأضرب طرق إمدادهم من مستعمرات موتزا، وارزا، والدلب، والخمسة.

وانطلقنا من القدس حوالي الساعة العاشرة صباحا إلى قرية بدو وواصلنا السير إلى بيت سوريك القريبة جدا من القسطل، وكانت الطريق منها إلى القسطل وطولها كيلو متر ونصف لا تصلح لسير السيارات، وترجلنا من السيارات وبدأنا بالتقدم إلى القسطل بالرغم من تحذير أهالي بيت سوريك لنا خوفا علينا من المواقع اليهودية المسيطرة على طريق تقدمنا والتي تحمي مؤخرة اليهود في القسطل.

وتقدمنا بانتظام معتمدين على كثافة نيراننا، ونجحت الخطة، فقد كان قدومنا من شمال القسطل بهذه النيران الكثيفة مفاجأة للعدو، حيث كان مئات المجاهدين في نفس الوقت يهاجمون القسطل من الجنوب، ونحن نهاجم من الشمال بعنف ونضرب مستعمرة موتزا ومستعمرة الدلب، ونقطع إمدادات اليهود من الشرق والغرب، فتملكهم الرعب وتركوا مواقعهم في القمة منسحبين إلى الغرب من خلال حرش مكشوف لنيراننا، فأصليناهم نارا حامية وسقط منهم العديد من القتلى، ودخلنا القسطل من الشمال الغربي أي من ناحية الحرش، وشاهدنا عددا كبيرا من القتلى، وفي أحد المواقع كانت هناك (١١) جثة متقاربة وجريح واحد. ووصلنا إلى القمة حيث التقينا بالمجاهدين من الجنوب والتقيت بصديقي محمد عادل النجار

ورجاله من مجاهدي حي وادي الجوز، وتملكتنا فرحة عارمة، فالقسطل عادت لنا وخسائرنا قليلة وجثث الأعداء متناثرة هنا وهناك)).

عبد القادر الحسيني شهيدا:

يتابع الأستاذ أبو غربية بهجت كلامه فيقول: ولكن فرحتنا لم تدم طويلا، فقد جاء من يخبرنا أن عبد القادر وجد شهيدا أمام أحد بيوت القرية في الجهة الجنوبية الشرقية لا يبعد عن بيت المختار أكثر من (١٠٠) متر.

وقع علي الخبر وقع الصاعقة فجلست على الأرض حزينا وطلبت من رجالي أن لا يذهبوا ليشاهدوا جثة قائدهم حرصا على روحهم المعنوية، وبقيت جالسا على الأرض وبجانبي محمد عادل النجار، وقد غمرني الحزن والأسى الشديدان وتراءت لي صورة المستقبل شديد الظلام، فخسارتنا مضاعفة، خسارتنا لهذا البطل المغوار الذي أمضى ـ حياته مجاهدا باسلا مطاردا، وختم حياته مستشهدا ببطولة وشهامة في سبيل الحفاظ على أرض الوطن المقدس، خسارتنا في شخصه عظيمة، وخسارتنا في دوره الجهادي القيادي فادحة، فقد كان القطب الذي يلتقي عند قيادته مجاهدو جيش الجهاد المقدس ومجاهدو فلسطين بشكل عام. رحمك الله أيها البطل فخسارتنا فيك لا تعوض، لقد بكينا فلسطين حين بكيناك في القسطل، قلتها لي يوما: ((فليمروا على أجسادنا)) وها أنت تفي بنذرك فلم يمروا إلى القسطل إلا على جسدك.

وجاء من يقول إن المجاهدين ينسحبون من القسطل على نطاق واسع بعد أن نقل الجثمان في طريقه إلى القدس. وكاد الانسحاب السريع أن يؤثر على معنويات رجالي، ولكنهم بقوا حولي ثابتين رغم منظر الانسحاب المفزع)).

الثبات في القسطل:

أقفرت القسطل وبقينا فيها حوالي أربعين رجلا، رجالي ورجال محمد عادل النجار. وجاءني رسول من قبل المجاهد عبد الحليم الجولاني ليخبرني أنه ورجاله من شباب الخليل قريبون منا في قرية صوبا على بعد (٥) كيلو مترات، وأنهم مستعدون لنجدتنا إذا حصل علينا ضيق.

بدأنا العمل وأصدرت أوامري التالية[١]:

١- تجهيز موقعين حصينين في كل موقع رشاش براوننغ ورشاشات برن، موقع يواجه الطريق العام لصد أي تقدم يأتي من الشرق – من جهة القدس – وآخر يواجه الطريق العام باتجاه الغرب من جهة يافا.

٢- تفتيش البيوت وبخاصة المغاور الكبيرة للتأكد من عدم وجود يهود مختبئين فيها، على أن تتم هذه العملية قبل حلول الظلام.

٣- إغلاق الطريق الفرعي إلى قرية صوبا بسد من الحجارة للحيلولة دون التفاف خلفنا قد تقوم به المصفحات.

٤- إقامة خندق كمقر للقيادة وسط المقبرة الواقعة في أعلى القمة قرب بيت المختار والمسجد.

ثم تحولت مع محمد عادل النجار للاستطلاع والإشراف على تنفيذ الأوامر، فوجدنا مصفحة يهودية كبيرة متروكة داخل القرية وهي بحالة جيدة ولكن دواليبها غاصت في الوحل مما اضطر اليهود إلى تركها. ووجدنا في القسطل عشرات الأطنان من الأسلاك الشائكة، كما وجدنا غرفة كبيرة مملوءة بالمتفجرات على شكل مسحوق أصفر، هذا بالإضافة إلى جثث العدو المتناثرة هنا وهناك والتي لم يكن لدينا الوقت لدفنها أو حتى عدها.

وكانت مصفحة يهودية تقترب منا بين فترة وأخرى وينزل منها بعض الرجال من باب في قعر المصفحة ليلتقطوا بعض الجثث التي يستطيعون

---

(١) مذكرات بهجت أبو غربية: مجلة القدس الشريف، العدد ٦٠، عام ١٩٩٠، ص ٣٠- ٣١.

الوصول إليها.

وخلال هذا الوقت كان مدفع مورتر (٣) انش يطلق قنابله علينا مـن مسـتعمرة مـوتزا، وكانت هناك طائرتان تلقيان علينا قنابلها المصنوعة محليا، وقد شعرنا بتفوق العـدو المتمثل في استخدام طائرات تقصفنا مع أن البلاد لا تزال تحت سيادة سلطة الانتداب البريطاني التي سوف لا تغادرها، إلا بعد (٥٠) يوما، وكان ذلك يعني أيضا تحيـز الإنجليز المكشـوف لليهـود ومساندتهم لهم. ولم نكن ندري أن الإنجليز كانوا قد بـاعوا لليهـود (٢٢) طائـرة منها هاتـان الطائرتان، الأمر الذي تأكدنا منه فيما بعد.

وأرخى الليل سدوله، وكانت ليلة حالكة الظلام، يقطع هـدوءها بـين حـين وآخـر قصـف اليهود بقنابل المورتر وقنابل الطائرات، وبعض الصليات المتقطعة من رشاشاتنا على مستعمرة موتزا وعلى مستعمرة الدلب لنثبت وجودنا في القسطل.

وحوالي الساعة التاسعة ليلا وصلتنا كمية مـن الطعـام والـذخيرة محملـة عـلى حمارين أرسلها لنا أنور نسيبة من عين كارم، فارتفعت معنوياتنا.

وبعد قليل وصل من الشمال ضابط مصري ومعه ثلاثة مقاتلين معهـم رشـاش بـرن، كـانوا جميعا هاربين من جيش الإنقاذ لكي ينجدوا المقاتلين في القسطل، ولولا معرفتي الشخصية بأحدهم لكانوا موضع شك وإشغال لنا، كما أن دخولهم للقسطل في تلك الليلة المظلمة كان عملا شديد الخطورة، ولولا شجاعة وحكمة رجالنا لقتلوهم، ومـع ذلك فقد كان قدومهم موضع ترحيب لا سيما وأن ضابطهم المصري كان يتمتع بروح مرحة مما خفف أحزاننا.

وفي منتصف الليل قطع سكون الليل صوت رماية كثيفة من رشاشاتنا من الموقعين الشرقي والغربي، فكانت ثلاث مصفحات قادمة من مستعمرة موتزا، وثلاث مصفحات أخرى قادمة من مستعمرة الدلب وأنوارها مضاءة،

تقترب منا ولا تبالي بنيراننا ولا ترد عليها، فأمرت بقطع الرماية وأن يتقدم إلى الأمام كمين ليحمل القنابل ليوقف تقدمها، وبعد إيقاف رمايتنا أطفأت المصفحات أنوارها ولم نعد نرى شيئا. وقدرت أن العدو سيهاجمنا عند أول ضوء لاحتلال القسطل من جديد. وأرسلت فورا دورية إلى طريق صوبا لتحدد موقع المصفحات وعادت الدورية دون أن تتمكن من ذلك.

وفجأة يتفجر الجحيم على مرتفع استراتيجي مجاور يبعد عنا ثلاثة كيلو مترات إلى الشرق، ولا يفصلنا عنه سوى واد واسع عميق أعرفه جيدا، إنها قرية دير ياسين الاستراتيجية تتعرض لهجوم مركز يستمر حتى الصباح على ثلاث موجات.

وإلى الغرب البعيد تقصف الطائرات طوال الليل قرى ساريس وبيت محسير وغيرها كما كانت تقصفنا، لقد بدأ فصل جديد كان سقوط القسطل واستشهاد عبد القادر ومذبحة دير ياسين إيذانا به.

القسطل تسقط ثانية:

عند فجر يوم الجمعة ٩ نيسان وبينما كان المجاهدون يستعدون للاشتراك في جنازة الشهيد عبد القادر الحسيني في القدس. تقدمت نحو القسطل أكثر من (١٣) سيارة عسكرية يهودية لاحتلالها من جديد. وانتشرت على الطريق العام حول القسطل على شكل نصف دائرة، فكان عدد السيارات أكثر من ثلاثة أضعاف عدد المجاهدين في القرية.

ولما أطلق المجاهدون عليها نيران رشاشاتهم، انفتحت عليهم نيران الجحيم، قصف مركز كثيف بقنابل المورتر (٣) انش من أكثر من (١٠) مدافع. واتخذ المجاهدون قرارا صعبا وتراجعوا إلى المرتفع الذي يقع إلى الجنوب الغربي على بعد نحو (٤٠٠) متر من قمة القسطل، وتحصنوا في خنادق محفورة في قمة هذا المرتفع. واستمر القصف على قمة القسطل، ثم توقف مع تدفق أعداد كبيرة من المشاة جاءت عن طريق الحرش الغربي نحو

دار المختار والجامع الـذي كـان قـد تهـدم مـن القصـف. وكـان تقـدمهم فرصـة ذهبيـة للمجاهدين، فقد كانوا مكشوفين لنيرانهم، فسقط عدد منهم، وبعد أن احتلوا قمة القسطل تقدمت مجموعة كبيرة من المشاة من شرق القرية متجهة إلى الجنوب الغربي محاولة تطويق المجاهدين وقطع طريق انسحابهم إلى عين كارم. ولكن الطوق فشل وتمكـن المجاهـدون مـن الانسحاب إلى عين كارم ثم إلى القدس، وسقطت القسطل ثانيـة بيـد الأعـداء، وبـدأوا فـورا بنسف منازلها.

هل انتحر عبد القادر؟:

يقول الأستاذ بهجب أبو غربية[1]:

((عبد القادر لم ينتحر، بل حاول أن يسترد القسطل بسرعة واستماته مهما كلـف الأمـر، لأهمية الحدث، أهمية سقوط القسطل من الناحيتين العسكرية والمعنوية، ولتحدي اللجنـة العسكرية التي هزئت به في دمشق وكأنها تشمت به عند احتلال اليهود للقسطل، وتتحداه إن كان يستطيع استردادها.

إن الذين يعرفون عبد القادر الحسيني جيدا يعرفون الكثير الكثير مـن مواقفـه الشجاعة وعدم مبالاته بالخطر مهما كـان جسيما، ويقـدرون الفـرق بـين تصـرف القائـد في الجيـش النظامي، وتصرف القائد في حرب العصابات وحروب التحرير الشعبية الذي يقود رجالـه وهو في مقدمتهم. لقد شاهدته في أكثر من مناسبة يقف منتصب القامـة في وجـه نـيران كثيفـة متحديا الخطر ناشرا بذلك روح الشجاع والبسالة بين رجاله.

عبد القادر لم ينتحر، ولكنه استشهد بكل بسالة في معركة صمم على كسبها ولو كانت روحه ثمنا لذلك، وقد ثبت بالفعل أن كسبها كان ممكنا، ولا شك أن استشهاده أدى إلى تحرير القسطل واستعادتها من أيدي الأعداء،

---

(1) مذكرات بهجت أبو غربية: مجلة القدس الشريف، العدد ٦٠، عام ١٩٩٠، ص٣٣- ٣٤.

ولا يغير من هذه الحقيقة أن اليهود عادوا فاحتلوها، فالانتحار شيء والاستماتة في الدفاع عن أرض الوطن والاستشهاد في سبيل الله شيء آخر.

لقد استشهد عبد القادر ولم يعرفه اليهود بعد استشهاده، وعندما وجد جثمانه كان سلاحه بيده – ستن إنجليزي بكاتم صوت – وكان دفتر ملاحظاته وأوراقه الخاصة في جيبه الأمامي لم تمس.

نعي الهيئة العربية العليا:

أذاعت الهيئة العربية العليا لفلسطين البيان التالي تنعي فيه الفقيد الغالي[1]:

«من المؤمنين رجال صدقوا ما عاهدوا الله عليه، فمنهم من قضى نحبه ومنهم من ينتظر وما بدلوا تبديلا» صدق الله العظيم.

«تنعى الهيئة العربية العليا بمزيد الأسى، مع الفخر والاعتزاز للأمة العربية الكريمة، في فلسطين وسائر الأقطار العربية والعالم الإسلامي، رجل فلسطين وقائدها البطل الفذ الشهيد المرحوم السيد عبد القادر الحسيني، الذي سقط شهيدا في معركة القسطل، بعد ما ربح المعركة واسترد ذلك الموقع الخطير من أيدي اليهود.

إن الخسارة التي حلت بالأمة الفلسطينية بفقد هذا البطل القائد العظيم، الذي خاض كقائد بطل، معارك الجهاد في سبيل الدفاع عن فلسطين منذ سنة ١٩٣٦، ولم يخسر في حياته معركة واحدة حتى المعركة التي استشهد فيها.

إن الخسارة لكبيرة، وإن الرزء بفقده لعظيم.

وسيشيع جثمان الفقيد في تمام الساعة العاشرة والنصف من صباح يوم الجمعة من منزل شقيقه السيد سامي الحسيني بالقدس إلى المسجد الأقصى،

---

(١) محسن، عيسى خليل: فلسطين الأم وابنها البار، ص٣٧٩.

حيث يصلى عليه ثم يدفن في ضريح والده المرحوم موسى كاظم باشا الحسيني بجوار المسجد الأقصى. فعزاء لآل الفقيد، ولفلسطين المجاهدة وللأمة العربية الكريمة بهذا المصاب الفادح، ولتحيا فلسطين حرة عربية إلى الأبد.

١٩٤٨/٤/٨ الهيئة العربية العليا

صدى الاستشهاد:

ما كاد نبأ استشهاد المجاهد البطل عبد القادر الحسيني ينتشر في البلاد حتى هزها هزا عنيفا، لقد فقدت ركنا من أركان الجهاد المقدس وأملا من آمال الأمة العربية الإسلامية، غاب عن الميدان وهي أحوج ما تكون إلى كفاءته وحنكته وبراعته، وتوارى عن الأنظار وليالي الخطوب لا تزال محلولكة السواد.

وراحت الجرائد في الأقطار العربية تنشر ـ الخبر والنبأ الفادح في أول صفحاتها، مودعة الفقيد بمداد قلوب كتابها، واكتظت الصحف العربية بأنباء جهاده وبطولاته، وأذاعت المحطات الإذاعية في أول نشراتها نبأ استشهاده. ونعاه المؤذنون من على المآذن، وأقيمت عليه صلاة الغائب في أكثر البلاد العربية، وجعل خطباء المساجد في صلاة الجمعة حادث استشهاده موضوعا لخطبهم.

وتسابق الألوف لتشييع جنازة هذا البطل، وألقيت كلمات التأبين والرثاء في توديع هذا الرجل الذي استشهد في ميدان الشرف والجهاد في سبيل الذود عن حياض الوطن المقدس.

وأعلنت جميع مدن فلسطين الحداد على هذا البطل الشهيد، أما مدينة القدس فلم تشهد في تاريخها الحافل يوما كيوم جنازة هذا البطل، ولم يعم فلسطين الحزن كما عمها في ذلك اليوم الأليم.

كما كان لنعي الشهيد وقع أليم في الدوائر العربية والإسلامية، وفي

نفوس العرب والمسلمين المقيمين في البلدان الأجنبية.

واشترك في جنازته يوم الجمعة ٩ نيسان ألوف من أهالي القدس وغيرها من المدن والقرى تكريما له، وكانت جنازته مهيبة، وقد صلي على جثمانه في المسجد الأقصى بعد صلاة فريضة الجمعة ودفن بجوار المسجد الأقصى.

مذبحة دير ياسين

عندما سقطت القسطل واستشهد المجاهد البطل عبد القادر الحسيني، أصاب سكان القدس والقرى المجاورة لها شيء من الذهول، فاستغل اليهود هذا الـذهول، وراحوا يشنون على القرى العربية المجاورة لهم، لا سيما الواقعة على طريق «القدس – باب الـواد»، غارات شعواء، وكانوا قد تقووا بالأسلحة التي نهبوهـا مـن المعسكر البريطاني في ٤ نيسان، وكان عددهم في القدس قد ارتفع كما ارتفع عدد مقاتليهم فيها إلى أضعاف ما كانوا عليه.

وكجزء من خطة اليهود في الهجوم العام وإرهاب العرب فقد بادروا إلى تدبير مذبحة ديـر ياسين المسالمة الواقعة في ضواحي القدس.

وكانت هذه القرية الصغيرة المجاورة لهم مطمئنة، وكانـت تعتقـد أن اليهـود لـن يعتدوا عليها، إذ كان بينها وبينهم وعد بألا يعتدي أحد الفريقين علـى الآخـر، ولـذلك فهـي لـم تبـادر اليهود بقتال، وما كان في مقدورها وعدد سكانها لا يزيد على السبعمئة أن تتحرش بجيران لها ينوف عددهم على مئة وخمسين ألفا إذ كانت محاطة بمستعمراتهم من جميع الجهات.

ولكن اليهود الذين لم يعتادوا احترام المواثيق والعهود قرروا إزالة هذه القرية من الوجود. واشترك في هذه الجريمة رجال من عصابة الأرغون وشترن الإرهابيتين يقودهم (يهوشاع غولد شميد) و (اتسل)، وكان القائـد العـام لهـذا القطاع (ي. رعنـان)، وهـؤلاء الثلاثـة مـن رجـال الأرغون.

بدأ الهجوم في الساعة الرابعة والربع من صباح يوم الجمعة ٩ نيسان ١٩٤٨، واشترك في الهجوم طائرة قذفت القرية بسبع قنابل، ثم تقدم المشاة يحميهم زهاء خمس عشرة دبابة، فهاجموا دير ياسين من ثلاث جهات: الشمال والشرق والغرب، ومهدوا لهجومهم هذا بالقنابل قذفتها مدافع المورتر. ورابطت غربي القرية قوة مهمتها أن تحول دون هرب السكان من هناك. ولم يكن في القرية سوى (٨٥٩ مسلحا، يحملون حوالي ستين بندقية

من البنادق الاعتيادية الخفيفة ورشاشتين من نوع (برن) وأربعة من طراز (ستن)، ولم يكن لديهم من الذخائر ما يكفيهم لأكثر من ساعة. وكان يقودهم شاب يدعى علي القاسم، وقد استغاثوا بالمالحة وعين كارم والقرى المجاورة، إلا أنهم لم يغيثوهم، رغم أن فريقا من جيش الإنقاذ كان يرابط يومئذ في عين كارم، وكان عدد هذا الفريق ينوف على المئة، كلهم من السوريين والعراقيين، فلم يقم هؤلاء أيضا بإغاثة دير ياسين، ولا زودوا المجاهدين الفلسطينيين بالذخيرة والعتاد وكما أن الجيش البريطاني ورجال البوليس الفلسطيني الذين وصلهم الخبر لم يركضوا لنجدتهم، ولا الصليب الأحمر [1].

ومع ذلك فقد دافعوا عن قريتهم دفاع المستميت، ولم يسلموها لأعدائهم إلا بعد أن نفدت آخر طلقة لديهم، وكان ذلك حوالي الساعة الثانية والنصف بعد الظهر، وبعد أن قتلوا ما لا يقل عن مئة يهودي في أثناء دفاعهم عن قريتهم.

يدلك على ما أبداه أبناء دير ياسين من بطولة وشجاعة وصبر ما قاله مناحيم بيغن نفسه، الذي كانت منظمة الأرغون تأتمر بأوامره عن كثرة ضحايا اليهود بسبب نار العرب التي كانت حامية وقاتلة، ومما قاله بيغن أن المجاهدين اضطروا لأن يحاربوا العرب من شارع إلى شارع ومن دار إلى دار.

عندئذ غادر القرية من غادرها من الشبان والرجال القادرين على المشي إلى عين كارم، وبقي فيها من بقي من النساء والشيوخ والأطفال غير القادرين على المشي ـ فدخلها اليهود وقتلوا الأشخاص الذين وجدوهم فيها، وهدموا خمسة من منازل القرية.

يقول الأستاذ المؤرخ عارف العارف [2]:

«حدثني فريق من شيوخ دير ياسين أن اليهود قتلوا في ذلك اليوم مئة

(١) العارف، عارف، النكبة ج١، ص ١٧١- ١٧٢.
(٢) العارف، عارف، النكبة ج١، ص ١٧٣.

وعشرة أشخاص بينهم سبعة من الشبان المسلحين الذين دافعوا عن القرية وقتلوا في المعركة، وأما الباقون (١٠٣) فقد قتلوهم في منازلهم، وهم الذين لم يستطيعوا الهرب من القرية وأكثرهم شيوخ ونساء وأطفال وبينهم من حرم نعمة النظر. ومن النساء خمس وعشرون حامل رموهن كلهن بالرصاص. ومن فظائعهم أنهم بعد أن قتلوا الحاج جابر مصطفى وهو شيخ في التسعين من عمره ألقوا بجثته من شرفة منزله إلى الشارع. وكذلك فعلوا بالحاج إسماعيل عطية، وهو شيخ في الخامسة والتسعين من عمره، فقد قتلوه وامرأته آمنة البالغة الثمانين من عمرها، وحفيدها الطفل، وفتكوا بشاب كفيف البصر كانت تقوده امرأته، وقتلوا معلمة المدرسة حياة البلابسة عندما كانت تقوم بإسعاف الجرحى.

ومن الفظائع التي اقترفها اليهود في دير ياسين أنهم أبادوا معظم أفراد أسر علي زيدان، وعطية، وزهران، وقتلوا مجموعة من كبار السن من الرجال والنساء، وأسروا سبعة من المجاهدين فطافوا بهم في شوارع القدس ثم أرجعوهم إلى القرية وعذبوهم على مرأى من أهلهم، ثم أخذوهم ولا يعرف أحد مصيرهم إلى الآن، وأرغموا نساء القرية على السير مشيا على الأقدام مكشوفات الرؤوس حافيات الأقدام، بعد أن سلبوهن كل ما يملكن من حلي ونقود.

لقد كان معظم الضحايا من النساء والشيوخ والأطفال الأبرياء، وكان هؤلاء مطمئنين في بيوتهم، ولم يشاركوا في قتال.

وأما الذين تمكنوا من الهرب فقد وصلوا إلى القدس والقرى المجاورة لها، وراحوا يحدثون عما جرى، فدب الرعب في قلوب الناس، وراحوا يرحلون عن منازلهم، حاملين معهم أنباء مختلفة عن الفظائع اليهودية التي اقشعرت لها الأبدان)).

ويقول الحاج أمين الحسيني عن مذبحة دير ياسين وتخاذل الإنجليز[1]:

«عندما اقترفت عصابة الأرغون الإرهابية مجزرة دير ياسين فتكت بـ (٢٥٠) ضحية من الرجال والنساء والأطفال. وقد بلغت القسوة بأولئك السفاحين أن جمعوا النساء الحوامل في ساحة القرية ووقف ضباط العصابة وجنودها يتراهنون على ما في بطون النساء الحوامل من الأجنة هل هم ذكور أم إناث، ثم يعمد الجندي فيبقر بحربته بطن المرأة الحامل ويخرج الجنين على سن الحربة ليروا هل هو ذكر أم أنثى، فيأخذ رابح الرهان دراهم بخسة معدودة.

ومما يجب تسجيله أن العصابة اليهودية التي اقترفت هذه الجرائم الوحشية كانت تضم بين أفرادها عددا من رجال الدين اليهودي من حاخامين وأحبار من جماعة «اغودات إسرائيل» الدينية الذين يتقربون إلى «إله إسرائيل» بمثل تلك الفظائع.

وفي ذلك الظرف الرهيب لم تتخذ السلطات البريطانية أي إجراء لحماية أهل القرية، بل امتنعت أيضا عن حماية العرب الذين حاولوا الذهاب إلى القرية المنكوبة لجمع جثث الضحايا، ورفضت تلبية ما طلبه منها الدكتور حسين فخري الخالدي أمين سر الهيئة العربية العليا حينئذ أن ترسل بعض الجند إلى القرية».

وقد ذكر الإرهابي الصهيوني مناحيم بيغن قائد عصابة الأرغون في الصفحات ١٦٣- ١٦٥ من كتابه المسمى (الثورة - تاريخ الأرغون) طبعة نيويورك عام ١٩٥١: «إن مذبحة دير ياسين كان لها أثر بالغ في نفوس العرب يعادل ستة أفواج من الجنود».

ويقول المؤلفان: لاري كولينز الأمريكي، ودومينيك لابير الفرنسي، في كتابهما «يا قدس» الذي أجريا قبل كتابته (٤٩٧) مقابلة وسجلا ستة آلاف

―――――――――
(١) مارديني، زهير: فلسطين والحاج أمين الحسيني، ص ٣٨٢.

صفحة عن الصراع الدامي بين العرب واليهود خلال عامي ١٩٤٧ – ١٩٤٨، يقول الكاتبان[1]:

«أخرج الإرهابيون العروس عليا درويش وعريسها مع ثلاثة وثلاثين شخصا آخر من منازلهم وأطلقوا عليهم الرصاص، ووصف «فهيم زيدان» أحد الذين نجوا من تلك المجزرة (كان يومذاك في الثانية عشرة من العمر) ما حدث بقوله: لقد أمر اليهود جميع أفراد عائلتنا أن يقفوا صفا إلى جانب الجدار ثم بدأوا يطلقون النار علينا، أصابتني طلقة في جانبي، ولكن أكثر الأطفال نجوا، لأننا اختبأنا وراء آبائنا وأمهاتنا، أصاب الرصاص أختي خضرا (٤ سنوات) في رأسها، وأخي سامح (٨ سنوات) في خده، وأخي محمد (٧ سنوات) في صدره، ولكن الآخرين كلهم ماتوا أبي وأمي وجدتي وجدي وأعمامي وعماتي وأولادهم.

أما حليمة عبد ذات الثلاثين عاما، فقد شهدت أنها رأت رجلا يطلق رصاصته على عنق أختها التي كانت حبلى في شهرها التاسع ثم شق بطنها بسكين جزار.

وقد قتلت امرأة أخرى إلى جانبها، وأعلنت نعيمة خليل ذات الستة عشر عاما أنها رأت رجلا ينحر جارها بما يشبه السيف من رأسه حتى أخمص قدمه، ثم يكرر العمل ذاته مع ابن عمها فتحي.

لقد شهدت منازل القرية مناظر مماثلة، وعلى رواية الذين نجوا من المذبحة أن فتيات اليهود أظهرن من الوحشية ما بز وحشية الرجال.

ولم تلبث دير ياسين كلها أن أصبحت ساحة تعلو فيها صرخات الرعب وانفجار القنابل ورائحة الدم والبارود والدخان. بدأ المهاجمون عملهم بالقتل ثم تحولوا إلى النهب وأخيرا إلى افتراس النساء، وعمد بعض الرجال إلى قطع آذان النساء للاستيلاء على الحلي الصغير».

---

(١) الكاتبان: الأمريكي لاري كولينز، والفرنسي دومونيك لابيير: كتاب «يا قدس» ترجمة سليمان موسى، ص ١٠٣- ١٠٤.

وجدير بالملاحظة أن القوات البريطانية في القدس لم تحرك ساكنا، وكانت قريبة جدا من مكان الحادث ومسؤولة عن الأمن، ولكنها كانت منتبهة وقتذاك لإنقاذ القوافل اليهودية والمستعمرات من هجمات العرب حالما تتلقى الإشارة[١].

ولكن كرامة المجاهدين أبت إلا أن يثأروا لإخوانهم شهداء دير ياسين، فقاموا بالهجوم على قافلة جبل سكوبس، ذلك أن الإرهابيين الصهاينة كانوا يتسترون وراء علامة الترس الأحمر[٢]، فينقلون المؤن والذخائر والمعدات الحربية خفية على أنها مواد طبية إلى مستشفى هداسا والجامعة العبرية الواقعين على جبل سكوبس المهيمن على القدس القديمة، فاستنجدت الوكالة اليهودية بالإنجليز لدى مهاجمة المجاهدين للقافلة في الثالث عشر من نيسان، فسارعت القوات الإنجليزية إلى مكان الحادث ولكن بعد فوات الأوان، حيث استطاع المجاهدون الفتك بأفراد القافلة وإحراق سياراتها، وقد قتلوا حوالي (٧٧) من أفراد القافلة[٣].

اعترافات بالمجزرة: أذاعت الوكالة اليهودية، إثر انتشار أخبار مذبحة دير ياسين بيانا استنكرت فيه ما جرى، وعبرت عن امتعاضها وأسفها الشديد للطريقة الوحشية التي اتبعت في الاستيلاء على هذه القرية[٤].

وذكر الكاتب اليهودي المعروف ((هاري ليفن)) هذا الحادث في كتابه ((القدس في المعركة)) ووصفه بأنه عمل فظيع ضد قرية لم تقترف إثما، فقد كانت إلى ذلك الحين مسالمة. وقال: ((ويظهر أن الهاغانا أيضا وليست عصابتا الأرغون وشترن فقط شريكة في هذا العمل، وإن كان قائدها دافيد وصف الحادث بأنه مجزرة في غاية التهتك والفظاعة، وختم الكاتب كلامه

(١) التل، عبد الله: كارثة فلسطين، ص ٥١- ٥٢.
(٢) الترس الأحمر شعار يتخذه اليهود مقابل شعار الهلال الأحمر والصليب الأحمر.
(٣) علي، د. فلاح خالد: الحرب العربية الإسرائيلية، ص١٥٩.
(٤) العارف، عارف: النكبة ج١، ص ١٧٥.

بقوله: ما من عمل قام به العرب في الشهور السابقة يشبه هذا العمل الجنوني الفظيع الـذي اقترفه اليهود)).

وقال المستر غريفس – رئيس بلدية القدس يومئذ – إن منـدوب الصليب الأحمر الدولي الدكتور ((دي رينيه)) الذي زار القرية فور وقوع الحادث ورأى كـل شيء بعينـه، إنه لم يـذكر الأرقام على حقيقتها، وإنما اكتفى بالقول: إن عددا كبيرا من المدنيين غير المسلحين مـن كـلا الجنسين ومن أعمار مختلفة قد ذبحوا ذبح الأنعام(١) وهـذا ما جاء في تقريـره الـذي أرسل عنه نسخا للحكومة وللهيئة العربية العليا وللوكالة اليهودية.

ويؤكد مناحيم بيغن، قائد منظمة الأرغون، الذي أشرف على حملة دير ياسين أن ما جرى في دير ياسين كان بموافقة قائد الهاغانا(٢) ويقول: ((لولا النصر في دير ياسين لما كانت هنـاك دولة إسرائيل))(٣). ويقول: ((كنا في القدس وغيرها أول من انتقل من الدفاع إلى الهجـوم، وبـدأ العرب يفرون خائفين، وكانت الهاغانا تقوم بهجمات ناجحة على الجبهـات الأخرى، بينمـا كانت جميع القوات اليهودية قد بدأت تتقدم عـبر حيفـا كالسكين في الزبدة، وراح العرب يفرون وهم يصيحون دير ياسين)).

ويقول الكاتبان الأمريكي لاري كولينز والفرنسي دومونيك لابيير(٤):

((كان جاكيس دي ريز ممثل الصليب الأحمر الدولي في القدس أول من وصل إلى دير ياسين، وسار ريز ذاهلا، فدخل إلى أول منزل صادفه، كان كل شيء قد تحطم وتمزق، كانت هناك جثث ملقاة على الأرض، لقد استعملوا البنادق والقنابل وأنهوا عملهم بالسكاكين. وفجأة شاهد شيئا

---

(١) العارف، عارف: النكبة، ج١، ص ١٧٦، عن كتاب ((القدس في المعركة)) لهاري ليفين.
(٢) العارف، عارف: النكبة، ج١، ص ١٧٦، عن كتاب مناحيم بيغن المترجم للغة الإنجليزية بعنوان The Revolt، ص ١٦٣.
(٣) بيغن، مناحيم: The Revolt، ص ١٦٢.
(٤) الكاتبان الأمريكي لاري كولينز، والفرنسي دومونيك لابيير: كتاب ((يا قدس)) – ترجمة سليمان موسى، ص ١٠٦.

يتحرك، فانحنى ليجد قدما صغيرة لا تزال دافئة، كانت قدم بنت في العاشرة من العمر ما تزال على قيد الحياة رغم جراحها، وأرسلها ريز إلى سيارة الإسعاف. ثم مضىـ يطوفـ ويبحث بين منازل القرية، وكان تقديره أنه شاهد مئتي جثة، من بينها جثة إمرأة ربما كانت حبلى في الشهر الثامن، وقد أصيبت في بطنها، وتدل الحروق على ملابسها على أن النار أطلقت عليها مباشرة وعن قرب.

وطلب قادة العصابتين من ((ريز)) أن يغادر القرية، فعاد إلى القدس حيث شاهد أولئك الذين نجوا من المذبحة يسيرون في الشوارع وحولهم الإرهابيون يعرضون معالم النصرـ الذي حققوه.

وفيما بعد قال قائد مجموعة الهاغانا أن جميع القتلى - مع استثناءات قليلة - كانوا من الشيوخ والنساء والأطفال. وكان من الواضح أن جميع الضحايا لم يستعملوا سلاحا بأيديهم. وأخيرا حمل الإرهابيون جثث ضحاياهم إلى محجر دير ياسين، وعندما انتهوا من نقل جميع الجثث، صبوا عليها زيت الغازولين وأشعلوا النار)).

وبلغ من هول هذه الجريمة وفظائعها أن وقف المستر (كريتش جونز) وزير المستعمرات البريطانية في مجلس العموم يندد بها قائلا[1]:

((إن جميع الحقائق والمعلومات التي توفرت لدينا تثبت هذه الجريمة القاسية النكراء، وإنني لا أستطيع سوى التعبير عن الكراهية والاحتقار اللذين تشعر بهما حكومة صاحب الجلالة الملك تجاه هذه الأعمال الوحشية التي هزت العالم جميعه وأثارت شعور الأسف العميق والكراهية لمثل هذه التصرفات الوحشية وجعلت أمر الوصول إلى تسوية نهائية للقضية الفلسطينية أكثر بعدا من ذي قبل)).

حتى ((قيادة الهاغانا)) فقد استنكرت هذا العمل وحاولت أن تتنصل من تبعته قائلة أن المنظمات الإرهابية المتطرفة (شترن والأرغون) هي التي انفردت

---

(١) العارف، عارف: النكبة ج١، ص١٧٦.

بتدبير هذه المذبحة وهي منشقة عن الهاغانا.

وصدق الناس هذا الزعم إلا العرب الذين عرفوا اليهود وخبروا حيلهم فما انطلت عليهم تلك الحيلة، وأيقنوا أن اليهود كلهم بجميع منظماتهم متآمرون ومشتركون في هذه الجناية الحمراء.

وشاء الله أن يفتضح أمرهم بعد حين، فيقوم عام ١٩٥٢ أربعة من الذين جرحوا أثناء القتال يطالبون بحقهم في المبالغ التي خصصت للمشوهين، وكان هؤلاء الأربعة من جماعة الأرغون، فقيل لهم أن هذه المبالغ خصصت للمشوهين الذين اشتركوا في المعارك الرسمية تلك المعارك التي كان يديرها الجيش اليهودي المعروف وإن معركة دير ياسين ليست من المعارك المذكورة، ولجأ رجال الأرغون إلى القضاء، فأثبتوا أن معركة دير ياسين أيضا من المعارك الرسمية، بدليل أن رجال الهاغانا اشتركوا فيها، وأثبت السفاح (مردخان توفمان) قائد منظمة الأرغون في القدس وواضع الخطة لمذبحة دير ياسين في معرض شهادته أمام المحكمة[1]، أنه اتفق و (دافيد شالتيل) قائد قوات الهاغانا أن يشترك (١٢٠) محاربا من منظمتي الأرغون وشترن للقيام بمعركة دير ياسين على أن تساندهم مدفعية الهاغانا، وأنه هو وادفيد شالتئيل هذا كانا في مستعمرة جبعات شاؤول يشرفان على المعركة وهي قائمة في دير ياسين، وأن المعركة استمرت من الساعة الرابعة صباحا حتى الخامسة مساء، وقد أسفرت عن انتصار اليهود، وأن قوات الهاغانا تقدمت عند انتهاء المعركة، فتسلمت القرية ورفعت العلم الصهيوني عليها[2].

معارك باب الواد

باب الواد ممر يربط السهل الساحلي بجبال القدس، وتتشعب منه طرق

---

(١) جريدة الحياة البيروتية - العدد ١٩٢٩، بتاريخ ٢٢ آب ١٩٥٢.

(٢) العارف، عارف: النكبة، ج١، ص١٧٦.

القدس والرملة ورام الله وبيت جبرين وعرتوف وغزة. ويشتمل الموقع على وادي علي ومداخله، والهضاب المطلة عليه، والقرى القريبة منه، كعمواس واللطرون وتل الجزر وأبو شوشة ويالو وبيت نوبا.

ولباب الواد أهمية عسكرية عظيمة، فهو مفتاح مدينة القدس، دارت فوق أرضه معارك كبرى على مر القرون، فعنده صد صلاح الدين الأيوبي غارات ريكاردوس قلب الأسد أواخر القرن الثاني عشر الميلادي، وفي موقعه وقف أبناء جبل القدس ونابلس في وجه جيش إبراهيم باشا سنة ١٨٣٤. ودارت فوق أرضه معارك دامية بين الجيش الإنجليزي وجيش الدولة العثمانية سنة ١٩١٧، ولولا الفرق الثلاث التي حشدها هناك اللنبي لما استطاع اجتياز هذا الممر الذي كلف الفريقين عددا كبيرا من القتلى والجرحى[1].

وقد فطن العرب واليهود إلى أهمية موقع باب الواد منذ اللحظات الأولى بعد صدور قرار التقسيم عام ١٩٤٧. وتهيأ اليهود لغزوه من السهل الساحلي لضمان مرور قوافلهم إلى القدس. وعمل العرب بالمقابل على قطع الطريق عليهم، فتنادوا لشراء السلاح، وتجمع المقاتلون من قرى عمواس ويالو ودير أيوب وبيت نوبا وبيت محسير وساريس وغيرها وكان عددهم في البداية (٣٠٠) مجاهد بينهم الشيخ هارون بن جازي أحد شيوخ قبيلة الحويطات في شرق الأردن وقوة من رجاله المتطوعين، وقد انضووا تحت لواء قوات جيش الجهاد المقدس بقيادة عبد القادر الحسيني[2].

وكان أول عمل قامت به القوات العربية تخريب الطريق وإتلاف الأنابيب التي تمد الأحياء اليهودية في القدس بمياه الشرب من رأس العين. وأخذ العرب بعد ذلك يتصدون للقوافل اليهودية المحروسة التي تمر بباب الواد مرة في الأسبوع، ويوقعون بها خسائر فادحة، أو يمنعونها من متابعة طريقها.

ففي ١٩٤٨/٣/١ هاجم المجاهدون العرب قافلة يهودية، وقتلوا أربعة من

(١) العارف، عارف: النكبة ج٢، ص ٤٩٠- ٤٩١.
(٢) الموسوعة الفلسطينية - المجلد الأول، ص٣٤١.

رجالها، وجرحوا ثمانية، وأعطبوا إحدى السيارات. وفي اليوم الثالث من آذار دمروا سيارتين كبيرتين عند حوض الماء القريب من مقام الشيخ علي، وقتلوا خمسة عشر يهوديا. وفي اليوم التالي هاجموا قافلة يهودية وقتلوا أربعة من رجالها، وكادوا يقضون عليها لولا تدخل الجنود البريطانيين.

وفجر العرب الألغام تحت السيارات اليهودية يومي ١٢، ١٣ آذار، وقتلوا خمسة من ركابها. وفي ١٧ آذار اشتبكوا مع اليهود عند بئر الحلو على الطريق المؤدية إلى باب الواد وأعطبوا مصفحة يهودية. ثم هاجموا في ١٩ آذار قافلة يهودية من تسع سيارات قادمة من عرتوف، وقتلوا ١٥ رجلا، وأعطبوا مصفحة للحراسة في المقدمة، وغنموا كمية من الأسلحة.

وفي ٢٢ آذار أعد العرب كمينا لقافلة قادمة من تل أبيب وأشعلوا النار في سيارتي مؤن وقتلوا سائقيهما، وأعطبوا سيارة ثالثة وجرحوا السائق ومساعده.

ومع اشتداد الهجمات العربية في باب الواد شعر يهود القدس بوطأة الحصار وقلة المؤن، فاستنجدوا بسلطات الانتداب التي وضعت في عرتوف قوة بريطانية من نحو ٢٠٠ جندي لحماية القوافل اليهودية. وقد استطاع اليهود منذ ٢٣ آذار ان يسيروا قوافلهم في ظل هذه الحماية البريطانية وأنجدوا يهود القدس بحوالي (١٥٠٠) مقاتل.

وظلت عمليات بث الألغام من قبل العرب مستمرة ليلا، وقد قتل نتيجتها في ٢٤ آذار ١٢ يهوديا، وجرح ٣٠ آخرون، ودمرت ثلاث سيارات، وأعطبت ثلاث.

حاولت القوات الصهيونية ليلة ٣١ آذار احتلال التلال المشرفة على الواد والتمركز فيها لحماية قافلة قادمة عن طريق وادي الصرار. لكن المجاهدين من سكان القرى المجاورة تنادوا للقتال، وانقضوا على القافلة وحماتها قرب مستعمرة خلده، واشتبكوا مع اليهود في قتال عنيف دام طول ذلك النهار

وانجلى عن عدد كبير من القتلى والجرحى من الطرفين. ورغم خسارة العرب الأكثر في الأرواح فقد استطاعوا دحر اليهود وإعادتهم إلى خلده، وغنموا بعض سيارات القافلة.

واشتبك الفريقان يوم ١٩٤٨/٤/١ في القطاع الممتد بين ساريس وباب الـواد، ثم اشتبكا ثانية في اليوم التالي. وقد خسر اليهود في هذين اليومين حوالي ٦٠ رجلا بين قتيل وجريح.

وكانت محاولاتهم للسيطرة عـلـى بـاب الـواد مستميتة في الأيام الثلاثة ليمنعوا وصول النجدات العربية إلى القسطل من الغرب. وقد نجحوا في ذلك، وسقطت القسطل بأيديهم صباح يوم ٣ نيسان، وكان ذلك كله جزء مـن عمليـة سموها «عمليـة نحشون» تهدف إلى السيطرة على باب الواد واحتلال القرى العربية على جانبي الطريق من باب الواد إلى القدس. وقد احتلوا دير ياسين يوم ٩ نيسان، وقرية ساريس يوم ١٦ نيسان. وبذل العرب الكثير مـن مقاومة القوات اليهودية المتفوقة تنظيما وتسليحا وعددا[1].

وفي ١٦ نيسان قدمت من تل أبيب قافلة مؤن مؤلفة مـن حـوالي (٢٥٠) سيارة تحرسها أعداد كبيرة من الجنود والمصفحات. وقد كمن لها المجاهدون مـن أبناء القرى المجاورة تساعدهم قوة من رجال الجهاد المقدس بقيادة أحمد زونا، وقوة مـن البـدو بقيادة الشيخ هارون بن جازي. ولما وصلت القافلة إلى قرية دير أيوب على بعد كيلو متر واحد مـن باب الواد أطبق عليها المجاهدون بعد أن سدوا في وجهها الطريق بالحجارة وبثوا الألغام. ودامت المعركة من شروق الشمس حتى الساعة الرابعة بعد الظهر. وسقط فيها عدد من القتلى مـن الجانبين. وانتهت المعركة لصالح المجاهدين العرب، واستطاعوا تدمير وإعطاب زهاء ٦٠ سيارة، واستولوا على ١٥ سيارة أخرى وكمية من الأسلحة[2]:

(١) الموسوعة الفلسطينية - المجلد الاول، ص ٣٤٢.
(٢) العارف، عارف: النكبة ج١، ص ٤٩٧.

لكن اليهود تابعوا دفع القوافل على طريق باب الواد. وقد مرت قافلة لهم يوم ١٧ نيسان دون أن يستطيع العرب التعرض لها بشكل حاسم. وتمكنت قافلة أخرى من المرور إلى القدس يوم ٢٠ نيسان بعد أن كبدها المجاهدون خسائر فادحة. بعد ذلك نشط المجاهدون لسد الطريق سدا محكما بالحجارة الضخمة، وحفروا في عرض الطريق ثلاثة خنادق يبعد الواحد عن الآخر ١٥٠ مترا وعرض الخندق متران، وعمقه متر، وقد انتهوا من ذلك كله مساء يوم ٢٥ نيسان ورابطت هناك قوة من رجال الجهاد المقدس والمتطوعين البدو. وبذلك أغلقت طريق باب الواد إغلاقا تاما في وجه القوافل اليهودية.

وفي الوقت نفسه كانت طريق الخليل – القدس، وطريق رام اللـه – القدس، وطريق أريحا – القدس مغلقة في وجه اليهود. لذلك أصبحت مدينة القدس محصورة من جهاتها الأربع، فاستولى اليأس على يهود القدس، وأخذت القيادة اليهودية تعد لضربة قوية تفتح بها طريق باب الواد. وبالمقابل أخذت قيادة الجهاد المقدس تستعد لمجابهة الأعداء وصد ضربتهم، فدفعت قوات جديدة إلى الميدان، وانضمت إليها في الخامس من أيار فصائل من جيش الإنقاذ بقيادة المقدم محمد مهدي صالح العاني (عراقي) مسلحة بمدفعين من عيار ٦ بوصات. وانضمت إلى هذه القوات جموع كثيرة من أبناء قرى المنطقة، وتولى القيادة المقدم العاني.

بدأت المعركة المترقبة يوم ١٠ أيار عندما قذف اليهود إلى أرض المعركة بقوات كبيرة جاءت من القدس والمستعمرات اليهودية في المنطقة، وتمركزت في الأحراج الممتدة بين ساريس وباب الواد، وحاولت رفع السدود وفتح الطريق، وقد تصدى لها المجاهدون العرب من جيش الجهاد المقدس، وقصفتها مدفعية جيش الإنقاذ بشدة. وحتى يخفف اليهود الضغط على قواتهم قاموا بهجوم مخادع على المرتفعات الواقعة بين بيت سوريك وبدو والنبي صموئيل في قضاء القدس، لكنهم ردوا على أعقابهم.

أخذ الموقف يميل إلى صالح المجاهدين العرب الذين خاضوا المعارك بمعنويات عالية. وقد أذاعت قيادة جيش الإنقاذ في ١٣ أيار بيانا جاء فيه أن معركة باب الواد ما برحت مستمرة، وأن الحرب تدور في صالح العرب، وأن مراكز الدفاع اليهودية قد انهارت، وأن اليهود خسروا حتى ذلك الوقت، ٣٠٠ قتيل بينهم قائد المعركة وكان من الهاغانا، وأن العرب غنموا ١٥٠ بندقية وست مصفحات وعدد من الأجهزة اللاسلكية، وأنهم دمروا وأعطبوا عددا آخر من المصفحات والسيارات[1].

وانتهت المعركة في ١٣ أيار بفشل ذريع مني به اليهود وتراجعت قواتهم عن باب الواد. وظل رجال الجهاد المقدس وجيش الإنقاذ بموقع باب الواد حتى ١٩٤٨/٥/١٥ حيث تسلم الموقع الجيش الأردني.

وحلت فيه الكتيبة الثانية والرابعة، وكانت مهمة الكتيبتين العربيتين منحصرة في الدفاع عن قطاع باب الواد فقط، وقد قامتا بتلك المهمة خير قيام.

وبعد أن تسلمت الكتيبتان قطاع باب الواد استمرت المعارك والمناوشات بين الجيش العربي والمجاهدين الفلسطينيين من جهة والقوات اليهودية من الجهة الأخرى، ولم تهدأ الحال في تلك المنطقة إلا عندما أعلنت الهدنة الثانية، ووقف القتال بعد ظهر يوم الثامن عشر من شهر تموز ١٩٤٨.

هذا ولابد لنا من القول أن المعارك العنيفة التي جرت عند باب الواد كلفت اليهود خسائر فادحة، قال عنها دافيد بن غوريون، رئيس وزراء إسرائيل في بيان ألقاه في ((الكنيست)) في ١١ حزيران ١٩٤٩ أن اليهود خسروا في معارك باب الواد ضعفي العدد الذي خسروه في معارك فلسطين الأخرى[2].

وكان مما ورد في الرواية الإسرائيلية الرسمية عن هذه المعارك ما يلي[3]:

(١) العارف، عارف، النكبة، ج٢، ص ٥٠٠.
(٢) العارف، عارف، النكبة، ج٢، ص٥١٥.
(٣) حرب فلسطين ١٩٤٧ - ١٩٤٨.

«في ١٦ و ١٧ أيار احتللنا قريتي اللطرون ودير أيوب ونجحنا في إرسال قافلتين إلى القدس. وكانت هاتان هما القافلتان الأخيرتان قبل تجدد الحصار على القدس وبإحكام أكثر، لكن عندما استدعيت قوات (غفعاتي) إلى إيقاف الغزو المصري في الجنوب أخليت قرية اللطرون، وبذلك قطعت الطريق إلى القدس مرة أخرى، وفشلت كل محاولاتنا الكثيرة لاحتلاله.

إن قطع طريق القدس - في تلك الفترة - كان حافلا بالكوارث، فقد كانت القدس التي تتعرض لهجمات العدو العنيفة وللقصف المتواصل بحاجة إلى مساعدة فورية بالذخيرة والعتاد والمؤن، ولذا تقرر فتح الطريق إلى القدس مهما يكن الثمن، وقد كان الهدف من سلسلة الهجمات على اللطرون فتح الطريق إلى القدس، فقام اللواء السابع بالهجوم الأول على اللطرون عشية ١٥ أيار، وضمت إليه الكتيبة الثانية للواء (الكسندروني) ولكنها منيت بخسائر فادحة.

وفي ٥/٣٠ إنطلقت قوات جيش الدفاع الإسرائيلي مرة أخرى لمهاجمة اللطرون ولكنها فشلت.

وانطلق الهجوم الثالث على اللطرون من الجهة الجنوبية الشرقية ليلة ٨ حزيران، وقامت به القوة الأولى من الكتيبة الخامسة والكتيبة الثالثة من لواء يفتاح، وفشل الهجوم.

وهكذا فشلت المحاولات الثلاث لاحتلال اللطرون.

الفصل الثالث
معارك المنطقة الغربية الوسطى
(منطقة يافا واللد)

معارك المنطقة الغربية الوسطى

تقديم:

كانت المنطقة الغربية الوسطى تتكون من مدن يافا ولد والرملة والقرى المحيطة بهذه المدن، وكان في هذه المنطقة عدة جبهات هي: جبهة مدينة يافا، وجبهات القرى الواقعة إلى الغرب من مدينة يافا، وجبهة سلمة ويازور، وجبهات مدينة لد والقرى المحيطة بها، وجبهات الرملة وقراها.

وفي هذه المنطقة التي كانت من أشد المناطق خطرا، قام جيش الجهاد المقدس بقيادة الشيخ حسن سلامة بأعمال باهرة في المعارك التي نشبت في مدينة يافا وضواحيها في المنشية والعجمي «وأبو كبير» وتل الريش وغيرها، وحول اللد والرملة ورأس العين والعباسية وبيت دجن وسلمة ويازور وهاتكفا، وكانت هذه المعركة الاخيرة من أشهرها.

أما أشهر هذه المعارك التي وقف فيها المجاهدون مواقف عظيمة فسوف أتحدث عنها في هذا الفصل.

معركة هاتكفا

كانت مستعمرة هاتكفا الحصينة خط الدفاع الأمامي لمدينة تل أبيب، وكان بجوارها خمسة آلاف من الجنود اليهود من الهاغانا ومنظمتي الأرغون وشترن.

وفي مساء يوم ١٩٤٧/١٢/٨ حدثت فيها معركة سجل فيها المجاهدون الفلسطينيون صفحة مجيدة من تاريخ العمليات الجهادية في عهد الانتداب البريطاني. ففي تلك الليلة، قامت مجموعة من شبان القرى الواقعة ما بين مدينة لد وتل أبيب، لا يزيد عددها على مئة مسلح بقيادة الشيخ حسن

سلامة، باقتحام أمنع خطوط دفاع العدو عن مستعمرة هاتكفا، التي يبلغ عدد سكانها ثلاثين ألفا، من طرفها الشرقي إلى طرفها الغربي، وكانت ليلة عظيمة في وقائعها ونتائجها، قذف فيها المجاهدون بأنفسهم إلى قلب ذلك الحصن اليهودي على سكانه وعلى القوة اليهودية في جواره، المسلحة بالمدافع الرشاشة والأسلحة الأتوماتيكية، فاضطر معظمهم للهرب، تحت ضغط الهجوم العربي الصاعق، ركضا ووثبا من فوق الأسطحة، لاجئين إلى تل أبيب [١].

وتبع معركة هاتكفا سلسلة من المعارك التي خاضها الشهيد حسن سلامة، على رأس مجاهدية الأبطال، مسجلين فيها نصرا كبيرا على الأعداء، منها معارك العباسية، ودير محيسن، وأبو شوشة، واللد والرملة، ورأس العين، وبيت حزبون، والقباب، ووادي الصرار وغيرها.

ولما استشهد عبد القادر الحسيني، ظل حسن سلامة يواصل جهاده في ظروف قاسية، ولم يقف موقف الدفاع بل نقل المعركة إلى داخل معاقل العدو.

ففي ١٩٤٨/٥/١٧، استولى على محطة اللد وعلى مطار اللد ومعسكر صرفند ومستعمرة ولهلما الألمانية. وفي ١٩٤٨/٥/٢٠، صد اليهود عن مدينة الرملة للمرة الرابعة، بعد أن شنوا عليها سلسلة من الهجمات بأعداد كبيرة ومختلف أنواع الأسلحة.

وفي جميع هذه المعارك كان المجاهدون من مدينة اللد يهبون لنجدة إخوانهم ويصلون اليهود نارا حامية من مدافع بعيدة المدى ومن مختلف الأسلحة. وكانت مصفحاتهم تتوغل في صفوف الأعداء، فتوقع الرعب والهلع في نفوسهم، ويضطرون للانهزام غير متلفتين إلى قتلاهم الذين كانوا يملأون الاستحكامات.

---

(١) مارديني: زهير: فلسطين والحاج أمين الحسيني، ص ٣٨٦.

وقد تكبد اليهود في هذه المعارك خسائر جسيمة في الأرواح والعتاد، ولم يستطيعوا نقل قتلاهم الذين زادوا على مئة وخمسين [1].

معارك سلمة

سلمة قرية عربية تقع إلى الشرق من مدينة يافا وعلى بعد خمسة كيلو مترات منها، على طريق مطار «اللد - يافا»، وإلى الجنوب الشرقي من مدينة تل أبيب وعلى بعد كيلو مترين منها.

وهذه القرية محاطة من الجهات الأربع بعدد من المستعمرات اليهودية المسلحة، مونتفيوري ورامات غان من الشمال (وكانت الأخيرة مركزا لتدريب الهاغانا)، وكفار سركن من الشرق الشمالي، وعزرا من الجنوب، وهاتكفا من الغرب، وتل أبيب من الغرب الشمالي.

وقامت في سلمة معارك أبدى فيها أبناء سلمة من البطولة ما هو جدير بالذكر. وكان اليهود يتحرشون بهم باستمرار، فكونوا لجنة وجندوا في البداية ثلاثين شابا من شباب القرية، وزودهم قائد المنطقة الوسطى الشيخ حسن سلامة بثلاثين بندقية وما يلزمها من عتاد، قبل صدور قرار التقسيم.

وانتشر المسلحون على طول الحدود التي تفصل بينهم وبين اليهود، وانتشر أعضاء اللجنة في البلدان المجاورة باحثين عن السلاح، يتعاونون حيثما وجدوه وبالسعر المطلوب. وأحضروا من القاهرة ستين صندوقا من الذخيرة وثلاثين بندقية. وأصبح ما بيد المدافعين عن سلمة في منتصف كانون الأول ١٩٤٧ ستين بندقية استعملوها أحسن استعمال. كما كان لديهم مدفع ألماني من طراز هوشكس ورشاشان من طراز برن.

وبعد صدور قرار التقسيم ما كان ينقضي يوم واحد إلا وكانوا يصطدمون مع اليهود. وصمد أبناء سلمة الأبطال لأعدائهم، فكانوا أمامهم سدا

(١) مارديني، زهير: فلسطين والحاج أمين الحسيني، ص ٣٨٧.

كالحديد، لم يتزحزحوا عن مواضعهم، ولم يرحلوا عن منازلهم، فكانوا يعتبرون الفرار عارا، فإما صمود وحياة أو فرار وموت.

وظلوا على تلك الحال ثابتين في مواضعهم إلى أن سقطت يافا، فغادروا منازلهم مضطرين [1].

ومن الحوادث التي يجدر ذكرها في أثناء القتال أن المجاهدين أنذروا قادة الجيش البريطاني بعدم مرور الجنود من سلمة في طريقهم إلى مطار اللد، ولكنهم رفضوا ومرت سيارة عسكرية في ٢٠ كانون الأول ١٩٤٧ فهاجمها المجاهدون وأحرقوها، فقام الإنجليز بسد الطريق التي تصل يافا بمطار اللد وأقاموا الحواجز على الطريق حتى لا تصل أي نجدة من البلدان العربية لسلمة، وما كادت الطريق تسد حتى قام اليهود مساء ٢٨ كانون الأول بهجوم شديد على سلمة من ناحية هاتكفا فصدهم المجاهدون. ثم حشد اليهود قوة كبيرة في رامات غان من بوليس المستعمرات ومن رجال عصابة الأرغون ليهاجموا سلمة، ولكن المجاهدين تغلبوا عليهم وردوهم إلى الوراء. وقام المجاهدون بهجوم مضاد على مستعمرة هاتكفا، وتغلبوا على سكانها وأشعلوا النار في منازلها، واشترك نساء سلمة في هذا الهجوم ورحن يشجعن الرجال على القتال، فغادر اليهود المستعمرة تاركين أمتعتهم وأطفالهم. ولم يصب المجاهدون الأطفال بأذى بل سلموهم إلى البريطانيين وكان عددهم ستة وعشرين.

وتمكن عدد من مجاهدي اللد والعباسية من الوصول إلى مستعمرة هاتكفا، وانتشروا مع إخوانهم على حدود المستعمرات المجاورة، ودحروا القوات اليهودية التي أتت من الشمال لإنقاذ تل أبيب. ووقف المجاهدون على حدود تل أبيب يبثون الرعب في أفئدة سكانها. ودخلوا منازل مستعمرة شابيرو والتي تعد حيا من أحياء تل أبيب. فتدخل حاكم يافا وجاء

(١) العارف، عارف: النكبة ج١، ص٢٧٤.

الجنود البريطانيون لنجدة تل أبيب إثر ورود الاستغاثة من بلديتها، وطلبوا من المجاهدين مغادرة المستعمرة وتسلمها القائد البريطاني. واستشهد في تلك المعركة أربعة عشر مجاهدا، وقتل من اليهود مئة مقاتل جمعت جثثهم وسلمت إلى البريطانيين.

وراح هؤلاء يرابطون على الحدود بين سلمة والمستعمرات اليهودية المجاورة لها.

وعلى الرغم من وقوف الجنود البريطانيين على الحدود لم يمض يوم دون قتال.

ومن أهم المعارك التي وقعت بين الفريقين:

تلك التي وقعت في ١٨ كانون الثاني ١٩٤٨، وفي اليوم الأول من شباط و ٢٨ شباط ١٩٤٨، ففي المعركة الأولى قتل من اليهود خلق كثير، وقتل من العرب اثنان، ونسفت عمارة للحاج محمد داود من سكان سلمة، فسقطت على اليهود الذين كانوا فيها. وفي الثانية صد العرب هجوما قويا قام به اليهود على سلمة من ناحية هاتكفا، وقتل من العرب اثنان.

وفي الثالث قتل من اليهود زهاء خمسة عشر مقاتلا سحب المجاهدون جثث ستة منهم إلى القرية، واستولوا على مدفع من طراز برن وثلاثة من طراز ستن وبندقية براشوت وماكنة لاسلكي ولغم أرضي وعدد من القنابل.

واشترك في هذه المعركة خمسون مقاتلا عربيا، ثلاثون من أبناء سلمة، والباقون من جيش الإنقاذ يقودهم الشيخ دحام، وقتل فيها من العرب ثلاثة.

ودام الحال على هذا المنوال سبعة وعشرين يوما، دأب اليهود خلالها على بناء الاستحكامات بالاسمنت المسلح. وعندما انسحب الجنود الانجليز من خط الحدود، كان اليهود قد أتموا استعدادهم، وراحوا يشنون على العرب هجمات عنيفة مستعملين قنابل المورتر وراجمات الألغام.

وبعث المجاهدون برسلهم إلى القاهرة، يستنجدون برجال الهيئة العربية العليا، ورأوا من هؤلاء تذمرا لأن الجامعة العربية كانت تؤثر عليهم جيش الإنقاذ. وكانت تزود هذا الجيش بالسلاح وتمنعه عن المجاهدين الفلسطينيين. ومع ذلك فقد تمكن رجال سلمة من الحصول على ثلاثة مدافع مضادة للمصفحات، وعشر بنادق، وأربعين صندوقا من العتاد، وثلاثة مدافع رشاشة من نوع برن. وراحوا يقاتلون الأعداء بعزم، وباع نساء القرية حليهن وأمتعتهن المنقولة ليشترين بها السلاح [1].

وهاجم اليهود سلمة في منتصف شهر نيسان فقذفوها بما لا يقل عن ثلاثين قذيفة من قذائف المورتر من عيار ثلاث بوصات، وصمد لهم حماة القرية براجمات الألغام.

وظل المجاهدون صامدين في وجه العدو إلى أن نفذ عتادهم ولم يبق لديهم ما يدرأون به عنهم شر اليهود، وكانت مقاومة العرب في يافا قد انهارت، كما أن معظم القرى المجاورة قد استسلمت، فراح السكان يغادرون قريتهم في اليوم الأخير من شهر نيسان ١٩٤٨، وبقيت القرية مهجورة بضعة أيام، فلم يدخلها اليهود إلا بعد أن أخليت من سكانها إخلاء تاما. وفي اليوم الذي سقطت فيه قرية سلمة (٣٠ نيسان ١٩٤٨) سقطت أيضا قرية يازور.

واشترك أبناء سلمة في المعارك التي وقعت بعدئذ في العباسية وفي اللد والرملة، كما اشتركوا في معركة «رأس العين».

ولما سقط القطاع الغربي في يد اليهود، وسقطت لد والرملة، تشتت أبناء سلمة في منطقة رام الله ومنطقة نابلس وأريحا وعمان والزرقاء وإربد وغيرها من المدن والقرى.

---

[1] العارف، عارف: النكبة ج١، ص٢٧٨.

معركة مدينة يافا

كانت يافا عروس الساحل الفلسطيني، وكان عدد سكانها (٦٦) ألف نسمة، وهي ملاصقة لمدينة تل أبيب بسكانها الـ (٢٠٠) ألف نسمة، وتحيط بها المستعمرات اليهودية الكبيرة من كل جانب إلا أن عددا من القرى العربية كانت تعزز أوضاع يافا العسكرية.

بعد صدور قرار التقسيم طلب اليهود من رئيس بلدية يافا جعل المدينة مفتوحة، فرفضت الهيئة العربية الطلب، وقرر أهل المدينة الدفاع عن مدينتهم المحاطة بالمستعمرات اليهودية من ثلاث جهات.

ودافع عن يافا بالإضافة إلى شبابها من فرقة التدمير ومن منظمة الشباب والأخوان المسلمين، عدد من الحجازيين واليمنيين الذين كانوا يسكنون يافا قبل القتال، ثم جاءها من الخارج مصريون وعراقيون ومغاربة ويوغسلافيون دافعوا ببسالة، إلا أن تعدد الجنسيات واختلاف التدريب والمستويات، كان مما يحتاج إلى قيادة عسكرية قوية وحازمة، وهذا بالذات ما افتقدته حامية يافا[1].

وعند بدء القتال لم يكن في يافا من السلاح إلا ما ندر، ثم زودت حاميتها بدفعات من السلاح من قبل الهيئة العربية العليا بلغ مجموعها حتى أواسط شهر كانون الثاني ١٩٤٨ حوالي (٢٨٤) قطعة، كما اشترت اللجنة القومية بعض السلاح.

وبلغ عدد المجاهدين حوالي (٥٥٠)، وكانت مدينة يافا من الناحية العسكرية تابعة لقيادة الشيخ حسن سلامة الذي انتدبه الحاج أمين الحسيني ووافقت اللجنة العسكرية على تعيينه، وفي أواخر شهر شباط ١٩٤٨ عينت اللجنة العسكرية المقدم عادل نجم الدين (عراقي) قائدا لمدينة يافا، وأصبح الدفاع عنها منوطا بقيادة جيش الإنقاذ، ولا يتبع قيادة الشيخ حسن سلامة

---

(١) العارف، عارف: النكبة ج١، ص٢٣٨-٢٣٩.

إلا إسميا. وجاء مع عادل نجم الدين وقواته عدد من الضباط المتطوعين العراقيين والأتراك والألمان. ونشأت بين قوات عادل نجم الدين والمجاهدين الفلسطينيين خلافات أضرت بالموقف العسكري.

وكما جرى في سائر مدن فلسطين، بدأت الاشتباكات المسلحة بين العرب واليهود فور إعلان قرار التقسيم. وكان القتال حتى أواسط شهر كانون الثاني ١٩٤٨ في صالح العرب الذين أبدوا بسالة فائقة، وأصبح أبطال قرية سلمة وغيرها مضرب المثل في الشجاعة والإقدام. وابتداء من أواسط شهر آذار بدأ اليهود يشنون سلسلة من الهجمات المركزة على يافا وضواحيها خصوصا أبو كبير والبصة والمنشية وسكنة درويش والجبلية وتل الريش، مستخدمين مختلف الأسلحة وبخاصة مدافع المورتر وراجمات الألغام. وصمدت يافا وضواحيها صمودا بطوليا في وجه قوات متفوقة عددا وسلاحا. وأوقع العرب بالمهاجمين اليهود خسائر فادحة في الأرواح بلغت في هذه الفترة حوالي ألف قتيل وجريح.

وفي ٢٣ نيسان ١٩٤٨ بدأ اليهود بشن هجماتهم الحاسمة فهاجموا تل الريش وتوغلوا داخل الحي. وفي مساء الخامس والعشرين شنوا هجوما كبيرا اشترك فيه قرابة ألف مقاتل من الهاغانا والأرغون وشتيرن واستمر حتى نهار اليوم التالي ٢٦ نيسان وكانوا يهدفون منه احتلال يافا بأكملها، وتقدموا نحو المنشية ولكن حماة يافا تمكنوا من صد هذه الهجمات وكبدوا العدو خسائر كبيرة، ولكن هجوم اليهود استمر في يومي ٢٧ و ٢٨ نيسان في خمس موجات متلاحقة إلا أنهم لم يتمكنوا من اقتحام المدينة، فركزوا هجومهم معتمدين على قصف المدينة بمدافع المورتر بشكل كثيف ومتواصل وفعال، فتفكك الدفاع وعمت الفوضى وانتشر ـ الذعر، وزحف اليهود من جميع الجهات ووصلوا شاطئ البحر فعزلوا حي المنشية، ووصلوا إلى مفترق الطريق بين شارع بطرس وتل أبيب فعزلت حامية حي حسن بك.

وفي هذا الوقت توجهت وفود من أهل المدينة إلى عدة جهات طالبة النجدة من عمان ودمشق. وتسلم القاوقجي مسؤولية الدفاع عن يافا، ولكن لم يتحرك أحد لنجدة المدينة، وأخيرا وأثناء احتدام المعارك أقدم القاوقجي على تغيير آمر الحامية المقدم عادل نجم الدين، وعين الرئيس مشيل العيسى بدلا منه وكان آمرا لفوج أجنادين وعدده (٢٥٠) رجلا وعززه بفصيل من المدفعية بقيادة مهدي صالح العاني، وتحركت هذه القوة من مدينة رام الله إلى مدينة الرملة محاولة الدخول إلى يافا، ودخل ميشيل العيسى ـ وفوجه إلى يافا بكل صعوبة، ولكن عادل نجم الدين رفض تسليم القيادة والقوات التي بإمرته للقائد الجديد وانسحب هو ورجاله من المعركة وعددهم (٣٠٠)، ولم يبق في المدينة سوى عدد قليل من المجاهدين المحليين، ولم يتمكن ميشيل العيسى ورجاله من السيطرة على الموقف. وسقط حي المنشية الذي كان يعتبر أقوى قلاع يافا، وذبح اليهود جميع من وجدوهم في الحي من محاربين ومدنيين نساء ورجالا وأطفالا ومثلوا بجثثهم. وسقطت أيضا القرى المجاورة ليافا، مثل الخيرية وساكية وكفر عانة، وطوقت قرية سلمه التي كانت تعتبر أقوى قلاع المقاومة العربية في ضواحي يافا. وسقطت يافا في ٢٩ نيسان وانسحب ميشيل العيسى ـ ورجاله، وكان قد سبقهم رئيس البلدية، وأقفرت المدينة من السكان، بعد أن هجروها بحرا وبرا وسط ظروف مأساوية جدا.

ومنع الانجليز اليهود من احتلال باقي المدينة إلى أن ينتهي الانتداب في (١٥) أيار، ووافق العرب واليهود على اقتراح حاكم المدينة الإنجليزي بجعل مدينة يافا (مدينة مفتوحة) إلا أن اليهود أصروا على التفاوض المباشر مع العرب، وعلى ذلك وقعت لجنة من العرب (لجنة طوارئ) مؤلفة من أحمد أبو لبن وأمين أندراوس وصلاح الناظر وأحمد عبد الرحيم، مع قائد الهاغانا في لواء تل أبيب بتاريخ ١٣ أيار ١٩٤٨ إتفاقا أملى اليهود شروطه

وكانت شروط استسلام. وفي يوم ١٤ أيار انسحب الإنجليز ودخل اليهود المدينة خلافا لشروط الاتفاقية وأعملوا فيها نهبا وسلبا وقتلوا عددا كبيرا من سكانها الذين لم يبق منهم في المدينة أكثر من أربعة آلاف. ولم تعرف خسائر اليهود في هذه المعارك بدقة وقدرت بالآلاف. أما خسائر العرب فقدرت بـ(٧٠٠) شهيد وسبعة آلاف جريح[1].

وهكذا سقطت يافا التي كانت طوال عهد الانتداب أكثر مدينة يخشى ـ منها اليهود، وفي القتال الأخير اعترف مناحيم بيغن ببطولة شبابها فقال: ((بأن القناصين العرب كانوا يرسلون الموت إلى كل مكان))[2].

ومما هو جدير بالذكر أن مدينة يافا كانت تعتبر بموجب قرار التقسيم ضمن المنطقة الخاصة بالعرب، وهذا يفسر ـ عدم سماح الإنجليز لليهود بدخولها نهائيا، إلا بعد انتهاء الانتداب. فكانت يافا أول مدينة يحتلها اليهود من القسم الخاص بالعرب بموجب قرار التقسيم.

معركة رأس العين

رأس العين، مجموعة من العيون تجتمع فتكون نبع رأس العين أكبر ينابيع فلسطين بعد ينابيع نهر الأردن العليا. ويقع نبع رأس العين شمالي مدينة اللد، وقد استغلت هذه المياه قديما وحديثا فسحب قسم منها إلى مدينة القدس سنة ١٩٣٥ - أيام الانتداب البريطاني - لتشرب منها الأحياء اليهودية الكائنة في غربي مدينة القدس.

وكان في منطقة رأس العين معسكر بين مدينتي اللد وقلقيلية، وكانت قوات الجهاد المقدس بقيادة الشيخ حسن سلامة قد احتلته، وبعد أن استقرت به، وصل إلى المنطقة حوالي خمسماية مقاتل من جيش الإنقاذ

---

(١) مذكرات بهجت أبو غربية: مجلة القدس الشريف - العدد ٦٥، عام ١٩٩٠، ص ٣٩- ٤٠.

(٢) العارف، عارف: النكبة ج١، ص٢٣٤.

معظمهم عراقيون، فقام المجاهدون بتسليم المعسكر للرئيس مدلول قائد تلك القوة التي تمركزت في قطاع رأس العين في ١٩٤٨/٣/٨.

وبعد معركة القسطل ومجزرة دير ياسين في أوائل نيسان ١٩٤٨ قام مئة مجاهد من جيش الجهاد المقدس ومن متطوعي البادية في ١٠ نيسان بنسف الأنابيب التي توصل مياه رأس العين إلى الأحياء اليهودية الكائنة غربي مدينة القدس. فقطع الماء عن الأحياء اليهودية ودوائر الحكومة وقوات الجيش البريطاني في مدينة القدس، وراحت الهيئات الصهيونية توزع الماء على السكان اليهود من الآبار والصهاريج التي تتجمع فيها مياه الأمطار[1].

وبعد سقوط مدينة يافا في ١٩٤٨/٥/١٧ قام المجاهدون بتدمير أنابيب رأس العين في أربعة مواضع، خشية أن يصل اليهود إلى ذلك القطاع ويستولوا على رأس النبع.

ولم يؤثر انقطاع مياه رأس العين على الأحياء العربية في القدس لأنها كانت تزود من مياه عين قارة.

واستمرت محاولات اليهود للاستيلاء على رأس العين منذ وضع العرب أيديهم عليها. وقامت بين الطرفين معارك عنيفة حول النبع كان أشدها تلك المعارك التي وقعت في الأيام الأخيرة من شهر أيار ١٩٤٨، حيث انسحب جيش الانقاذ من المعسكر دون أن يتصل بجيش الجهاد المقدس ليتخذ التدابير لحماية المعسكر.

وفي تمام الساعة الثالثة بعد منتصف ليلة ١٩٤٨/٥/٢٩ هاجم اليهود المعسكر بقوات كبيرة ومهدوا لهجومهم بمدفعية استمرت أكثر من ثلاث ساعات، احتلوا بعدها المعسكر، وحاولوا الامتداد إلى قرية مجدل الصادق المسيطرة على الطريق العام[2].

وما كاد الخبر ينتشر في القرى العربية المجاورة حتى راح المجاهدون من

(١) العارف، عارف: النكبة ج١، ص ١٨٣.
(٢) مارديني: زهير: فلسطين والحاج أمين الحسيني، ص ٣٨٨.

كل صوب يزحفون، وكان على رأسهم قائد القطاع الأوسط الشيخ حسن سلامة، وفي طريقه إلى رأس العين استنجد بالمجاهدين من أبناء دير طريف وبيت نبالا والقرى الأخرى المجاورة لها.

وفي فجر يوم ٣١ أيار ١٩٤٨ تقدم المجاهدون بقيادة الشيخ حسن سلامة وشنوا هجوما على مراكز العدو الصهيوني في رأس العين. ودارت معركة عنيفة تمكن فيها المجاهدون من طرد العدو عن رأس العين، وانتصروا انتصارا مبينا لكنه كان غالي الثمن، إذ أصيب القائد حسن سلامة بشظية قنبلة في رئته اليسرى ونقل إلى المستشفى، ولكنه لم يلبث بعدها إلا قليلا ووافاه الأجل يوم ١٩٤٨/٦/٢، وكان فقده خسارة كبيرة لفلسطين ولقضيتها الوطنية، تغمده الله بواسع رحمته وأجزل له أجر المجاهدين الصادقين، وقد تم طرد اليهود من رأس العين عند ضحى يوم ٣١ أيار ١٩٤٨.

استاء اليهود كثيرا لخسارة رأس العين التي استماتوا في احتلالها، فأعادوا تنظيم قواتهم وقاموا بهجوم سريع عليها. وصمد المجاهدون وفشل اليهود وارتدوا مدحورين.

وفي يوم ١٩٤٨/٦/١ وصلت سرية عراقية من الفوج العراقي الأول يقودها المقدم الركن علي غالب عزيز، فارتد اليهود إلى الوراء دون أن يشتبكوا مع العراقيين الذين تسلموا رأس العين وقطاعها وراحوا يعملون على تحصين ذلك القطاع وتمركزوا فيه.

وكان قتلى اليهود في معركة رأس العين يزيدون على (٢٠٠) قتيل، والغنائم ٩٥ بندقية و ١٣ رشاش برن وهوشكس و ٢ جهاز لاسلكي.

وأما الشهداء والجرحى من المجاهدين فكانوا (٢٣) جروح ثلاثة منهم بليغة[1].

---

(١) مارديني: زهير: فلسطين والحاج أمين الحسيني، ص ٣٨٨.

يقول المؤرخ عارف العارف عن تسليم العراقيين لقطاع رأس العين ثم انسحابهم منه^(١):

«حدثني المقدم الركن علي غالب عزيز عندما اجتمعت به في بغداد، أن مناضلا تركيا اسمه حسن، وستة من المناضلين الفلسطينيين اشتركوا مع العراقيين في المعركة الأخيرة، وأن هؤلاء المناضلين أبلوا فيها بلاء حسنا، وأنه قتل من اليهود يومئذ أربعة، وأما العرب فلم يقتل منهم أحد، وقد جرح ثلاثة أحدهم عراقي واثنان فلسطينيان.

ظلت رأس العين بيد العراقيين من ١ حزيران إلى سقوط اللد في ١١ تموز والرملة في ١٢ تموز ١٩٤٨. ولكن ماء هذا النبع لم يصل إلى الأحياء اليهودية غربي القدس بسبب الأنابيب التي حطمها المجاهدون في عدة مواضع، وبسبب سيطرة العرب في قطاع باب الواد، إلا بعد سنتين عندما تمكن اليهود من إنشاء خط فرعي لتلك الأنابيب يمر باتجاه آخر. وقد تم ذلك في شهر حزيران ١٩٥٠.

معارك اللد والرملة

لد والرملة

مدينتان عربيتان توأمان تبعد الواحدة منهما عن الأخرى ميلا واحدا فقط، ويكاد المرء لا يميز بينهما من حيث الأهل والعمران والعادات.

كان يعيش في لد عام ١٩٤٥ (١٧) ألف نسمة ولم يكن بينهم سوى عشرين يهوديا. وكان يعيش في الرملة (١٥) ألف نسمة ليس فيهم يهودي واحد.

ولهذين البلدين أهمية كبرى من الناحية الاستراتيجية، وذلك أنهما واقعان في وسط فلسطين، وتبعدان عن القدس ثمانية عشر ميلا، ويقع

---

(١) العارف، عارف: النكبة، ج٣، ص ٥٢٠.

بجوارهما مطاران: أحدهما بالرملة، وهو مطار عسكري صغير، والثاني على مقربة مـن لـد، وهو مطار مدني كبير ويعتبر من أهم المطارات الجوية في الشرق الأوسط. وعلى مقربة مـن الرملة – في صرفند – معسكر للجيش فيه عدد كبير من الثكنات والمباني العسكرية والمدنيـة. وفي الرملة تقوم محطة التلفونات الرئيسية في فلسطين وهي محطة عالمية.

فلا عجب إذا رأينا اليهود وقد شخصت أبصارهم نحو هذين البلدين يبتغون احتلالهما فور صدور قرار التقسيم. ولكن العجب هو الإهمال الفظيع الذي بدا من اللجنة العسكرية في دمشق حيال هاتين المدينتين القائمتين في أعظم موقع استراتيجي في وسط البلاد. وكل مـا عملته اللجنة هو أنها أصدرت أوامرها في ١٦ شباط ١٩٤٨ لسرية من المجاهدين بالتوجه نحو قطاع لد والرملة، وقد أضافت إليهما في الوقت نفسه فصيلا من المتطوعين المصريين، لتكون هذه القوة عونا للمجاهدين الذين يعملون في هذا القطاع بقيادة الشيخ حسن سلامة، وقـد اعترفت به اللجنة العسكرية قائدا لهذا القطاع، وكان ذلك بناء على اقتراح تقدم به المفتي[1].

وقد حاول اليهود احتلال هاتين المدينتين مرارا قبل عقد الهدنـة الأولى إلا أن المجاهـدين صمدوا لهم، وردوهم على أعقابهم، ولما عقدت الهدنة، وتقـوى اليهـود بالنجـدات والمعـدات التي أتتهم من أوروبا والولايات المتحدة من رجال وسلاح وعتاد، ملكوا مزام المبـادرة وتمكنـوا من الاستيلاء عليهما، أما لد فقد سقطت بيد اليهود في يوم الأحد ١١ تموز ١٩٤٨، وأمـا الرملـة فقد سقطت بأيديهم في اليوم التالي ((الاثنين)) ١٢ تموز ١٩٤٨.

معركة مدينة لد:

كان في لد عند بدء القتال زهاء خمسة وسبعون مقاتلا تـابعـون لفرق

---

(١) العارف، عارف: النكبة ج٣، ص ٦٠٠- ٦٠١.

الجهاد المقدس يقودهم الشيخ حسن سلامة، وهو المسؤول عن إدارة دفة القتال في ذلك القطاع، و ٢٥٠ من رجال الحرس البلدي، و ٣٥٠ بدو متطوعون، وكان هناك زهاء ٦٥٠ من أبناء المدينة ينزلون إلى الميدان كلما دعت الحاجة إلى النجدة، وفي غير نظام، هذا كان قبل زوال الانتداب. ولما زال الانتداب وخرج البريطانيون وتولى الجيش العربي مهمة الدفاع عن البلاد أقام هذا في لد أربعين جنديا نظاميا.

دارت حول لد عدة معارك لم يشترك فيها إلا حماة المدينة من أبنائها، وكانوا مزودين بالأسلحة التالية: ١١ مصفحة، ٣ مدافع مورتر، مدفعان كبيران، ٤ مدافع مقاومة للدبابات، مدفعان صاروخيان، ٣٥ برن، ٧ ستن، ١٥٠ بندقية اعتيادية شروا معظمها بأموالهم وبأثمان باهظة، ٩ مسدسات، ٤ هوشكس، وكان لديهم ١٨٠ صندوق ذخيرة انجليزية وقليل من القنابل والألغام[1].

وكثيرا ما اشتبك المجاهدون في قتال مع اليهود، وكان النصر ـ حليفهم. وقد أسقطوا مرة طائرة كانت تحلق فوق مطار لد. واستولوا مع إخوانهم من أبناء الرملة وأبناء القرى المجاورة على المطار والمحطة وعلى مخزن البنزين وعلى معسكرات الجيش في صرفند ورأس العين وبيت نبالا، غير أنهم لم يحسنوا الإفادة منها.

ولكن هذا العدد من المجاهدين والمقادير من الأسلحة والأعتدة ما كان ليجدي في صد هجمات اليهود إلى زمن طويل ولا سيما عندما أنزل اليهود إلى الميدان خمسة آلاف مقاتل، جلهم من رجال الصاعقة (البالماخ) وكانوا مزودين بأحسن الأسلحة، وأقدر الرجال والخبراء العسكريين الذين استأجروهم وأتوا بهم من روسيا وألمانيا وتشيكوسلوفاكيا وأمريكا وغيرها من البلدان.

(١) العارف، عارف: النكبة ج٣، ص ٦٠٢.

ولقد شن اليهود على لد هجومين: أحدهما بدأ من خلدا فقرية القباب القائمة على طريق القدس - يافا، واتجه شمالا نحو قرى عنابة وجمزو ودانيال ودير أبي سلامة والضهيرية. والثاني بدأ من ملبس إلى رأس العين فمجدل صادق فقولة فالمزرعة فدير طريف فبيت نبالا من الشمال.

والتقت القوتان اليهوديتان عند (بيت عريف) شرقي لد وعلى بعد أربعة كيلو مترات منها، وبذلك طوقوا المدينتين لد والرملة، وقد تم ذلك في اليوم الأول لاستئناف القتال (الجمعة ٩ تموز).

عندئذ دب الرعب في أفئدة السكان، واستغاثوا بالحاكم العسكري الأردني، ولم تصلهم أية نجدة سوى ثماني عشرة مصفحة أردنية وصلت إلى دير طريف، إلا أنها لم تستطع أن تخترق الطوق الذي أقامه اليهود حول لد.

واستمر الهجوم في ليلة السبت وتمكن اليهود في صباح اليوم التالي (١٠ تموز) من الاستيلاء على مطار لد، وبهذا تمكنوا من الاتصال بقواتهم الأخرى التي كانت في مستعمرة بن شيمن والمستعمرات المجاورة لها.

وقبل الغروب أغارت الطائرات اليهودية على مدينتي لد والرملة فقتلت وجرحت الكثيرين، ودمرت بعض الأماكن. وكان عدد القتلى من جراء هذه الغارة الجوية في مدينة لد وحدها ٢٢ والجرحى ٦٠ [1].

وفي صبيحة يوم الأحد ١١ تموز ألقت الطائرات نشرات دعت فيها المسلمين من أهالي لد والرملة إلى التسليم، قائلين إن المدينتين مطوقتان، وأنه لا فائدة ترجى من القتال، وأن على أهالي لد أن يرسلوا وفدا عنهم إلى مقر القيادة اليهودية في قرية جمزو (شرقي لد)، وعلى أهالي الرملة أن يرسلوا وفدهم إلى مقر القيادة في قرية البرية (شرقي الرملة). كل هذا كان يجري ولم تصل إلى المدينتين أية نجدة من أي جيش عربي.

(١) العارف، عارف: النكبة ج٣، ص ٦٠٢- ٦٠٤.

وما كاد نهار الأحد ١١ تموز ينتصف حتى شن اليهود هجوما مركزا على مدينة لد، قاموا به من الناحية الشرقية عند قرية دانيال، مستعملين مدافع المورتر والهاون، كما استعملوا الطائرات وراجمات الألغام. واستطاع المجاهدون من أبناء المدينة أن يردوا هذا الهجوم بعد معركة دامت ساعة ونصف الساعة في مداخل المدينة، وقتل من اليهود في هذه المعركة ستون. وعاد المجاهدون إلى المدينة وقد نفذ عتادهم، وما كان بينهم قائد خبير يقودهم.

وما كادوا يعودون حتى شن اليهود هجوما آخر، قام به رجال الصاعقة (البالماخ) فدخلوا المدينة في الساعة الرابعة، دخلوها من ناحية ((بن شيمن)) بالمصفحات وسيارات الجيب المحملة بالرشاشات، بينما راح مشاتهم يزحفون من ناحية جمزو مجتازين الشارع العام، مطلقين الرصاص على الأهالي من غير وعي، فقتلوا كل من وجدوه في الشارع. وهكذا سقطت لد في يد الأعداء مساء يوم الأحد ١١ تموز. وبقي الناس في بيوتهم لم يبرحوها.

وحدث في صباح اليوم التالي (الاثنين ١٢ تموز) أن تمكنت ثلاث مدرعات من مدرعات الجيش العربي المرابطة في بيت نبالا من دخول المدينة، قيل أنها أتت لإنقاذ الأهلين واسترداد المدينة، وقيل أنها أتت لإنقاذ الحاكم العسكري إدريس بك. ومهما كان الأمر فقد تشجع اللديون عند مجيئها، وراحوا يهاجمون اليهود في كل مكان ولا سيما في الناحية الشمالية حيث دخلت المدرعات الأردنية. فساد اليهود ذعر شديد وراحوا يفرون، وقتل عدد منهم. ولكن لم يمض سوى وقت قصير حتى انسحبت المدرعات الثلاث تاركة المجاهدين مشتبكين مع اليهود الذين كانوا قد تكاثروا وتغلبوا على المدينة، وتمكنوا من سكانها.

فقتلوا (٤٢٦) شخصا منهم (١٧٦) قتلوا في المسجد، وبهذا بلغت

خسائر أهل اللد منذ بدء القتال، ألفا وثلاثمئة شخص، ٨٠٠ منهم استشهدوا في ميادين القتال، وأما الآخرون فقد ماتوا إما قتلا في منازلهم أو جوعا وعطشا بعد خروجهم.

ولقد أخرجهم اليهود بعد احتلال المدينة قسرا، وبلغ عدد الذين خرجوا منها يوم الثلاثاء ١٣ تموز خمسين ألفا، أجبرهم اليهود على الرحيل ولم يستثنوا شيخا ولا امرأة ولا طفلا. ولم يسمح اليهود لأحد من الراحلين أن يحمل معه شيئا من نقوده أو متاعه، كما جردوا النساء من حليهن، وعينوا لهم طريقا وعرة للمرور منه بين جمزو ونعلين.

ومن هناك اتجهوا إلى رام الله، وكان الحر يؤمئذ شديدا، فمات منهم في الطريق خلال الأيام الثلاثة الأولى ثلاثمئة وخمسة وثلاثون شخصا، مات أكثرهم عطشا[1].

معركة مدينة الرملة:

عندما سقطت لد في يد اليهود إنهار الموقف في الرملة، وكان ذلك يوم الأحد ١١ تموز، واضطر المجاهدون من سكان الرملة لمغادرتها بعد منتصف الليل بساعة أي في ساعة مبكرة من صباح يوم الاثنين ١٢ تموز، وما كاد هؤلاء يرحلون عنها حتى جاء اليهود واحتلوها.

الرحلة في بدء القتال:

كان في الرملة في أوائل عهد القتال زهاء ثلاثمئة مجاهد من أبنائها: خمسون منهم تابعون لفرقة الجهاد المقدس يأتمرون بأوامر الشيخ حسن سلامة، والباقون إما من رجال الحرس البلدي أو مجاهدون متنقلون، وكان هؤلاء مسلحين بالبنادق الاعتيادية (إنجليزية وألمانية) نهبوا معظمها (٤٠٠ بندقية) من مخزن البوليس بالرملة في ١٩٤٧/١٢/١٢، وما كان لديهم

(١) العارف، عارف: النكبة ج٣، ص ٦٠٥.

سوى بضع رشاشات من طراز برن، وفيكرز واحد، وثلاث مدافع هوشكس، ومدفع واحد مضاد للمصفحات وهذا المدفع إياه أهداهم الجيش العربي في ٢ أيار ١٩٤٨ كما أهداهم مدفعين من طراز لويس. وما كان هذا القدر من السلاح بكاف لدرء الخطر عن الرملة. ومع هذا فقد كان النصر حليف هؤلاء المجاهدين في المعارك التي اشتبكوا فيها مع اليهود يوم صدر قرار التقسيم (٢٩ تشرين الثاني ١٩٤٧) واعترف اليهود بعد سقوط الرملة، أنهم كانوا يظنون أن حماتها يربون على الآلاف.

وتقوت شكيمتهم عندما انضم إليهم مئتان من البدو المتطوعين يقودهم الشيخ فيصل بن شهوان والشيخ جمال المجالي من مشايخ الكرك، وكان ذلك في أوائل شهر شباط ١٩٤٨. ولكن هؤلاء المتطوعين انسحبوا من الميدان في ٢٢ أيار ١٩٤٨، دون أن يقوموا بأي عمل يذكر.

حاصر الرملة سرية من رجال الأرغون بعد انسحاب الإنجليز منها في ١٤ أيار. حاصرتها باتفاق مع قيادة الهاغانا، ولكنها صدت بعد أن تكبدت خسائر فادحة، هذا بالرغم من أنها كانت مسلحة بمدافع مورتر من عيار ثلاث بوصات، وقد أمطروا الرملة بوابل من قنابلهم.

يقول مناحيم بيغن[١]: «إنه لو تيسر لليهود احتلال الرملة لتمكنوا بعدها من احتلال اللطرون، ولو تم ذلك لتغير الوضع، لا في قطاع القدس وحده ولكن في جميع أنحاء فلسطين».

وعندما تسلم الجيش العربي هذا القطاع أنجد الرملة بسرية من المصفحات مجموع رجالها بين الأربعين والمئة، مزودين بثلاث مصفحات ومدفعين من عيار ستة أرطال. جاء هؤلاء في ٢ حزيران ١٩٤٨ وتسلموا طريق الرملة – يافا، وما كادوا يحتلون مراكزهم حتى قذفهم اليهود من (ملجأ الرجاء) بقذائف المورتر، فقتلوا منهم اثنين وجرحوا ثلاثة. عندئذ ثارت ثائرة الجنود

---

(١) العارف، عارف: النكبة ج٣، ص٦٠٧، عن كتاب بيغن Revolt The، ص١٥٤.

وراحوا يضربون الملجأ، وقذفوه بخمس وعشرين قنبلة، ثم زحفوا صوبه مع فريق من المجاهدين الفلسطينيين واحتلوه، ولكنهم انسحبوا منه، فجاء اليهود واحتلوه ثانية.

وفي الثاني من حزيران وقبل إعلان الهدنة بيوم واحد اشتبك الفريقان من الساعة الثامنة صباحا حتى الساعة العاشرة مساء وكانت أعنف المعارك هي التي وقعت في الليلة التي سبقت الهدنة، فقد اصطرع الفريقان بالمشاة والمصفحات ومدافع المورتر والرشاشات. وفي خلال ذلك الاشتباك كان حماة الرملة من أبنائها يقظين ساهرين، يستعدون لدرء الخطر عن مدينتهم.

وتمكن جنود الجيش العربي بمساعدة المجاهدين، من احتلال مستعمرة جيزر الواقعة قرب قرية (البرية) العربية، وأسروا ستة عشر ـ يهوديا وسبع عشرة يهودية من المحاربات، وأرسلوا الأسرى من الرجال إلى عمان، وسلموا الفتيات إلى مستعمرة ابن شيمن اليهودية.

وفي غضون الهدنة وبعد مضي أسبوعين على إعلانها انسحبت من الرملة سرية المصفحات، واحتلت مكانها سرية مشاة قوامها مئة وخمسة وعشرون رجلا، يقودهم الرئيس أديب القاسم. وقد قسم هذا سريته بين لد والرملة، فوضع في لد خمسين جنديا، وأبقى في الرملة خمسة وسبعين، وهكذا أصبح عدد المدافعين عن الرملة قبل احتلالها خمسمئة مقاتل.

وكان مع رجال الجيش أربعة مدافع من طراز فيات، وبنادق من نوع تومي وستن، وكان معهم مدافع رشاشة (رشاش واحد مع كل خمس بنادق). وأما عتادهم فكانوا يشترونه يوما فيوما، إما من الأهالي أو من البلدية، وقد أخذوا من المجاهدين عشرين صندوقا من العتاد وتعهدوا بالدفاع عن المدينة.

ولم يقم رجال السرية بأي عمل يذكر لا في الرملة ولا في منطقتها، ولم يكن هناك أي تنسيق عسكري بينهم وبين الأهالي.

لقد بدأت معركة الرملة في الساعة الرابعة والدقيقة الخامسة عشرة من بعد ظهـر الأحـد ١١ تموز، أي بعد سقوط لد بساعتين تقريبا. إذ قام زهاء خمسمئة من المشاة وسيارة جيب تقل القائد وآله لاسلكي.

وحاول رجال الجيش العربي الذين كانوا يرابطون في عمارة البوليس صدهم، وكان في تلك العمارة خمسون مقاتلا نصفهم من رجال الجيش والنصف الآخـر مـن رجـال الشرطة، وقد انضم إليهم والمعركة قائمة مثل هذا العدد مـن المجاهـدين المحليين، فقامت بـين الفريقين معركة حامية وانتهت باندحار اليهود إلى الوراء، وحرق أربع مصفحات، كما خسروا عددا مـن مشاتهم، ومن ظل منهم على قيد الحياة انسحب إلى المواقع التي احتلوها في لد.

وفي اليوم التالي (١٢ تموز) أتت اليهود نجدة كبيرة، وتقدمت فئات منهم صوب الكنيسة فعنابة فجمزو ودانيال، وسيطرت على القطاع الكائن إلى الشرق من الرملة. وجاء فيلـق آخـر من ملبس الواقعة إلى الشمال مـن الرملـة فاحتـل قريتـي قولـة والمزيرعـة. وتقـدمت القـوة اليهودية المتمركزة في مستعمرة بن شيمن (تلك المستعمرة التي لم يشأ أهالي لد أن يصيبوها بأذى عملا بحق الجوار!) فتمت عملية التطويق.

وفيما كانت عملية التطويق تجري على هذا الشكل كـان رجـال السرية المتقدم ذكرهـا ينسحبون من المدينة، وهكذا سقطت الرملة بيد اليهود في ساعة مبكرة من صباح يوم الاثنين ١٢ تموز ١٩٤٨.

يقول المؤرخ عارف العارف[1]:

«حدثني الشيخ مصطفى الخيري أنه تم الاتفاق مع اليهود عند احتلالهم للرملة ان يبقى السكان في منازلهم. ولكنهم عادوا فاعتقلوا زهاء ثلاثة آلاف شاب في سن القتال، وأمعنوا في الباقين من السكان نهبا وسلبا وقتلا

---

(١) العارف، عارف: النكبة ج٣، ص ٦١٠- ٦١١.

وتخريبا.

ثم أجبروهم على الرحيل في ١٩٤٨/٧/١٤، فرحلوا عن طريق القباب وسلبيت ومنها إلى رام الله، ولم يبق سوى أربعمئة نسمة.

ولقد قتل في المعارك التي قامت حول الرملة ثمانية عشر مجاهدا عربيا وقتل مثل هذا العدد يوم الاحتلال. وما كاد يمر على احتلالها عام واحد حتى غير اليهود معالمها وسكنها منهم ثلاثة آلاف يهودي.

وقد سمع الناس الفريق كلوب باشا يقول أنه هو المسؤول عن إخلاء لد والرملة، بعد أن فقد الجيش العربي ثلث قواته في ميادين القتال، وأن خطوط مواصلته لم تكن لتسمح له بأن يتغلغل أكثر في جبهة مترامية الأطراف، وأن الجيوش العربية الأخرى لم تشد أزره، ولم تحم جناحه، فالجيش العراقي كان جامدا حيث هو، بينما انقلب الجيش المصري إلى الخليل وبيت لحم بدلا من أن يهاجم تل أبيب، أضف إلى ذلك نقص العتاد والذخيرة، وقد صادرت الحكومة المصرية في المياه المصرية شحنة من الأسلحة الإنجليزية أرسلت إلى الأردن، إلى أن قال: إن هذه الأسباب مجتمعة جعلت الدفاع عن لد والرملة متعذرا)).

ويتابع الشيخ الخيري كلامه فيقول: وهكذا أضاع العرب لد والرملة، وهما من المواضع الاستراتيجية الهامة، وضاع بضياعهما الأمل في ربح الحرب. وكم كان ألمنا شديدا عندما كنا نشاهد المعارك قائمة في لد والرملة، بينما لم تصل إلى المدينتين أية نجدة من أي جيش عربي[١].

_____

(١) العارف، عارف: النكبة ج٣، ص ٦١٢، عن كتاب كامل الشريف ((الأخوان المسلمون في حرب فلسطين))، ص ١٣٨.

الفصل الرابع
معارك جبل نابلس
((منطقة المثلث))

- تقديم

- معركة مشمارها عيمك.

- معارك قلقيلية

- معارك جنين:

● تقديم

● مقدمات المعركة

● معركة جنين الكبرى (٣ حزيان ١٩٤٨):

القوات اليهودية

القوات العربية

بدء القتال

الحامية العراقية في القلعة

النجدة العراقية

روايات الضباط العراقيين عن المعركة

نتائج المعركة وآثارها

● معركة جنين الثانية (٩ - ١١ تموز ١٩٤٨):

بدء المعركة

شهداء معركة جنين من المجاهدين الفلسطينيين

الاحتفال بيوم الشهداء

قصيدة ((معركة جنين))

● ذكريات اللواء الركن محمود شيت خطاب عن معركة جنين

معارك جبل نابلس
((منطقة المثلث))

تقديم:

كان في منطقة المثلث مجموعات من المجاهدين، وكان أكثرهم يرتبطون بقوات الجهاد المقدس، وقد خاض هؤلاء المجاهدون عددا من المعارك ضد القوات اليهودية في منطقة جنين وطولكرم، وكانت أشهر هذه المعارك:

معركة جنين، وكانت مدينة جنين المدينة الوحيدة التي دخلها اليهود وطردوا منها بعد احتلالها. ومعركة مشمارها عيمك. ومعارك قلقيلية. ومعارك قاقون، والطيرة، وقلنسوة، والطيبة، وكفر سابا، وبيار عدس، ومعارك القرى الواقعة شمال مدينة جنين.

وقد شاركت القوات العراقية في كثير من هذه المعارك وخاصة في معركة جنين جنبا إلى جنب مع المجاهدين من أبناء المنطقة، وكانت المعركة الوحيدة التي قام بها جيش الإنقاذ في منطقة المثلث هي معركة مشمارها عيمك.

معركة مشمارها عيمك

معركة خاضتها قوات جيش الإنقاذ في نيسان ١٩٤٨ قبل دخول الجيوش العربية إلى فلسطين، بهدف الاستيلاء على مستعمرة مشمارها عيمك (ومعناها حامية المرج) لموقعها الحصين في مرج ابن عامر. وهي من المعارك الأولى التي خاضها جيش الإنقاذ بعد دخوله فلسطين. وتقسم المعركة إلى مرحلتين منفصلتين: معركة مشمارها عيمك الأولى (٤ نيسان)، ومعركة مشمارها عيمك الثانية (١١ نيسان).

تقع المستعمرة في واد منفرج على طريق جنين – حيفا، تحيط به من الشرق والغرب والجنوب جبال مشجرة، ويقع شماليها سهل مرج ابن عامر الذي يغص بالمستعمرات اليهودية. وتتفرع من مشمارهاعيمك طريق تتصل ببقية المستعمرات في الشمال والغرب والجنوب. وفي هذه المستعمرات أقوى الأبراج والقلاع. وسكانها من يهود أوروبا الشرقية وقد كانوا يعتدون باستمرار على السيارات العربية التي تمر أمامهم.

وقد أراد قائد جيش الإنقاذ أن يحقق من الهجوم على مستعمرة مشمارهاعيمك مجموعة من الأهداف منها اختبار مناعة المستعمرات ومدى قدرتها الدفاعية في مواجهة قصف المدفعية، ومعرفة أسلوب تنسيق التعاون الدفاعي بين المستعمرات وقدرة اليهود على خوض المعركة في العراء خارج الحصون عند إرغامهم على ذلك أو عند انتقالهم من مستعمرة إلى أخرى لنجدتها.

وكانت القوة المكلفة بالهجوم، مكونة من فوج جمعت سراياه من مختلف الأفواج وزود بثلاث مصفحات وستة مدافع. وحددت الساعة الخامسة من مساء يوم السبت ١٩٤٨/٤/٤ موعدا للهجوم.

وقد سبقت عملية مشمارهاعيمك عملية هجوم خداعية أغارت فيها سرية من جيش الإنقاذ على مستعمرة زراعيم قرب زرعين في ليل ٤ نيسان

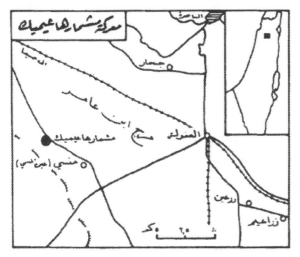

ودمرت قسما من بيوت المستعمرة ومشروع المياه الذي يسقي أراضي المستعمرات المجاورة وكبدت السكان بعض الخسائر، الأمر الذي مكن قوة الهجوم على مستعمرة مشمارهاعيمك من احتلال مواقعها بصورة سرية، وفي الموعد المحدد فتحت المدافع

نيرانها بصورة مباغتة فأثار ذلك الذعر بين سكان المستعمرة. وانطلقت سرية للهجوم تتقدم بسرعة مستفيدة من دعم المدفعية ونيران المصفحات التي كانت تتحرك على الطريق الرئيسية نحو الأبراج القائمة على مدخل المستعمرة. ووصل المشاة إلى الأسلاك الشائكة وبدأوا يقطعونها، واقتربت المصفحات من الأبراج وأخذت تقصفها برماية كثيفة، وركزت المدفعية قصفها على القلاع إلى أن اقترب المشاة منها. وكانت حامية المستعمرة ترد على ذلك كله بنيران متقطعة تدل على مدى ما أصابها من ارتباك.

بدأت الظلمة تغطي أفق المعركة وهطل المطر فزاد من صعوبة الرؤية، واقترب الجنود من القلاع فقذفوها بالقنابل اليدوية. ومضت المصفحات في زحفها مجتازة الأبراج التي أسكتت نهائيا.

وأصدر قائد جيش الإنقاذ فوزي القاوقجي الذي كان يقود المعركة بنفسه أوامره بالانسحاب إلى التلال المحيطة بالمستعمرة والانتظار حتى الصباح. وتم توجيه إنذار إلى سكان المستعمرة لإرسال وفد منهم للتفاوض من أجل

وضع المستعمرة تحت حماية جيش الإنقاذ. فأرسل السكان مندوبا عنهم يعلم قائد الفوج أن هيئة منهم ستصل بعد الظهر للمفاوضة.

وحاول اليهود في الوقت ذاته فك طوق الحصار عن المستعمرة، فصدرت الأوامر بقصفها لإرغامها على الخضوع. وعلى أثر ذلك جاء وفد من المستعمرة برئاسة رئيس بلديتها يرافقه عقيد بريطاني حاول تهديد قائد فوج الإنقاذ، ولكن هذه التهديدات لم تثمر فعدل الضابط البريطاني أسلوبه واعتذر عن تأخر الوفد وزعم أن السبب هو تأخر الوكالة اليهودية في الرد، ولهذا فإن الوفد قد جاء للتفاهم والاستئذان بنقل جثث القتلى.

وافق قائد الفوج على ذلك بشرط الانتهاء من العملية خلال ٢٤ ساعة يقرر اليهود في نهايتها التسليم أو العودة إلى القتال. وتولت السيارات البريطانية نقل القتلى والجرحى. وكان اليهود يحاولون كسب الوقت لحشد قوات الهاغانا. وكانت السيارات التي تنقل قتلى العدو وجرحاه تعود مشحونة بجنود الهاغانا وبينها سيارات مشحونة بالسلاح والعتاد اللازمين للحملة التي تتمركز غربي مشمارها عيمك وفي مستعمرة إلى الجنوب الغربي منها.

وفي صباح يوم ١٠ نيسان بدأ اليهود أقوى هجوم قاموا به حتى ذلك اليوم، وكان عددهم لا يقل عن (٦٬٠٠٠) مقاتل ضد (٥٠٠) مقاتل فقط من جيش الإنقاذ، وظهرت القوات اليهودية مسلحة بأعداد كثيرة من مدافع الهاون الكبيرة، والمدافع الرشاشة. وكان هدف القوات المعادية تطويق قوات جيش الإنقاذ وعزلها عن قواعدها، فاضطرت هذه القوات إلى التراجع مسافة ٤ كم، وتمركزت في قرية المنسي العربية، واتسعت بذلك جبهة القتال وتخللتها ثغرات كثيرة، ثم توقفت المعركة مع حلول الظلام [١].

وفي تلك الليلة (١١ نيسان) أعادت قوات جيش الإنقاذ تنظيم نفسها،

---

(١) الموسوعة الفلسطينية – المجلد الرابع، ص ٢١١ – ٢٢٢.

ووصلت إلى أرض المعركة مجموعات من المجاهدين من أبناء منطقة جنين وشاركت في فك الطوق عن قوات جيش الإنقاذ، كما وصلت قوة النقيب مأمون البيطار – وكانت قد ساهمت في معارك القسطل والقدس – ومعها فصيل مدفعية.

وقام اليهود بهجوم في الساعة الثالثة بعد الظهر مستفيدين من تفوقهم في القوى والمعدات. وتعرض فصيل المدفعية لخطر استيلاء العدو عليه، فاندفع الرئيس مأمون البيطار لإنقاذه ونجح في إحباط الهجوم، ولكنه سقط شهيدا فوق أرض المعركة. واستمر القتال سبعة أيام بدون انقطاع تم خلالها تحرير التلال المحيطة بالمستعمرة، وقد قتل قائد الحامية الصهيونية في المعركة.

معارك قلقيلية

قلقيلية مدينة عربية صابرة مجاهدة، كان يعيش فيها في أواخر عهد الانتداب حوالي ثمانية آلاف نسمة كلهم عرب مسلمون. وكان اليهود قد أقاموا في الأراضي المجاورة لأراضي قلقيلية عددا من المستعمرات مثل: كلمانيا، كفر سابا، رامات هاكوفتش، وكان أبناء قلقيلية في خصام مستمر مع سكان تلك المستعمرات.

وحاول اليهود التوسع في أراضي تلك المنطقة من فلسطين، وبذلوا كل المساعي لشراء الأرض ولكنهم لم يفلحوا في شراء شبر واحد من أراضي قلقيلية التي بلغت مساحتها قبيل صدور قرار التقسيم ستين ألف دونم.

ولما صدر قرار التقسيم ونشب القتال في فلسطين، شعر أبناء قلقيلية بالخطر كما شعر به جميع أبناء فلسطين. فجمعوا ما لا يقل عن ثمانين ألف جنية وشروا بها أسلحة وجندوا بها المجاهدين الذين كانوا عند بدء القتال مئتين، ثم بلغوا في مدة قصيرة ألفا ومئتين.

وقد دافع هؤلاء عن أراضيهم دفاع الأبطال، فقد نشبت بينهم وبين أعدائهم اليهود معارك كثيرة كان النصر في معظمها حليفهم.

ففي ١ شباط (فبراير) ١٩٤٨ دمروا جسرا كبيرا من جسور السكة الحديدية، كان يقوم على نهر العوجا بين رأس العين وملبس. وكان المجاهدون من أبناء القرى الأخرى قد نسفوا الجسور الأخرى الواقعة على السكة نفسها في مواضع عديدة، فتوقفت المواصلات اليهودية بين تل أبيب والمستعمرات الكائنة في شمال فلسطين.

ومن المعارك الهامة التي جرت بعد قرار التقسيم بقليل ((معركة قلنسوة)) البعيدة عن قلقيلية عشرة كيلو مترات إلى الشمال الغربي. وقد قام المجاهدون من أبناء قلقيلية بنجدتها مع أبناء المدن والقرى المجاورة لها مثل طولكرم والطيبة وغيرها. وقد اشتبك الفريقان بين قلنسوة والطيرة، وهاجم

العرب مستعمرة ((عين ورد)) واحتلوا بعض منازلها، وقد بلغ عددهم يومئذ ثلاثمئة مجاهد، ولولا تدخل الجيش البريطاني لقضى المجاهدون على تلك المستعمرة.

وجرت بعد ذلك معركتان بين العرب واليهود حول ((بيار عدس)) الأولى في ٢٦ والثانية في ٢٧ شباط ١٩٤٨، اشترك فيها عدد من المجاهدين من أبناء قلقيلية والقرى المجاورة لها. كما اشترك فيها المقاتلون اليهود من سكان رامات غان، وكفر سابا وغيرها من المستعمرات، واستشهد في كلا المعركتين عدد من المجاهدين بسبب تدخل البريطانيين.

وفي ٦ نيسان ١٩٤٨ هاجموا مستعمرة ((رامات هاكوفتش))، واستشهد في المعركة مجاهد من قلقيلية وعدد آخر من القرى المجاورة.

ولما هاجم اليهود قرية الطيرة في ١٣ أيار ١٩٤٨، هب أهل قلقيلية لنجدتها، ولكن تبين لهم أن الهجوم على الطيرة كان تغطية لهجوم آخر على قرية ((كفر سابا))، وقد تمكن اليهود يومئذ من احتلال كفر سابا، وقتل في معركة الطيرة خمسة مجاهدين.

وحاول أبناء قلقيلية بعدها بخمسة أيام استرداد كفر سابا فهاجموها في ١٨ أيار مع عدد آخر من أبناء القرى المجاورة، يؤيدهم جماعة من رجال جيش الإنقاذ من مدينة حماة ((إخوان مسلمون))، كما قام عدد من رجال المدفعية الأردنية بقصف اليهود المتحصنين فيها، إلا أن الهجوم لم ينجح إذ كان اليهود قد حصنوا كفر سابا تحصينا كاملا.

وفي ١٨ حزيران ١٩٤٨ حلقت فوق قلقيلية طائرة يهودية، وقذفتها بالقنابل، فقتلت شخصا واحدا وهدمت دارا. ورغم أنه كانت هناك سرية عراقية ترابط في مركز البوليس إلا أن هذه السرية لم تتحرك ولم تطلق رصاصة واحدة. الأمر الذي شجع اليهود على التغلغل في أحياء البلدة، وهدموا بعض منازلها.

وفي ٢٩ حزيران قتل اليهود أربعة أشخاص من قلقيلية كانوا قد احتفظوا بمنزلهم داخل المنطقة المحتلة، قتلوهم رميا بالرصاص عند الحد القائم بين المنطقتين.

وفي الخامس والعشرين من شهر أيلول ١٩٤٨ قاموا بهجوم شديد على المنطقة العربية قاصدين استرداد الأراضي التي كان المجاهدون قد ثبتوا أقدامهم فيها من أراضي رامات هاكوفتش ونجحوا في ذلك. واستنجد المجاهدون بالسرية العراقية التي كانت ترابط على مقربة من ذلك المكان، ولكنها رفضت إنجادهم، فاشتبكوا وحدهم مع اليهود وتمكنوا من استرداد جانب من تلك الأراضي، وفيما كانوا يحاولون استرداد الجانب الآخر آتاهم القائد العراقي نور الدين محمود باشا وأمرهم بالكف عن القتال. وفيما كان يحاول الدخول إلى مركز الشرطة في قلقيلية أطلق اليهود عليه وعلى قلقيلية كلها النار من مدافعهم التي ركزوها في رامات هاكوفتش، عندئذ غير القائد رأيه وأصدر أمره إلى رجال المدفعية فقذفوا اليهود بنيران مدافعهم، وساعدوا المجاهدين وزحفوا جميعا واحتلوا الجزء الذي كان قد تبقى بيد اليهود.

واستشهد في هذه المعركة - معركة رامات هاكوفتش الثانية - أحد عشر مجاهدا من أبناء قلقيلية، وعدد آخر من الجنود العراقيين.

وحاول المجاهدون من أبناء قلقيلية والقرى المجاورة لها بعدئذ احتلال المستعمرة نفسها، وجرت من أجل ذلك ثلاث معارك أخرى إلا أنهم لم ينجحوا.

وسقط عدد من الشهداء في المعركة الثالثة التي وقعت في ١٩٤٨/١٠/١، وفي المعركة الرابعة في ١٩٤٩/١/٢، تمكن المجاهدون من احتلال الخنادق التي حفرها اليهود حول رامات هاكوفتش والحصن الذي أقاموه هناك على الحدود، وسقط عدد

من الشهداء[1].

ولم تنقطع اشتباكات العرب مع اليهود، بعد توقيع اتفاقية الهدنة في رودس، وإنما ازدادت ضراوة، ففي الاجتماع الذي جرى بين الفريقين على الحدود في ٥ حزيران ١٩٥٣، وقد حضره يومئذ موشه دايان وأحمد طوقان ورئيس بلدية قلقيلية وغيرهم للبحث في شكوى اليهود ضد العرب بأنهم تعدوا على أراضي اليهود، قام شاب من أهالي قلقيلية وهدد اليهود بقوله: إن العرب لابد وأن يسترجعوا أراضيهم يوما من الأيام، فأجابه دايان: إني سأحرث قلقيلية حرثا إذا أقدم سكانها على مقاتلتنا.

وقد قرن تهديده بالفعل، إذ ما كاد النهار ينتهي حتى أمطر اليهود قلقيلية بنيران مدافعهم إنذارا للبلدة.

وفي ١٩٥٦/١٠/١١ هاجموا قلقيلية بأعداد كبيرة تؤيدهم المدافع والمصفحات وكانوا قد قطعوا خطوط الهاتف بين قلقيلية وعزون ليمنعوا الاتصال بمركز الحرس الوطني، ولغموا الطريق. وبدأوا هجومهم قبل الساعة العاشرة وركزوا هجومهم على مركز الشرطة، إلا أنهم لم يستطيعوا الوصول إليه. وأعادوا الكرة في الساعة الحادية عشرة وفشلوا.

وهاجموها للمرة الثالثة في منتصف الليل بتأييد من الطائرات فتمكنوا من اجتيازها بمصفحاتهم ودخلوا مركز الشرطة، وعاثوا في منازل البلدة وشوارعها قتلا وضربا، وقضوا على المجاهدين الذين كانوا هناك وعلى عدد من رجال الحرس الوطني. وبلغ عدد شهداء قلقيلية في تلك الليلة سبعين. ونسفوا مصفحة للجيش العربي وسيارتين بفعل الألغام وقتلوا عددا من الجنود جاءوا من عزون للنجدة. وقامت معركة ثانية على مقربة من عزون وأخرى في صوفين وكان النصر في المعركتين حليف الجيش العربي الذي

---

(١) العارف، عارف: النكبة ج٤، ص ٩٠١- ٩٠٤.

ضرب اليهود بمدافعه من عزون وقتل منهم خلقا كثيرا.

هذا ما أصاب قلقيلية وسكانها في أثناء فترة القتال وبعد وقف إطلاق النار، ومع هذا فقد ثبت أهلها في ما تبقى لهم من أرض بعد اتفاقية رودس، رغم أن خط الهدنة الذي يفصل بينهم وبين أعدائهم اليهود لا يبعد عن آخر بيت من بيوتهم سوى ٥٠٠ متر من الشمال والجنوب، وعشرين إلى خمسين مترا من الغرب والجنوب الغربي. ولم يبق من أراضيهم التي بلغت في عهد الانتداب ستين ألف دونم سوى ثمانية آلاف دونم منها خمسة آلاف في الجبل وثلاثة آلاف في السهل[1].

(١) العارف، عارف: النكبة ج٤، ص٩٠٥.

معارك جنين

تقديم:

مدينة جنين هي إحدى المدن الرئيسية في فلسطين، مدينة ذات شهرة واسعة بجمالها الطبيعي وعطائها الاقتصادي، وجهادها ضد الغزاة والمستعمرين.

واسم ((جنين)) محرف عن كلمة ((عين الجنائن)) العربية الكنعانية، وعندما فتحها العرب المسلمون ذكروها في كتبهم باسم ((جينين))[1] ثم حذفت الياء الأولى للتخفيف.

وهي تقع على السفح الشمالي لجبال نابلس المطل على مرج ابن عامر، أي على الرأس الشمالي لمثلث الرعب – كما سماه الإنجليز في ثورة ١٩٣٦ – الذي يتكون من جنين ونابلس وطولكرم.

وتتميز ((جنين)) بأهمية موقعها الاستراتيجي عبر العصور التاريخية، فهي تقع على المدخل الرئيسي لمرج ابن عامر إلى جبال نابلس، وهو الطريق الداخلي الوحيد الذي كان يربط شمال فلسطين بجنوبها، ولذا فهي مركز تجمع لطرق المواصلات القادمة من نابلس وبيسان والعفولة والناصرة وحيفا، كما تحيط بها من الجهة الشرقية والجنوبية والغربية مرتفعات ذات قمم عالية ونجود صغيرة وكهوف عديدة مما جعل هذه المرتفعات مراكز ممتازة تسيطر على المواقع والطرق المؤدية إليها.

وتحيط بمدينة جنين عشرات من القرى العامرة القائمة على تلك المرتفعات ومنحدراتها وسفوحها، وقد عرف أهل هذه القرى بالكرم والشجاعة والنجدة وشدة المراس في القتال.

ولمنطقة جنين تاريخ عريق بالجهاد، وقد وقعت فيها معارك حربية شهيرة، أشار إلى بعضها المؤرخ مصطفى الدباغ فقال:[2]

---

(١) الدباغ، مصطفى مراد: بلادنا فلسطين، الجزء الثالث – القسم الثاني، ص٣٤.
(٢) الدباغ، مصطفى مراد: بلادنا فلسطين، الجزء الثاني – القسم الثاني، ص٥٩.

(ومن أشهر المعارك الحربية التي حدثت في الديار النابلسية معركة ((مجدو)) في العصور القديمة، ومعركتي ((أرسوف)) و ((عين جالوت)) في العصور الوسطى و ((صانور)) في العصور الحديثة وحروبها مع البريطانيين واليهود في السنين المعاصرة).

وعندما قام نابليون بحملته لاحتلال فلسطين عام ١٧٩٩ وتقدمت فرقة من جيشه بقيادة كليبر ونزلت في مرج ابن عامر شمال جنين، هاجمته جموع جبل نابلس بقيادة الشيخ يوسف الجرار، ودارت معركة ضارية وكادوا يقضون على جيشه لولا أن هب نابليون لنجدة كليبر، وبعد المعركة قام جنده بحرق مدينة جنين ونهبها انتقاما من أهلها[١].

وبعد الحرب العالمية الأولى احتلها الانجليز عام ١٩١٨، وعقد الجنرال اللنبي مؤتمرا لقادة جيوشه في جنين، وتم تعيين حاكم بريطاني عسكري للمدينة، وقد عانت جنين كغيرها من مدن فلسطين من الاستعمار البريطاني الغادر.

واشتعلت فيها ثورات متلاحقة، ومن جبالها أعلنت أول ثورة مسلحة ضد الإنجليز، وفي أحراش يعبد قاد الشيخ عز الدين القسام أول معركة ضد القوات البريطانية عام ١٩٣٥[٢].

وكان لمنطقة جنين دور كبير في ثورة ١٩٣٦، فقد وقعت فيها مجموعة من المعارك الرئيسية، كان في مقدمتها معارك صانور والفندقومية واليامون وتعد جنين آخر موقع توقفت فيه الثورة عام ١٩٣٩.

ومن أهم الحوادث التي عرفتها جنين إبان هذه بالفترة، اغتيال حاكمها

(١) نعمة الله، نوفل الطرابلسي: كشف اللثام، ص ٢٣٣.
ودروزة، محمد عزة: العرب والعروبة، ج٥، ص٦٠.
وأحمد كمال السعدي – مقابلة في الدوحة عام ١٩٩٠.
(٢) جرار، حسني: الشيخ عز الدين القسام قائد حركة وشهيد قضية، ص١٢٥.

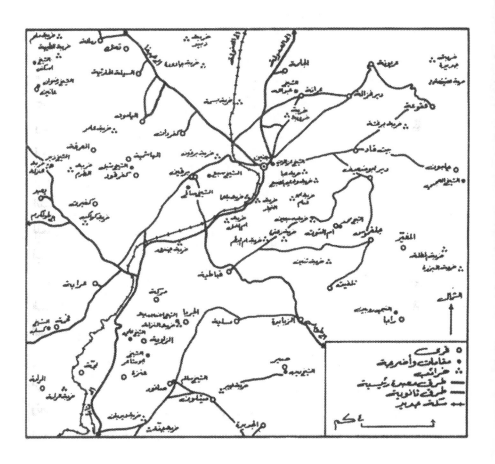

خريطة جنين وما جاورها

البريطاني «موفيت» الذي عرف بشدة ظلمه وعداوته للعرب، فقد اغتاله المجاهد علي أبو عين أبو الرب من بلدة قباطية، في مقره بدار الحكومة في شهر آب عام ١٩٣٨، وقام المستعمرون البريطانيون بهدم سوق المدينة التجاري ودمروا الكثير من المنازل[١].

مقدمات المعركة:

عندما قررت هيئة الأمم المتحدة في التاسع والعشرين من شهر تشرين الثاني عام ١٩٤٧ تقسيم فلسطين بين العرب أهلها الشرعيين واليهود الغرباء، أعلن أهل البلاد رفضهم لهذا القرار.

ولما أعلنت بريطانيا إنهاء الانتداب وعزمها على مغادرة البلاد في الخامس عشر ـ من أيار سنة ١٩٤٨، انطلق أهل البلاد رجالا ونساء، شيبا وشبانا يعدون أنفسهم ليوم الفصل مع اليهود، وأخذوا يشترون الأسلحة على اختلاف أنواعها رغم فحش أسعارها، ويطلبونها حيث يجدونها في الأردن وسورية ولبنان ومصر والعراق.

ولما بدأت القوات البريطانية تستعد لمغادرة فلسطين، واختير الشهيد عبد القادر الحسيني لتولي القيادة العسكرية، قام بزيارة لمدينة جنين. وتم عقد اجتماعات في المدينة وقراها لترتيب أمر الدفاع عن البلاد، وعلى أثرها تطوع عدد كبير من المجاهدين بقيادة المناضل فوزي جرار تحت رعاية الهيئة العربية العليا والقيادة العسكرية التي تولاها الشهيد عبد القادر. وتم إرسال عدد من المتطوعين للتدريب في دمشق.

وكانت خطة المجاهدين المتطوعين تهدف إلى استكمال الإعداد العسكري، والقيام بعمليات حربية خاطفة أشبه ما تكون بحرب العصابات، وذلك رفعا لمعنويات الشعب، وإشغالا للقوى الصهيونية المتطلعة إلى

---

(١) الدباغ، مصطفى: بلادنا فلسطين، الجزء الثالث ـ القسم الثاني، ص ٤٨.

الزحف، وتقرير حدودها قبل الخامس عشر ـ من أيار، وتمهيدا لـدخول الجيـوش العربية وانتظارا لوصولها.

أدركت العصابات الصهيونية هذا التخطيط فسارعت تغير على القرى العربية تفزع أهلها وتشردهم وتحتل منازلهم وأراضيهم، وقامت بمجازر وحشية في دير ياسين وزرعين وغيرها، وتمكنت من الاستيلاء على بعض القرى العربية المحيطة بالمدن العربية الكبرى كالقدس ويافا وحيفا وعكا وطبريا وصفد، كما أنها تمكنت من الاستيلاء على الطرق الرئيسية بـين كثير مـن المدن. وسيطروا على المواصلات بين لواء نابلس ولوائي حيفا والجليل. ولما استولوا عـلى مدينة بيسان في أوائل أيار سنة ١٩٤٨، تمكنوا بهذه العملية من عزل مدينة جنين إذ لم يبق للمدينـة طرق تربطها مع غيرها سوى طريق جنين – نابلس – القدس.

معركة جنين الكبرى (٣ حزيران ١٩٤٨):

معركة جنين من المعارك التاريخية الكبرى التي حـدثت بـين المجاهدين العـرب والقـوات الصهيونية فمنذ السادس عشر من أيار بدأ اليهود بتنفيذ مخططهم للزحف على جنين ومنها إلى نابلس وطولكرم، وأخذت طائراتهم تشن الغارات الجوية يوميا وتلقـي قنابلها وقذائفها على السكان. وقامت عصاباتهم في أواخر شهر أيار بمهاجمة القرى الواقعة شمال مدينة جنين، مستفيدة من أمرين حدثا في ذلك الشهر:

الأول: مغادرة جيش الإنقاذ بقيادة فوزي القاوقجي قطاع جنين إلى لـواء الجليـل شمال فلسطين، وترك المنطقة بدون سلاح.

والثاني: المساعدات والأسلحة التي تركها الإنجليز لليهود بعد خروجهم من فلسطين.

وتـمكنت هـذه العصابات من احتلال قرى زرعين ونورس والمزار،

واستمروا في زحفهم حتى دخلوا قرى صندلة والجلمة ومقيبلة وفقوعة وعرانة.

القوات اليهودية:

حشد اليهود قوات ضخمة في منطقة ((العفولة)) الواقعة على بعد ((١٢ كم)) شمال جنـين، وفي منتصف ليلة الخميس، الثالث من حزيران انطلقوا نحو مدينة جنين بجيش كبير زاد عـلى الخمسة آلاف. وكان يتكون من: أربع كتائب صهيونية تحركت من قاعدة العفولة متجهة إلى أطراف مدينة جنين الشمالية، والشمالية الغربية تنقلها المصفحات والعربات شبه المجنزرة، وعند جسر خروبة - وهو جسر مشيد على نهر المقطع - توقفت هـذه الكتائب وتوجهت ثلاث منها إلى المرتفعات الشمالية الغربية المشرفة على المدينة والقرى الغربية المجاورة لهـا، وانتشرت وحدات هذه الكتائب في قرى اليامون وبرقين والهاشـمية والعرقة، وبـذا طوقت مدينة جنين والمركز خاصة من الجهتين الشمالية والغربية. واتجهت الكتيبـة الرابعـة نحو حامية جسر خروبة محاولة محاولة الاستيلاء عليه ثم التقدم إلى مداخل المدينة الشمالية.

وفي القوت نفسه كانت كتيبتان قد تحركتا من قاعدة ((عين حارود)) - بالقرب من العفولة - سالكة طريقا فرعيا متعرجا لتتمركز وحداتها في قرى فقوعـة والجلمـة وصندلة ومقيبلة والمغير، ووصلت وحدات منها بالقرب من قرية قباطية. وبذا طوقت هـذه الوحـدات مدينـة جنين من الجهة الشمالية الشرقية، والشرقية. وبهذه العمليات التي أتمتها وحدات الصهاينة بسرعة وبهدوء طوقت جنين تطويقا يكاد يكون محكما لولا ثغرة ضيقة عند مـدخل المدينة الجنوبي، وبذا ظل الاتصال بين جنين ونابلس قائما ولكنه مهدد في كل لحظة.

وكانت تلك الكتائب قد جمعت من مختلف كتائب وفرق العصابات

الصهيونية في فلسطين، ومن أجناس متعددة، وكانت تحمل الأسلحة الخفيفة والمتوسطة والأسلحة الرشاشة ومدافع الهاون.

وكانت قيادتها العليا تتمركز في مطار مقيبلة مجهزة خير تجهيز: جهاز استخبارات، جهاز ارتباط، أجهزة لاسلكية، وحدات طبية، بالإضافة إلى وحدات المدفعية الثقيلة، ووحدات ميكانيكية، تساعدها بضع طائرات.

وكانت بعض الوحدات يرتدي جميع أفرادها الأزياء العربية، العسكرية منها والمدنية. وقد فعلوا هذا لتضليل أهل القرى العربية والمجاهدين والقيادة العسكرية العراقية.

وفي تمام الساعة الثانية من صباح يوم الخميس الثالث من حزيران كانت عصابات الصهاينة قد أتمت تنفيذ مخططها بتوزيع قواها في الأماكن المقررة لها، وعندها بدأت عمليات الزحف على المدينة[1].

القوة العربية:

كانت ترابط في جنين ليلة الهجوم القوة التالية:

١- مئتا مجاهد فلسطيني من أتباع المناضل فوزي جرار، يقودهم المناضل محمد مثقال جرار، تمركز عشرون منهم داخل المدينة[2] وتقدم الباقون صوب «مطار مقيبلة» شمال جنين.

٢- ثلاثة من رجال البوليس الفلسطيني يقودهم الملازم نايف صالح البرغوثي[3]، وعشرون شرطيا فلسطينيا في القلعة.

٣- عدد من المناضلين في القرى المجاورة لجنين لا يزيد على المئة[4] وكانت أسلحة المجاهدين الفلسطينيين لا تتعدى البنادق القديمة وكميات

---

(١) جرار، عبد الهادي: تاريخ ما أهمله التاريخ، ص ٦٩- ٧٠.

(٢) العارف، عارف: نكبة بيت المقدس، ج٣ ص٥٢٤ ومقابلة مع المناضل محمد مثقال جرار في عمان في الشهر السابع من عام ١٩٨٩.

(٣، ٤) العارف، عارف: نكبة بيت المقدس، ج٣، ص ٥٢٤- ٥٢٥.

محدودة من الذخيرة.

٤- حامية عراقية بقيادة الرئيس الركن ((نوح))، كانت قد وصلت إلى جنين يـوم ٢٨ أيـار،
وعدد أفرادها مئة وثمانون، وكانت تتمركز في ((القلعة))، وتمركز فصيل منها في ((جسر
خروبة)) شمال جنين[١]، وبعضهم في مداخل المدينة.

القوى المنجدة:

أولا: متطوعون من أهالي المدينة والقرى هبوا للدفاع عن الوطن دون تنظيم أو تخطيط
وقدموا من قرى قباطية ويعبد وبرقين وعرابة وسيلة الظهر وجبع وصانور ومثيلون والجديدة
وغيرها، ولم تبق قرية في منطقة جنين إلا وهب شبابها يحملون مـا تيسـر لهـم مـن سـلاح
خفيف، بنادق وفؤوس وبلطات وعصي.

ثانيا: قوة عراقية منجدة انضمت للمعركة خلال نشوبها، يقودهـا العقيـد صالـح زكـي،
والمقدم عمر علي، وتتألف من ((٥٠٠)) جندي. وكانت مجهزة بالأسلحة الخفيفة والمتوسطة
ومدافع الهاون ومدفعية ميدان متوسطة المدى[٢].

بدء القتال:

يروي المناضل محمد مثقال جرار – الذي قاد المناضلين الفلسطينيين في هذه المعركة –
تفاصيل القتال فيقول[٣]:

((قبل المعركة بيوم واحد قامت اللجنة القومية الممثلة لجنين والقضاء

---

(١) جرار، عبد الهادي: تاريخ ما أهمله التاريخ، ص٧٠.
(٢) الدباغ، مصطفى مراد: بلادنا فلسطين، الجزء الثالث – القسم الثاني، ص٤٩.
(٣) مقابلة أجريتها مع الضابط المتقاعد محمد مثقال جرار، في عمان في الشهر السابع من عام ١٩٨٩.

والمؤلفة من ثمانية أعضاء اثنان منهم من آل جرار وهما: حسـني الحـافظ مـن قرية جبـع، ورضوان النجيب من قرية برقين، بإرسال المناضل عبد اللـه مصطفى البشيشي من جنـين إلى قرية صانور ليطلب منا جمع المناضلين من كافة المناطق لحشدهم أمـام الحشـد اليهـودي المتواجد في مطار مقيبلة شمال جنين، وكان المناضل فوزي جرار قد ذهب إلى الشام لإحضار ذخيرة للأسلحة المختلفة التي بأيدي المناضلين. فكان معنا بنادق فرنسية وانجليزية وألمانيـة وطليانية وذخيرتها لا تـتوفر في الأسواق المحلية، فاستعنت ببعض السيارات المتواجدة في المنطقة بالرغم من صعوبة الحصول على الوقود اللازم لها، وتـم جمـع مـا يقـارب مـن مئتـي مناضل من قرى مشاريق الجرار، وذهبنا إلى جنين. وهناك اجتمعنا باللجنـة القوميـة وطلبنـا منهم ذخيرة للأسلحة المتوفرة معنا، فأخبرنا عضو اللجنة المرحوم رضوان النجيب بأنه يوجد لدى اللجنة ((١٤٠)) مشط فشك إنجليزي فقط، وبالإمكان الاستعانة بها ريشما ترد إلينا ذخيرة من نابلس، فقد أرسلنا نقودا لشراء ذخيرة من هناك.

وبعد أن تسلمنا ((١٤٠)) مشط من اللجنة وزعناها على حملة البنادق الإنجليزية، واتجهنا صوب مطار مقيبلة الساعة السادسة مساء، وهناك حفرنا خنادق للاحتماء بها مـن نيـران العدو، وفي الليل كانت امدادات العدو مستمرة إلى المطار المذكور والرماية مستمرة بيننا وبينه، ولما بدأت مصفحات العدو تستعد للتحرك نحونا، طلب منـي الأسـتاذ طـاهر أحمـد حسين – مدير مدرسـة صانور – أن ننسحب إلى جنين خوفا مـن تقـدم المصفحات نحـو خنادقنا، لأنه لا يوجد معنا سوى بندقية واحدة ضد المصفحات قياس ٢٠ ملمتر، ووافق عـلى رأيه رؤساء فصائل المناضلين خوفا من التطويق ولقلة الذخائر الموجودة معنا.

ولما رأيت الأغلبية يودون الانسحاب وافقت وانسحبنا الساعة الحادية عشرة مساء إلى جنيـن، وهنـاك وزعنـا المناضلين حـول المدينة ليقفوا أمام

التقدم اليهود إذا حصل.

وكنا في أثناء انسحابنا من أراضي مقيبلة إلى جنين قد وجدنا في موقع بجوار جسر- خروبة أن المقدم نوح قد أرسل فصيلا من القوات العراقية كمقدمة لقواته المتركزة في قلعة جنين، فنصحناهم بالانسحاب معنا إلى جنين إلا أن مسؤولهم رفض وقال بـأن الأوامـر لديـه بـأن يتمركز هنا حتى الصباح ثم يعود إلى القلعة، إلا أن هذه القوة تعرضت للهجـوم عليهـا مـن قبل القوات اليهودية في أثناء تقدمها، وقتل منها ما يربو على العشريـن جنديا مـن مجمـوع أربعين، وانسحب الباقون منهم إلى قلعة جنين، وقد وجدنا جثث القتلى منهم في مسجد قرية صندلة بعد انتهاء الهدنة الأولى وتحرير هذه البلدة من اليهود.

تقدم اليهود من جسر خروبة نحو جنين حوالي الساعة الثانيـة والنصـف مـن صبـاح يـوم الخميس الثالث من حزيران، واشتبكوا مع نقاطنا المتقدمة. ولما لاحظنا أن اليهود يتقدمون لاحتلال المدينة قصرنا خطوطنا الدفاعية إلى الخلف، وأخذت القوات اليهودية المتمركزة عند المرتفعات الشرقية والمرتفعات الغربية تتحـرك نحو قلب المدينة، وبـدأت المعركـة، وهجـم حسب تقديرات اليهود مـا يقـارب الخمسـة آلاف جنـدي يهـودي، واسـتمرت المعركـة حتـى الساعة السادسة مساء، واستولى اليهود على معظم أحياء المدينة، وأخذوا يقصفون المركـز ((القلعة)) قصفا شديدا بنيرانهم الحامية ومدافعهم الرشاشة.

واستبسل المجاهدون في القتال والدفاع عن الأحياء التي بقيت بأيديهم، وتوالت نجدات المتطوعين من جميع القرى على المدينة والقرى التي اجتاحها الصهاينة، مما حمل القوات اليهودية على تغيير خططها الهادفة إلى الاستيلاء على طريق ((جنين - نابلس)) لمواصلة الزحف نحو طولكرم ونابلس، ولذا فقد طلبت النجدات والمزيد من العتاد مـن قـاعدتـي العفولة وعين حارود،

وأصرت على وجوب الاستيلاء على المركز «القلعة» قبل الساعة العاشرة صباحا مهما كان الثمن وإلا فقد تمنى خططها بالخيبة والفشل، وتدافعت قواتهم نحو القلعة.

الحامية العراقية في القلعة:

كان في قلعة جنين المقدم نوح من الجيش العراقي وبرفقته سرية مشاة عراقية. وقد حاول اليهود مستميتين الاستيلاء على القلعة إلا أن المقدم نوح كانت خطته المدافعة وطلب النجدات، فقد رتب جنوده في الطابق العلوي من المركز في جميع الجهات، وتبادل إطلاق النار مع العدو من كل صوب، ولكن ساعات القتال امتدت وأخذت ذخائره تنفد، فاتصل هاتفيا مع مركز القيادة العليا للجيش العراقي في نابلس وطلب النجدة وأصر على إرسالها حالا وإلا ساءت العاقبة، إلا أن جواب القيادة العراقية كان: «الأمر لك إن شئت الانسحاب فانسحب وإن شئت البقاء والدفاع فافعل». فكان جواب المقدم نوح: «لا أستطيع الانسحاب لأن معناه الانتحار، فالحصار محكم وليس من منفذ، ومعنى خروجي من المدينة مجزرة إنسانية يتعرض لها أهل المدينة خاصة من كان منهم في المركز وهم بضعة آلاف».

وتكرر الاتصال والقيادة تعد، وفي تمام الساعة السابعة صباحا أخبرته القيادة «أثبت» تحركت النجدات وهي في طريقها إليك»[1]. واطمأن الرئيس نوح ومن معه وارتفعت المعنويات وتناقل الناس بشائر النجدات.

واستبسلت نجدات المجاهدين الفلسطينيين وأصلت قوات العدو نارا وأشغلتها ساعتين كما أرغمتها على تخفيف ضغطها على حامية المركز التي قد نال منها التعب وأرغمت على تبادل النيران بصورة متقطعة، وقد قدم أهل القرى والمجاهدون ثمن هذا التخفيف والإشغال عشرات الشهداء.

---

(١) جرار، عبد الهادي: تاريخ ما أهمله التاريخ، ص ٧٢.

النجدة العراقية:

وصلت أول نجدة عراقية في الساعة التاسعة صباحا إلى مثلث ((قباطية – جنين)) ومشارف قرية برقين، وكانت عبارة عن فوج مشاة يقوده عمر علي، وكان مدعوما ببطارية مدفعية عيار ٢٥ رطل متوسطة المدى، ومزودة بوحدات طبية وهندسية ولاسلكية، ويساندها ثلاث طائرات استطلاعية، وتبعتها قوة عراقية يقودها العقيد صالح زكي.

وأقام العراقيون قاعدة بطارياتهم عند بئر جنزور على مثلث ((قباطية – جنين)) وركزوا مدافعهم في ثلاث اتجاهات، الأول نحو مدينة جنين والثاني نحو المرتفعات الشرقية، والثالث نحو المرتفعات الغربية.

وبدأت المدفعية العراقية تمهد لعمليات الزحف والتغطية منذ الساعة العاشرة صباحا، وقد أمدتها الطائرات العراقية الاستطلاعية بصورة دقيقة لمواقع الوحدات الصهيونية، فغدت أصاباتها أشد تأثيرا.

وارتفعت معنويات المتطوعين المجاهدين وزاد حماسهم وانطلقوا إلى أوكار العصابات والقوات الصهيونية يقاتلونهم في ساحات مكشوفة ويرغمونهم على الخروج والفرار.

وقام المقدم عمر علي بتوجيه المعركة بنفسه، وقد أبلى فوجه بلاء كبيرا، وكانت مدفعيته تحصد القوات اليهودية حصدا.

يقول الأستاذ عبد الهادي جرار الذي لجأ إلى المركز منذ بداية المعركة وبقي فيه حتى نهايتها[١]:

((طلب اليهود النجدات وأصروا على الاستيلاء على المركز، وفي تمام الساعة الحادية عشرة تدفقت نجداتهم تنقلها المصفحات والعربات المجنزرة تباعا، وقد وصلت بعض وحداتهم خنادق وأسلاك المركز وأعلنت نبأ

---

(١) جرار، عبد الهادي: تاريخ ما أهمله التاريخ، ص ٧٤- ٧٥.

استيلائها عليه فارتفعت معنويات العدو وأخذت قواته تقاتل بضراوة، وحدث أن التقطت مخابراتهم الشيفرة العراقية وحلت رموزها واستخدمتها للتضليل.

وفعلا تمكن العدو من أن يضلل المدفعية العراقية المتمركزة في بئر جنزور فرمت قذائفها على المركز على اعتبار أنه سقط في يد اليهود، إلا أن هذا الأمر سرعان ما تم تداركه وعاد الاتصال بين القوات العراقية المرابطة حول بئر جنزور والقوات العراقية المدافعة عن المركز.

وفي الساعة الثانية عشرة ظهرا اندفعت وحدات يهودية من العفولة إلى المركز لتدخله، ووصل بعضها إلى باب المركز الخارجي، واستمر تبادل إطلاق النار بشدة وضراوة حتى الساعة الواحدة ظهرا دون انقطاع. وأحدثت مدفعية العدو بعض الخسائر في جدران المركز ونوافذه، ولكن منذ الساعة الثانية بعد الظهر أخذت الطلقات تتقطع وأخذت ملامح النصر ـ تتراءى إذ أخذت بعض الوحدات الصهيونية تلوذ بمنازل المدينة المهجورة من السكان.

وتوقف إطلاق النار من الساعة الثالثة وحتى الساعة الرابعة مساء ونحن في المركز مطمئنون لسير المعركة، وفجأة تجدد القصف وازداد، ونشطت المدفعية العراقية تقصف وحدات العدو، ذلك أن نجدات صهيونية جديدة تحملها ثلاثون مصفحة وعربة مدرعة أخذت تتحرك من قاعدة العفولة متجهة نحو جنين سالكة الطريق الرئيسي ـ وفعلا وصلت طلائع هذه المصفحات بساتين البرتقال عند طرف المدينة الشمالي، ومن أروع ما رأيت وأنا أنظر عبر إحدى النوافذ إلى هذه المصفحات المنجدة، تلك الإصابات الثلاث التي سددتها المدفعية العراقية وإذ بأجزاء المصفحات تتطاير في السماء لتنذر البقية فتولي الأدبار عائدة تحمل ما استطاعت من شراذم الهاجاناه، وتترك من تخلف ليقابل مصيرة المحتوم قتلا وأسرا وتشريدا)).

ويقول المناضل محمد مثقال جرار عن نجدات أبناء القرى[1]:

«منذ بدأت المعركة أخذ أبناء منطقة جنين من كافة القرى يفدون إلى ساحة المعركة وهـم مسلحون بالعصى والفؤوس والبلطات، وقد تجمع على مثلث قباطية آلاف الرجال، شاهدتهم وهم يرددون شعار «الله أكبر» وكان الشيخ توفيق جرار يشجعهم ويدعو أمامهم وهم يرددون الدعوات والهتافات، شاهدت ذلك عندما خرجت من المدينة الساعة الثانية والنصف بعد ظهر يوم المعركة، وأنا أقود سيارة للبلدية وجدتها واستخدمتها في نقل الجرحى إلى خارج المدينة.

وقد دخل قسم من الأهالي إلى جنين بأسلحتهم البدائية وساعدوا على طرد اليهود منها، كما قامت مجموعات من الشباب المتطوعين في المنطقة الغربية لجنين بالوقوف في وجه الزحف اليهودي والمشاركة في قتاله أذكر منهم: محمد شافع (طحيمر) وأخواه حمزة وفتحي، وكامل شريف،... وكان مختار برقين رضوان النجيب ومحمد سليم جرار، وعدد مـن وجهـاء برقين والمنطقة الغربية يشجعون الشباب على قتال اليهود الغزاة.

وبعد معارك دامية في خارج المدينة وفي شوارعها وأزقتها اشترك فيها المجاهدون والأهالي والعراقيون، اندحر اليهود وأخذوا ينسحبون انسحابا غير منظم من منطقة برقين ووسط مدينة جنين، وكانوا يسلكون طريق «عين الشريف» الموجودة في مدخل جنين الجنوبي والتي كانت جافة إلا أن إحدى القذائف العراقية فجرت النبع منها وأخذ اليهود يشربون وهم مهزومين». وانتهت معركة جنين عند غروب شمس يوم الخميس، وغربت مع هـذا الغـروب آمال اليهود وأحلامهم في جنين ومنطقة المثلث، وأشرقت شمس يوم الجمعة لتحمل بشائر النصر، ولتدخل المدينة طلائع الخير فتطهرها بيتا بيتا بحثا عن اليهود المهزومين، وتقتـل مـن تجده منهم.

وقبل صلاة الجمعة بساعة من يوم٤ حزيران كانت المدينة قد تطهرت من الأعداء، وعاد أهل جنين إليها بعد أن هجروها في أثنـاء المعركة. ودخل

(١) مقابلة أجريتها مع الضابط المتقاعد محمد مثقال جرار في عمان في الشهر السابع من عام ١٩٨٩.

الجيش العراقي المظفر مدينة جنين المنتصرة، لينظم شؤونها وحياتها اليومية، تاركا للمجاهدين المتطوعين جمع الغنائم والتي كانت عددا كبيرا من المدافع والألغام والرشاشات والبنادق والعتاد.

يقول الأستاذ عبد الرحيم جرار[1]: كان للعقيد الركن صالح زكي الفضل في تحرير مدينة جنين التي حاصرها العدو ودخلها في ٣ حزيران ١٩٤٨، وكان الفضل بصمودها إلى سرية من المناضلين بقيادة الضابط محمد مثقال جرار، الذين صمدوا حتى جاء الجيش العراقي، وقاموا جميعا بإنقاذ المدينة ودحروا اليهود إلى شمال جنين.

روايات الضباط العراقيين عن المعركة:

روى المؤرخ عارف العارف بعض تفاصيل المعركة التي استقاها من الضباط العراقيين الذين شاركوا فيها فقال[2]:

بعد احتلال اليهود لقرية الجلمة وصندلة تقدموا صوب جنين باتجاهات ثلاثة، فقد جاء جناحهم الأيمن عن طريق وادي برقين إلى الغرب من جنين، والأيسر من ناحية المزار وعربونه، وفيما كان هؤلاء يزحفون نحو المرتفعات المحيطة بالمدينة جاءت جماعة من الوسط، وكانت في القلب على الطريق العام، فهاجمت الفصيل العراقي الذي كان قد وصل في تلك البرهة إلى تل خروبة، وكان يتألف من سبعة وثلاثين مقاتلا، وعلى مقربة منهم أكثر من خمسين مناضلا من الفلسطينيين. وما كاد الرتل اليهودي يشتبك مع الفصيل العراقي حتى تغلب عليه واحتل التل. وانسحب من استطاع النجاة من العراقيين إلى القلعة. وأيقن العراقيون أنه لا قبل لهم بالزاحفين فاستنجدوا بقيادتهم في نابلس. أما المناضلون الفلسطينيون فاعتصموا بالجبال وراحوا يقاتلون الأعداء بقلب ملؤه الإيمان.

(١) مقابلة أجريتها مع الأستاذ عبد الرحيم جرار في عمان في الشهر السابع من عام ١٩٨٩.

(٢) العارف، عارف: نكبة بيت المقدس، ج٣، ص٥٢٥.

يقول المقدم نوح قائد العراقيين في القلعة [1]: ((كان معـي في قلعـة جنـين عندمـا حاصرهـا اليهود مئتا نسمة، سرية مشاة، وفلول السرية التي انسحبت مـن التـل، وعشـرون شـرطيا فلسطينيا، وخمسة من الموظفين الفلسطينيين، وعدد من النساء والشيوخ والأطفال.

دام القتال بين الفريقين (العراقيون داخل القلعة واليهود خارجها) مـن السـاعة الواحـدة بعد منتصف الليل حتى الساعة السادسة صباحا، وكاد اليهود يتغلبون، وقد احتلوا معظـم أحياء المدينة. فلم يبق بيد العراقيين سوى القلعة وقاربت ذخيرتهم على النفاذ، لولا أن وصـل بعد ساعة من الزمن فوج عراقي يقوده المقدم عمر علي، قوته عبارة عـن خمسـماية بندقيـة وأربعة مدافع هاون وثمانية رشاشات. وكانت هذه القوة متجهـة نحـو ((ناتانيا)) علـى البحـر وكادت تحتلها لولا أنها أمرت بالانسحاب والتوجه إلى جنين.

حاول اليهود صد القوة العراقية والحيلولة دون تقدمها، فأغـارت طائراتهـم علـى نـابلس ودير شرف، ولكن الفوج العراقي تمكن من الوصـول إلى مفرق قباطيـة علـى بعـد ثلاثـة كيلـو مترات من جنين.

حاول عمر علي أن ينقذ الحامية المحصورة في القلعة من غير قتال، فطلب من قائـدها أن ينسحب، فأخبره أنه لا يستطيع ولو انسحب لسقطت جنين. فبدأ القتال من السـاعة الثامنـة صباح اليوم الثالث من حزيران، وراح العراقيون يقصفون المواقع اليهودية بنيران مدافعهم.

وعندئذ قذف اليهود إلى ميدان المعركة بنجدة ثالثة عززوها بنيران مدافع الهاون التي نصبوها في خروبة وقصفوا الشارع لعام في المدينة لاعتقادهم أن الجيش العراقي سيزحف من هذا الطريق. ولكن العراقيين والمناضلين الفلسطينيين زحفوا صوب المدينة من الجبال فاحتلوا سفوح برقين، وبعد معركة بالسلاح الأبيض احتلوا أحد الآكام المشرفة علـى المـدينة، واندحـر اليهود عن الأكمة تاركين خمسة وعشرين قتيلا. وعندما فشل الجناح

(١) العارف، عارف: نكبة بيت المقدس، ج٣، ص ٥٢٦- ٥٢٨.

اليهودي الأيمن، وارتد إلى المحطة، راح جناحهم الأيسر ـ يحاول صد العراقيين والمناضلين، ووقفت مصفحاتهم في وسط المدينة وفي مداخلها الشمالية، واشتبك اليهود مع المناضلين الفلسطينيين في الشارع العام قرب الجامع الكبير، واستشهد اثنان من الفلسطينيين وقتل عشرون من اليهود وفر الآخرون.

وتقدم العراقيون إلى مداخل جنين، وفي نفس الوقت خف للنجدة زهاء مائة من المجاهدين الفلسطينيين جاءوا من برقين ورمانة وعرابة ووسيلة الظهر وصانور وقباطية، وما كاد الليل ينتصف حتى قام العراقيون والفلسطينيون بهجوم على اليهود وراحوا يزحفون من جانب الطريق العام ومن وادي برقين، وفي الفجر كانوا قد وصلوا مدرسة جنين على طريق بيت قاد. وفي صباح الجمعة ٤ حزيران بدأ اليهود ينسحبون، وفي الظهر كانت جنين كلها قد تطهرت من الأعداء.

يقول المقدم الركن عمر علي[1]: ان قتلى اليهود في هذه المعركة كثيرون وأنهم سحبوا جثث الكثير من قتلاهم، وأنه أحصى الذين لم يسحبوهم فوجدهم ثلاثمائة وخمسون بينهم قائد الحملة، فوجد في جيبه أوراقا تقول أن اليهود كانوا بعد احتلال جنين يعتزمون السير قدما إلى مفرق قباطية ومن هناك يتفرعون: فرع يسير باتجاه دير شرف ليقطع خط الرجعة على العراقيين في طولكرم. وفرع يسير باتجاه وادي البيدان.

وأما الجرحى فكانوا أكثر من ذلك، فقد شاهد سكان جنين عن بعد ثلاثين سيارة مصفحة كبرى تنقل القتلى والجرحى.

نتائج المعركة وآثارها:

كان لمعركة جنين نتائج هامة ترتبت عليها آثار امتدت إلى ما بعد القتال،

(١) العارف، عارف: نكبة بيت المقدس، ج٣، ص ٥٢٩.

وكان أهمها:

أولا: انتهت معركة جنين بنصر مبين وأرغم اليهود على مغادرتها، وكان قتلاهم في المعركة أكثر من ألف قتيل وأما الجرحى فكانوا أكثر من ذلك، وقد أعلن اليهود أنفسهم أن عدد القتلى والمفقودين من رجالهم بلغ في معركة «جنين» «١٢٤١»[1].

وقد استمر اليهود أربعة أشهر بعد المعركة وهم يفتشون عن قتلاهم - بواسطة لجان الهدنة - في جبال جنين في الكهوف والخنادق.

وأما شهداء العرب فكانوا أقل من مئة، عشرون من العراقيين دفنوا في مقبرة الشهداء عند مثلث قباطية، استشهد خمسة عشر منهم داخل القلعة ضابط برتبة ملازم وهو عبد اللطيف صبري، وأربعة عشر ـ جنديا، وكانت معظم هذه الإصابات نتيجة قنبلة سقطت في القلعة، وعشرون من المجاهدين الفلسطينيين، وستة وأربعون من المدنيين[2]، ما بين طفل وامرأة وأعزل من السلاح.

وأما الأسلحة التي غنمها العرب في المعركة فهي[3]

٣٠٠ بندقية (تركية وإنجليزية وتشيكوسلوفاكية).

٨ مدافع هاون (إنجليزية وأمريكية).

٢٠ رشاش (من طراز برن، براوننج، فيكرز، تومي، هوتشكس).

١٥ رشاش (من طراز ستن).

٣٠٠ لغم

٤ أجهزة لاسلكية.

ومقادير كبيرة من العتاد من قنابل الهاون.

ثانيا: ارتفاع المعنويات في منطقة المثلث (جنين - نابلس - طولكرم).

_____

(١) الدباغ، مصطفى مراد: بلادنا فلسطين، الجزء الثالث - القسم الثاني، ص٤٩.
(٢) العارف، عارف: نكبة بيت المقدس، ج٣، ص ٥٢٩.
(٣) العارف، عارف: نكبة بيت المقدس، ج٣، ص ٥٢٩- ٥٣٠.

وفي بقية فلسطين، والاحتفاظ بهذا المثلث عربيا.

ثالثا: بعد انتهاء الهدنة الأولى في ٩ تموز ١٩٤٨ قام العراقيون والفلسطينيون بهجوم على القوات اليهودية التي كانت تتمركز في القرى التي استولت عليها شمال جنين، وبعد يومين من هذا الهجوم تمكنوا من استرداد قرى فقوعة وعرانة وصندلة والجلمة وغيرها حتى أن طلائع المهاجمين وصلت إلى تلال المزار، وقد غنم العرب في هجومهم هذا الكثير من الغنائم من بينها مدافع ورشاشات وبنادق وسيارات جيب وغيرها[١].

رابعا: يرى بعض المحللين العسكريين اليهود بأن الجيش العراقي قد أوشك - عندما دخل فلسطين عام ١٩٤٨- أن يقسم فلسطين إلى قسمين على محور ((طولكرم - نتانيا)) وقد وصلت طلائعه فعلا إلى مسافة تقل عن تسعة كيلو مترات عن مستعمرة نتانيا الساحلية، ولمواجهة ذلك الموقف نفذت قوات ((الهاجاناه)) عملية ذات شقين: الشق الأول يقضي- بالالتفاف حول العراقيين باحتلال جنين وتهديد مدينة نابلس، والشق الثاني يقضي- بالتقدم من جهة وادي عارة وتهديد طولكرم، وبذلك يحاصر الجيش العراقي في المثلث.

وقد كلف ((موشي كارمل)) وزير المواصلات الصهيوني فيما بعد بقيادة العملية بأكملها، وقد عهد بدوره إلى ((مورخاي ماكليف)) بتنفيذ الجزء الخاص بجنين، وقد تسلم ماكليف فيما بعد رئاسة أركان الجيش الإسرائيلي خلفا للجنرال ((يادين)).

وبدأ الهجوم ليلة ٣١ أيار عام ١٩٤٨، واحتل اليهود- جنين يوم ٣ حزيران ١٩٤٨، ولكن العملية الإسرائيلية فشلت بشقيها، فأخفق اللواء ((الكسندروني)) في الوصول إلى طولكرم، بينما تمكن الجيش العراقي مدعوما بالمقاومة المحلية من إخراج اليهود من جنين وتكبيدهم خسائر فادحة بعد

(١) الدباغ، مصطفى مراد: بلادنا فلسطين، الجزء الثالث - القسم الثاني، ص٥٠.

احتلالهم لها.

وقد كانت جنين المدينة الوحيدة التي احتلها اليهود وطردوا منها بالقوة ولكن الأهم مـن ذلك أن طردهم منها أخر احتلالهم للضفة الغربية بأكملها مدة تسعة عشر عامـا، أي حتى عـام ١٩٦٧، كما يقول الرئيس الإسرائيلي «حاييم هيرتزوغ» في كتاب له باللغة الإنجليزية بعنوان «الحرب والسلام في الشرق الأوسط».

خامسا: يقول مؤلف النكبة[1]: «كان للمقدم عمر علي[2] - مـن كركوك - الـذي جـاء عـلى رأس النجدة الفضل في إنقاذ ليس المحصورين - في القلعة - فحسب بل وجنين بأسرها، وقيل بـأن اليهـود بعـد هـذه المعركة، أخـذوا يفكرون بتشكيل وفد مـنهم لإعداد حيفا مدينـة مفتوحة».

وفي مقابلة مع الضابط عبد اللـه سليم أبو شيخة[3] أخبرني أن سليم حنا - ضابط بـوليس في حيفا - ذكر له في بيروت أيام معركة جنين الثانية، أخرجوا أربعة أشخاص «ثلاثـة يهود وعربي واحد» إلى باب وادي الملح أمام حيفا، يحملون أعلاما بيضاء لتسليم حيفا للجيش العراقي عندما تقدم إلى جهة العفولة، وانتظروا إلى المغرب، ولما لم يحضر الجيش لفوا الأعلام وعادوا إلى حيفا، وكانت القيادة يومها قد منعت الجيش العراقي من التقدم.

سادسا: بعد معركة جنين انتشر الذعر والخوف في المستعمرات الصهيونية، وقام سكانها بإخلاء منازلهم واتجهوا إلى المدن الكبرى - حيفا وصفد وطبريا وتل أبيب - ينشدون الأمن فيها، ولو أن القيادة العراقية لبت طلب المتطوعين بالزحف السريع نـحو المستعمرات الصهيونية في مـرج ابن عامر، لاستعاد العرب الكثير مـن أراضيهم ومنازلهم واستولوا على تلك

---

(١) العارف، عارف: نكبة بيت المقدس، ج٣، ص٥٢٤- ٥٣٠.

(٢) المقدّم عمر علي من القبائل التركمانية في شمال العراق.. ولم ينس اليهود دور المقدم عمر في معركة جنين، فظلّوا يتحينون الفرص للانتقام منه، وصاروا يتتبعونه عن طريق عملائهم باستمرار.. وفي مقابلة مع صديقه الضابط العراقي «أبو غزوان» علمت أن المقدّم عمر علي ذهب بسيارته - ومعه أسرته - لزيارة ابنته التي كانت تدرس في تركيا عام ١٩٧٢ عن طريق الأردن.. ولما دخل الحدود السورية عن طريق الرمثا متجها إلى درعا ثم إلى الحدود التركية.. صدموا سيارته بشاحنة كبيرة فمات هو وأسرته رحمه اللـه.

(٣) مقابلة أجريتها مع الضابط المتقاعد عبد اللـه سليم أبو شيخة في الدوحة يوم الجمعة ٢٧ نيسان ١٩٩٠.

المستعمرات ولتغير تاريخ المنطقة لصالح العرب.

سابعا: قبل معركة جنين كان القائد مصطفى راغب باشا (كردي) قائد الجيش العراقي في نابلس قد طلب من القيادة العليا بأن يقوم الجيش العراقي لوحده بإخراج اليهود من البلاد، وبين لهم مقدار الخسارة في ذلك، وأعاد الطلب أكثر من مرة، ولم يجب إلى طلبه.

وبعد معركة جنين قام رئيس أركان الجيش العراقي «مصطفى راغب» بتقديم استقالته، ومما جاء فيها[1]:

«إن معركة فلسطين على ما بدا لي عبارة عن رواية تمثيلية، ولما كنت لا أرغب في أن أكون أحد الممثلين فالرجاء أن تقبلوا استقالتي».

وقد قبلت استقالته، وحضرت طائرة هيلوكبتر إلى نابلس وأخذته وعادت به إلى العراق.

معركة جنين الثانية (9- 11 تموز 1948):

بعد معركة جنين الكبرى وهزيمة جيش «الهاجانا» يوم الجمعة 4 حزيران 1948، أمام القوات العراقية والمجاهدين الفلسطينيين من أبناء منطقة جنين فرضت الهدنة الأولى ومدتها «28 يوما».

وفي فترة الهدنة عمل بعض الضباط العراقيين على تنظيم المناضلين في قطاع جنين. وعين الرئيس سالم عبد الرزاق – قائد المدرعات العراقية – حاكما عسكريا للقطاع، وعين اثنان من أبناء جنين وهما:

الأستاذ عبد الرحيم جرار والأستاذ رشيد مرعي ليساعدانه في خدمة المدينة التي هجرها أهلها، وبدأوا يعودون إليها بعد تحريرها. واتخذ هؤلاء مقرا لهم «نادي آل جرار في جنين» فترة من الوقت ثم انتقلوا إلى مدرسة

(1) جريدة الرأي العام الكويتية في 1978/4/6.
ومقابلة أجريتها مع الضابط المتقاعد عبد الله سليم أبو شيخة في الدوحة يوم الجمعة 27 نيسان 1990.

بنات جنين الثانوية.

وفي مقابلة مع الأستاذ عبد الرحيم جرار اطلعت على كلمة ثناء وتقدير وجهها إليه العقيد الركن صالح زكي - في تلك الفترة - على الخدمات التي قدمها، قال فيها «لقد قام الأستاذ عبد الرحيم جرار بمساعدات جمة منذ أن وطأت قطاعاتنا إلى بلدة جنين، وأنه من الشباب المتحمس المخلص لبلاده وما كان ليقصر من أداء أي خدمة تطلب منه هو وعائلته من آل جرار، كما أنه اشتغل بشؤون اللاجئين بكل جد ونشاط، وبناء على ذلك زودناه بهذه الشهادة للمعلومات.

العقيد الركن صالح زكي قائد قطاع جنين

يقول الأستاذ عبد الرحيم جرار عن تنظيم المناضلين في تلك الفترة[1]:

كان معظم المناضلين في قطاع جنين ينتمون إلى الجهاد المقدس، فقام العراقيون بتعيين ضباط من أبناء المنطقة برتبة ملازم أول فخري في الجيش العراقي، وهم:

١- فوزي فياض جرار - من صانور.
٢- محمد مثقال جرار - من صانور.
٣- محمد سليم جرار - من برقين.
٤- مصطفى الأسمر - من أم الفحم.
٥- نجيب مصطفى الأحمد - من رمانة.
٦- سامي مصطفى الأحمد - من رمانة.
٧- عبد الرحمن عبد الحميد - من اليامون.

بدء المعركة:

قام المناضلون الفلسطينيون بتنظيم صفوفهم، وتزودوا بالعتاد اللازم،

(١) مقابلة مع الأستاذ عبد الرحيم جرار أجريتها في عمان في الشهر السابع من عام ١٩٨٩.

وكانت أسلحتهم لا تخرج عن البنادق وعن الأسلحة التي غنموها مـن اليهود بعـد معركـة جنين. وتقدموا بقيادة المناضل فوزي جرار ومساعده المناضل محمد مثقال جرار، ليلة ٩ تموز وقاموا بمهاجمة القرى التي يحتلها اليهود شمال وشرق جنين، وتقدم العراقيون يـوم ١٠ تمـوز واحتلوا تل خروبة.

يروي المؤرخ عارف العارف قرار بدء معركة جنين الثانية فيقول [١]:

«كان اليهود بعد معركة جنين قد تمركزوا في تـل خروبـة - شمـال جنـين - وبعـد انتهـاء الهدنة راحوا يقصفون مدينة جنين بنيران مدافعهم، فاتفق العراقيون وعلـى رأسـهم العقيـد صالح زكي، والمناضلون الفلسطينيون وفي طليعتهم المناضل فوزي جرار على أن يقومـوا بغـارة مشـتركة علـى اليهـود، فتتـولى المـدافع العراقيـة ضـرب مواقـع اليهـود بينمـا يزحـف المشـاة الفلسطينيون إلى الأمام».

ويقول المناضل محمد مثقال جرار عن أحداث هذه المعركة [٢]:

«بعد انتهاء الهدنة الأولى عام ١٩٤٨ قمنا بهجوم على القرى التي كان يحتلها اليهود قبـل سريان الهدنة وهي: فقوعة، عربونة، عرانة، صندلة، الجلمة، زبوبا، دير غزالة، مقيبلة، المـزار، نورس، وقد انطلقنا من قريتي دير أبو ضعيف وجلبون لاحتلال هـذه القرى، وتم احتلالهـا بعد اشتراك كافة مناضلي منطقة جنين في هذا الهجوم ومساعدة المدفعية العراقية في بعـض الأحيان.

تحركنا من جنين في منتصف ليلة ٩ تموز ١٩٤٨، سيرا علـى الأقدام، وكان عدد المناضلين الفلسطينيين ثلاثمائة، ترافقهم سرية من المشاة بقيادة الرئيس الأول بدر الدين علي من ضباط الفوج الثاني من اللواء الخامس،

(١) العارف، عارف: نكبة بيت المقدس، ج٣، ص٥٨٨.
(٢) مقابلة مع الضابط المتقاعد محمد مثقال جرار أجريتها في عمان في الشهر السابع من عام ١٩٨٩.

وفي الصباح قمنا بالهجوم على قرية فقوعة وتم احتلالها بعد قتال جرى من بيت إلى بيت. وبينما نحن في فقوعة تقدمت إليها عدة مصفحات وسيارات نقل يهودية لنسف بيوتها، ولما وصل اليهود إلى مشارف القرية أخذوا يصرخون علينا ويطلبون منا الاستسلام. وبعد معركة قصيرة تم تفجير سيارة ملأى بالألغام بطلقة حارقة، فكانت سببا في تقهقر القوات اليهودية وانسحابها ظنا منهم أنه يوجد معنا مدفعية، بينما الذي فجر السيارة هي طلقة حارقة.

ومن فقوعة انتقل المناضلون إلى عرانة وتم الاستيلاء عليها ظهر يوم العاشر من تموز.

وقام اليهود بثلاث هجمات معاكسة قاصدين صد المناضلين والعراقيين وإعاقة زحفهم، إلا أنهم فشلوا، ونجحنا في تقدمنا، وتم استرداد قرية صندلة والجلمة في الساعة الرابعة من صباح اليوم الحادي عشر من تموز.

وغنمنا من اليهود عند استرداد هاتين القريتين غنائم كثيرة بينها مدفعان هاون عيار ٨١ ملم ومئة بندقية تشيكوسلوفاكية وأربعة رشاشات وثلاثة مدافع ذوات عقدتين وأعتدة كثيرة.

وتقدم العرب بعد ذلك واستردوا قرى عربونة ودير غزالة ومقيبلة، ووصلوا مشارف زرعين، وكادت المزار تقع في أيديهم، وفي تل المزار استولى العرب على جهاز لا سلكي ورشاشين من طراز برن وعشرين بندقية وأربعة رشاشات من طراز ستن وستين معطفا وستين بطانية ومقادير كبيرة من الألغام.

وبلغت خسائر اليهود في هذه الجولة مئة وخمسين قتيلا، وأما خسائر العرب فقد بلغت ثلاثين شهيدا: سبعة عشر فلسطينيا وثلاثة عشر عراقيا، كلهم من السرية الثالثة «سرية النسور» وأما الجرحى فعددهم واحد

وأربعون: ثمانية وعشرون عراقيا، والباقون من الفلسطينيين[1].

يقول الأستاذ عبد الرحيم جرار[2]: عندما وصل المناضلون قرية مقيبلة، وصل إليها في نفس الوقت الملازمين الفخريين سامي الأحمد ونجيب الأحمد ومعهما مجموعة من المناضلين من قرى رمانة واليامون وسيلة الحارثية وشاركوا في احتلال القرية، وبعدها اتجه المناضلون نحو قرية المزار، وتقدمت فرقة بقيادة الملازم محمد مثقال جرار واحتلت القرية، ولكن المدفعية العراقية قصفتها ظانة أنها محتلة من اليهود، فاضطر المناضلون إلى الانسحاب منها، وسقط بعض الشهداء وجرح قائد الفرقة.

ويتابع المناضل محمد مثقال جرار كلامه فيقول:

بعد استرداد هذه القرى دب الذعر في أفئدة اليهود، فارتدوا إلى الوراء مذعورين، وقام المناضلون بمهاجمة المستعمرات والقوافل اليهودية في مرج ابن عامر (عين حارود، ومشمارهاعيمك، وعين دور) وراح الناس يترقبون أن تنحدر قوات جيش الإنقاذ المرابطة في الناصرة بقيادة فوزي القاوقجي إلى السهل، فتتصل القوتان العربيتان، ولو تم ذلك لسقطت تلك المنطقة كلها بيد العرب.

وقد وجه قائد القوات العراقية في فلسطين اللواء نور الدين محمود باشا كلمة شكر بالراديو مشيدا ببسالة المناضلين الفلسطينيين وسرعة حركتهم في احتلال هذه القرى.

وفي تلك الأثناء صدرت الأوامر للقائد العراقي عمر علي بالانتقال إلى قرية حواره شرقي نابلس ليكون بعيدا عن خطوط التماس مع اليهود، لأنه هو وبعض زملائه من الضباط كانوا وراء المناضلين في زحفهم الأخير لتحرير هذه القرى.

---

(١) العارف، عارف: نكبة بيت المقدس، ج٣، ص ٥٨٩- ٥٩٠.
(٢) مقابلة مع الأستاذ عبد الرحيم جرار في عمان عام ١٩٨٩.

يقول الأستاذ عارف العارف[1]: «وبينما كان المناضلون الفلسطينيون يرسمون الخطط لاسترداد المزار وزرعين، وتقدم زهاء أربعمائة مناضل منهم في مساء الحادي عشر ـ من تموز ١٩٤٨، حتى أصبحوا قاب قوسين أو أدنى من زرعين، وكان يقودهم فوزي جرار، ورأوا أن العراقيين ينسحبون. ولما استطلعوا الخبر قيل لهم أن الأمر يقضي ـ بانسحابهم إلى نابلس. وسحب القائد قطاعاته من جنين تنفيذا للأوامر ـ غير عابئ برجاء عيون البلاد وسكان جنين، وكان القائد العراقي نور الدين محمود باشا، الذي وصل والمعركة قائمة وأصدر أوامر بوقف القتال، فوقف الفلسطينيون ينظرون إلى إخوانهم المنسحبين وفي قلوبهم حسرات وفي مآقيهم عبرات.

ويحدث الذين شهدوا تلك المعركة، وهم كثيرون، أن الجيش العراقي لو ثابر في زحفه يومئذ وفي تعضيده للفلسطينيين لاحتل العرب العفولة وسائر المستعمرات اليهودية الكائنة في مرج ابن عامر، ولقطعوا كل اتصال كان بين المستعمرات، وأخواتها المنتشرات في غور بيسان، تلك المستعمرات التي دب الرعب في قلوب سكانها، فراحوا يرحلون صوب البحر زرافات ووحدانا.

واسترد العرب في هذه المعركة قرى جنين السبع بالاتفاق مع العقيد الركن صالح زكي دون علم القيادة، فعوقب بعد انسحاب الجيش من فلسطين لأنه هو الذي أخذ على عاتقة مهاجمة اليهود في معركة جنين الثانية قائلا لأبناء جنين الذين راحوا يحثونه على مؤازرتهم: «أقسم بشرفي العسكري، وبعرضي لأستعيدن قراكم»[2]. وقد استعاد جزءا كبيرا منها، وكان باستطاعته أن يستعيد القرى الأخرى لولا الأوامر التي أعطيها من لدن رؤسائه، وبلغ عدد المناضلين الذين اشتركوا في المراحل الأخيرة للقتال ألفا. وقد سقط منهم في هذه المعركة ثلاثون، ومن العراقيين سبعة

---

(١) العارف، عارف: نكبة بيت المقدس، ج٣، ص٥٩٠- ٥٩٢.
(٢) كان المفروض أن يقسم بالله سبحانه وتعالى.

٣٧٧

وعشرون. وبقيت زرعين والمزار ونورس من قضاء جنين بيد اليهود، وبقيت القرى التي حررت بيت العرب إلى أن تمت الهدنة الثانية، وفي معاهدة رودس سلم بعضها لليهود.

ويواصل المؤرخ عارف العارف كلامه فيقول: قبل أن نختم هذا الفصل عـن معـارك جنـين نرى من الإنصاف أن نذكر أن المناضلين من أبناء جنين والقرى المجاورة لها قد أبلوا فيهـا بـلاء حسنا. ولئن نسينا فلا ولن ننسى فوزي الجرار الذي قاد المناضلين، وعبد الغني سنان الذي كان يتقدم الصفوف وينفق على المناضلين مـن مالـه الخـاص، وقـد اطلعـت عـلى رسـائل الثنـاء والتقدير التي أرسلها إليه العقيد الركن طاهر الزبيدي وفوزي القاوقجي [1].

شهداء معارك جنين من المجاهدين الفلسطينيين:

شهداء المعركة الكبرى في ٣ حزيران ١٩٤٨ هم:

١-	الحاج محمد مصطفى جرار (أبو حفيظة)	من برقين
٢-	نظمي محمود يوسف جرار	من برقين
٣-	أحمد توفيق جرار	من برقين
٤-	أحمد سليم جرار	من برقين
٥-	نايف محمد عبيده	من برقين
٦-	الحاج أحمد الشلبي	من برقين
٧-	أحمد يوسف الحاج إبراهيم جرار	من جنين
٨-	داوود الحوراني	من جنين
٩-	عبد الله البشبيشي	من جنين

---

(١) العارف، عارف: نكبة بيت المقدس، ج٣، ص٥٩٢.

٣٧٨

		من جنين
١٠-	الحاج يوسف الصالح	من جنين
١١-	صادق سعيد جرار	من الجديدة
١٢-	محمد ناصر داوود جرار	من جبع
١٣-	محمد أمين الحاج محمود جرار	من كفر قود
١٤-	فيصل سعيد الشامي	من اليامون
١٥-	عبد الرحيم أسعد فيصل	من قباطية
١٦-	بهجت عبد الهادي	من عرابة
١٧-	محمد الشيخ محمود الأحمد	من العرقة
١٨-	مصطفى سليمان عودة	من العرقة
١٩-	عبد الرحمن مصطفى السليمان	من العرقة
٢٠-	صالح مصطفى السليمان	من العرقة

شهداء معركة جنين الثانية:

فيما يلي قائمة بأسماء الشهداء من المجاهدين الفلسطينيين الذين استشهدوا في أثناء استرجاع القرى السبع شمال جنين:

	الاسم	بلدته	مكان الاستشهاد
١	عبد اللطيف قاسم عبد الرحمن علاونة	جبع	فقوعة
٢	محمد سعيد الطايش	جبع	فقوعة
٣	توفيق حمدان النعيري	جبع	فقوعة
٤	عبد الرؤوف عبد الهادي	عرابة	فقوعة
٥	أحمد الحاج ياسين	برقين	المزار
٦	أحمد مسعود المصلح	جبع	المزار
٧	عبد السلام حسين عبد الخالق	اليامون	المزار

مكان الاستشهاد	بلدته	الإسم	
المزار	فحمة	كمال الحاج علي	٨
المزار	قباطية	رفيق صادق رزق	٩
المزار	قباطية	الحاج سعيد الزين	١٠
المزار	قباطية	أمين النمر أبو وعر	١١
المزار	مسلية	عبد الحليم أحمد	١٢
الجلمة	ميثلون	محمود أحمد عبد الرازق	١٣
الجلمة	سيلة الحارثية	يوسف سليمان حسين	١٤
زرعين	برقين	مصفطى سعيد عابد	١٥
مقيبلة	اليامون	محمود محمد داود العمر	١٦

أما باقي الشهداء فلم أعثر على أسمائهم حتى أقوم بتسجيلها.

الاحتفال بيوم الشهداء:

أقام الجيش العراقي – قبل انسحابة من جنين – بالتعاون مع بلدية جنين نصبا تـذكاريا متواضعا وسط المدينة، لشهداء معركة جنين – الأولى والثانية – لا يزال قائما حتى الآن.

وتم الاحتفال بإزاحة الستار عن النصب التذكاري، حيث ألقى أحد كبار ضباط الجيش العراقي في ذلك الوقت المقدم محمـود شيت خطاب قصيدة رائعة، وقدم لها بـالكلمات التالية:

ليس للضعيف في هذه الحياة مكان، وما المطالبة بالحق إذا لم تدعمه القوة إلا ضرب من المحال، لو لم يستشهد هؤلاء الأبطال دفاعا عن جنين لبقيت بيد اليهود ولسكت العالم عنها اعترافا بالأمر الواقع.

إن هؤلاء الشهداء الذين نحتفل بذكراهم قد علمونا أبلغ درس ليفيدنا في

المستقبل، وهو أن الدماء وحدها كفيلة أن تعيد الحق المهضوم، إن إحياء ذكراهم يكون بالأخذ بثاراتهم والمحافظة على الأرض التي تضرجت بدمائهم، وإلا فستنتهك رفاتهم ولو بعد حين.

يا لثارات الشهداء! يا لثارات الدم المسفوح! يا لثارات الأرامل والأيتام! يا لثارات الكرامة المهانة! إنها تناديكم يا قادة العرب والمسلمين، فهل من سيمع؟ وهل من مجيب؟

قصيدة: معركة جنين

للشاعر اللواء الركن/ محمود شيت خطاب

شهداء حتى ينقذوا الأوطانا	هذي قبور الخالدين فقد قضوا
ماتوا بساحات الوغى شجعانا	قد جالدوا الأعداء حتى استشهدوا
بأحط خلق الله في دنيانا	ماتوا دفاعا عن حياض دنست
والخائنون تسنموا البنيانا	المخلصون تسربلوا بقبورهم
وعلمت كيف تساقط قتلانا	أجنين إنك قد شهدت جهادنا
جيش العراق وتهزم ((الهاجانا))	ورأيت معركة يفوز بنصرها

* * *

لبنيك حتى أرتدي الأكفانا	أجنين لا أنسى البطولة حية
غزو اليهود وصارعوا العدوانا	إني لأشهد أن أهلك كافحوا
بهظته أعباء الجهاد فلانا	فإذا نكبت فلست أول صارم
ما مات ثأر ضرجته دمانا	أجنين يا بلد الكرام تجلدي
جبلوا على لؤم الطباع زمانا	لا تأمني غدر اليهود بعيدنا
حتى ولو ذاق الردى ألوانا	المجد للبلد المناضل صابرا
بلواكمو ليست سوى بلوانا	لا تعذلوا جيش العراق وأهله
بالقيد في رجليه ليس سنانا	إن السنان يكون عند مكبل

* * *

أيكون ملكا لليهود مهانا!!	مرج ابن عامر ضرجته دماؤنا
تركته أضعف ما يكون مكانا	المسجد الأقصى ينادي أمة
لا يرتضي للمسلمين هوانا	إني لأعلم أن دين محمد
ليس الخلود لمن يعيش جبانا	إن الخلود لمن يموت مجاهدا

٣٨١

كما أقام الجيش العراقي نصبا تذكاريا آخر لشهداء العراق في المعركة، عند مفرق طريق «(جنين – قباطية – نابلس))(1).

ذكريات اللواء الركن محمود شيت خطاب عن معركة جنين:

اللواء الركن محمود شيت خطاب كان ضابط ركن جحفل اللواء الرابع الذي كان في مدينة جنين خلال حرب ١٩٤٨، فمكث فيها سنة كاملة، تولى خلالها منصب الحاكم العسكري لمدينة جنين بالإضافة إلى منصبه في جحفل اللواء.

يقول اللواء الركن محمود شيت خطاب عام ١٩٦٩(2):

«لم أكن غريبا على أهل فلسطين عندما قدمتها مع الجيش العراقي الذي استقر في المثلث العربي: «(نابلس – طولكرم – جنين))». ولكنني بعد مكوثي فيها سنة كاملة، ازددت علما بها، فربطتني بأهلها - خاصة أهل جنين الكرام - روابط من الصداقة والثقة المتبادلة والحب الصادق، تلك الروابط التي لا تزداد مع الأيام إلا قوة ومتانة.

كان «(جنين)) يرعون العراقيين رعاية لا توصف: بيوتهم متفوحة للجميع، يتلقونهم فيها بالأحضان، ويغدقون عليهم من كرمهم وأريحيتهم، فكانوا بحق أهلهم بعد أهلهم، وقد أنسوهم بما بذلوه من كرم ولطف أنهم بعيدون عن وطنهم، وأشعروهم بأنهم بين ذويهم الأقربين.

لقد كانوا أهلي، وكانت «(جنين)) بلدي، ولا أزال حتى اليوم أتحسر ـ على تلك الأيام التي قضيتها بين أهلي أهل جنين وفي بلدي «(جنين)) وما يقال عني، يقال عن العراقيين الآخرين.

تلك هي لمحات من إنسانية أهل فلسطين ممثلة بأهل «(جنين)) فماذا عن جهادهم الذي لمسته فيهم يوم كنت مع الجيش العراقي في الأراضي المقدسة؟

(١) الدباغ، مصطفى مراد: بلادنا فلسطين، الجزء الثالث – القسم الثاني، ص٥٠.
(٢) بويصير، صالح مسعود: مقدمة كتاب ((جهاد شعب فلسطين))، ص٤-٨.

منذ حللت أرض فلسطين، كانت أفواج الفلسطينيين تتقاطر على المقرات العسكرية تطالب بالسلاح وبالتدريب العسكري وبإلقاء مهمات عسكرية على عاتقها للنهوض بها.

وكانت إسرائيل قد احتلت «جنين» في شهر حزيران ١٩٤٨، فاستطاع الجيش العراقي طرد الصهاينة من «جنين» بمعاونة المتطوعين الفلسطينيين.

وقد جرت معارك طاحنة بين جيش إسرائيل والجيش العراقي لاستعادة قرية «عارة» وقرية «عرعرة» وقرية «صندلة» من قرى «جنين»، وكان للمتطوعين الفلسطينيين أثر في انتصار الجيش العراقي على القوات الإسرائيلية، واستعادة هذه القرى وغيرها إلى العرب.

وقد نظم الجيش العراقي في منطقته أربعة أفواج من الفلسطينيين أطلق عليها اسم: المناضلين الفلسطينيين، وكان لهؤلاء جهاد مشرف في قطاع جنين وقطاع طولكرم.

وقد انخرط في فوج صلاح الدين، وفوج خالد بن الوليد، وفوج الكرمل، وفوج سعد، رجال دين وأساتذة ووجهاء وطلاب جامعات وفلاحون وعمال وكسبة، فأتقنوا التدريب العسكري وفنون القتال في فترة قصيرة، ووصلوا إلى درجة عالية من الضبط والنظام والتدريب والتنظيم، لقد استطاعوا أن يتقنوا التدريب العسكري بمدة لا تتجاوز ثلاثة أشهر، وكان منهج تدريبهم يطبق على غيرهم من العرب خلال سنتين.

إنني أسجل هذا التفوق في التدريب العسكري للفلسطينيين فخورا بهم معتزا بمقدرتهم العقلية وقابليتهم العسكرية. ولست أنسى يوم جرى استعراض عسكري في «جنين» للمناضلين الفلسطينيين، وكان ذلك في شهر أيلول من عام ١٩٤٨، ثم أعقبه تمرين تعبوي بالعتاد الحي في منطقة معسكر «حلبة» فقد كان ذلك الاستعراض باهرا حقا، وكان التمرين متميزا ناجحا إلى أبعد الحدود.

وأشهد أن الفلسطينيين كانوا جنودا بكل ما في الجندية مـن معـاني الضبط والنظام، والتضحية والفداء، وكانوا مـلء العـين قـدرا وجـلالا، وبطولـة وشجاعة، لقـد كانوا رجـالا في مزاياهم الإنسانية والعسكرية على حد سواء.

ولست أنسى ما حييت منظر المجاهدين الفلسطينيين، وهم يطاردون فلـول الصهـاينة المنسحبين عن مدينة ((جنين)) البطلة وعن قراها العربية، لقد كانوا يسابقون رجال الجيش العراقي في مطاردة شديدة جدا للعدو، ويومها كان هتافهم يتعالى:

سيف الدين الحاج أمين أمين نحن بالله منصورين [1]

وكان في نية قطاعات جنين العسكرية مـن الجيش العراقي، القيام بهجوم ليلي باتجاه ((العفولة)) في شهر تشرين الأول ١٩٤٨، وكان العراقيون يريدون خمسمائة مناضل فلسطيني للتعاون مع الجيش العراقي المهاجم.

وما كاد الفلسطينيون يتسامعون بخطة الهجوم العراقية، إلا وتوافدوا على مقر جحفل اللواء الرابع بأعداد ضخمة بلغت خلال ساعتين فقط ما لا يقل عـن ثلاثة آلاف مقاتل، كـان من بينهم شيوخ يزيد عمرهم على السبعين سنة، وكان مـن بينهم شباب لم يبلغـوا الحلـم، وكان من بينهم سيدات وآنسات [2].

ولقد بكيت يومها لمنظر الشيوخ والشباب والنساء وهم يصرون إصرارا عنيدا على الجهاد في الخطوط الأمامية، لقد كان منظرهم لا ينسى أبدا.

ويتابع اللواء الركن محمود شيت خطاب كلامه فيقول [3]:

ليس عربيا من يضع العراقيل في طريق شعب فلسطين، وليس مسلما من لا يؤيد شعب فلسطين في جهاده المقدس، وليس عربيا مسلما مـن لا يـزج بكـل طاقاتـه المادية والمعنويـة لتأييد شعب فلسطين.

---

(١) الحاج أمين: هو سماحة مفتي فلسطين الأكبر الحاج أمين الحسيني.

(٢) لم تنفذ الخطة في اللحظة الأخيرة لتدخل السياسة في القضايا العسكرية.

(٣) بويصير، صالح مسعود: جهاد شعب فلسطين، ص٩- ١٠.

إن نجاح ثورة أهل فلسطين، هو نجاح للعرب من المحيط إلى الخليج وللمسلمين من المحيط إلى المحيط.

وإسرائيل لا تفهم غير لغة واحدة، هي لغة القوة وحدها، وكل ادعاء يخالف ذلك هراء.

إن الله سبحانه وتعالى يغار على المسجد الأقصى أن ترتفع عليه أعلام إسرائيل، ويغار على مسرى النبي صلى الله عليه وسلم أن تنتهك حرماته.

و الله أكبر كبيرا، والحمد لله كثيرا، وصلى الله على سيدي ومولاي رسول الله، إمام المجاهدين الصادقين وخاتم الأنبياء والمرسلين، وعلى آله وصحبه الطيبين الطاهرين.

الفصل الخامس
معارك المنطقة الشمالية

- تقديم

- معركة مدينة طبريا في ١٩ نيسان (أبريل) ١٩٤٨

- معركة مدينة حيفا في ٢٢ نيسان (أبريل) ١٩٤٨

- معركة مدينة صفد في ١١ أيار (مايو) ١٩٤٨

- معركة مدينة بيسان في ١٢ أيار (مايو) ١٩٤٨

- معركة مدينة عكا في ١٦ أيار (مايو) ١٩٤٨

- معارك الشجرة (١٩٤٨/٦/١٠ إلى ١٩٤٨/٧/١٩)

- معركة مدينة الناصرة في ١٦ تموز (يوليو) ١٩٤٨

معارك المنطقة الشمالية

تقديم:

المنطقة الشمالية تشمل عددا من مدن فلسطين هي: حيفا، عكا، الناصرة، صفد، طبريا، بيسان، وقد انتشرت في هذه المدن وقراها عام ١٩٤٨، قوات للجهاد المقدس، وقوات لجيش الإنقاذ، وقوات للجيش السوري، ووقعت في هذه المنطقة معارك كثيرة انتصر المجاهدون في عدد منها، وخاصة في معارك الطيرة والياجور وبلد الشيخ ومستعمرات مرج ابن عامر، ومعارك لوبية وترشيحا وصفد والمغار، وكافحوا القوات اليهودية في حيفا وطبريا، وكبدوا الأعداء خسائر فادحة، وحفظوا الاراضي والممتلكات في تلك المناطق إلى أن تسلمها «جيش الإنقاذ» الذي ألفته الجامعة العربية، ودخلت إليها قوات للجيوش العربية، وكانت النتيجة أن خسر العرب جميع مدن هذه المنطقة وقراها.

معركة مدينة طبريا

تمكن اليهود في أثناء الانتداب البريطاني من أن يصبحوا الأكثرية من سكان مدينة طبريا، وأقاموا أحياءهم الجديدة في المرتفعات المشرفة عليها، وكانت لديهم قواتهم العسكرية – الهاغانا وغيرها – ولم يكن للعرب قوات مسلحة ولا كانت لديهم أسلحة[١].

وعندما بدأ القتال بدأ العرب يتسلحون ويتنظمون بشكل سريع مرتجل. وكانت حامية طبريا تعتمد في أسلحتها على اللجنة العسكرية، إلا أن الأسلحة كانت لا تكفي للصمود، واحتدم القتال في طبريا أربعة أيام في منتصف آذار (مارس)، ثم تهادن الفريقان.

---

(١) مذكرات بهجت أبو غربية: مجلة القدس الشريف – العدد ٦٥، عام ١٩٩٠، ص٣٧.

عـاد اليهـود إلى القتـال في نيسـان (أبريل)، فاستنجدت طبريا بالمجاهدين في النـاصرة فأنجدوها، وعلى الرغم من قلة السـلاح وقلة عـدد المجاهدين العـرب بالنسبة إلى مقاتلي اليهود، فقد كان زمام الموقف بيد العرب حتى منتصف نيسان (أبريل).

وفي ليلة ١٥- ١٦ نيسـان هجم اليهود بأربعمئة مسلح بالأسلحة المتطورة وكان عدد المدافعين لا يزيد عن المئتين، وقبل الهجوم المكثف كان الإنجليز قد أخلوا رعاياهم من المدينة، وأغلقوا المستشفى الاسكتلندي وراحوا يراقبون المعركة. وقد قاوم العرب ببسالة إلا أن الانجليز تدخلوا صباح السابع عشر من نيسان وفرضوا هدنة لثلاثة أيام. وفي التاسع عشر ــ من نيسان وهو اليوم الثالث للهدنة هجم اليهود بأعداد غفيرة واحتلوا البنايات الكبرى، ولم يكن مع العرب من الذخيرة ما يسمح لهم بالصمود إلا قليلا، وقد صمدوا بالفعل ساعة ونصف الساعة فقط.

وسقطت طبريا، ورحل جميع سكانها البالغ عددهم خمسة آلاف نسمة، بتأثير الجيش البريطاني الذي شجع السكان على الرحيل [1]، ومما سعد على رحيل السكان وقوع مجزرة قرية (ناصر الدين) قبل الهجوم على طبريا بأيام، حيث قام اليهود في هذه القرية بمجزرة تشبه مجزرة دير ياسين، وبسقوط طبريا سقطت بلدة سمخ القريبة منها.

أما الرواية الإسرائيلية الرسمية لحرب طبريا فقد ورد فيها ما يلي [2]:

«بدأت الهاغانا وفقا «للخطة د» بالسيطرة على مدن البلد المختلطة. وكانت الأولى في القائمة طبريا التي كان العـرب فيها أقليـة بين السـكان

(١) العارف، عارف: النكبة ج١، ص ٢٠٢- ٢٠٥.
(٢) حرب فلسطين ١٩٤٧ – ١٩٤٨ (الرواية الإسرائيلية الرسمية)، ص ٤٦٦.

(٢٠٠٠ في مقابل ٦٥٠٠ يهودي)، وكان يسودها هدوء مشوب بالتوتر. وفي ١٩٤٨/٣/٨ بينما كان العرب واليهود يتجولون في شارع السوق، أطلق عيار ناري من موقع عربي، وعلى الفور أطلقت النار من جميع المواقع اليهودية والعربية المجاورة، ثم تم اتفاق لوقف إطلاق النار.

وفي ١٩٤٨/٤/٨، أنهى العمل بالهدنة بعد معركة جديدة، سقط خلالها عدة ضحايا من الطرفين. وبدأت فورا المعركة النهائية على طبريا. واحتلت العصابات العربية مواقع لها على أسوار البلدة القديمة وفي فندق طبريا، وكان صعبا وضع الحي اليهودي الصغير في البلدة القديمة، فأخرج منه جميع المدنيين اليهود، ودخلته جماعتان من لواء (غولاني).

وفي ١٩٤٨/٤/١١ بدأت فصيلتان تابعتان للكتيبة بالهجوم على تلة الشيخ قدومي الواقعة غربي طبريا وقرية ناصر الدين، وبذلك عزلت طبريا عن حليفتها لوبية.

وفي يوم ١٩٤٨/٤/١٢ انضمت إلى المقاتلين سرية بالماخ تابعة للواء (يفتاح) وبدأت عملية كان الهدف منها فتح الطريق إلى الجليل الأعلى، واختراق الحصار المضروب حول البلدة القديمة.

وفي ١٩٤٨/٤/١٦ أعلنت القوات البريطانية فرض منع التجول في المدينة، وفي الليل تجددت المعارك، واحتلت وحدة بالماخ فندق طبريا وقسمت البلدة القديمة إلى نصفين، وبدأت وحدات قوة الميدان بالتجمع لمواصلة القتال في اليوم التالي، لكن اتضح لها أن العرب طلبوا مساعدة من الجيش البريطاني للجلاء عن المدينة فاستجاب لطلبهم. وفي ١٩٤٨/٤/١٩ أعلن قائد الهاغانا في المدينة إقامة حكم عبري مستقل في المدينة.

معركة مدينة حيفا

تعتبر معركة حيفا من أهم المعارك التي خاضها الشعب الفلسطيني ببسالة في وجه القوى التي تآمرت عليه.

كانت منطقة حيفا من أخطر المناطق الفلسطينية إذ كانت المستعمرات اليهودية المحصنة والمسلحة تحيط بها وتهدد طرق مواصلاتها، هذا عدا عن خطورة الوضع داخل المدينة نفسها، إذ أن معظم الأحياء اليهودية المواجهة للأحياء العربية كانت مقامة على سفح جبل الكرمل المشرف على جميع أحياء حيفا.

كان عدد اليهود في حيفا عند نهاية الانتداب أكثر من نصف سكان المدينة بقليل، وكان مجموع سكان المدينة يزيد على (١٤٠) ألف نسمة. وكانت سلطات الانتداب البريطاني قد منحت اليهود معظم أراضي تلك المنطقة دون مقابل وبأثمان رمزية، وساعدتهم على تشييدها لتكون حصونا منيعة عندما يحين وقت المعركة التي خططوا لها.

ومع ذلك كله فإن هذا الوضع المتفوق لصالح اليهود لم يحل دون قيام المجاهدين البواسل بسلسلة هجمات موفقة لاحتلال تلك الأحياء اليهودية لولا تدخل الجيش البريطاني المستمر لحماية اليهود والوقوف بجانبهم في وجه الهجمات العربية الباسلة[١].

وكانت حامية حيفا قد تألفت بإشراف لجنتها القومية التي تعاقدت مع ضابطين من الجيش العربي الرئيس محمد حمد والملازم أول محمد الحنيطي لشؤون التدريب والقيادة. ويضاف إلى هذه المجموعة مجاهدون مستقلون وآخرون من قبل الهيئة العربية العليا بقيادة ((أبو إبراهيم الصغير)).

كان واضحا منذ إعلان التقسيم تصميم اليهود على الاستئثار بحيفا، وهذا ما جعل المدينة تخوض قتالا داميا طيلة الأشهر الخمسة التي سبقت

---

(١) مارديني، زهير: فلسطين والحاج أمين الحسيني، ص ٣٩٣.

سقوطها، ولم يكن عدد المجاهدين فيها يزيد في أي يوم عن الأربعمئة مقاتل، مع أن مدينة صناعية مهمة كحيفا، مدينة كبرى بمرفئها وموقعها ومواصلاتها كانت تستحق الأولوية من اهتمام القيادة العسكرية، وخاصة أن سكانها كانوا خليطا من العرب واليهود[1].

ولم يكن الحصول على السلاح أمرا سهلا، ولا وجه للمقارنة بين أسلحة اليهود التي كانت تمتلئ بها سراديب البنايات المرتفعة، وبين أسلحة العرب التي كانت تعاني من نقص في الكمية ومن فساد في النوعية وسوء في التوزيع.

ومن أجل الحصول على السلاح اضطر القادة المسئولون إلى الذهاب بأنفسهم مرارا للإشراف على نقله. وقد استشهد القائد محمد الحنيطي ومساعده سرور برهم عندما هاجم اليهود شاحنتهما المحملة بالسلاح، وهي في طريقها من عكا إلى حيفا[2]. حيث وقعت المعركة بين عكا وحيفا في الساعة الثالثة من بعد ظهر الأربعاء في ١٩٤٨/٣/١٧، وفجعت حيفا خاصة وفلسطين عامة بهذه الكارثة، وتم نقل جثث الشهداء إلى حيفا.

وكانت قبل هذه المعركة قد وقعت في حيفا ومنطقتها معارك كثيرة، حيث بادر اليهود بمهاجمة القرى والضواحي المحيطة بحيفا قبل أن تستعد وتتسلح. ففي ١٩٤٧/١٢/١٣ هاجموا قرية الطيرة، وفي ١٩٤٧/١٢/١٩ هاجموا قرية شفا عمرو، وفي ١٩٤٧/١٢/٣٠ قامت منظمة الأرغون بهجوم بالقنابل على العمال العرب في مصفاة البترول قرب حيفا[3].

وعلى الرغم من التفاوت الكبير في السلاح والمسلحين فقد قاتل أبطال حيفا مدة خمسة أشهر أظهروا فيها بطولات خارقة، ودامت آخر معركة بينهم وبين اليهود (٧٠) ساعة متواصلة في اليوم الحادي والعشرين حتى

---

(١) الحوت، بيان: القيادات والمؤسسات السياسية في فلسطين، ص ٦٢٨.

(٢) الخطيب، محمد نمر: أحداث النكبة، ص ١٤٠.

(٣) مذكرات بهجت أبو غربية: مجلة القدس الشريف – العدد ٥٦، عام ١٩٨٩، ص١٨.

الثالث والعشرين من نيسان ١٩٤٨، استخدم فيها اليهود مدافع المورتر ومدافع الميدان وقاذفات الألغام والمدافع الصاروخية. وكان للإنجليز دور رئيسي في هذه المعركة حيث صدوا جميع النجدات التي جاءت للمدينة من القرى العربية المجاورة، وحاولوا يوم ٢٢ نيسان في اجتماع حضره ممثلون عن العرب واليهود فرض شروط استسلام على العرب، فرضفها العرب لأنها كانت شروطا مذلة تقضي بتسليم جميع أسلحة العرب لليهود وتسليم المقاتلين غير الفلسطينيين، وبالتالي تسليم المدينة لليهود بقيادة الهاغانا.

وفي يوم ٢٣ نيسان أي قبل انتهاء الانتداب بثلاثة أسابيع انسحب الإنجليز من المدينة وتجمعوا في منطقة المرفأ المحاطة بالأسلاك الشائكة، وتم ذلك بشكل مفاجئ للعرب ساعد اليهود على احتلال المدينة، لا سيما وأنه لم تصل للمجاهدين العرب في أثناء المعارك الأخيرة أية نجدة من جيش الإنقاذ أو أية إمدادات بالذخيرة والسلاح.

هكذا دخل اليهود الأحياء العربية وأمعنوا في العرب تقتيلا ونهبوا جميع ما في المنازل والمتاجر، ونسفوا عددا من المنازل، وسقطت حيفا وغادرها سكانها في ظروف مأساوية عن طريق البحر، ووصف اليهود انسحاب الإنجليز قبل انتهاء الانتداب بثلاثة أسابيع بأنه ((عمل رائع)) [١].

يقول الشيخ محمد نمر الخطيب عن الفاجعة الكبرى بسقوط حيفا [٢]:

((لقد قدر لنا أن نعيش ونسمع كيف سقطت درة الدنيا وعروسة العالم، وثغر فلسطين وأمل الشرق، حيفا الجميلة.

لقد كان أهل حيفا، كأهل فلسطين يرتقبون ذلك اليوم المشهود والأمل المعهود، ويعدون الثواني، ويستبطئون الزمن، ليشهدوا ذلك اليوم الأبيض، يوم الخامس عشر من أيار من عام ١٩٤٨.

وحل ذلك اليوم، والذي بعده، ليشاهدوا بأم أعينهم مئات القتلى في

(١) مذكرات بهجت أبو غربية: مجلة القدس الشريف - العدد ٦٥، عام ١٩٩٠، ص٣٨- ٣٩.
(٢) الخطيب، محمد نمر: أحداث النكبة، ص ٢١٦- ٢١٧.

شوارع حيفا، لا يجدون من يودعهم الوداع الأخير، ولا من يضعهم في القبور، جاءت الأيام البيض، ولكن كانت سوداء حالكة، إذ كانت البنات الأبكار، ينادين بالويل والثبور، ولا يجدن معتصما سوى ذلك الميناء، يجتمعن فيه ليركبن البحر من حيفا إلى عكا، أو إلى أقرب ميناء من موانئ لبنان.

لك الله يا حيفا! لقد أضاعوك وكأنك لم تكوني منبت الأبطال، ولا غيل الآساد والأشبال، كأن لم تكوني مطلقة أول رصاصة عرفتها فلسطين في سبيل الحرية والاستقلال، كأن لم تكون مدرسة عز الدين، وبلد الغر الميامين، لك الله أيتها الذبيحة الشهيدة».

أما الرواية الإسرائيلية الرسمية لحرب مدينة حيفا فقد ورد فيها ما يلي[1]:

«كانت الثانية في القائمة حيفا، الميناء الكبير، والمركز الصناعي المهم في البلد. كان تفوق القوة اليهودية على القوة العربية في هذه المدينة واضحا ومعروفا. وكان البريطانيون هم الذين حالوا دون استيلاء اليهود على المدينة.

وقد حسمت هزيمة قافلة النجدة المرسلة إلى عرب حيفا في آذار (مارس) مصير المدينة. لقد أحضر القائد الجديد أمين عز الدين معه عصابة مسلحة كبيرة من بيروت. وفي 1948/4/21 أخطر قائد حيفا البريطاني، اليهود والعرب بأن قواته سوف تترك المدينة وأنها ستتجمع في الكرمل الغربي وفي الميناء.

وبدأت الهاغانا المعركة بإرسال فصيلة من (30) شخصا لاحتلال مقر لجنة الأحياء الشرقية (بيت النجادة) في شارع صلاح الدين الذي كان مشرفا على جسر روشميا، والذي كان من شأنه أن يعرقل حركة المواصلات من حيفا إلى الجليل والمروج، ووصل الرجال إلى المكان في مصفحات واحتلوه في

(1) حرب فلسطين 1947- 1948 (الرواية الإسرائيلية الرسمية)، ص467.

معركة دارت وجها لوجه، ولكنهم تعرضوا لنيران قوية وعزلوا عن القوات اليهودية لأكثر من يوم.

وفي منتصف الليل شنت سرية هجوما على حي الحليصة العربي في اتجاه المبنى المحاصر وتم احتلال الحي بأسره.

وبعد منتصف ليل ١٩٤٨/٤/٢٢ بدأ هجوم من ثلاثة رؤوس على حيفا العربية: الأول نحو الحليصة، والثاني في اتجاه شارع البرج والوسط التجاري، والثالث انطلق من الوسط التجاري الجديد في اتجاه شارع ستانتون، ومهد للهجوم بقصف مركز على الأحياء العربية، وبعد ذلك اندفع أفراد سرية الميناء التابعة للبالماخ في منطقة الوسط التجاري القديم، وانحدر سرايا ((كرملي)) الخمس من جبل الكرمل. ودارت في غرب المدينة معركة عنيفة للاستيلاء على مبنى مكاتب إدارة سكة الحديد الذي تمركز فيه القناصة ولم يستسلموا إلا بعد إضرام النار في المبنى. وعند الظهر التقت القوة المنحدرة من الكرمل بالقوة الصاعدة من المدينة وانشطرت المدينة إلى قسمين. ودب الذعر في أفئدة السكان العرب. وخرج قائد المدينة أمين عز الدين في ساعات الصباح في قارب متجها إلى عكا بحجة أنه ذاهب لإحضار نجدة من الرجال والأسلحة، ولم يرجع، وانهارت القيادة العربية كليا. وأرسلت قيادة الهاغانا سيارات تحمل مكبرات الصوت تدعو العرب إلى إلقاء السلاح.

وفي صباح ذلك اليوم انتشرت شائعة بأن الجيش البريطاني مستعد لأن ينقل إلى خارج مدينة حيفا كل شخص يصل إلى منطقة الميناء، وبدأ اندفاع مذعور في اتجاه بوابات الميناء - روى عضو اللجنة القومية في حيفا نمر الخطيب في مذكراته - ((وداس الرجل أخاه، والمرأة أولادها. وامتلأت القوارب في الميناء بسرعة بحمولتها البشرية)).

وفي الصباح نفسه اتصل الوجهاء العرب باليهود بواسطة الجنرال

ستوكويل وطلبوا السماح لهم بالخروج من المدينة فسمح لهم شرط ألا يخرجوا سلاحهم معهم.

وسقط في عملية احتلال حيفا ١٨ من رجال الهاغانا بينهم نائب قائد كتيبة قوة الميدان.

وفي مساء عيد الفصح ١٩٤٨/٤/٢٣ أعلن قائد لواء ((كرملي)) قيام حكم عبري مستقل في مدينة حيفا)).

قرى باسلة:

كان على مقربة من مدينة حيفا ثلاث قرى باسلة هي ((جبع، إجزم، عين غزال))، وقد صمدت هذه القرى في وجه اليهود فترة طويلة، ودافع عنها أبناؤها المجاهدون دفاع الأبطال حتى نفذت ذخيرتهم بل حتى آخر رصاصة بقيت معهم.

يقول الشيخ محمد نمر الخطيب عن هذه القرى وأبنائها الأبطال [1]:

((هذه القرى الباسلة ((جبع، اجزم، عين غزال)) التي فعلت ما عجزت عنه الدول السبع مجتمعة، فقد قاومت اليهود شهرين متتاليين، على رغم أن اليهود قد أحاطوا بها إحاطة السوار بالمعصم، وكانت أغلبية مدن فلسطين بعد حيفا ساقطة بيد اليهود على التوالي.

وكان اليهود يضربون هذه القرى الثلاث من الجبال والبر والبحر، واستمروا في قتالهم طيلة هذه المدة إلى آخر رصاصة معهم، وقد استغاثوا مرارا وتكرارا بالجيوش العربية، ولكن لم يلبهم أحد، وكانت النتيجة أن هام الناس على وجوههم طعمة للوحوش، وبقي من بقي منهم طعمة للذبح والنار)).

وعلى مقربة من هذه القرى الثلاث كانت قرية الطيرة الباسلة التي صمدت في وجه القوات اليهودية المحيطة بها، واشتبكت معهم في معارك

---

(١) الخطيب، محمد نمر: أحداث النكبة، ص ٢٠٢ والأستاذ طاهر أحمد حسين - مقابلة في عمان عام ١٩٨٦.

عديدة وغنمت منهم عددا من الدبابات وأرسلتها إلى قائد جيش الإنقاذ «فوزي القاوقجي»، وبقي أبناء هذه القرية البواسل بقيادة مدير مدرستها يدافعون عن قريتهم ويصدون هجمات اليهود حتى نفذت ذخيرتهم ولم يصلهم أي عون، فاضطروا لمغادرة القرية.

معركة مدينة صفد

كان عدد سكان صفد في أواخر أيام الانتداب (١٢) ألف نسمة منهم (٢٤٠٠) من اليهود ولذلك ظلت قوات المجاهدين من أهل المدينة مسيطرة على الموقف العسكري وتحتل القلعة والأماكن المرتفعة الأخرى في المدينة، ولكنها لم تتمكن من احتلال الحي اليهودي بسبب مقاومة اليهود وتدخل الإنجليز كلما تأزم الموقف[١].

ولما دخل جيش الإنقاذ إلى شمال فلسطين أصبحت مهمة الدفاع عن صفد منوطة بجيش الإنقاذ، فهي تقع في المنطقة الشمالية التي تولى قيادتها الرئيس أديب الشيشكلي، لذلك تألفت حامية المدينة من جيش الإنقاذ في القسم الأكبر منها، بالإضافة إلى شباب البلدة المجاهدين والمقاتلين الأردنيين، وقد بلغ عدد المقاتلين إجمالا ستمئة مقاتل، إلا أن عدد المقاتلين اليهود كان أكبر، وخاصة بعد سقوط حيفا.

في السادس عشر من نيسان انسحب الإنجليز نهائيا من صفد، فبادر العرب بهجوم مكثف واحتلوا المواقع الهامة كلها. ثم تعززت الحامية عندما أرسل قائد المنطقة في السابع عشر من نيسان فصيلين بقيادة الملازم عبد الحميد السراج، والملازم هشام العظم. وعندما وصل مائة مقاتل من الأردن قام القائد بتعيين الرئيس ساري الفنيش قائدا للحامية، وإميل جميعان مساعدا له، وكلاهما من ضباط الجيش الأردني الذين انضموا إلى جيش الإنقاذ[٢].

(١) مذكرات بهجت أبو غربية: مجلة القدس الشريف - العدد ٦٥، عام ١٩٩٠، ص ٤١.

(٢) العارف، عارف: النكبة ج١، ص ٣٠٢.

ابتدأ القتال العنيف منذ الأول من أيار، وقد ركز اليهود نيرانهم على المدينة والقرى المحيطة بها، فسقطت قرية عين الزيتون وقرية بيريا، وقد رفض قائد الحامية إنجاد عين الزيتون بحجة إنها لا تدخل ضمن اختصاصه، فمهمته الدفاع عن المدينة وحدها، وإثر سقوط القريتين بدأ الموقف يتغير، وكانت قد سقطت عدة قرى ومنها الجاعونة، وبرعم، والطباعه، والمنار، والمنصورة، وأصبحت صفد مطوقة من الشرق والجنوب مما أثر على معنويات العرب. وفي نفس الوقت بدأت تصل إلى اليهود نجدات من جنود البالماخ. وجرت المعارك الخطيرة الحاسمة حيث وصلت لليهود في يومي ٥ و ٦ أيار نجدات أخرى كبيرة، وراح جنود جيش الإنقاذ ينسحبون. وسافر الشيشكلي إلى دمشق وانسحب ساري الفنيش وإميل جميعان وقواتهما يوم ٩ و ١٠ أيار قبل المعركة، وانهارت معنويات الأهلين فبدأوا بالرحيل عن المدينة في ليلة شديدة المطر، ووقف شباب صفد أمام اليهود وحدهم، ولكن اليهود استولوا على القلعة، وفي يوم (١١) أيار سيطروا على جميع المدينة.

يقول المؤرخ عارف العارف: إن اليهود بقوا مشدوهين ليومين كاملين وهم لا يصدقون أن صفد قد سقطت[1].

معركة مدينة بيسان

تعرضت بيسان إلى هجوم غادر في اليوم التالي (١٢ أيار) لسقوط صفد مباشرة، فقد هاجمها مئات من اليهود المسلحين بالرشاشات والأسلحة الأوتوماتيكية، وسارعت حامية بيسان من المجاهدين الفلسطينيين والأردنيين إلى التصدي للهجوم، غير أنها لم تصمد أكثر من ثلاث ساعات.

سمح اليهود لسكان بيسان بالبقاء في بلدتهم على شرط أن يسلموا

(١) العارف، عارف: النكبة ج١، ص ٣٠٩.
والدكتور عدنان النحوي – مقابلة في الدوحة عام ١٩٨٦.

أسلحتهم. وبعد شهر واحد تراجع اليهود عن موقفهم، وأخذوا يعملون على ترحيل السكان بالقوة، فأرسلوا فريقا منهم إلى الناصرة، وفريقا آخر إلى الحدود السورية، وفريقا ثالثا إلى الأردن عن طريق جسر الشيخ حسين، ولم يبقوا في بيسان عربيا واحدا[1].

معركة مدينة عكا

كانت حامية عكا في الأشهر الأولى قليلة العدد وضعيفة، واكتفى سكان المدينة بدور الدفاع عن مدينتهم في حالة الخطر.

ولما سقطت مدينة حيفا ولجأ عدد من سكانها إلى عكا، تفرغت لها قوات يهودية كبيرة. وكان المجاهدون الفلسطينيون وحدهم يدافعون عن عكا ولم يكن معهم من جيش الإنقاذ سوى فصيل من فوج اليرموك عدد (٣٠) رجلا. وحتى هؤلاء انسحبوا في (١١) أيار وبقي أهل عكا واللاجئون وحدهم يقاتلون اليهود محاولين وقف الزحف اليهودي[2].

وكان اليهود قد بدأوا هجومهم في ٢٥ نيسان واحتلوا تل نابليون شرق المدينة، ثم استمر القتال متقطعا عشرين يوما والحامية تعاني بالإضافة إلى النقص في عدد المقاتلين وقلة السلاح، من انعدام تجاوب اللجنة العسكرية والسياسيين إلى أبعد الحدود. كما تعاني من الانسحاب المتواصل لقادتها من ساحة المعركة، فقد انسحب آمر حاميتها خليل كلاس في ١١ أيار معلنا في دار البلدية بأنه تلقى الأمر بالانسحاب من القائد أديب الشيشكلي، ثم اعترف بعد ذلك أن الأمر قد صدر من القائد الأعلى قبل سقوط صفد بأربعة أيام، وهو يقضي بانسحابه وتسليم القيادة إلى أمين عز الدين.

وفي ١٣ أيار انسحب أمين عز الدين ويونس نفاع ولما حاولا تهريب

---

(١) العارف، عارف، النكبة ج١، ص ٣١٢، والشيخ فريز جرار - مقابلة في عمان عام ١٩٨٥.
(٢) مذكرات بهجت أبو غربية: مجلة القدس الشريف - العدد ٦٥، عام ١٩٩٠، ص٤٢.

السلاح مع رجالهما بحرا، أطلق شباب المدينة عليهم النار، وتمكنوا من استرجاع بعض الأسلحة.

وقام رجال المدينة بجهود سياسية وأرسلوا وفودا إلى عمان وبيروت وفشلوا في الحصول على أي دعم عربي، ولما قابل الوفد أديب الشيشكلي – قائد جيش الإنقاذ في شمال فلسطين – في بنت جبيل، قال لهم الشيشكلي: «لتسقط عكا، فسنردها عما قريب»، ثم غير رأيه وأرسل مجموعة بقيادة أبو محمود الصفوري – وهو أحد القساميين – ولما وصل الصفوري وإخوانه واكتشفوا سوء الأوضاع في المدينة، انسحبوا في اليوم التالي. وكانت عكا في أثناء ذلك تعاني من انتشار التيفوئيد بعد تلويث اليهود لمياه الشرب وقد عجزت اللجنة القومية عن توفير المصل للتطعيم.

وظل أبناء عكا صامدين حتى ١٥ أيار ينتظرون وصول الجيوش العربية التي كانت قد ابتدأت تدخل فلسطين، إلا أن النجدة لم تصل أبدا، والجيوش العربية كانت تتحرك ببطء لاتخاذ مواقعها وفقا للخطة المرسومة، وهي لا تلتفت إلى عكا الصامدة بلا ذخيرة وبلا طعام.

ولما اشتد حصار اليهود لعكا، قام أبناء عكا بهجوم معاكس فاستردوا منهم محطة سكة الحديد ومواقع أخرى، وسقط من اليهود عدد كبير من القتلى واستمر القتال الليل بطوله تحت وابل من القصف اليهودي بمدافع المورتر، ثم انسحب المجاهدون بعد أن أفرغوا كل ما لديهم من ذخيرة وعتاد.

وفي صباح ١٦ أيار انهارت المعنويات لعدم وصول الجيوش العربية ولنفاذ الذخيرة. وسقطت المدينة، ولم يراع اليهود حرمة القوانين الدولية فقد أقدموا على قتل واحد وتسعين عربيا من الشيوخ والأطفال والنساء، كما سارعوا إلى اعتقال الشباب. وذكر اليهود أنهم خسروا في احتلال عكا (٧٥٠) قتيلا.

وهكذا ضمت عكا إلى الخريطة الإسرائيلية بالعنف والعدوان، كما ضمت

من قبلها يافا وصفد، وهذه المدن كلها كانت تقع وفقا لخريطة التقسيم نفسها في المنطقة العربية(١).

معارك الشجرة

الشجرة قرية عربية تقع إلى الغرب من طبرية بين قريتي كفركما ولوبيا، ولها موقع جيد على الطريق الواصلة بين العفولة جنوبا والمغار شمالا.

تحيط بهذه القرية التلال من الجهتين الشمالية الغربية والجنوبية الشرقية، وتخترق تلك التلال مجموعة من الأودية المنحدرة باتجاه الشرق وقد دمرت الشجرة إثر النكبة ١٩٤٨ وتشرد أهلها.

في فترة الهدنة الأولى من ٦/١١ حتى ١٩٤٨/٧/٩، تعاظمت القدرة العسكرية الصهيونية، بوصول إمدادات ضخمة، حتى بلغ عدد أفراد العدو الصهيوني ٦٠ ألف مقاتل، وأمكن بذلك تنظيم عدد من الألوية الجديدة المدعمة بمختلف صنوف الأسلحة. وقد تم زج جيش الإنقاذ بقيادة فوزي القاوقجي في قطاع الجبهة اللبنانية في هذه الفترة التي أطلقت عليها قوات العدو الصهيوني اسم «هجوم الأيام العشرة». وقد قام اللواء الإسرائيلي «غولاني» خلالها بتنفيذ عدد كبير من العمليات التي كانت تستهدف تجميد أكبر عدد من القوات العربية. وكانت عملية الشجرة من أصعب هذه العمليات، إذ كانت هذه القرية عقدة مواصلات حيوية للجانبين العربي والصهيوني.

بدأت قوات العدو عملياتها بالإغارة على قريتي لوبيا ومجد الكروم لاحتلال أكبر مساحة من القرى والأرض العربية. وتطور الهجوم في ليل ١٩٤٨/٦/٩ ليشمل المجدل والناصرة ولوبيا ومسكنة، إلا أن قوات جيش

(١) الحوت، بيان: القيادات والمؤسسات السياسية في فلسطين، ص ٦٣٧. عن عارف العارف: النكبة ج١، ص ٤١٩- ٤٢٤.

الإنقاذ نجحت في إحباط هـذه الهجمات ممـا اضطـر القـوات الصهيونية إلى الهجوم ثانيـة، فانسحبت أمامها القوة العربية، واحتل اليهود المواقع الحساسة على طرق الناصرة المؤدية إلى الغرب كلها. وقامت قـوات أخـرى بقطع الطريق المؤدي إلى الشرق عند قرية الشجرة، فأصبحت الناصرة بذلك معزولة.

وأرسلت قيادة جيش الإنقاذ فصيلتين إلى لوبيا وفصيلتين إلى مجد الكروم، واستطاعت هذه القوات دعم المجاهدين الفلسطينيين، كما أرسلت قوة صغيرةمن جيش الإنقاذ إلى فراضية على طريق صفد – الرامة، فأمكن تأمين محاور العمليات. وقام قائد جيش الإنقاذ بتجهيز فوج حطين وسريتين وأربع مصفحات وبطارية مدفعية، واندفع بهذه القوة صباح ٩ حزيران في اتجاه لوبيا – الناصرة، قاصدا القضاء على القوات الصهيونية في منطقـة الشجرة، وتطهير التلال المشرفة على الناصرة. وفي ليل ١٠ حزيران اتخذت هذه القوات مواقعها للهجوم على القوات المعادية المتمركزة شمالي الشجرة. وقد صدرت الأوامر بالهجوم علـى الشجرة في الساعة الخامسـة مـن صباح ١٠ حزيـران، فانـدفع المشاة تساندهم المدفعية، وتحميهم المصفحات، نحو التلال التي تفصلهم عنها أراض منبسطة مكشوفة معرضة لنيران القوات الصهيونية، وكانت نتيجة ذلك أن تكبدت القوات العربية خسائر كبيرة. وقد رافقت هذا الهجوم عملية هجوم أخرى انطلقت من قرية لوبيا، اشترك فيها عـدد كبير من المجاهدين الفلسطينيين، وتميز الهجوم بعنفه وسرعته، في حين كانت المدفعية تـزداد شـدة في إطلاق نيرانها.

بدأت القوات الصهيونية في الساعة السابعة تنسحب على طول خط النار باتجاه قرية الشجرة، وقامت القوات العربية بمطاردتها، وتحولت نيران المدفعية لتقصف مستعمرة الشجرة ذاتها. ووصل المقاتلون العرب إلى جدران المستعمرة التي انـدلعت منها النيران في الساعة الثامنة. ودخلت سرية من

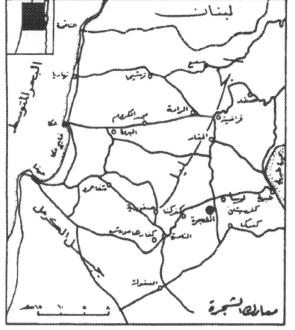

المجاهدين الناصرة، وفي هـذه الأثناء توقف إطلاق النار تنفيذا لاتفاقيـــة الهدنــة الأولى. وأصبحت قـوات جيش الإنقاذ تنتشر ـ عـلى خـط لا يبعـد عـن العفولة أكثر من ٧ كيلو مـترات، وعن عكا ٩ كيلو مترات[1].

لم تلتـزم القوات الصهيونية كعادتهـا بالهدنـة، فحاولـت الإفـادة منهـا لتحسـين وضعـها على حساب جيش الإنقاذ، الذي لم تعد قوته تتجاوز ثلاثة آلاف مقاتـل. فقامت بالاعتداء عـلى العرب في قرية الشجرة، ومهاجمة قريتي شفا عمرو والبروة، ولكن قوات جيش الإنقاذ أحبطت الأعمال العدوانية الصهيونية في يوم ١٩٤٨/٦/١١، ثم قام الإسرائيليون بالهجوم عـلى قرية خربة رأس علي القريبة من شفا عمرو فاحتلوها يوم ٢٠ حزيران، ولكـن قوات جيش الإنقاذ نجحت في طردهم منها.

أكمـلت القوات الصهيونية استعدادها مع انتهاء الهدنة، فانطلقت بهجوم قوي في الساعة الثانية من صباح ١٩٤٨/٧/٨، واحتدمت المعركة في الشجرة، وامتدت ساحة العمليات إلى بقية أنحاء الجبهة. وظهرت لأول مرة منذ قيام الحرب في فلسطين طائرات حربية إسرائيلية عملت عـلى قصف ترشيحا قصفا شديدا، كما ظهـرت للمرة الأولى أيضا المدفعية الثقيلة في

(١) الموسوعة الفلسطينية ـ المجلد الثاني، ص٦٢١. عن مذكرات فوزي القاوقجي.

جبهة الشجرة. وقامت قوات العدوان الصهيوني بهجوم آخر يوم ١٠ تموز على تـل كيسـان، تدعمه دبابات ثقيلة من نوع تشرشل وتشيرمان ظهرت للمرة الأولى أيضا، وعلى الرغم مـن ذلك استطاعت قوات جيش الإنقاذ، بالتعاون مع المجاهدين الفلسطينيين صد الهجمات في قطاع الشجرة.

استمرت المعركة بدون انقطاع، وبدأت الذخائر تتناقص بسرعة بين أيدي القوات العربية، في حين أخذت قوات العدو تصعد شدة القتال على جبهة الشجرة، وتبـذل جهودا مستميتة لطرد القوات العربية المشرفة على الشجرة، وترسل النجدات وقوات الدعم بدون توقف.

ارتفع عـدد القتلى والجرحى، وأدى نفـاذ الـذخائر إلى سحب المصفحات، وإلى احتمـال سحب القوات العربية من الشجرة، إلا أن ذلك كان سيؤدي إلى سقوط الناصرة. لهذا تم الإقدام على تنفيذ عملية يائسة، وذلك بتنظيم هجوم على قاعدة الشجرة ذاتها، للإفادة ممـا يتوافر فيها من المؤن والذخائر. وزج في هذا الهجوم بكل ما في القطاعات الأخرى من أسلحة.

بدأ هذا الهجوم في ليل ١٣ تموز، وأظهرت القـوات العربيـة المشتركة في العمليـة شجاعة نادرة، بالرغم من أنها كانت مستنزفة القوى بعد صراعها المستمر طوال سـتة أيـام بلياليهـا، وأمكن رد القوات الصهيونية وتشتيتها، والتقدم حتى الشجرة وسط كثافة نارية غزيـرة مـن المدفعية والرشاشات والبنادق المعادية.

وفي يوم ١٩٤٨/٧/١٣ تم النصر للعرب واستولوا على الشجرة، لكن قوات فوج حطين مـن جيش الإنقاذ تكبدت خسائر كبيرة، من بينها إصابة قائد الفوج بجراح بالغة واستشهاد أحـد معاونيه وجرح الثاني، بالإضافة إلى إصابة أكثر قادة السرايا بجراح بالغة، وكان بـين هؤلاء الشهداء الشهيد عبد الرحيم محمود رحمه الله.

وما لبثت قوات العدو الصهيوني ان أعادت تنظيمها، فقامت مساء يوم

١٩٤٨/٧/١٣ بحشد كبير في كفر سبت بالقرب من مستعمرة الشجرة، وأخذت مدافعها الثقيلة تقصف مواقع جيش الإنقاذ بكثافة عالية، فتزايدت أعداد القتلى والجرحى العرب. وبالرغم من ذلك فقد خاضت القوات العربية معركة شديدة، واسترجعت تل التين يوم ١٩٤٨/٧/١٥، وأصبح طريق لوبيا – الناصرة أمينا وكبدت قوات العدو خسائر فادحة.

لكن مدفعية العدو تابعت قصف مواقع الشجرة، وفي الوقت ذاته قامت قواته بتطوير هجومها على بقية القطاعات فاستولت على شفا عمر. وفي الساعة السابعة من يوم ١٦ تموز قام رتل من الدبابات الصهيونية بتطويق صفورية. واستولى عليها في اليوم ذاته، وانتقل الصراع إلى أبواب الناصرة. وبدأت عملية هجرة كبيرة من الناصرة وصفورية وبقية المواقع التي سقطت في قبضة العدو، ولم تلبث الناصرة أن سقطت في قبضة القوات الصهيونية، وأصبحت قوات جيش الإنقاذ في الشجرة مهددة بالتطويق والإبادة. وفي الوقت ذاته بدأت القوات تنسحب من الشجرة بمفارز صغيرة، ثم أخذت السريتان البدوية واليمنية تنسحبان إلى أن تمت هذه العملية في ليل ١٨ تموز. وتمركزت قوات جيش الإنقاذ على خط دفاعي جديد لا يبعد عن الشجرة أكثر من أربعة كيلو مترات، وقامت القوات الصهيونية بهجوم كثيف على هذا الخط، قبل أن تستقر القوات العربية في مواقعها، فحدثت معركة عنيفة استمرت يومي ١٨ و ١٩ تموز. ونجحت القوات العربية في إحباط الهجمات كلها، إلى أن توقف إطلاق النار مساء يوم ١٩٤٨/٧/١٩ في الهدنة الثانية، التي تحولت فيما بعد إلى هدنة دائمة[1].

معركة مدينة الناصرة

تقع مدينة الناصرة في وسط منطقة الجليل، وكان فيها قبل سقوطها بيد

(١) الموسوعة الفلسطينية، المجلد الثاني، ص٦٢٢.

اليهود (١٩٣) مقاتلا عربيا (٦٥) منهم تابعون لجيش الإنقاذ يؤلفون فوج حطين، وكانوا بقيادة اثنين من العراقيين هما الرئيس مدلول عباس، والرئيس عامر، و (٢٨) من رجال الجهاد المقدس يقودهم توفيق إبراهيم (أبو إبراهيم الصغير)، و (١٠٠) مجاهد من سكان الناصرة وقراها بقيادة عبد اللطيف بن الشيخ قاسم الفاهوم مفتي الناصرة، وهذه القوى كلها (جهاد وإنقاذ) كانت تأتمر بأوامر القاوقجي قائد جيش الإنقاذ.

وقد قدر الخبراء عدد اليهود الذين هاجموا الناصرة واحتلوها بخمسمئة من المشاة، مزودين بثلاث عشرة دبابة وخمسين سيارة جيب وبعدد من المدافع الثقيلة، وحلقت في مساء الناصرة ساعة احتلالها ثلاث طائرات يهودية، وكانت القوات اليهودية بقيادة أمريكي مسيحي برتبة زعيم.

زحفت القوات اليهودية على الناصرة في ١٦ تموز ١٩٤٨، من ثلاث جهات: من صفورية في شمالها الغربي، ومن كفارها حوريش على طريق حيفا إلى الغرب من الناصرة، ومن مرج ابن عامر جنوب الناصرة، والقوات التي تقدمت من ناحية صفورية هي التي احتلتها.

وكان الجنود اليهود الذين دخلوا الناصرة يرتدون ثيابا عربية ولما رآهم الأهلون فرحوا، إذ ظنوا أنهم عرب جاؤوا لإنقاذ الناصرة.

وقتل من العرب في الناصرة ٨٣ رجلا بعضهم من المدنيين والبعض الآخر من المجاهدين وبسقوط الناصرة تبعثر جيش الإنقاذ، بعد أن تكبد خسائر فادحة.

يقول المؤرخ عارف العارف [1]:

حدثني الشيخ سعد الدين العلمي – وكان في فترة القتال قاضيا في الناصرة – أنه كان للناصرة حاميتان: إحداهما تابعة لجيش الإنقاذ يقودها مدلول عباس، والثانية للهيئة العربية العليا يقودها أبو إبراهيم الصغير. وأن

(١) العارف، عارف: النكبة ج٣، ص٦٢٩.

قائد جيش الإنقاذ فوزي القاوقجي لم يدخل الناصرة إلا في اليوم الحادي عشر ـ من حزيران وكان يومئذ يرافقه الأمير مجيد أرسلان وقد مكثا فيها ثلاثة أيام، وأن جيش الإنقاذ لم يدخل في أية معركة مع اليهود في الناصرة. وأن قائدي الحاميتين غادرا المدينة قبل وصول اليهود إليها، وبعد أن أيقنا أنه لا فائدة ترجى من الدفاع، وأن القوة التي جاءت لإنقاذ المدينة، كانت عبارة عن ست مصفحات ومدفعين وصلت متأخرة.

واشتبك الفريقان في معركة لا نستطيع أن نصفها بالحامية، إذ أن اليهود كانوا من السرعة بحيث تمكنوا من احتلال الهضاب المحيطة بالمدينة، وكانوا أكثر عددا وسلاحا وأقوى معنوية. وكانت خسائر العرب في ذلك الاشتباك القصير عبارة عن مصفحتين ومدفعين وجنديين أحدهما احترق في المصفحة، والثاني استشهد وهو يقاتل على الهضبة.

وواصل اليهود زحفهم إلى أن احتلوا الهضبة المطلة على الناصرة من الناحية الشرقية على طريق طبريا، ثم احتلوا عمارة البوليس على طريق حيفا، ودار الحكومة في وسط المدينة.

وحلقت في سماء الناصرة ثلاث طائرات ولما لم يروا مقاومة أوقفوا إطلاق النار، وطلبوا حضور رجالات المدينة، فحضر رئيس البلدية ورئيس اللجنة القومية ونائبه وعدد من رؤساء الطوائف المسيحية.

وفي تمام الساعة التاسعة من مساء يوم الجمعة ١٦ تموز ١٩٤٨ فرض القائد اليهودي شروط التسليم، وكانت تقضي بتسليم المدينة دون قيد أو شرط، وتعهدت إسرائيل بالمحافظة على الأهالي وكنائسهم وأديرتهم، ولم تذكر المساجد في الاتفاقية.

ورغم هذا التعهد فقد دخل الجنود الإسرائيليون دير يسوع فنزعوا الصلبان والصور التي كانت فيه وداسوها بأقدامهم.

واعتقل اليهود ثلاثة من أفراد جيش الإنقاذ، عراقي وسوريين، لم يغادروا

المدينة، وقتلوهم بالرصاص، واقتحموا المنازل بحجة البحث عن السلاح، وسرقوا ونهبوا أموال الناس. وصادروا ألف بندقية وجدوها في المنازل.

وما كادت الناصرة تسقط بيد اليهود حتى سقطت القرى القريبة منها سيما التي تقع بينها وبين طبريا وبينها وبين حيفا. ومن القرى التي سقطت بأيديهم على طريق حيفا قرية ((عيلوط)) ويسكنها ٨٠٠ نسمة كلهم مسلمون. وما كاد اليهود يحتلونها حتى جمعوا سكانها كلهم في ساحة المسجد واختاروا منهم عشرين شابا، صفوهم على حائط المسجد وأطلقوا عليهم الرصاص، فقتلوهم على مرأى من أهلهم وذويهم، وأمروا باقي السكان بمغادرة القرية، فغادروها فورا دون أن يتمكنوا من دفن موتاهم، أو العودة إلى منازلهم ليأخذوا ثيابهم.

وقد دب الرعب في قلوب السكان إثر سقوط الناصرة، فراح الناس ينهزمون من قراهم ميمنين شطر لبنان القريب منهم.

الفصل السادس
معارك المنطقة الجنوبية

- تقديم

- معارك دير البلح:

  ● معركة كفار ديروم الأولى   في ١٩٤٨/٤/١٤

  ● معركة دير البلح الثانية   في ١٩٤٨/٥/١٠

- معارك بئر السبع   في ١٩٤٨/١٠/٢٣

- معركة التبة ٨٦   في ١٩٤٨/١٢/٢٣

- معارك ضارية وبطولات خارقة:

  ● استرداد العسلوج

  ● حماية الجيش المصري في مرحلة الانسحاب.

- معارك الفالوجة (١٩٤٨/٣/١٢ إلى ١٩٤٩/٢/٢٦).

- معركة وادي عربة والمرشرش ١٩٤٩/٣/١٠.

معارك المنطقة الجنوبية

تقديم:

المنطقة الجنوبية لفلسطين تشمل منطقة غزة ومنطقة بئر السبع وجنوب الخليل وكان فيها مجموعات من المجاهدين الفلسطينيين من أبناء تلك المنطقة، ينتمي أكثرهم إلى قوات الجهاد المقدس.

وتميزت هذه المنطقة بدخول كتائب الإخوان المسلمين المصريين إليها منذ بداية القتال مع اليهود.

وعندما دخلت الجيوش العربية إلى فلسطين دخلت إليها قوات من الجيش المصري.

حدث في هذه المنطقة كثير من المعارك كان في مقدمتها معارك دير البلح، ومعارك بئر السبع ومعارك المجدل وبيت دراس والفالوجة والتبة ٨٦، ومعركة وادي عربة والمرشرش وغيرها.

أما أهم هذه المعارك فهي:

معارك دير البلح

هذه المعارك تسمى معارك ((دير البلح)) أو معارك ((كفار ديروم))، المستعمرة المجاورة لدير البلح، وقد كانت معارك ضارية قام بها الإخوان المسلمون ضد القوات اليهودية، وسجلوا فيها مثلا عليا للبطولة والتضحية، أعادت للأذهان صورا حية من جهاد الرعيل الأول من صحابة رسول الله صلى الله عليه وسلم.

معركة كفارديروم الأولى: (في ١٤ أبريل ١٩٤٨)

كانت ((كفار ديروم)) مستعمرة صغيرة الحجم إلا أنها كانت محصنة ومقامة في مكان بالغ الأهمية بالقرب من الحدود المصرية، فهي تقع على طريق

المواصلات الرئيسي الذي يربط مصر بفلسطين، وكان في استطاعة حراسها أن يراقبوا الداخل والخارج وأن يقطعوا هذا الطريق في أي وقت يشاؤون وهم يختفون خلف أبراجهم المسلحة دون أن يتعرضوا لشيء من الأذى، لذلك كله اهتمت القيادة اليهودية بهذه المستعمرة وبالغت في تحصينها وإقامة الأبراج الشاهقة حولها، وإحاطتها بحقول كثيفة من الألغام والموانع السلكية الشائكة، ثم زودتها بعدد كبير من نخبة رجال الهاغانا، وفرق فدائية من البالماخ[١].

وكانت معركة كفار ديروم أول معركة للإخوان في فلسطين، قادها الشهيد يوسف طلعت، وبعد إصابته وإخلائه من الميدان تولى قيادتها كامل الشريف[٢].

يقول الأستاذ كامل الشريف عن هذه المعركة[٣]:

((كان الإخوان في الفترة الأولى من الحرب يجهلون المستعمرات اليهودية وطرق تحصينها، فقد كانت إدارة مخابرات الجيش المصري قد هونت من شأن التحصينات اليهودية وقللت من أهميتها، وأبلغت وحداتها العسكرية الزاحفة أنها ذاهبة في نزهة عسكرية إلى تل أبيب..... فظن الإخوان أن في مقدورهم مهاجمة المستعمرة واحتلالها رغم ما كانوا يعانون من نقص في الأسلحة والمعدات.

حاول الإخوان تطهير هذا الموقع الخطر واحتلاله، فتلقوا على يديه درسا قاسيا، وكانت هذه المعركة هي نقطة التحول التي غيرت خطتهم وصرفتهم عن معاودة الهجوم على المستعمرات دون أن يملكوا المعدات اللازمة لهذا النوع من القتال)).

لقد تمت المحاولة الأولى في الساعة الثانية من صباح يوم ١٤ أبريل

---

(١) الشريف، كامل: الأخوان المسلمون في حرب فلسطين، ص ٩٠.
(٢) مجلة الدعوة المصرية – العدد الأربعون، ١٩٧٩، ص٥٠.
(٣) الشريف، كامل: الأخوان المسلمون في حرب فلسطين، ص٦٩.

١٩٤٨، وكان الغرض منها احتلال المستعمرة. وقبل المحاولة أراد الإخوان أن يعرفوا قوة المستعمرة فعملوا رسما تخطيطيا لها، وقبل أن يبدأوا الهجوم اغتسلوا، ثم صلوا ركعتين، ثم صلوا صلاة الجنازة على أنفسهم وابتدأوا الهجوم[١]. ونجحوا في المرور خلال حقول الألغام عبر ممرات أعدوها طوال الأسبوع الذي سبق المعركة، واجتازا عوائق الأسلاك الشائكة، كل هذا تم بدقة وسرعة دون أن ينتبه حراس المستعمرة لما يجري حولهم ولم يفيقوا إلا على صوت انفجار هائل أطاح بأحد مراكز الحراسة، ثم بدأت المعركة داخل الخنادق وعلى أبواب الأبراج والدشم، وأبدى الإخوان في هذه المرحلة من ضروب البطولة والفدائية ما لا يمكن حصره ولا تصويره.

واستطاع اليهود أن يسدوا الثغرات التي أحدثها المجاهدون في دفاعات المستعمرة ثم حاصروا القوة الصغيرة التي نجحت في التسلل إلى أوكارهم ومضوا يحصدونها ببنادقهم ورشاشاتهم.

وهكذا فشلت المحاولة الأولى ومضى الاخوان يحملون شهداءهم وجرحاهم وكان عددهم يربو على العشرين، وانتهت المعركة على هذه الصورة المؤسفة ولكنها ظلت مثلا فريدا للبطولة والتضحية[٢].

وكان من بين الشهداء: عبد الرحيم عبد الحي، محمد عبد الخالق يوسف، عبد الرحمن عبد الخالق، محمد سلطان، عمر عبد الرؤوف.

من بطولات هذه المعركة:

كانت هذه المعركة هي المعركة الليلية الوحيدة التي شهدتها معارك الجنوب، وتمت في خفة وهدوء يدلان على مستوى عال في التدريب والمقدرة، وظل الاخوان طوال فترة الحرب يتذاكرون المثل العليا التي سجلها المجاهدون فيها، والتي أعادت إلى الأذهان صورا حية من جهاد الصدر

---

(١) مجلة الدعوة المصرية - العدد الأربعون ١٩٧٩، ص ٥٠.
(٢) الشريف، كامل: الأخوان المسلمون في حرب فلسطين، ص ٩٢.

الأول، فهذا أحدهم وهو المجاهد ((محمد سلطان)) من مجاهدي الشرقية يزحف على بطنه حاملا لغما هائلا وهدفه أحد مراكز الحراسة في المستعمرة.... ينتبه إليه الحراس وهو قيد خطوات من هدفه فيطلقون عليه رصاصات تصيبه في ذراعه وتعجزه عن المضي ـ في زحفه، ولكنه يتحامل على نفسه ويزحف بصعوبة والدماء تنزف من جراحه والرصاص يتناثر من حوله ويظل يجاهد بعناد حتى يقترب من هدفه فيشعل اللغم ويدمر مركز الحراسة ويقضي ـ على البطل ويمضي ليلاقي ربه شهيدا.

وهذا المجاهد ((عبد الرحمن عبد الخالق)) يقود إحدى جماعات الاقتحام في المعركة ويستمر في قتاله الرائع رغم أوامر الانسحاب التي صدرت إليه فيقول: كيف ننسحب وإخواننا في داخل المستعمرة؟ ثم يذكر من معه بقوله تعالى ((يا أيها الذين آمنوا إذا لقيتم الذين كفروا زحفا فلا تولوهم الأدبار)) ويظل يقاتل بشدة حتى تصيبه رصاصة قاتلة في رأسه لتضع اسمه في عداد الشهداء.

وهذا مجاهد آخر ((عمر عبد الرؤوف)) تصيبه رصاصة في صدره فتبدوا على وجهه ابتسامة مشرقة ويهتف بمن حوله ((أترون ما أرى))، ثم يقول: هذه هي الجنة.... إنني أراها.... وأشم رائحتها. ثم يلفظ أنفاسه الطاهرة[1].

ما استفاده الإخوان من المعركة:

خرج الإخوان من هذه المعركة بنتيجة واحدة، فهموها وظلوا يعملون على أساسها طوال الفترة التي قضوها في فلسطين، فهموا أن مهاجمة المستعمرات اليهودية بهذا النقص الواضح من الأسلحة والمعدات هو انتحار محقق، وفهموا أنهم لن ينجحوا إلا في حرب عصابات ينزلون فيها الضربات على

---

(١) عبد الحليم، محمود: أحداث صنعت التاريخ، ج١، ص ٤١٨.

خصومهم خارج هذه المستعمرات دون التعرض لحصونهم واستحكاماتهم.

وبدأ الإخوان يغيرون على قوافل اليهود ويضطروهم إلى قتالهم في الأرض المكشوفة، وعلى هذه الطريقة بدأوا ينظمون أنفسهم في عصابات صغيرة ترابط على طرق المواصلات وتهاجم شبكات المياه ومراكز التموين، حتى اضطر اليهود إلى إخراج كثير من قواتهم لحراسة المواصلات والقوافل، فاستطاع الإخوان بذلك أن يوقعوا بهم ضربات حاسمة سريعة وأن يغنموا منهم كميات كبيرة من العتاد والسلاح.

أسلوب جديد في مهاجمة اليهود:

حدث مرة أن قامت قوة من الإخوان بقيادة المجاهد حسني عبد الغني بتدمير شبكات المياه بين مستعمرتي ((بيري)) و ((أتكوما)) وأباحت أنابيب المياه لأعراب المنطقة ينتزعونها من الأرض تحت حراستهم، حتى نزعت من الأنابيب مساحات شاسعة، ثم رابطت في المنطقة لتمنع العدو من إصلاحها. وصبر اليهود يومين عساها تنصرف لشأنها ولكن القوة العنيدة ظلت تواصل تدمير الأنابيب ونزعها والتعرض للمصفحات والقوافل التي تحاول إصلاحها، فلم تجد القيادة الإسرائيلية بدا من الدخول في معركة مباشرة. فجمعت عددا من المصفحات في جميع المستعمرات وأحاطت القوة الصغيرة في جميع الجهات، وأخذت تقترب منها على أمل أن تظفر بها، وصمد الإخوان صمودا عجيبا، وأوقعوا في اليهود عددا من القتلى قبل أن يبعثوا في طلب النجدات مع معسكراتهم. وجاءت مصفحات الإخوان وأقامت نطاقا حول مصفحات العدو الذي أسقط في يده رأى نفسه محصورا بين نارين، فاضطر إلى طلب نجدات أخرى من المستعمرات القريبة، وامتلأ ميدان المعركة بقوات كبيرة من الجانبين واشتد القتال بين الفريقين شدة لم يسبق لها مثيل حتى يئس العدو من زحزحة الإخوان عن موقعهم، فأخذ

يطلق سحبا من الدخان ليستر انسحابه.

وما كادت أطباق الدخان تنجاب عن ميدان المعركة حتى سارع الإخوان يجمعون غنائمهم من السلاح ويعودون لتدمير الأنابيب من جديد.

وأيقن اليهود أنه لا قبل لهم بمواجهة هذه القوات المتفانية في حرب شريفة، فلجأوا إلى أسلحة الغدر والخيانة، وحاولوا تسميم آبار يستعملها الإخوان من منطقة ((خزاعة)) ولكن عين الله المبصرة ويقظة الاخوان مكنتهم من اكتشاف الجريمة قبل وقوعها... وذلك أنهم لمحوا رجلين يرتديان الملابس العربية ويتظاهران باستجلاب الماء، وكان منظرهما يدعو إلى الريبة، فطلبوا منهما الوقوف فلاذا بالفرار، فتعقبوهما ولما اقتربوا منهما قذفا على الإخوان عددا من القنابل اليدوية، فأطلقوا عليهما النار فأردوهما قتيلين.

وحين جنّ الليل هاجم اليهود مواقع الإخوان في ((خزاعة))، ولم يتمكنوا من زحزحة الاخوان، وإن كانوا قد نجحوا في قتل أحد المجاهدين الأبرار الشهيد عيسى- إسماعيل من إخوان الشرقية.

وهكذا نجحت الخطة الجديدة، ولم يعد الإخوان في حاجة إلى الهجوم على المستعمرات المحصنة والتعرض لنيرانها، ذلك لأن اليهود قد اضطروا إزاء هجمات الإخوان الموفقة على قوافلهم وطرق مواصلاتهم إلى تعيين دوريات ميكانيكية وقوات كبيرة من المشاة لحراسة تلك الطرق والمنشآت وحمايتها أمام تلك الهجمات. ولم يكن الإخوان ليضيعوا تلك الفرصة الثمنية فأخذوا يغيرون على هذه القوات ويرغمونها على القتال إرغاما حتى تحولت تلك المنطقة إلى ساحة حرب قوية، ولم يكن يمر يوم في تلك الفترة دون أن تنشب معركة عنيفة تنتهي حتما بقتل عدد من جنود العدو، وتدمير عدد من مركباتهم ومدرعاتهم.

وحاولت القيادة اليهودية أكثر من مرة القضاء على هذه العصابات، فكانت ترسل عددا كبيرا من قواتها، فيستدرجهم الإخوان إلى المناطق الوعرة

ويحاصرونهم في الشعاب والوديان.

وقد وصل الإخوان في هذه الفترة إلى نتيجتين لم يكونوا يستطيعون الوصول إليهما بـدون هذه الأعمال، فالنتيجة الأولى هي خروج اليهود من مستعمراتهم وحصونهم لمقاومة عصابات خفيفة محصنة في بطون الشعاب والوديان. والنتيجة الثانيـة أن الإخوان استطاعوا الحصـول على كثير مـن الغنائم والمعدات التي لم يكونوا يملكونها كالمصفحات الضخمة والأسلحة الرشاشة البعيدة المرمى، هذا عدا أنواع مختلفة وكميات كبيرة من الذخائر والقنابل[1].

يقول الأستاذ كامل الشريف[2]: ((أما عن مستعمرة كفارديروم فقد ألزمناها بحصار محكم وإزعاج مستمر طيلة بضعة شهور، ولست أشك في أن سكانها قد تعرضوا لأنواع شتى مـن الضيق والآلام ولكنهم صمدوا بشجاعة حتى اضطروا لإخلاء المستعمرة في منتصف يوليو عـام ١٩٤٨، وكان ذلك نجاحا بارزا لخطتنا التي تقوم على الحصـار مـن ناحيـة والاستدراج للأرض المكشوفة من ناحية أخرى)).

معركة دير البلح الثانية: (في ١٩٤٨/٥/١٠)

عندما سمحت الحكومة المصرية لبعض ضباط الجيش المصري الراغبين في التطوع للقتال في فلسطين بتحقيق رغبتهم بأن قبلت طلبات أحالتهم للاستيداع وفتحت لهم مخازن الجيش المصري يتسلحون بما يشاؤون من أسلحته، انضم هؤلاء الضباط بقيادة البكباشي أحمد عبد العزيز إلى المتطوعين من الإخوان وتم تنظيم قيادة المجموعة على النحو التالي وقد حضر هذا الاجتماع الشهيد الشيخ محمد فرغلي والقائد محمود عبده

---

(١) عبد الحليم، محمود: أحداث صنعت التاريخ، ج١، ص٤١٩.
(٢) الشريف، كامل: الإخوان المسلمون في حرب فلسطين، ص ٩٨.

والصاغ محمود لبيب (١).

البكباشي أحمد عبد العزيز قائدا للقوات، اليوزباشي عبد المنعم عبد الرؤوف أركان حرب الملازم أول معروف الحضري مساعد أركان حرب العمليات، بكباشي زكريا الورداني أركان حرب إمدادات وتموين، ملازم أول حمدي ناصف مساعد أركان حرب إمدادات وتموين، يوزباشي كمال الدين حسين قائدا لمدفعية الهاوزر ٣,٧ بوصة، ملازم ثان خالد فوزي مساعدا لقائد المدفعية المضادة للمصفحات.

وكان معظم هؤلاء الضباط من الإخوان المسلمين أو محبيهم كما كان جميع المقاتلين معهم من متطوعي الإخوان المسلمين.

وقد مهدت المجموعة لدخول معركة دير البلح الثانية بمسح شامل لهذه المستعمرة قام به اليوزباشي عبد المنعم عبد الرؤوف، وعملية استكشاف قام بها المجاهد لبيب الترجمان والمجاهد معروف الحضري يساعدهم متطوعون آخرون مثل عبد المنعم أبو النصر، وحسين حجازي، ومحمد عبد الغفار. وتم وضع خطة المعركة على أساس هذه المعلومات واختيار الجنود الذين تقرر أن يشتركوا فيها.

وكانت مهمة اختيار الجنود مهمة عسيرة حيث يتسابق الاخوان للتطوع بالجهاد في المعركة حرصا على نيل الشهادة في سبيل الله مما اضطر القيادة إلى الاقتراع بينهم مع تقديم البشرى للباقين في قول رسول الله صلى الله عليه وسلم: ((عينان لا تمسها النار، عين بكت من خشية الله وعين باتت تحرس في سبيل الله)).

أعدت مجموعة النسف والتدمير بقيادة المجاهد إسماعيل الفرماوي

(١) جريدة ((المسلمون)) - العدد ١٦٨، في ٢٨ أبريل ١٩٨٨، ص٨.

طوربيدات البناجلور لاستعمالها في فتح الثغرات لدخول المقتحمين، وهذا الطوربيد عبارة عن ماسورة من الحديد قطرها خمسة سنتمترات وطولها ١٣٠ سم معبأة بمادة الجنجلايت الشديدة الإنفجار.

ثم تقرر تنفيذ خطة الهجوم على المستعمرة، وتم الهجوم من شرقها، وجنوبها وشمالها في وقت واحد مع استعمال الوادي الواقع في الجنوب كساتر للوصول إلى المستعمرة، هاجمها من الجنوب اليوزباشي عبد المنعم عبد الرؤوف، ومن الشمال الملازم الأول عمر البقيلي التونسي، ومن الشرق أحمد لبيب الترجمان[١].

واستشهد في هذه المعركة المجاهد أحمد السيد، وجرح المجاهد معروف الحضري وهو على أسلاك المستعمرة. وقد اشتدت المعركة مع الخيط الأول للفجر واستمرت حتى الظهر حيث تم الانسحاب إلى الوادي ومن هناك نقل الجرحى والشهداء إلى المستشفى. وإذا كان عدد الشهداء والجرحى في هذه المعركة كبيرا، إلا أن أحدا منهم لم تكن إصابته من الخلف.

وفي الوادي – وادي السلقة – قرب محطة دير البلح انتصر ـ الشيخ محمد فرغلي على اليهود واستولى على (١٢) مصفحة وكانت مليئة بالذخائر فقد كان في إحداها ٣٦٠ بندقية ألمانية وفي ثانية ثلاثة أطنان ونصف من الطلقات وكان أعظم نصر ـ ناله الإخوان في هذه المعركة[٢].

وكان الجرحى في معركة دير البلح الثانية كالآتي:

١- بكباشي معروف الحضري.

٢- كمال عزمي.

٣- سالم حسن سالم.

٤- محمد فؤاد إبراهيم.

٥- عبد الحميد غالي.

(١) العارف، عارف: النكبة ج٢، ص ٤٠٠.
(٢) العارف، عارف: النكبة ج٢، ص٤٠٢.

٦- ملازم مصطفى ميرة.

وأما الشهداء فكانوا كما يلي^(١):

٣- محمد محمد كرم حسين	٢- محمد أنور عبد الرحمن	١- نور الدين الغزالي
٦- محمد حسن العناني	٥- محمود عبدالجواد	٤- رشاد محمد موسى
٩- جميل أنور الأعسر	٨- حسن مصطفى العزازي	٧-عبدالوكيل حسن العناني
١٢- هارون عبد العزيز	١١- محمد عثمان عبد الله	١٠- محمد عثمان بدر
١٥- السيد فرج السيد	١٤- محمد كامل بيومي	١٣- محمود إبراهيم السيد
١٨- محمد حسن علي	١٧- عبدالعزيز إسماعيل	١٦- علي متولي خليل
٢١- عبد الوكيل حسين علي	٢٠- حسن صالح أبو عيسى	١٩- فتحي محمود مراد
٢٤- عبد الظاهر سليمان	٢٣- عبد الحميد حسنين	٢٢- محمد عبد الجليل
٢٧- مصطفى عبد المطلب	٢٦- مصطفى حسن المزين	٢٥- سيد محمد منصور
٣٠- عدلي محمود شيش	٢٩- محمود شعبان	٢٨- مكاوي محمد مصطفى
٣٣- أمين محمود سليمان	٣٢- جابر عبد الجواد	٣١- زين العابد عوض الله
٣٦- مصطفى شديد	٣٥- علي حسن بركات	٣٤- جمال الدين أحمد
٣٩- عبد الرزاق أبو السعود	٣٨- رفعت محمد عثمان	٣٧- محمد مختار حمزة
٤٢- أحمد محمد السيد	٤١- عبد السميع قنديل	٤٠- محمد إبراهيم رضية
		٤٣- الحاج عيسى إسماعيل

وقد استمر الاخوان في حصار مستعمرة كفارديروم عدة شهور حتى اضطر اليهود لإخلائها في منتصف شهر يوليو (تموز) عام ١٩٤٨، وكان ذلك نجاحا بارزا لخطتهم التي قامت على الحصار من ناحية والاستدراج للأرض المكشوفة من ناحية أخرى.

(١) جريدة "المسلمون" – العدد ١٦٨، في ٢٨ أبريل ١٩٨٨، ص.٨.

معارك بئر السبع

عندما أعلن الإنجليز عزمهم على الانسحاب مـن فلسطين، تكونت في بئر السبع حامية للدفاع عنها، وكانت مؤلفة من[1]:

- أفراد البوليس الوطني والهجانة من أبناء قطاع بئر السبع، وكانوا عبارة عـن ستين رجـلا من بدو وحضر.

- مجموعة من أبناء المدينة تنادوا للجهاد، وكانوا عبارة عن مئة، يقودهم رأفت سالم التركماني، ومحمود الحاج حمد الخطيب، ويوسف الشرفا، وإسحاق بسيسو، وقد درب هؤلاء على القتال مـدة شهرين في مدرسة العريش العسكرية على يد ضباط مصريين، وكانت أسلحتهم بنادق إنجليزية، وبضع بنادق اعتيادية اشترتها اللجنة القومية من مختلف الأنواع، وبضع بنادق أخرى اشتراها الناس بأموالهم. ولم تكن هذه الأسلحة من حيث الكم والكيف بحيث تدفع عادية كبيرة على البلاد.

- مجموعة أسموها (جبهة الشباب) ألفها قائمقـام بئر السبع محمـد عبـد الهـادي، وقد انضم إليها عدد من شباب المدينة وآخرون من أبناء البدو.

وكان قائد حركة الجهاد في بئر السبع كلها عبد اللـه أبـو سته، وتـم ذلك بقـرار مـن الهيئـة الغربية العليا في مصر. وأتبع بلواء سليمان عبد الواحد المصري الذي عينته الجامعة العربية قائدا عاما للجبهة الجنوبية (بئر السبع وغزة والخليل).

وتألفت في المدينة (لجنة قومية) لتشرف على شؤون الدفاع عن المدينة، وكانت مؤلفة من شفيق مشتها رئيس البلدية ومن أعضاء البلدية وعدد آخر من رجال المدينة. وعملت اللجنة جهدها لإنجاح حركة الكفاح في المدينة وفي سائر أنحاء القضاء. وجاء إليهم خمسة من الألمان الخبيرين في صنع الأسلحة وانضموا إلى المجاهدين، وتكنى هؤلاء بأسماء عربية.

---

(١) العارف، عارف: النكبة ج٣، ص ٧٢٠- ٧٢٣.

وقامت اللجنة بجمع الإعانات من الأهلين، كل حسب طاقته وراحت تشتري بها السلاح، وأوفدت سكرتيرها رشاد السقا مع السيد محمد الرمادي إلى مصر ـ واشترى بواسطة الهيئة العربية العليا عددا من البنادق، ولكنه كان إيطالي الصنع وليس له عتاد.

واستنجد القوم بالجيش العربي وأرسلوا إلى عمان وفدا من أعضاء اللجنة القومية، وتمت مساعدتهم بخمسين شابا مع كل منهم بندقية من بنادق الجيش العربي لقاء راتب معين لكل منهم. ولم يمكث هؤلاء في بئر السبع سوى فترة قليلة ثم انسحبوا.

وقامت اللجنة بإيفاد رشاد السقا إلى المفتي الحاج أمين الحسيني ليبحث معه الأمر، وبعد اتصالات أجراها المفتي أرسل المصريون إلى بئر السبع عددا من الإخوان المسلمين بقيادة أحمد عبد العزيز. وبهذا تقوت معنويات الأهلين والمجاهدين.

وابتداء من شهر كانون الأول ١٩٤٧ وحتى انسحاب البريطانيين وقعت بين المجاهدين واليهود أحداث كثيرة في قطاع بئر السبع.

وعندما غادر البريطانيون مدينة بئر السبع في الرابع عشر من شهر أيار ١٩٤٨ كان بيد المجاهدين من حماة المدينة حوالي مئتي قطعة سلاح، بنادق اعتيادية ومدفعين صغيرين هاون وخمس رشاشات برن وثمانية مدافع مقاومة للدبابات وأربع مدافع مورتر وبطارية ألغام حديثة، وزهاء مليون من الطلقات (الإنجليزية والألمانية والإيطالية) أخذ منها الجيش المصري عند مجيئة إلى بئر السبع أربعمئة ألف طلقة.

وبينما كان البريطانيون ينسحبون من قطاع بئر السبع، كان اليهود يبسطون سيطرتهم في البقاع الممتد بين بئر السبع وبين المدن المجاورة لها، من الغرب (خان يونس) والشمال الغربي (غزة) والجنوب (العوجا)، وقد استولوا على الطرق التي تربطها بالمدن المتقدم ذكرها.

وتصدى اليهود في ١٥ أيار لسيارة عربية كبيرة كانت آتية من خان يونس تحمل خضارا فقتلوا تسعة من ركابها، وكمنوا لسيارة شحن آتية من العوجا فحرقوها وقتلوا (٢٥) عربيا من ركابها. وفي يوم ١٩ أيار قتل اليهود ثمانية أشخاص من البدو. قتلوهم بين الخلصة وبير السبع.

أحمد عبد العزيز في بئر السبع:

بعد معركة ((كفارديروم)) جمع أحمد عبد العزيز قواته واخترق بهم صحراء النقب مارا بمستعمرة (العمارة) حيث ضربها بمدفعيته في ١٧ مايو (أيار)، ودخل بئر السبع على رأس حوالي مئتين وخمسين مجاهدا من الإخوان المسلمين المصريين والليبيين، منهم عدد من الجامعيين، واثنا عشر منهم ضباط. وجاء هؤلاء من ناحية خان يونس ودخلوها ليلا في ١٧ أيار ونزلوا في مدرسة بئر السبع. حيث قابلهم السكان مقابلة رائعة.

وفي ١٩٤٨/٥/١٨ تمركزت المدافع المصرية على الطريق العام التي تربط بئر السبع بالخليل، على مقربة من الكرنتينا. ورابط المشاة من الإخوان المسلمين المصريين ومن معهم من أبناء المدينة المجاهدين في خط يقع على حافة (وادي السبع) عند الطريق التي كان يمر فيها الخط الحديدي العثماني القديم.

وفي يوم الجمعة ٢٣ أيار أصدر أحمد عبد العزيز أوامره بالتقدم صوب مستعمرة ((بيت ايشل))، وراحت المدافع المصرية وعددها اثنان تضرب المستعمرة، حتى أصابت برجها وبعض مبانيها التي احترقت، واستمر الضرب زهاء ساعة توقف بعدها.

ثم شرع في توزيع قواته على هذه المنطقة، فأرسل جزءا بقيادة البكباشي ((زكريا الورداني)) ليحتل العوجه والعسلوج العربيتين. وأبقى جزءا آخر بقيادة اليوزباشي محمود عبده ليتولى الدفاع عن مدينة بئر السبع ومنطقتها[١].

(١) الشريف، كامل: الأخوان المسلمون في حرب فلسطين، ص ١٤٠- ١٤١.

أما هو فقد اتخذ قيادته في المدينة وأخذ يرسم الخطط لمهاجمة اليهود في كل مكان من الصحراء.

وجاء وفد من مدينة الخليل في ١٩ مايو (أيار) وقابل أحمد عبد العزيز والتمس منه إرسال جزء من قواته للاشتراك مع الجيش الأردني في الدفاع عن الخليل وبيت لحم. فقرر الزحف إلى الخليل.

وفي يوم ٢٠ مايو زحف أحمد عبد العزيز على رأس قوة صغيرة إلى الخليل، تاركا مهمة الدفاع عن مدينة بئر السبع ومنطقتها لليوزباشي محمود عبده وفصائل الاخوان المسلمين التي تعمل تحت قيادته.

قرر محمود عبده محاصرة المستعمرات وإنهاك قوة العدو بالغارات المتواصلة على مواصلاته ومراكزه، وأخذ يبعث بالدوريات المسلحة لتجوب الصحراء وتعترض طرق القوافل وترغمها على الفرار تاركة خلفها الكثير من الأسلحة ومعدات الحرب.

وحاول اليهود توصيل بعض المؤن إلى مستعمراتهم المحصورة، وكان الطريق الذي يسلكونه يمر فوق جسر مقام على أحد الوديان العميقة. فقرر الإخوان نسف هذا الجسر ـ حين مرور القافلة فوقه. وفعلا قامت قوة من بئر السبع بقيادة المجاهد «علي صديق» وبثت الألغام تحت الجسر. ولما تقدمت قافلة العدو وتوسطت الجسر ـ انفجرت الألغام وتطايرت أجزاء الجسر في الهواء، وانقلبت مصفحات العدو في الوادي السحيق. وأسفرت المعركة عن قتل عدد من جنود العدو، وأسر عدد من مصفحاته[1].

وعندما وصلت إلى المنطقة قوات من الجيش المصري، انتقل محمود عبده ومعظم إخوانه إلى منطقة بيت لحم واتخذ مقر قيادته في صور باهر.

وكان الناس في بئر السبع يتوقعون أن يحتل الجيش المصري جميع المستعمرات الواقعة على طريق «غزة ـ بئر السبع» وخاصة بعد أن قام اليهود

(١) الشريف، كامل: الأخوان المسلمون في حرب فلسطين، ص ١٤٢.

بإغلاق هذا الطريق. ولكن الجيش اكتفى بضربها من بعيد، وتركها خلف خطوطه، بينما راح يزحف إلى الأمام.

وفي ١٤ تشرين الأول ١٩٤٨ شن اليهود هجوما على إسدود والمجدل فاحتلوهما، ومضوا في زحفهم تاركين وراءهم الفالوجة بعد أن ضربوا نطاقا حولها. فاحتلوا عراق سويدان وبربرة والقرى الكائنة بين الفالوجة وغزة.

وفي تشرين الأول بدأ اليهود هجومهم على بئر السبع، بعد أن شنوا عليها حرب عصابات. وراحت الطائرات المقاتلة تقذفها من الجو قذفا شديدا.

وراح آمر الحامية الصاغ إبراهيم شعيب يلح في طلب السلاح من القيادة المصرية العامة (المواوي في المجدل)، وبدلا من أن تعطيه هذه ما يطلب أمرته أن يرسل إليها المدافع الثمانية التي كانت لديه من طراز فيكرز، كما أمرته ان يرسل إليها المدافع الستة التي كانت لديه من عيار ستة أرطال. ولم يبق في المدينة سوى مدفعين من هذا العيار وبنادق اعتيادية هي التي كانت بيد المشاة، وبضعة برنات.

وقدر عدد اليهود الذين هاجموا بئر السبع يومئذ بخمسة آلاف مقاتل، وكانوا مزودين بالمصفحات والمدافع الثقيلة وراجمات الألغام. وكانت أسلحتهم متنوعة بين روسية وفرنسية، وكان معظم المقاتلين من يهود فرنسا، وكان يقودهم جنرال من يهود ألمانيا اسمه شنتهايم، يساعده عدد من اليهود المدربين على القتال من بينهم موشه دايان وميخائيل نقبي. وكان اليهود قد مهدوا لهجومهم هذا بغارات جوية دامت خمس ليال، كانت تنطلق من مطار أنشأوه على بعد عشرة أميال من بئر السبع.

قذف اليهود في الليلة الأولى مساء ١٩٤٨/١٠/٢٠ ثماني قذائف، فتهدم من جراء ذلك عشرة منازل، وقتل سبعة أشخاص. وقبل أن يزحف المشاة كانت المدافع اليهودية (الهاون والمورتر) تقصف المدينة بشدة. وقابلهم

المصريون بنيران مدافعهم التي نصبوها على مقربة من محطة السكة الحديدية.

ولم يكتف اليهود بهذا، بل راحوا يقذفون المدينة براجمات الألغام التي نصبوها على طريق العمارة، وعلى تل (أم صميدع) إلى الجنوب الغربي من المدينة. وراح المشاة يزحفون صوب المدينة.

وكانوا عند البدء ألف مقاتل ثم تبعهم كثيرون جاءوا في عدد كبير من السيارات من طراز (جيب) وفي بعضها مدافع من طراز برن، ومدافع مقاومة للطائرات.

وقد صد هذا الهجوم بسهولة، وثبت أنه كان مصطنعا القصد منه التضليل. إذ ما كادت راجمات الألغام تسكت حتى بدأ الهجوم الحقيقي من الشمال والشمال الغربي حيث المطار وضربة الشرباص. وعبثا حاولت حامية المدينة الاستنجاد بالقيادة المصرية، فلم تأتها أية نجدة، هذا رغم البرقيات التي تلقاها آمر الحامية من المواوي بالمجدل بأن النجدة آتية والطائرات المصرية قادمة[1].

ودب الرعب في قلوب الأهلين، وأرادوا ترحيل النساء والأطفال، إلا أن الجيش المصري لم يسمح لهم بذلك. وفيما كان الناس في حيرة من أمرهم كان اليهود يتابعون قصف المدينة من البر والجو. واشتد القصف فأصيب عدد غير قليل من الجنود والسكان، وانتشرت الفوضى في المدينة وراح الناس شيوخا ونساء وأطفالا يرحلون.

وفي قول أن اليهود ألقوا في تلك الليلة ٢٥٧ قنبلة كان أعنفها القنابل السبع الاخيرة. وراح اليهود بعدئذ يزحفون صوب المدينة الساعة الواحدة والنصف من بعد منتصف الليل(١٩٤٨/١٠/٢١). فريق منهم جاء من ناحية الفالوجة وآخرون من طريق غزة، تدعمهم مئة مصفحة. ولقد أحاطوا

---

(١) العارف، عارف، النكبة ج٣، ص ٧٣٢.

بالمدينة من ثلاث جهات: من الشمال والجنوب والغرب، وجاء بعد منتصف الليل بقليل عدد من المصفحات من مستعمرات بيت ايشل (السر) ووادي الحمام إلى الشرق من المدينة، فاكتمل الحصار، وأصبحت بئر السبع محاطة بالأعداء من أربع جهات. وبلغ عدد اليهود ثلاثة آلاف.

ولم يكن فيها يومئذ سوى ٢١٦ مقاتلا من العرب: ١١٦ مصريون و ١٠٠ فلسطينيون. أما الجنود النظاميون من المصريين فكانوا من الناحية الغربية، وأما المتطوعون من المصريين والليبيين وفكانوا في شرق المدينة وشمالها على طريق الخليل، وأما المجاهدون الفلسطينيون فكانوا في شمال المدينة وجنوبها. وكان مع المصريين أربعة مدافع لم يكن بينها مدفع واحد لمقاومة الطيران.

ودام تبادل النيران الليل باكمله. وفي الساعة الثانية صباحا (١٩٤٨/١٠/٢١) تقدمت دبابة يهودية من طراز شيرمان من ناحية خربة الشرباص، كما تقدم عدد كبير من المصفحات من طريق الخليل، ودخلوا سوق الحيوانات، ثم احتلوا مقبرة المدينة ثم المستشفى. ومع بزوغ الفجر كان اليهود قد احتلوا النصف الشمالي للمدينة. وفي تمام الساعة السادسة والنصف احتلوا مدرسة الإناث والمسجد. ونصبوا في ساحة المسجد مدفعا من مدافع الميدان. واستفاد اليهود من المدافع المصرية فاستعملوها لإخضاع ما تبقى من المدينة وراحوا يقاتلون بقية الحامية التي تحصنت في مركز البوليس (تيجارت)، وثبتت حامية المركز وقاتلت قتالا عنيفا، وكانت مؤلفة من ثلاثة وخمسين مقاتلا (بعضهم مصريون وسودانيون متطوعون، والبعض الآخر من رجال البوليس الفلسطيني، وبينهم أحد عشر مجاهدا من فرق الجهاد المقدس كانوا قد سجنوا هناك بأمر من الجيش المصري الذي ارتاب في أمرهم، ولما جد الجد اشتركوا في القتال وأبلوا بلاء حسنا).

وظلت حامية المدينة التي انكمشت في مركز البوليس تقاتل الأعداء حتى

نفذ كل ما لديها من ذخيرة. وأنذر اليهود رجال الحامية العربية في مركز البوليس كي يستسلموا، وأمهلوهم ربع ساعة. واختلف رجال الحامية في الأمر، فمنهم من انصاع للإنذار، ومنهم من رفض وفر من العمارة، ومنهم من قاوم حتى النفس الأخير، والذين فروا تعرضوا لنيران اليهود فقتل منهم ثلاثون بعضهم مصريون وبعضهم فلسطينيون. ولما انتهى الوقت المحدد في الإنذار ولم يأت جواب قصف اليهود البرج بمدفعهم فهدم، وبهذا انهارت قوة الدفاع، واحتل اليهود المركز.

ويؤكد محمد عبد الهادي أن حامية المدينة أرسلت إلى القيادة العامة ٨٥ برقية ولم تتلق جوابا إلا على الأخيرة منها، وقد قال المواوي:

«الخط مشغول، والضرب في كل مكان، لا يمكن إرسال نجدة». وهكذا لم يكن بد من التسليم، فسقطت بئر السبع بيد الأعداء[1].

ولا يعرف بالضبط كم عدد الذين نالوا الشهادة في معارك بئر السبع لا من المجاهدين ولا من الأهلين. وإن كان أحد الذين شهدوا الواقعة بنفسه يوم الاحتلال ذكر أن عدد الشهداء أربعون منهم عشرة قتلوا من ناحية واحدة. وقيل أن عدد الشهداء العرب يوم سقوط بئر السبع ناف على السبعين.

وأن اليهود رشوا رجال الحامية عند استسلامهم بمدفع من طراز (تومي غن)، فقتلوا أربعة منهم وجرحوا سبعة. رشوهم رغم أنهم كانوا رافعين أيديهم علامة للاستسلام. وقد هدم عدد كبير من منازل المدينة في أثناء القتال.

وفي صباح اليوم التالي ١٩٤٨/١٠/٢٢ جمعوا سكان المدينة من رجال ونساء في ساحة السرايا، داخل السلك الشائك، وكان عددهم يقرب من الألف، معظمهم فلسطينيون وبينهم عدد لا يزيد على المئة من المصريين.

---

(١) العارف، عارف: النكبة ج٣، ص ٧٣٥.

وكان يقطن مدينة بئر السبع قبل أن يحتلها اليهود ستة آلاف وسبعمائة نسمة، نزح معظمهم عندما اشتد القتال.

وأسر اليهود ٥٣٥ رجلا وكان بينهم جنود مصريون ومجاهدون من سكان المدينة، ونقلوهم إلى معتقل الأسرى في (جليل) شمال يافا. وحمل اليهود الشيوخ والنساء والأطفال الذين بقوا في المدينة ونقلوهم إلى مستعمرة (بيرون إسحاق) القريبة من غزة، دون أن يسمحوا لهم بحمل شيء من أمتعتهم. ومن هناك اخذهم المصريون إلى غزة[١].

وبسقوط بئر السبع تمكن اليهود من الاستيلاء على جنوب فلسطين.

معركة التبة ٨٦

تقديم:

جرت معركة: ((التبة ٨٦)) بعد حل جماعة الإخوان في مصر الذي صدر في ٨ ديسمبر ١٩٤٨، واستمر الإخوان في جهادهم بناء على تعليمات مرشدهم الإمام حسن البنا، وجرى تعاون كامل بينهم وبين الجيش في هذه المعركة.

وقبل معركة التبة ٨٦ كان المجاهد الشيخ محمد فرغلي قائد قوات الإخوان المسلمين في جنوب فلسطين، قد غادر إخوانه المجاهدين عائدا إلى مصر لإحضار مزيد من متطوعي الإخوان وذلك بناء على طلب من قادة الجيش المصري الذي ساء موقفه ومني بهزائم متتالية أضعفت الروح المعنوية بين صفوفه.

وتأخر الشيخ محمد فرغلي طويلا ثم وصلت أخبار بأنه قد اعتقل مع قادة الإخوان في مصر، وبينما كان الإخوان في حيرة من أمرهم عند سماع هذه الأخبار، جاءهم خطاب عاجل من المرشد الإمام حسن البنا جاء فيه:

---

(١) العارف، عارف: النكبة ج٣، ص ٧٣٧.

«أيها الإخوان لا يهمكم ما يجري في مصر فإن مهمتكم هـي مقاتلـة اليهـود، وما دام في فلسطين يهودي واحد فإن مهمتكم لم تنته». وختم خطابـه بتوصيـة الإخـوان بـالتزام الهـدوء والمحافظة على العلاقات الطيبة والتعاون الصادق مع أبناء الجيش المصري.

ونتيجة للظروف السياسية أمر الإخوان بالانسحاب من مواقعهم الحاكمـة ليحـل محلهـم الجيش المصري، ونتيجة لذلك تمكن اليهود من الاستيـلاء علـى مرتفـع «التبـة ٨٦» الهـام جـدا، وكان نجاحهم في احتلال هذا الموقع يعني عزل حامية غـزة وتمثيل مأساة «الفالوجة» مـرة أخرى. ولقد ظهرت أهدافهم من هذه المعركة في الأمر الذي أصدره «ايجال آلون» إلى جنود الجبهة الجنوبية يوم ٢٢ ديسمبر ١٩٤٨، أن خطتهم من احتلال التبة ٨٦ هو من أجل القضـاء النهائي على جيش مصر، إذ باحتلالها يقطع شريان المواصلات للقوات المصرية ويطوقهـا تمامـا ويقضي عليها.

ولما استعان الجيش المصري بالإخوان المسلمين، خاضوا معركة التبة ٨٦ وكان عددهم فيهـا لا يتجاوز خمسة وثلاثية مقاتلا، وقاموا بـدور أسـاسي بالتعـاون مـع الجيـش المصري وهزمـوا اليهـود واسـتردوا التبـة ذات الأهميـة الاستراتيجية، ويرجـع ذلـك إلى تـربيتهم علـى الفـداء والإخلاص.

الموقع وأهميته:

تقـع التبة ٨٦ ضمن الخط الدفاعي الرئيسي- الذي كانـت تحتلـه الكتيبـة العاشرة مشـاة بقطاع دير البلح. وهذه التبة تبعد حوالي كيلومترين شرقي الطريق الرئيس بـين غـزة ورفح، وترتفع عن سطح البحر حـوالي ٩٠ قدما، وتعتـبر أشـهر تبـة في المنطقـة تتحكم في الطريـق الرئيس العام والتي تكون خط الدفاع الرئيسي للقوات المصرية.

ونظرا لتحكم هذه التبة في الطريق الرئيسي والسكة الحديدية الرئيسية فإن

استيلاء العدو عليها يمكنه من قطع خطوط مواصلات القوات المصرية ومنع وصول أي إمداد إليها. وبعد تثبيت قواته في هذه الثغرة يمكنه الإندفاع بقواته الرئيسية وتطويق القوات المصرية من غزة إلى دير البلح شمالا ومن خان يونس إلى رفح جنوبا.

وتعتبر التبة ٨٦ من وجهة نظر القوات المصرية مفتاح الموقع الدفاعي الذي كانت تحتله الكتيبة العاشرة مشاة للدفاع عن منطقة دير البلح فإنها تتحكم في جميع الطرق الآتية من الشرق والتي قد يستعملها العدو عند محاولة اقترابه من مواقع الدفاع المصرية. ونظرا لأن ميدان العمليات أمامها مكشوف فإن أي محاولة من العدو للهجوم سواء بالمشاة أو بالقوات الميكانيكية ستعرض هذه القوات للإبادة[١].

استيلاء اليهود على التبة ٨٦:

انتهز اليهود فرصة الهدنة وفاجأوا القوات المصرية بهجوم عنيف على التبة ٨٦ مساء يوم ٢٢ ديسمبر ١٩٤٨، وبدأوا هجومهم بضرب التبة ضربا مركزا بمدفعية الميدان والهاونات بقصد إزعاج القوات المصرية والتمهيد لقوات الهجوم. وتمكنت قوات العدو من مفاجأة أحد المواقع الدفاعية بالتبة والإستيلاء عليه، ثم بدأت في توسيع الثغرة بقصد احتلال التبة كلها. ولم يأت فجر ٢٣ ديسمبر إلا وكان قد تم احتلالها تقريبا.

وقررت القيادة القيام بهجوم مضاد لاسترداد التبة، وقد تمكنت السرية الثانية من الكتيبة السابعة المشاة من تثبيت العدو في أماكنه باحتلالها الجانب الغربي من التبة لمنعه من التدفق للوصول إلى الطريق الرئيسي. كما تمكنت وحدات الكتيبة العاشرة مشاة من منع العدو من الانتشار شمالا وجنوبا.

وبدأ أسطول العدو يقذف نيرانا من البحر على بلدة دير البلح. وفي اليوم

---

(١) أحمد، د. رفعت السيد: وثائق حرب فلسطين، ص٣٦٨.

نفسه ٢٢ ديسمبر ١٩٤٨ قامت طائرات العدو بضرب معسكرات اللاجئين في البريج ودير البلح لإيجاد حالة ارتباك خلف خطوط القوات المصرية[1].

وأحيط بالجيش المصري من كل جانب. فالمدفعية تصليه بنيرانها، والقناصة تتصيد الجنود والضباط، والمصفحات تطوقه، وكان الموقف شديد السوء.

الجيش المصري يستعين بالإخوان المسلمين:

قبيل فجر ٢٣ ديسمبر اتصلت قيادة القوات المصرية بالأستاذ كامل الشريف قائد معسكر الإخوان المسلمين في البريج بالقرب من دير البلح، وطلبت منه التوجه فورا إلى قيادة القطاع ومعه كل ما يمكن حشده من مقاتلي الإخوان، كانت كل قوة الإخوان بالبريج في ذلك الوقت تتكون من أربع فصائل – حيث كانت قواتهم الرئيسية تعمل في قطاع القدس تحت قيادة المجاهد محمود عبده – وكانت هذه الفصائل الأربع تتبادل الخدمة على النحو التالي:

فصيلتان تحتلان مواقع خارجية شديدة القرب من مستعمرات اليهود في المنطقة وطرق مواصلاته، تشن منها الغارات بصفة مستمرة على قوافله وتلتحم مع دورياته.

وفصيلتان كقوة احتياط ضاربة بالإضافة إلى قيامهما بواجبات حماية المعسكر.

وكانت فصيلتا الاحتياط في ذلك اليوم فصيلة يقودها المجاهد حسن دوح، وفصيلة يقودها المجاهد عبد الهادي ناصف، وقد توافر منهما بعد تجنيد الحد الأدنى اللازم للدفاع عن المعسكر خمسة وثلاثون مقاتلا توجهوا فورا إلى قيادة دير البلح. فاستقبلهم قائد القطاع الأمير ألاي محمود رأفت وأركان حربه وأفراد قواته مستبشرين خيرا آملين في النصر باشتراك خيرة أبناء الشعب معهم في القتال.

---

(١) أحمد، د. رفعت السيد: وثائق حرب فلسطين، ٢٦٩.

ومجرد أن وصلت قوة الإخوان المسلمين إلى دير البلح تقدم قائدها حسن دوح إلى قائد القطاع العسكري ليتلقى منه الأوامر بينما أخذ بقية الإخوان يتلون على أبناء الجيش ما حفظوه من آيات القتال من كتاب اللــه ويتذكرون أحاديث الرسول في فضل الشهادة في سبيل اللــه.

يقول الأستاذ كامل الشريف عن استعانة الجيش بالإخوان[1]:

«لقد تحدث إلي آلاي «محمود بك رفعت» قائد قطاع دير البلح بالتلفون في ساعة متأخرة من ليلة ٢٣ ديسمبر وأخبرني أن العدو قد نجح في اختراق خطوطنا الأمامية في دير البلح وانتزع المرتفع مـن أيـدي جنودنـا الـذين أذهلتهم المفاجـأة، وقواتـه تتجمع الآن وتحاول الوصول إلى طريق المواصلات الرئيسي، ولكن قوات الجيش تحاول حصره فوق المرتفع حتى الصباح حيث يمكننا أن نقوم بهجمات مضادة لاسترداده وتطهيره. ثم صارحني بـأن الموقف جد خطير، وأن هذه المعركة سوف يكون لها أثر بالغ في النتيجة العامة للحرب. وختم حديثه طالبا أن يستعد الإخوان ليكونوا آخر (ورقة) نقذف بها في وجه اليهود.

فألقيت سماعة التلفون وخرجت من المكتب وكانت أصوات الانفجارات العنيفة تسمع عن بعد في جبهة القتال، فأمرت بصفارة الإنذار فتجمعت قوات الإخوان، وطلبت تجهيز سرية للاشتراك في هذه المعركة، فتهافت الجميع، فلما وقع الاختيار على الفصائل الثلاث اللازمة، هلل أفرادها وكبروا وأخذوا يهتفون مـن أعمـاق قلوبهم: «هبي ريح الجنـة هبي» ومضوا يعدون أسلحتهم ويستعدون لمنازلة العدو. وبعد ساعة تحركت السيارات بمن فيها لترابط قريبا من أرض المعركة».

---

(1) عبد الحليم، محمود: أحداث صنعت التاريخ، ج١، ص٤٣٠.

معركة استرداد التبة ٨٦:

بدأت معركة استرداد التبة ٨٦ من أيدي اليهود في الساعة السادسة من صباح ٢٣ ديسمبر حينما تقدمت سريتان من الكتيبة الثالثة مشاة تعاونها الدبابات الخفيفة لتطويق التبة من الجنوب.

ثم تقدمت السرية الرابعة من الكتيبة السابعة مشاة لتطويق التبة من الشمال. واستمر التراشق بالنيران حتى الساعة العاشرة دون نتيجة تذكر إذ كان العدو قد عزز مواقعه في التبة وحفر خنادق واحتمى بها وصار يتحكم فيها وأصبحت مدافعه ونيرانه تسيطر على أرض المعركة المكشوفة، ولم يبق أمام القيادة إلا قوة الإخوان المسلمين القليلة العدد، القوية الإيمان لتقوم بعملية الاقتحام.

وفي الساعة العاشرة والنصف بدأ الإخوان المسلمون في اقتحام التبة وكان تسليحهم مكونا من المدافع الرشاشة والقنابل اليدوية بالإضافة إلى مدفعي هاون من عيار ٨١ ملم. وانقسموا إلى مجموعتين اتجهت أحداهما بقيادة حسن دوح لاقتحام خنادق شمال التبة تتقدمها ثلاث دبابات خفيفة بينما تقدمت المجموعة الثانية بقيادة عبد الهادي ناصف لاقتحام خنادق جنوب التبة. وكان الإخوان المسلمون يسترون تقدمهم بإطلاق قنابل الدخان.

وبدأت المعركة على هذا الأساس، وانطلق الإخوان إلى أهدافهم وقد علت وجوههم إشراقة الإيمان القوي وكانوا ينشدون بحماس نشيدهم المعروف:

هـو الحـق يحشـد أجنـاده   ويعتـد للموقـف الفاصـل

فصفوا الكتائب آسـاده   ودكـوا بـه دولـة الباطـل

وأمسك الضباط والجنود أنفاسهم وهم ينظرون إلى هذا الشباب المؤمن يتواثب في ثبات وقوة ولا يثنيه الرصاص والقنابل عن التقدم. لقد آمن الضباط والجنود أن هناك نتيجتين لا ثالث لهما: إما أن ينتصر هؤلاء الشباب

أو يموتوا جميعا لأن الانسحاب والتراجع لا يدخل في برنامجهم إطلاقا، وخاصة في مثل هذا الموقف الحرج الخطير [1].

وقد نجحت المجموعتان في تحقيق هدفهما حيث تمكنت مجموعة عبد الهادي ناصف من الوصول إلى جنوب التبة واحتلال بعض خنادقها، كما نجحت مجموعة حسن دوح في احتلال بعض خنادق التبة الشمالية ولكن بعد استشهاد بعض أفراده.

وكان احتلال الإخوان المسلمين لبعض خنادق التبة لطمة شديدة للعدو وخاصة أنهم صمدوا لجميع المحاولات المتكررة التي بذلها العدو لزحزحتهم عن مواقعهم، وكان نجاح الإخوان في اقتحام التبة هو الذي مهد لنجاح الهجوم المضاد الرئيسي الذي قام به الجيش.

وقد بدأ الجيش المصري هجومه الشامل على التبة في الساعة الثالثة بعد ظهر يوم ٢٣ ديسمبر بالسرية الثالثة من الكتيبة السابعة مشاة يتقدمها مجموعتا الإخوان، وقد استخدم الجيش لأول مرة قاذفات اللهب ونجح الهجوم في اقتحام التبة وخاصة بعد تدعيمه بالسرية الرابعة من الكتيبة السابعة مشاة، وأخذ العدو في التراجع بعد أن تساقط قتلاه بالعشرات. وتقدم الإخوان المسلمون إلى الخنادق وقد ركب كل منهم السونكي في بندقيته واستعدوا بالقنابل اليدوية في أيديهم، بعد أن أسكتوا نيران العدو تماما ارتفعت أصواتهم بالتهليل والتكبير.

وتم اقتحام التبة من جميع الجهات. وقد تبين من الوثائق التي أخذت من العدو بعد طرده من الموقع أن قواته كانت عبارة عن ثلاث كتائب مشاة وكتيبة مصفحات وأسلحة معاونة أخرى.

وتعتبر هذه المعركة مقبرة لليهود في فلسطين إذ بلغ مجموع قتلاهم الذين تركت جثثهم ملقاة على التبة أو في الخور ما يقرب من ٥٠٠ قتيل [2].

(١) عبد الحليم، محمود: أحداث صنعت التاريخ، ج١، ص ٤٣٢.
(٢) أحمد، د. رفعت سيد: وثائق حرب فلسطين، ص ٢٦٩، ٣٧٣.

ووجد بين القتلى عدد من كبار الضباط وقائد المعركة وهو كولونيل روسي يحتل مركزا هاما في الجيش الإسرائيلي.

شهداء وجرحى الإخوان في المعركة:

فقد الإخوان المسلمون في المعركة شهيدين هما: الشهيد عبد الحميد خطاب، والشهيد سيد منصور، كما جرح آخرون من بينهم المجاهد عيسى عبد الوهاب، وسيد عيد، فقد أصيب أحدهما بثماني رصاصات والآخر بأربع، ومع ذلك رفضوا أن ينشغل أي من أخوانهم بإخلائهم إلى الخطوط الخلفية ويترك موقعه القتالي، وظلوا حوالي سبع ساعات راقدين تحت وابل المطر والقنابل تنزف جراحهم البالغة.

ويصف الأستاذ حسن دوح في كتابه ((شهداء على الطريق))[1]، كيفية استشهاد أبطال الإخوان عبد الحميد خطاب الطالب الأزهري الذي لم يكن قد تجاوز الثامنة عشرة من عمره، وسيد منصور الذي كان خبيرا لا يجارى في الألغام يقسم وقته بين مهامه القتالية ضمن صفوف فصيلته وبين تدريب فرق الألغام بالجيش، فقد شعر العدو بالخطر المتحرك لتقدم الدبابات الثلاث مع مجموعة حسن دوح فسدد عليها جميع أسلحته، فأصابت إحدى الدبابات واستشهد قائدها اليوزباشي نهاد شوقي، وتدحرجت الدبابة إلى الوراء وسقط الرجان تحتها، فاعتصرت جسد الشهيد عبد الحميد خطاب وتوفي على الفور، بينما ضغطت الدبابة بتروسها على النصف الأسفل من الشهيد سيد منصور فعجنته في الطين.

يقول الأستاذ حسن دوح: ((اقتربت من الشهيد سيد منصور وتحسست جسده فإذا بنبض خافت ينبئ عن بقية من حياة، وفتح الرجل عينيه وأدارهما في وجهي، فانحنيت عليه فتمتم بعبارات، فظننته يملي وصاية

(١) دوح، حسن: شهداء على الطريق، ص٥٨- ٥٩.

لأبنائه الستة وزوجته، فأرهفت السمع فإذا به يردد عبارة واحدة وهي: ((اللهم انصر ـ دعوتنا... اللهم بارك مرشدنا)) وأسرعت بطلب سيارة إسعاف، ولكن روح الشهيد فاضت إلى بارئها)).

وأما الجيش المصري فقد سقط عدد كبير من الجرحى والشهداء من أفراده في معارك التبة.

وبعد انتهاء المعركة حضر إلى التبة ٨٦ الأمير آلاي محمود رأفت قائد القوات المصرية في منطقة دير البلح حيث تسلم الموقع بنفسه وشكر الإخوان المسلمين فردا فردا على ما قاموا به من بطولات.

وفي اليوم التالي زار التبة اللواء فؤاد صادق القائد العام للجيش حيث استمع من قادة الجيش أنفسهم إلى بعض بطولات الإخوان وكيف أن الجيش لم يستطع أن يوفر للإخوان حمالات لحمل مدافع الهاون ٨١ ملم وصناديق قنابلها الثقيلة فما كان منهم، إلا أن حملوها على أكتافهم في تقدمهم من الخطوط الخلفية إلى التبة، وظلوا طوال فترة الاشتباك وهم يتناوبون قطع هذه المسافة والعودة بإمداد جديد من صناديق القنابل مع شدة ثقلها. وقد طلب اللواء فؤاد صادق كشفا بأسماء الإخوان المسلمين الذين اشتركوا في المعركة لمنحهم أوسمة ونياشين ولكنهم رفضوا ذلك لأنهم بجهادهم لا يطلبون جاها ولا دنيا، ولكنهم يبغون إحدى الحسنيين النصر أو الشهادة.

وأصر القائد العام على طلبه وتقدم للحكومة المصرية طالبا الإنعام عليهم فرفضت الحكومة طلبه تعبيرا عن موقفها من الإخوان، فهدد بالاستقالة واضطرت حكومة السعديين إلى الخضوع أمام إصراره.

ومن الغريب أن كثيرا من أبطال الإخوان المسلمين في حرب فلسطين قد ألقي بهم في ظلمات السجون بعد ذلك، سواء في عهد حكومة الملك فاروق أو في عهد الثورة بعد فاروق، وكأنها المكافأة لهم.

معارك ضارية وبطولات خارقة

استرداد العسلوج:

فرضت سياسة الحكومة المصرية على الجيش المصري في فلسطين بقبولها الهدنتين الأولى والثانية الوضع الذي يكون فيه ولكن كان لابد لتأمين انسحابه من الاحتفاظ بمواقع معينة إذا فقدها فشلت خطة الانسحاب وصار الجيش معرضا للفناء.

ومن هذه المواقع الهامة بلدة ((العسلوج)) التي احتلها اليهود في أول أيام الهدنة. وكان لهذا البلد أهمية كبرى بالنسبة لخطوط المواصلات، وكانت رئاسة الجيش تهتم كل الاهتمام باسترجاع هذا البلد.

يقول الأستاذ كامل الشريف[(1)]:

((كان احتلال العسلوج يعني قطع مواصلات الجيش المصري في الجبهة الشرقية، مما دعا القيادة العامة إلى تنظيم خطة لاستردادها. وفي اليوم التالي تحركت قوة كبيرة من الجيش النظامي تعاونها المدفعية والسيارات المدرعة، ولكنها فشلت في الاقتراب من القرية لاستماتة العدو في الدفاع عنها.

فاستنجدت القيادة العامة بالبكباشي أحمد عبد العزيز الذي وكل الأمر لليوزباشي محمود عبده قائد الإخوان في ((صور باهر)) ليتولى إرسال قوة من رجاله تسترد هذا الموقع)).

ويصف اللواء أحمد علي المواوي القائد العام للقوات المصرية في حرب فلسطين، في شهادة له بين يدي القضاء المصري في إحدى قضايا الإخوان المسلمين، هذه العملية عندما وجه إليه الدفاع هذا السؤال:

هل كلفتم المتطوعين بعمل عسكري خاص عند مهاجمتكم العسلوج؟

فيجيب[(2)]: ((العسلوج هذه البلدة تقع على الطريق الشرقي واستولى عليها اليهود أول يوم هدنة، ولهذا البلد أهمية كبيرة جدا بالنسبة لخطوط

---

(1) عبد الحليم، محمود: أحداث صنعت التاريخ، ج١، ص ٤٢٦.
(2) عبد الحليم، محمود: أحداث صنعت التاريخ، ج١، ص ٤٢٦. وجريدة المسلمون العدد – ١٦٩، في ١٩٨٨/٥/٥، ص٨.

المواصلات. وكانت رئاسة الجيش تهتم كل الاهتمام باسترجاع هذا البلد، حتى أن رئيس هيئة أركان الحرب أرسل لي إشارة هامة يقول فيها: (لا بد من استرجاع العسلوج بأي ثمن)، فكلفت المرحوم أحمد عبد العزيز بك بإرسال قوة من الشرق من المتطوعين وكانت صغيرة بقيادة ملازم، وأرسلت قوة كبيرة من الغرب تعاونها جميع الأسلحة. ولكن القوة الصغيرة هي التي تمكنت من دخول القرية والاستيلاء عليها)).

ولما سأله المحامون عن السبب في تغلب القوة الصغيرة أجاب: ((القوة الغربية كانت من الرديف وضعفت روحهم المعنوية بالرغم من وجود مدير العمليات الحربية فيها إلا أن المسألة ليست مسألة ضباط. المسألة مسألة روح، إذا كانت الروح طيبة يمكن للضابط أن يعمل ما يشاء. لابد من وجود الروح المعنوية)).

صدرت الأوامر إلى كتيبة من الجيش المصري بأسلحتها المساعدة مع سرب من سلاح الطيران المصري في ١٩٤٨/٧/١٧ لتتحرك لمهاجمة عسلوج والاستيلاء عليها، وأخذ سلاح الطيران في ضرب موقع العدو ثم تلاه سلاح المدفعية، ولما جاء دور المشاة تعذر عليهم دخولها.

واستنجدت القيادة العامة بقوات المتطوعين، واتصلت بالمرحوم أحمد عبد العزيز لإرسال قوة تقتحم القرية، وتمهد لقوات الجيش احتلالها. واتصل هو بدوره بقائد الإخوان المسلمين اليوزباشي محمود عبده بموقع ((صور باهر)). فكلف اليوزباشي محمود عبده المجاهد ((يحيى عبد الحليم)) باختيار فصيلة للقيام بهذه المهمة الخطيرة فاختار عشرين أخا. ومجرد أن شعر الإخوان أن هناك مهمة فدائية حتى تسابق وتدافع الجميع واقتحموا مكتب قائد القوة وكل منهم يريد أن ينال شرف الشهادة ويحصل على إحدى الحسنيين.

والتقى المجاهد يحيى عبد الحليم بالقائد أحمد عبد العزيز وشرح له دقائق العملية بالتفصيل، وكان توجيه القائد مملوءا بالصدق والنصائح القيمة مع

التوصية بالثبات عند اللقاء. وتحركت الفصيلة ليلا حتى وصلت أرض العسلوج وكانت أرضا مسطحة مكشوفة ليس بها سواتر بينما كان العدو مستترا في دشمه المحصنة، ويغطي أرض المعركة التي بينه وبين المهاجمين بالنيران الكثيفة.

وكان على هذه القوة أن تضع خطة سريعة خاطفة لتخطي هذه العقبات دون خسائر. فقررت التقدم السريع في قفزات سريعة متعرجة، وانبطاح حتى تقترب من الدشم. واجتمع المجاهد يحيى عبد الحليم بأفراد الفصيلة ووزع على كل منهم دوره بدقة، وأفهمه البدائل حين تكون مفاجآت غير منتظرة، والحيز الذي يجب أن يتصرف فيه حين ينقطع الاتصال بينه وبين قائده القريب.

وتكونت هذه المجموعة المتقدمة من يحيى عبد الحليم وعبد الكريم السيد وإسماعيل عبد النبي وهذه هي مجموعة القلب. كما كانت هناك مجموعة في الميمنة ومجموعة في الميسرة ومجموعة تعزيز من الخلف تتابع التقدم وتراقب بدقة المجموعات الأمامية.

وبعد دقائق بدأت مدفعية الفصيلة تدك مواقع العدو ودشمه، ولما سكتت المدافع كان سكوتها هو كلمة السر لبدء الهجوم.

تقدمت مجموعة القلب في سرعة مذهلة، وما أن اقتربت من العدو حتى هجم محمد إسماعيل عبد النبي على الموقع وطهره، ودخل الجميع الدشمة فوجدوا فيها ثلاث جثث لليهود. ومن هذه الدشمة تقدمت باقي المجموعات، وتم استرداد قرية العسلوج في سرعة خاطفة حيث فر منها اليهود تاركين ورائهم سيارات ومعدات وأسلحة كثيرة وعددا كبيرا من صناديق الذخيرة.

وهكذا تحررت «العسلوج» على يد قوة صغيرة من الإخوان بقيادة ضابط ملازم. وكانت خسائر العدو كبيرة، أما خسائر الإخوان فكانت صغيرة جدا

لا تتجاوز عددا من الجرحى من بينهم قائد القوة المجاهد «يحيى عبد الحليم»[1].

حماية الجيش المصري في مرحلة الانسحاب:

كان الإخوان في معسكراتهم يمارسون التدريب ويستعدون للمعارك المقبلة. وتطلبهم قيادة الجيش بين حين وآخر، ليقوموا بأعمال الدوريات على طول الجبهة، ويقوموا بوضع الكمائن في الوديان والجبال للإيقاع بالعدو.

وفي شهر أكتوبر ١٩٤٨ وما بعده، قام اليهود بهجمات كبيرة، ونجحوا في انتزاع منطقة كبيرة من الجيش، واضطر الجيش المصري أمام هجمات العدو المفاجئة إلى إخلاء مناطق واسعة في اسدود والمجدل، وما ترتب على ذلك من إغفال مجموعة لواء الفالوجة، مما نتج عنه ضياع مدينة بئر السبع وسقوط الجزء الشمالي من النقب في يد اليهود. وظل اليهود في بئر السبع وما حولها بينما ظلت القوات المصرية تحتل بعض المواقع على الطريق الذي يربط بئر السبع بقرية العوجا على حدود مصر ـ الشرقية. وبذلك أصبحت قوات الجيش المصري موزعة على النحو التالي:

١- القوات الرئيسية المتجمعة في منطقة غزة - رفح، وفيها القيادة العامة.

٢- قوات مختلطة تقدر في مجموعها بلواء تحتل بعض المواقع على طريق بئر السبع - العوجا، وآخر مراكزها عسلوج.

٣- قوات المتطوعين والإخوان المسلمين، وهي القوات التي عزلت بعد كارثة الفالوجا، وظلت تدافع عن الخليل وبيت لحم وصور باهر، وتقوم بتموين قوات الفالوجا المحصورة[2].

وفي مرحلة انسحاب الجيش المصري بعد الهدنة الثانية حاول الجيش تثبيت

_____
(١) عبد الحليم، محمود: أحداث صنعت التاريخ، ج١، ص٤٢٧.
(٢) الشريف، كامل: الإخوان المسلمون في حرب فلسطين، ص٢٤٨- ٢٤٩.

أقدامه في منطقة غزة، وجمع قواته المبعثرة بعد الانسحاب.

يقول الأستاذ كامل الشريف: والعدو الماكر يأبى إعطاء قوات جيشنا فرصة التفكير في أمرها بما يقوم به من هجمات على غزة ومن غارات جبارة على مراكز الجيش بها، ويزيد في إشغالها بالمناورات البحرية التي تقوم بها قطع أسطوله وتحاول قطع الطريق الساحلي الذي تسلكه القوات في انسحابها من المجدل.

ولم تكن هناك خطة منظمة للدفاع عن هذه المناطق إذ كان الجيش مشغولا في عمليات الانسحاب. ولم يكن في هذه المنطقة كلها حتى ذلك الحين غير عدة سرايا من الإخوان المسلمين، ووجد هؤلاء أنفسهم أمام حقيقة واقعة هي عبء المحافظة على جيش مصر- وحمايته من أي عدوان يحركه اليهود في هذه المنطقة، ولا يستطيع أحد أن يتكهن بفداحة الكارثة التي كانت وشيكة الوقوع لولا وجود هذه الفئة المؤمنة المجاهدة في ذلك الحين.

ويقول الأستاذ كامل الشريف[1]: ((قدمت مشروعا إلى القيادة العامة بينت فيه الأخطار الكبيرة التي يمكن أن تقع لو فكر اليهود في مهاجمة هذه المناطق وقطع خط الرجعة على الجيش، وطالبت بإطلاق يد الإخوان وإعطائهم العتاد اللازم والترخيص لهم بإحضار قوات أخرى من مصر حتى يمكنهم تنفيذ المشروع.

وكان المشروع يقضي باحتلال مواقع ((حاكمة)) حول كل مستعمرة من المستعمرات الكبيرة ومحاصرتها وعدم إعطائها أية فرصة للتكتل حتى يفرغ الجيش من تنظيم خطوطه الدفاعية.

ووافقت القيادة العامة على تفاصيل الخطة وتنفيذها، ووعدني اللواء المواوي بكتابة خطاب إلى الأمانة العامة للجامعة العربية وإلى رئاسة أركان الحرب يطلب فيه تجنيد كتيبة من الإخوان عن طريق المركز العام وإرسالهم

---

(١) عبد الحليم، محمود: أحداث صنعت التاريخ، ج١، ص٤٢٩.

فورا إلى الميدان ليتمكن من السيطرة على الموقف.

وقد ذهبت من فوري إلى فضيلة الأستاذ الشيخ محمد فرغلي رئيس الإخوان في حرب فلسطين وعضو مكتب الإرشاد العام وأطلعته على تفاصيل الخطة، فسافر من فوره إلى مصر ـ ليعمل على تجهيز هذا العدد الكبير وعمل الترتيبات اللازمة نحو ترحيلهم إلى الميدان.

ومضيت إلى المعسكر لأعد العدة وأبدأ العمل. وجمعت الإخوان في ساحة التدريب بالمعسكر وقلت لهم إن الله قد فتح لهم بابا جديدا للجهاد وإن الظروف قد ألقت على كواهلهم عبء المحافظة على الجيش وكرامته، وإنه لولا ثقتي في قوة إيمانهم ورغبتهم في الكفاح ما قبلت أداء هذه المهمة الشاقة التي أعلم فداحتها وخطرها. ولن أستطيع أن أصور شعور الإخوان وهم يستمعون لهذه الأنباء، كانوا يقبلون علي في ابتهاج واضح وكأنهم يدعون إلى حفلة عرس أو نزهة خلوية لا لميدان قتال فيه من المشقة والخطر ما فيه.

وخرج الإخوان المسؤولون في استكشاف حول المستعمرات، وعاينوا المواقع التي رأوا احتلالها ثم عاد كل واحد منهم يعد ((فصيلته)) ليحتل بها مواقعه. وأقيمت المواقع الجديدة حول المستعمرات ولم تكن سيارة يهودية تجرؤ على التنقل بين مستعمرة وأخرى إذ أقام الإخوان ((الكمائن)) على الطريق وملأوا الأرض بالألغام، وأخذت دورياتهم المصفحة تجوب الصحراء الواسعة، وتتصل في طوافها حتى مدينة ((بئر السبع)) نفسها.

ولكي أصور أهمية هذه الحركة وأثرها يمكن أن أقول إن خمس عشرة سيارة مصفحة ودبابة قد دمرت خلال أسبوع واحد من بدء العمل، عدا أنابيب المياه التي كانت تدمر كل يوم مما اضطر اليهود إلى ملاقاة الإخوان وجها لوجه، فنشبت معارك رهيبة سقط فيها بعض الإخوان ولكنها جاءت بأحسن النتائج وأبرك الثمرات، ولقد ضج اليهود بالشكوى وأبلغوا مراقبي

الهدنة احتجاجاتهم أكثر من مرة، وعلقت محطة إسرائيل على هـذه الحركات وهـددت باستئناف القتال ضد الجيش إن لم تكف عصابات الإخوان عن نشاطها في هـذه المنطقـة، وهكذا تمت عمليات الإنسحاب، وبدأ الجيش يستقر في المواقع الجديدة التي اختارها».

معارك الفالوجة

الفالوجة قرية كبيرة أو مدينة صغيرة، تقع إلى الشمال الشرقي من مدينة غزة، وتبعد عنها أربعين كيلو مترا، وكان يعيش فيها سنة ١٩٤٣ زهاء سبعة آلاف نسمة كلهم عرب مسلمون.

وتقع هذه المدينة على الدرب السلطاني الذي يصل سهول غزة والمجدل بجبل الخليل، وعلى الطريق التي تصل شمال فلسطين بجنوبها وبالقطاع المعروف ببـئر السـبع. وهـي مـن هذه الناحية ذات أهمية عسكرية، هذا بالإضافة إلى أهميتها التجارية. ولهذا بـذل اليهـود جهودا كبيرة من أجل الاستيلاء عليها، واهتم العرب كثيرا من أجل الاحتفاظ بها، ولقـد بقيـت عربية طيلة فترة القتال من اليوم الذي صدر فيه قرار التقسـيم ١٩٤٧/١١/٢٩ إلى أن أمضيت اتفاقية الهدنة بين مصر وإسرائيل في ١٩٤٩/٢/٢٤، وبعبارة أخرى إلى أن غادرهـا المصريـون في ١٩٤٩/٢/٢٦.

ولما لم يجد اليهود سبيلا للوصـول إليهـا في أثنـاء القتـال، حاصروهـا، فصـمد لهـم حماتها صمودا يستحق الإعجاب والتقدير.

لم يكن في الفالوجة عند بدء القتال، سوى عشر بنادق، ولكن ما كاد القتال يشتد حتى تكتل رجال المدينة وراحوا يعملون يدا واحدة لدرء الشر عن مدينتهم. فتألفت لجنة قومية من أعضاء المجلس البلدي والقرى المجاورة، واشترى هؤلاء بأموال البلدية ومبالغ جمعوها عن طريق التبرع عددا من البنادق من مصر، فأصبح لديهم مئة وخمسون بندقية، كما اشتروا

أربعة مدافع من طراز برن ومدفعين (لويز) مضادين للدبابات ومسدسين للإشارة وبعض الأعتدة. وكان في الفالوجة خمسة وأربعون من رجال البوليس البلدي، وكانوا مسلحين بالبنادق الاعتيادية.

وحدثت عدة اشتباكات بين العرب واليهود في شهري شباط وآذار ١٩٤٨ وكان النصر ـ فيها سجالا. وكان يقود المجاهدين طارق الإفريقي.

وفي ١٢ آذار ١٩٤٨ جاء اليهود في أربع عشرة سيارة وهاجموا بلدة كراتيا، فخف أبناء الفالوجة لنجدتهم، فراح فريق آخر من اليهود يهاجم الفالوجة، وقد جاءوا في ست سيارات كبيرة، فاقتحموا البلدة ونسفوا دار البلدية. وتمكن أبناء كراتيا وعراق المنشية والفالوجة من صد اليهود وإرجاعهم إلى الوراء.

بعد نسف دار البلدية حصن أبناء الفالوجة بلدتهم فأنشأوا حولها الخنادق وأقاموا الأسلاك الشائكة، وراح حماة المدينة يصدون كل طارق أو مار في بلدتهم، حتى أن قافلة عسكرية إنجليزية مؤلفة من ست مصفحات أرادت أن تمر من هناك لتنجد قافلة كفار عصيون فتصدوا لها ومنعوها من المرور.

ولما كانت الفالوجة محاطة بالمستعمرات، وكان هذا العدد الذي تملكه من السلاح والعتاد لا يكفي لدرء الشر عنها، فقد طلبت النجدة من عمان فقيل لها أن الجيش العربي لا يستطيع أن يفعل شيئا قبل انتهاء الانتداب في ١٥ أيار، وكل ما حصلت عليه هو صندوقين من الرصاص.

وأرسلت وفدا في ١ أيار ١٩٤٨ إلى العريش حيث قابل الأمير آلاي أركان حرب محمد نجيب القائد الثاني للقوات المصرية التي كانت ترابط على الحدود، واستنجد به طالبا إليه أن يعمل على احتلال الفالوجة وعراق سويدان قبل أن يحتلها اليهود. فكلف بعض قوات المتطوعين بقيادة أحمد عبد العزيز بالاستيلاء علي عراق سويدان وعلى القطاع المجاور له، مما كان له أحسن الأثر في الاحتفاظ بهذه المواقع الهامة.

وعندما جاء المتطوعون المصريون تولى قيادة المجاهدين في الفالوجة قائد مصري يدعى (حسين عرفه). ولما اجتاز الجيش المصري النظامي الحدود في ١٥ أيار، وصلت إلى الفالوجة قوة مصرية في ٢٢ أيار يقودها الأمير آلاي «السيد طه» فاتخذها هذا مقرا لقيادته[1].

وفي ٢ حزيران ١٩٤٨ جاءت الكتيبة الأولى وحطت رحلها في الفالوجة وتولى قيادة الحامية البكباشي محمد أحمد عفيفي.

وظلت الفالوجة في مأمن إلى أن بدأت معارك النقب الأولى في ١٤ تشرين الأول ١٩٤٨، وبدأ حصار الفالوجة.

حصار الفالوجة:

بدأ حصار اليهود للفالوجة في ١٤ تشرين الأولي ١٩٤٨ ودام الحصار ١٣٠ يوما. ففي هذا اليوم (١٩٤٨/١٠/١٤) بدأ الهجوم اليهودي وكانت قوتهم عبارة عن ثلاثة آلاف مقاتل معظمهم من رجال البالماخ، وهم من المشاة قدموا إلى فلسطين من تشيكوسلوفاكيا وإيطاليا وألمانيا، تؤيدهم الطائرات والدبابات والمدافع من مختلف العيارات ومدافع الهاون وبرنات وأسلحة أتوماتيكية أخرى. وكانوا بقيادة الجنرال «ستيلا».

وفي ١٩٤٨/١٠/١٦ هاجم اليهود الفالوجة وعراق المنشية وبيت عفا وعراق سويدان، ولكنهم ارتدوا تاركين وراءهم خسائر كثيرة، منها سبع دبابات تشيكية.

وفي ١٩٤٨/١٠/١٧ احتل اليهود مدرسة عراق المنشية، ولكنهم فشلوا في الوصول إلى قلب القرية، إذ قاومهم المصريون بمدافعهم فردوهم إلى الوراء، واشتبكت فئتان من الفريقين بالسلاح الأبيض: فئة سودانية وأخرى يهودية، اشتبكا على الدرب السلطاني وكان النصر للسودانيين والمصريين،

---

(١) العارف: النكبة ج٤، ص ٨١١- ٨١٣ ويوسف العطار – مقابلة في الدوحة عام ١٩٨٥.

وبلغ عدد قتلى اليهود في هذه المعركة مئتين.

وكانت قوة المصريين في الفالوجة في ذلك الوقت عبارة عن لواء، هو اللواء الرابع يقوده ألاي «سيد طه». وقد سمي هذا اللواء (لواء الفالوجة) وكانت كل كتيبة من كتائبه الثلاث (الأولى والثانية والسادسة) عبارة عن ألف ومئتي جندي، ثلثاهم محاربون والثلث الآخر كتاب وطهاة وجنود غير محاربين. وانضمت إلى هذه القوة قبل رفع الحصار قوة أخرى فأصبح عدد المصريين في الفالوجة وعراق المنشية خمسة آلاف. قائدهم الأمير آلاي السيد محمود طه، وقد لقب بعدئذ بـ(الضبع الأسود) لشجاعته وجسارته وثباته في القتال.

ومن الضباط المصريين الذين كانوا معه يقودون القوة المصرية في الفالوجة وعراق المنشية في أثناء حصارهما:

الأمير آلاي حسين كامل (في عراق المنشية)، القائمقام عزيز حيدر، القائمقام مفيد رزق الله، القائمقام أحمد توفيق في (بيت عفا)، البكباشي محمد أحمد عفيفي، الصاغ زكريا محي الدين، الصاغ جمال عبد الناصر، الصاغ غالي مسيحة، الصاغ ياسين الحمزاوي، اليوزباشي صلاح سالم، اليوزباشي أمين أحمد، اليوزباشي محمود كشك، اليوزباشي محمود الملاحي، اليوزباشي صلاح بدر، اليوزباشي إسماعيل فريد، اليوزباشي إبراهيم البغدادي، اليوزباشي محمد وحيد الدين، والملازم أول شمس الدين بدران، الملازم أول مصطفى حافظ [1].

وفي يوم ٢٤ أكتوبر (تشرين الأول) أفادت رئاسة القوات أن القوة الموجودة في منطقة الفالوجا قد قطعت مواصلاتها من الشرق ومن الغرب وأن العدو احتل موقعا في بيت لاهيا قرب بيت حانون وبذلك سيطر على الطريق الرئيس من الشرق ومن الغرب، وأن قواتنا احتلت موقعا غرب

---

(١) العارف، عارف: النكبة ج٤، ص ٨١٦.

قوات العدو لمنعه من الوصول للمدق الساحلي الذي تستعمله قواتنا الآن بدلا من الطريق الرئيس. كما هاجم العدو بيت جبرين.

وفي ٢٥ أكتوبر نسف العدو الكوبري على طريق بير السبع – الخليل عند الكيلو ٦٦، وزاد نشاطه الجوي والبري في منطقة الظاهرية.

وأغارت طائرات العدو على مركز بوليس عراق سويدان، وألقت عليه قنابل مسيلة للدموع كما احتلت مواقع جديدة جنوب عراق سويدان.

بقي الموقف دون تغيير والعدو مستمر في اعتداءاته ليضمن عدم اتصال خطوط قواتنا بعضها، كما أن موقف قوات الفالوجة لم يتغير بل ابتدأ العدو في قفل الطريق من الشرق وبذلك ضاعت الفرصة للانسحاب على تلك القوات.

وفي ٢٧ أكتوبر انسحبت قوة بيت جبرين إلى الخليل ولم يصل إلى الفالوجة تموين من الجو. وبانسحاب قوات بيت جبرين إلى الخليل قطعت الفالوجة نهائيا من جهة الشرق، ونتج عن تأخير انسحاب قوات الفالوجة أن أصبح موقفها حرجا فقد أصبحت محاصرة من جميع الجهات. وبدأت قيادة قوة الفالوجة تنظيم دفاعاتها من جميع الجهات[1].

أحاط اليهود بالفالوجة ومضوا يرسلون عليها النيران لتندفع إلى التسليم. ولكن قوات الفالوجة بقيادة قائدها البطل سيد طه استمرت في معركة الحصار هذه ما يقرب من مئة وثلاثين يوما. وواجهت قلة السلاح ونفاذ التموين.

وكان اليهود يمطرون قوات الفالوجة باستمرار بنيران المدفعية وقنابل الطائرات.

وفي ٤ تشرين الثاني ١٩٤٨ وقف القتال تنفيذا لقرار مجلس الأمن. ولكن اليهود نكثوا عهدهم بعد ثلاثة أيام ونزلوا إلى الميدان في

(١) أحمد، د. رفعت سيد: وثائق حرب فلسطين، ص٢٩٤.

١٩٤٨/١١/٧ بأعداد كبيرة من محاربيهم قدرها بعضهم بأحد عشرـ ألفا، مزودين بالأسلحة الضخمة، منها سبع وعشرون دبابة ثقيلة وخمس طائرات كبيرة فهاجموا الفالوجة وعراق سويدان وبيت عفا، واستمر هجومهم يومين. فسقط مركز البوليس في عراق سويدان وأسر اليهود قائده اليوزباشي صلاح بدر.

واستمر ضرب اليهود لهذه القرى حتى ٩ نوفمبر وكان شديدا. وكان نصيب الفالوجة وحدها من القنابل المحرقة في تلك الليلة ٢٨٨، وانسحب المصريون من عراق سويدان ومن بيت عفا المجاورة لها في ١٩٤٨/١١/١٠.

وفي يوم ١٩٤٨/١١/١١ جاء إلى عراق المنشية يهودي يدعى ((كوهين)) رافعا بيده علما أبيض، ودعا قائد الحامية السيد طه لمقابلة القائد برنشتين في مستعمرة (غات) اليهودية القريبة منه. فلبى السيد طه الدعوة وذهب إليه. ولكن الشروط التي فرضها اليهود للتسليم رفضها السيد طه، كما رفض الأمر الذي وجه إليه قبل ذلك بثلاثة أسابيع من قبل رؤسائه ليغادر الفالوجة.

وفي ٢٢ كانون الأول ١٩٤٨ قام اليهود بهجوم عام على المصريين في طول الجبهة من غزة إلى دير البلح فخان يونس ورفح. وظهر بعد قليل أن هجومهم هناك كان بقصد التغطية إذ ما كاد المصريون يرسلون إلى تلك الجهة جزءا من قواتهم ليبعدوا عنها اليهود حتى قام اليهود في ٢٧ كانون الأول بهجوم على جبهة الفالوجة فخرقوا الحصار ودخلوا عراق المنشية ليلا. وكانوا قد مهدوا لهجومهم هذا بقصف القرية ثماني وأربعين ساعة، من البر والجو وقتلوا خمسة عشر سودانيا من رجال حاميتها. وما كاد اليهود يدخلونها، حتى جاءت قوة مصرية من ناحية الفالوجة، فطوقت عراق المنشية وأبادت كل من كان فيها من اليهود. وقدر عددهم يومئذ بمئتين وخمسين مسلحا، لم

ينج منهم سوى خمسة أشخاص وقعوا في الأسر وغنم المصريون ما كان مع اليهود من بنادق وبرنات ومدافع هاون، كما غنموا سبع دبابات تركها اليهود في أرض المعركة. وطلب اليهود من المصريين التسليم فرفضوا، واستمر القتال.

إن هذا النصر الذي ناله المصريون في عراق المنشية لم ينقذهم من الحصار، فقد ظلوا محصورين فيها وفي الفالوجة.

وكان مع القوات المصرية في الفالوجة مدافع كثيرة، خمسة منها من العيار الثقيل، تصيب الهدف من مسافة ١٧ كيلو مترا، وكثيرا ما قصفت المواقع اليهودية في بيت جبرين. وبعضها من عيار ١٠٥ رطل إنجليزي. كما كان لديها مدافع مقاومة للطائرات. بيد أنه ما كان بإمكان المصريين أن يفيدوا من مدافعهم هذه في ضرب المواقع اليهودية لأسباب فنية هي قصر المسافة بينهما، هذا بالإضافة إلى أن عتادها كان قليلا، وإن كانوا قد أفادوا منها في ضرب الطائرات، وأسقطوا واحدة منها في إحدى الغارات.

وكان التعاون بين المصريين وأبناء الفالوجة على أتمه، وكان في الفالوجة يومئذ ثلاثة آلاف نسمة بين ذكور وإناث، وكانت المؤن في بداية الحصار متوفرة، وكان في الفالوجة مطحنة كبيرة يطحنون فيها الحنطة، فأغار عليها اليهود بطائراتهم أربعين مرة، إلى أن تمكنوا من تدميرها، فاستعاض الأهلون والجنود عن الدقيق بالقمح المسلوق، والقمح المحمص بالنار.

وكان اليهود يمطرون البلد بأوراق ومناشير كتبت بلغة عربية ركيكة، يدعون فيها القوات المحصورة إلى الاستسلام. ولكن المحصورين من مصريين وفلسطينيين لم يستسلموا، هذا رغم أن الطائرات اليهودية كانت تقوم بغارات يومية عليهم. وقتل منهم حوالي ستمئة شخص: ثلثاهم من المدنيين والثلث الآخر من الجنود النظاميين.

وعندما تحرج وضع الجيش المصري بعد الهدنة الأولى طلب قادته من عبد

الرحمن عزام أمين الجامعة العربية والمسؤول عن حرب فلسطين، أن يطلب من المرشد العام عددا كبيرا من متطوعي الإخوان لترجح كفة الحرب، وفعلا تم إعداد هذا العدد لإنقاذ قوات موقع الفالوجة - والتي تكون لواء كاملا بقيادة سيد طه - وهم يمثلون ثلث الجيش المصري. وبلغ خبر إعداد متطوعي الإخوان النقراشي، فهاج وماج وأمر بإلغاء هذا الموضوع إذ كان يخطط لحل جماعة الإخوان المسلمين.

وكانت قوات الفالوجة تعاني مرارة الحصار الذي بدأ في ١٧ أكتوبر ١٩٤٨، ورفض اللواء سيد طه أي فكرة للتسليم.

وطلبت قيادة الجيش من قيادة القوات الخفيفة في بيت لحم بضرورة اقتحام الحصار بأي ثمن لإمداد الجيش المصري المحاصر بالمؤن اللازمة، ورأت قيادة القوات الخفيفة أن خير من يقوم بهذا العمل هم متطوعو الإخوان المسلمين. وقامت مجموعة من الإخوان برحلة طويلة تبلغ مسافة ٨٥ كيلو مترا من بيت لحم إلى الفالوجة. واستطاعت هذه المجموعة إيصال المؤن إلى القوات المحصورة مما أدى إلى صمود الجيش في جميع الهجمات حتى انسحب وبكامل أسلحته في فبراير ١٩٤٩ بعد حصار استمر أكثر من أربعة أشهر[١]. يقول الأستاذ كامل الشريف عن هذه العملية[٢]:

«وتسللت قوافلهم - الإخوان - عبر الصحاري الواسعة التي يسيطر عليها العدو، تحمل المؤن للقوات المصرية المحصورة، وتتعرض في طريقها الطويل لكثير من المآزق والأخطار. وكم من مرة اصطدمت القوافل مع دوريات اليهود واشتبكت معها في معارك دامية، ونتج عن ذلك كثير من الخسائر، ولكن الإخوان لم يكونوا يحسبون للموت حسابا ما دام ذلك في سبيل وطنهم وكرامة جيشهم.

وإذا ذكر هذا النشاط الرائع فلا يمكن أن نغفل الدور الخطير الذي قام به

---

(١) مجلة الدعوة القاهرية - العدد ١٦.
(٢) الشريف، كامل: الإخوان المسلمون في حرب فلسطين، ص١٧٤.

اليوزباشي (معروف الحضري) حين قاد جماعات الإخوان المسلمين في تسللها إلى الفالوجة. وظل يؤدي واجبه بإيمان وثبات حتى ظفر اليهود به في إحدى العمليات، ونقلوه إلى خطوطهم الخلفية حيث ظل يقاسي مرارة الأسر في معسكراتهم حتى مَنّ الله عليه بالنجاة، حين انتهت الحرب وتم تبادل الأسرى».

وهكذا ظلت الفالوجة صامدة بجهود المجاهدين الأبطال وتضحياتهم، إلى أن عقدت إتفاقية الهدنة الدائمة في رودس بين اليهود والمصريين، في اليوم الرابع والعشرين من شهر شباط ١٩٤٩.

فقد قضت المادة الثالثة لتلك الاتفاقية، بانسحاب القوات المصرية المسلحة من الفالوجة إلى ما وراء الحدود المصرية الفلسطينية عملا بقرار مجلس الأمن الصادر بتاريخ ١٩٤٨/١١/٤ و ١٩٤٨/١١/١٦، ونص الملحق الأول لتلك الاتفاقية على أن يبدأ الانسحاب يوم ١٩٤٩/٢/٢٦ وينتهي في غضون خمسة أيام، وأن يتم ذلك تحت إشراف المراقبين الدوليين. فانسحب المصريون منها عن طريق عراق سويدان - بربره - غزة رفح [١].

ورغم أن الاتفاقية - التي تمت برعاية الأمم المتحدة - منحت المدنيين من سكان الفالوجة وعراق المنشية حق البقاء في ديارهم أو مغادرة الديار في الوقت الذي تغادر فيه القوات المصرية، كيف يشاؤون، فالذين يغادرون منازلهم منحوا حق التوجه صوب منطقة الخليل، على أن يتم ذلك تحت إشراف المراقبين الدوليين. وأما الذين يختارون البقاء فقد احتفظت إسرائيل لنفسها بحق اعتبارهم (أسرى حرب). وفي كلا الحالين يكونون آمنين على أرواحهم وأملاكهم ومنازلهم وامتعتهم الشخصية.

هذا ما جاء في الاتفاقية، ولكنه بقي حبرا على ورق، إذ آثر معظم أبناء الفالوجة مغادرة الديار، على أن يعيشوا في ظل الاحتلال الإسرائيلي، وآثر

---

(١) العارف، عارف. النكبة ج٤، ص ٨١٧- ٨١٨.

فريق غير قليل منهم البقاء في منازلهم حتى يقضي ـ الله ـ أمرا كان مفعولا. ولكن اليهود بوسائلهم الشيطانية ومضايقاتهم المستمرة أرغموهم على مغادرتها فغادروها. ولم يبق في الفالوجة أحد من أبنائها.

هذه قصة بلدة مجاهدة في أرض الرباط بفلسطين. ضرب فيها أهل الفالوجة أروع آيات البطولة، وثبت فيها أبناء مصر بقيادة الأمير آلاي «سيد طه» ذلك القائد المؤمن الصلب الشجاع الذي علم أفراد لوائه دروسا عملية في الثبات والصمود في وجه الأعداء.

ومن المؤسف حقا أن هذه البطولة النادرة قد جيرها مزيفو التاريخ ـ وما أكثرهم في هذا الزمن ـ ونسبوها لجمال عبد الناصر بعد أن أصبح رئيسا للجمهورية، وأطلقوا عليه لقب «بطل الفالوجة» مع أنه كان ضابطا برتبة صاغ بين مجموعة كبيرة من الضباط الذين كانوا يعملون تحت إمرة القائد «سيد طه» في الفالوجة، ولم يتميز عن أحدهم بشيء يذكر. أما بطل الفالوجة الحقيقي فلم يعد لإسمه ذكر في قاموس أدعياء التاريخ المزيف.

وكان لشباب الإخوان المسلمين دور كبير في صمود الجيش المصري في الفالوجة. وكان جزاء هؤلاء الشباب بعد الحرب القبض عليهم ونقلهم من ساحة القتال في فلسطين إلى السجن الحربي في القاهرة.

معركة وادي عربة والمرشرش

يقع وادي عربي بين جبال الأردن من الشرق وفلسطين من الغرب، ويمتد من البحر الميت في الشمال إلى خليج العقبة جنوبا. وهو واد عجيب مخيف، طوله مئة وعشرون كيلو مترا وعرضه يتراوح بين خمسة كيلو مترات واثني عشر كيلو مترا. وهذا الوادي محاط بجبال شاهقة يعسر اجتيازها إلا من مسالك معدودة ومعابر منيعة يسمى البدو كل واحد منها «نقب» وهناك ثلاثون نقبا تطل على الوادي، وفي استطاعة من يحتل أي

نقب منها أن يصد العدو الذي تحدثه نفسه بالمجيء إليه مهما كان عدده[1].

كان لليهود موقع في جنوب البحر الميت بين جبل اصدم وغور الصافي في أواخر أيام الانتداب، وكان لهم فيه حوالي ألف وخمسمائة مقاتل.

وبعد سقوط بئر السبع بيد اليهود في ٢٢ تشرين الأول ١٩٤٨، وانسحاب الجيش المصري من ذلك القطاع، اتصل اليهود بإخوانهم في موضع يسمى (الحصب) وهو واقع في الجزء الشمالي من وادي عربة، وراحوا يتحينون الفرص للزحف صوب العقبة والاستيلاء على القسم الجنوبي من فلسطين.

وفي شهر شباط ١٩٤٩ راحوا يزحفون ولكن بشيء من الحذر والكتمان، ولكن الحكومة الأردنية اطلعت على حركاتهم وأرسلت إلى الدكتور «بانش» القائم بأعمال الوساطة في رودس برقية لاسلكية احتجت فيها على الجيش الإسرائيلي وعلى حركاته في الجزء الشمالي من وادي عربة. وكان «بانش» يومئذ في رودس، فأجابهم بأن الجنرال رايلي ممثل الأمم المتحدة في القدس بحث الشكوى الأردنية بحثا دقيقا، وأنه بعد أن قام بتفتيش واسع في وادي عربة لم يشاهد أية حركة للجيش الإسرائيلي.

وبعد أن وصل الوفد الأردني إلى رودوس في ٢٨ شباط تلقى برقية من حكومته جاء فيها «إن حركات الجيش الإسرائيلي في وادي عربة لم تنقطع، وإن قطعات من هذا الجيش تتجمع الآن في جنوب الوادي إلى الشمال من المواقع الأردنية». وطلبت الحكومة الأردنية من وفدها أن يبلغ شكواها إلى الدكتور بانش، فكان جواب بانش أن الإسرائيليين ينكرون أية تحركات لجيشهم في تلك المنطقة.

وفي ٢ آذار ١٩٤٩ اعترف المراقبون الدوليون للأردن أنهم على علم بحركات الجيش الإسرائيلي هناك وأنهم أخبروا رؤساءهم بحقيقة الوضع ولكنهم لم يتلقوا بعد أي أمر لاتخاذ أي إجراء.

---

(١) العارف، عارف: النكبة ج٣، ص ٧٦٣.

وفيما كانت الحكومة الأردنية تنتظر نتيجة الإجراءات التي ستتخذها المراقبون الدوليون كان الجيش الإسرائيلي مثابرا على زحفه صوب الجنوب.

وأبرقت الحكومة مرة أخرى إلى وفدها في رودس تخبره بخطورة الوضع. وبدلا من انسحاب الجيش الإسرائيلي فقد قام في ٧ آذار بهجوم على الجيش العربي المرابط هناك، وكان غلوب باشا رئيس الأركان على علم بجميع تحركات الجيش الإسرائيلي ولم يفعل شيئا لوقفها. وأبرقت الحكومة للدكتور بانش مرة أخرى.

وبعد أن كان اليهود ينكرون وجود أية حركة لجيشهم في تلك المنطقة وظلوا يخاتلون المراقبين الدوليين والمفاوضين الأردنيين، الجالسين معهم في رودس حتى أنهم تمكنوا من تأجيل التوقيع على الاتفاق القائل بوقف إطلاق النار خمسة أيام، وراحوا باليوم العاشر من آذار يصارحون أعضاء الوفد الأردني في رودس بقولهم: أنهم يعتبرون المنطقة الواقعة في وادي عربة والممتدة حتى خليج العقبة منطقة يهودية. خصصت لليهود في قرار التقسيم عام ١٩٤٧، ولهذا فقد قرروا احتلالها كلها بما فيها القسم الواقع على شاطئ الخليج من أرض فلسطين.

وقرنوا قولهم هذا بالفعل، فراح جيشهم يواصل زحفه حتى استولى على ذلك الجزء من شاطئ العقبة في ١٠ آذار ١٩٤٩، وكان في المنطقة سرية أردنية قليلة العدد، واتصل قائدها بالفريق غلوب باشا يستشيره فيما يجب أن يفعل فأجابه قائلا «لك الخيار في أن تفعل ما تشاء». ولم يجد قائد السرية مناصا من الانسحاب بسبب قلة ما لديه من جند وعتاد وانعزاله عن العالم في تلك البقعة النائية من الأرض، فانسحب [١].

_____

(١) العارف، عارف: النكبة ج٣، ص ٧٦٤ - ٧٦٦.

المصادر والمراجع

مراجع عامة

١- أبو غربية، بهجت (مذكرات): مجلة القدس الشريف، الأعداد: ٥٢، ٥٤، ٥٦ عام ١٩٨٩، والأعداد ٦٠، ٦٣، ٦٤، ٦٥، ٦٦، ٦٧، عام ١٩٩٠.

٢- أبو بصير، صالح مسعود: جهاد شعب فلسطين خلال نصف قرن، [بيروت: دار الفتح]، ١٩٧١.

٣- أبو غنيمة، زياد: الحركة الإسلامية وقضية فلسطين، [عمان: دار الفرقان]، ١٩٨٥.

٤- أحمد، د. رفعت سيد: وثائق حرب فلسطين [القاهرة: مكتبة مدبولي]، ١٩٨٩.

٥- التل، عبد الله: كارثة فلسطين، [القاهرة: مطبعة مصر]، ١٩٥٩.

٦- جرار، حسني: الحاج أمين الحسيني.. رائد جهاد وبطل قضية، [عمان: دار الضياء]، ١٩٨٩.

٧- جرار، حسني: الشيخ عز الدين القسام.. قائد حركة وشهيد قضية، [عمان: دار الضياء]، ١٩٨٩.

٨- جرار، عبد الهادي: تاريخ ما أهمله التاريخ، [عمان: دار الجليل]، ١٩٨٨.

٩- جمعة، سعد: المؤامرة ومعركة المصير.

١٠- الحسيني، الحاج أمين: حقائق عن قضية فلسطين، [القاهرة: الهيئة العربية العليا]، ١٩٥٧.

١١- الحسيني، إسحاق موسى: الاخوان المسلمون كبرى الحركات الإسلامية، [بيروت: دار بيروت]، ١٩٥٠.

١٢- الحريري، صالح جمال: الجيش السعودي في فلسطين، [القاهرة: دار الكتاب العربي]، ١٩٥٠.

١٣- الحوت، بيان: القيادات والمؤسسات السياسية في فلسطين ١٩١٧- ١٩٤٨، [بيروت، مؤسسة الدراسات الفلسطينية، ١٩٨١.

١٤- الخطيب، محمد نمر: أحداث النكبة، [بيروت: دار مكتبة الحياة]، ١٩٦٧.

١٥- الدباغ، مصطفى مراد: بلادنا فلسطين جـ٢، جـ٣، جـ٨، [بيروت: رابطة الجامعيين بمحافظة الخليل]، ١٩٧١.

١٦- دروزة، محمد عزة: القضية الفلسطينية في مختلف مراحلها جـ٢، [بيروت: المكتبة العصرية]، ١٩٦٠.

١٧- دروزة، محمد عزة: العرب والعروبة في حقبة التغلب التركي، [بيروت: المكتبة العصرية]، ١٩٦٠.

١٨- دوح، حسن: شهداء على الطريق، [الكويت: دار القلم]، ١٩٧٤.

١٩- زعيتر، اكرم: القضية الفلسطينية، [عمان: دار الجليل]، ١٩٨٦.

٢٠- السباعي، د. مصطفى: الأخوان المسلمون في حرب فلسطين، دار النذير.

٢١- سعيد، خليل: تاريخ حرب الجيش العراقي في فلسطين ١٩٤٨، [بغداد، ١٩٦٦].

٢٢- الشريف، كامل: الأخوان المسلمون في حرب فلسطين ١٩٤٨- ١٩٤٩، [القاهرة، ١٩٥١].

٢٣- الصايغ، أنيس: ميزان القوى العسكرية بين الدول العربية وإسرائيل [القاهرة، ١٩٥١].

٢٤- الصواف، محمد محمود، وقائعنا في فلسطين بين الأمس واليوم، [مكة المكرمة، ١٩٦٩].

٢٥- العارف، عارف: نكبة بيت المقدس، الجزء ١-٥ [بيروت: المكتبة العصرية]، ١٩٥٦.

٢٦- عبد الحليم، محمود: أحداث صنعت التاريخ، جـ١، [الاسكندرية: دار الدعوة]، ١٩٧٨.

٢٧- علي، د. فلاح خالد: الحرب العربية الإسرائيلية ١٩٤٨ – ١٩٤٩ وتأسيس إسرائيل، المؤسسة العربية للدراسات والنشر.

٢٨- القاوقجي، فوزي (مذكرات): خيرية قاسمية، مركز الأبحاث الفلسطيني ١٩٧٤.

٢٩- القصري، محمد فايز: حرب فلسطين ١٩٤٨، جـ١، [القاهرة: دار المعرفة]، ١٩٦١.

٣٠- الكيلاني، هيثم: المذهب العسكري الإسرائيلي، [بيروت: مركز الأبحاث]، ١٩٦٩.

٣١- مارديني، زهير: فلسطين والحاج أمين الحسيني، [بيروت: دار اقرأ]، ١٩٨٦.

٣٢- محسن، عيسى خليل: فلسطين الأم وابنها البار عبد القادر الحسيني، [عمان: دار الجليل للنشر]، ١٩٨٦.

٣٣- الموسوعة العسكرية، الجزء الأول، [بيروت: المؤسسة العربية للدراسات والنشر]، ١٩٨٦.

٣٤- الموسوعة الفلسطينية – المجلد الأول والثاني والثالث والرابع، [دمشق ١٩٨٤].

٣٥- نعمة الله، نوفل الطرابلسي: كشف اللثام عن محيا الحكومة والحكام، مخطوط رقم ١٣٤١ بمكتبة الجامعة الأردنية.

٣٦- مخطوط قاسم الرماوي: حياة عبد القادر، ١٩٥٠.

المراجع الأجنبية:

١- ألون، ايجال: تكوين الجيش الإسرائيلي.

٢- بيغن، مناحيم: الثورة، ترجمة سمير صنوبر.

٣- جابوتنسكي: قصة الفرقة اليهودية.

٤- سايكس كريستوفر: مفارق الطرق إلى إسرائيل، تعريب خيري حماد، [بيروت: دار الكتاب العربي]، ١٩٦٧.

٥- غويلاكوهين: مذكرات فتاة إرهابية ١٩٤٣- ١٩٤٨.

٦- لاري كولينز (كاتب أمريكي)، دومونيك لابيير (كاتب فرنسي): يا قدس، ترجمة سليمان موسى، [عمان: دار فيلادلفيا]، ١٩٧٣.

٧- وايزمن، د. حاييم: التجربة والخطأ، [دمشق: مطبعة المنار]، ١٩٥٠.

٨- دائرة المعارف البريطانية – المجلدان [٢٧- ٢٨]، ١٩٢٦.

٩- الرواية الإسرائيلية الرسمية لحرب فلسطين ١٩٤٧- ١٩٤٨، ترجمة أحمد خليفة، [بيروت: مؤسسة الدراسات الفلسطينية] ١٩٤٨.

١٠- مجلة دير شبيجل الألمانية، العدد ٤١، في ١٩٨٢/١٠/١١، ترجمة د. عبد الرحمن الصباح.

١١- الوثائق الرسمية البريطانية: وثيقة رقم ٦٨٧٣، أذيعت في ١٩٤٦/٧/٢٤.

١٢- هاري ليفين (كاتب يهودي): القدس في المعركة.

١٣- هيرتزوغ، حاييم: الحرب والسلام في الشرق الأوسط.

الدوريات:

١- جريدة أخبار اليوم المصرية، في ٥ سبتمبر ١٩٥٩.

٢- مجلة آخر ساعة المصرية في ١٣ مايو١٩٥٢، و٢٧ مايو ١٩٥٣، و٣ يونيو ١٩٥٣.

٣- جريدة الأهرام المصرية في ٢ فبراير ١٩٤٨، وفي ٢٩ سبتمبر ١٩٥٣.

٤- جريدة الحياة البيروتية – العدد ١٩٢٩، في ٢٢ آب ١٩٥٢.

٥- مجلة الدعوة القاهرية – العدد ١٦، والعدد ٤٠ في سبتمبر ١٩٧٩.

٦- جريدة الدفاع في ١٨ يناير ١٩٤٨، وفي ٢٦ فبراير ١٩٤٨.

٧- جريدة الرأي العام الكويتية في ١٩٧٨/٤/٦.

٨- نشرة فلسطين – التي تصدرها الهيئة العربية العليا، العدد ٥٣، السنة الخامسة، أول تموز ١٩٦٥.

٩- مجلة القدس الشريف – يصدرها مكتب أمانة القدس في عمان، الأعداد: ٥٢، ٥٤، ٥٦، عام ١٩٨٩، والأعداد ٦٠، ٦٣، ٦٤، ٦٥، ٦٦، ٦٧ عام ١٩٩٠.

١٠- جريدة "المسلمون" – العدد ٣٧ في ٢٥ اكتوبر ١٩٨٥، والعدد ١٦٨، في ٢٨ أبريل ١٩٨٨، والعدد ١٦٩ في ١٩٨٨/٥/٥.

١١- مجلة الصريح المقدسية – العدد ١٨، في ٣٠ أيار ١٩٥٣.

١٢- جريدة المصور المصرية – العدد ١٤٧٠، في ١٢ كانون الأول ١٩٥٢.

١٣- جريدة النهار البيروتية – العدد ٤٥٣٢، في ١٩٥٠/٦/١٦.

١٤- جريدة الدستور الأردنية – في ١٩٩٢/٧/٥.

مقابلات شخصية:

تم إجراء مقابلات شخصية مع كل من:

١- الدكتور أحمد العسال – في الدوحة يوم الأحد ١٩٩٢/٣/٢٩.

٢- السيد أحمد الشيخ كمال السعدي – في الدوحة بتاريخ ١٩٩٠/٣/٢٨.

٣- الأستاذ طاهر أحمد حسين – في عمان في الشهر السابع من عام ١٩٨٦.

٤- الضابط المتقاعد عبد الله سليم أبو شيخة – في الدوحة يوم الجمعة ٢٧ نيسان ١٩٩٠.

٥- الأستاذ عبد الرحيم جرار – في عمان في الشهر السابع من عام ١٩٨٩.

٦- الشيخ عبد المعز عبد الستار – في الدوحة عام ١٩٨٥.

٧- د. عدنان النحوي – في الدوحة عام ١٩٨٦.

٨- الأستاذ عمر بهاء الدين الأميري – في الدوحة في شهر مايو ١٩٨٦.

٩- الشيخ فريز جرار – في عمان في الشهر السابع من عام ١٩٨٥.

١٠- الضابط المتقاعد محمد مثقال جرار – في عمان في الشهر السابع من عام ١٩٨٩.

١١- السيد يوسف العطار – في الدوحة عام ١٩٨٥.

كتب للمؤلف

فهرس الموضوعات

Printed in the United States
By Bookmasters

T0137543